U0936346

高校阅读推广案例赏析

主编 ‖ 黄贤金 郭忠兴 翟晓娟

南京大学出版社

图书在版编目（CIP）数据

高校阅读推广案例赏析 / 黄贤金，郭忠兴，翟晓娟主编 . -- 南京：南京大学出版社，2024.4
ISBN 978-7-305-27440-4

Ⅰ . ①高… Ⅱ . ①黄… ②郭… ③翟… Ⅲ . ①高等学校 - 读书活动 - 案例 - 中国 Ⅳ . ① G252.17

中国国家版本馆 CIP 数据核字（2023）第 234282 号

出版发行　南京大学出版社
社　　址　南京市汉口路 22 号　　　　邮　编　210093

书　　名　高校阅读推广案例赏析
GAOXIAO YUEDU TUIGUANG ANLI SHANGXI
主　　编　黄贤金　郭忠兴　翟晓娟
项目统筹　田　甜
责任编辑　陈一凡　　　　编辑热线　025-83593947

照　　排　南京新华丰制版有限公司
印　　刷　南京凯德印刷有限公司
开　　本　787mm × 1092mm　1/16　印张　26.75　　字数　513 千
版　　次　2024 年 4 月第 1 版　2024 年 4 月第 1 次印刷
ISBN 978-7-305-27440-4
定　　价　168.00 元

网址：http://www.njupco.com
官方微博：http://weibo.com/njupco
官方微信号：njupress
销售咨询热线：（025）83594756

编委会

序

“书籍是人类进步的阶梯。”“读万卷书，行万里路。”迄今为止，阅读依然是人获取知识和经验、启迪智慧、追求进步的普遍方法与绝佳路径。习近平总书记曾高屋建瓴地指出，阅读是人类获取知识、启智增慧、培养道德的重要途径，可以让人得到思想启发，树立崇高理想，涵养浩然之气；图书馆是国家文化发展水平的重要标志，是滋养民族心灵、培育文化自信的重要场所。

党的二十大报告指出要“深化全民阅读活动”。高校图书馆作为大学生阅读的重要阵地，应该积极响应“深化全民阅读活动”的时代要求，为建设书香社会做出应有的贡献。

高校图书馆要发挥知识宝库的优势，积极成为全民阅读的“社会灯塔”。著名图书馆学家、南京大学图书馆老馆长李小缘先生说过：“图书馆即教育。”在新时代，这个教育不仅是对在校大学生的立德树人教育，也是对包括大学生在内的社会大众推广全民阅读。因此，高校尤其是高校图书馆要进一步承担起教育使命，践行立德树人根本任务，发挥高校图书馆“以文化人”“以文育人”的特质，深入开展有内涵、有温度、有特色、有活力的实践活动，将一脉相承的文化底蕴与精神特质传承给新时代、新社会的年轻人，培养他们终身学习、终身阅读的良好习惯；要借助江苏省众多高等学校图书馆浩瀚的馆藏资源，推广优秀阅读文化，传播优秀的中国传统文化，将优秀的阅读文化、广博的中华文化传播给新时代年轻人，传播给社会大众，培养新时代年轻人坚定文化自信、讲好中国故事的良好品质；要让高校图书馆承担起价值使命，践行社会主义核心价值观，培养新时代年轻人心系“国家事”、肩扛“国家责”、志在“国家强”的良好心志，积极投身中国式现代化建设的伟大实践。

江苏高校图书馆界一贯重视书香校园建设和阅读推广工作。江苏人文荟萃、高校众多，自古以来就是读书之地、文化高地。在教育部、省委省政府的领导下，江苏省高等学校图书情报工作委员会自成立以来，充分发挥其在教育行政部门和高校图书馆之间的桥梁纽带作用，在宏观管理全省高校图书馆和资源共享活动的协调方面做了大量卓有成效的工作，有力推进了全省高校图书馆事业发展，还带动了全国高校图书馆行业的整体提升。特别是2023年江苏省高等学校图书情报工作委员会联合江苏凤凰出版传媒集团有限公司，组织全省高校共同举办读书节并结集出版《高校阅读推广案例赏析》，这是一项创举，一定会产生良好的示范效应。

总之，高校图书馆是助力新时代“三全育人”重要阵地。应充分发挥高校图书馆在引领师生阅读、引领社会阅读、引领品质阅读等方面的独特优势，树立文化自信，创新文化传播，讲好中国故事，提升公民素养，助力全民在经济、社会、文化、生活、生产、生态等多个领域的传承与创新，推动高质量发展。

胡金波
国家总督学顾问
江苏省政协原副主席
南京大学党委原书记

第一部分

赓续红色血脉

馆院地联动，共筑“大思政”课堂

项目组成员：张贤、陈紫雯、徐鸿飞、高欢欢、童明明

单位信息：金陵科技学院

【摘要】在“大思政”背景下，金陵科技学院开展了以建党百年、建团百年、五四青年节三个主题为主体的红色阅读推广系列活动。适逢建党和建团百年，金陵科技学院图书馆成立“金科学子专访百名基层党员”实践团和“团史故事听我讲”社会实践团，鼓励大学生走出校门，以研学促阅读，开展立体化红色活动，让大学生在“大思政课”中，边实践，边阅读，边总结，边提高。同时，外联借力，融汇创新，建立和二级学院、公共图书馆、基层社区密切配合的内外联动运行机制，构建红色资源共同体。利用馆藏资源，着力将传统的阅读推广模式转化为形式灵活、贴近当代大学生的特色活动，以大学生喜闻乐见的形式提升红色阅读推广实效。把阅读推广融入大思政课，也用思政元素点亮阅读推广，把阅读推广活动进一步发展为范围覆盖更广、影响更为深入的“思政大课堂”。

一、案例背景

2021 年 3 月 6 日，习近平在看望参加全国政协会议的医药卫生界教育界委员时，首次提出了“大思政课”理念。2022 年 7 月，教育部等十部门印发了《全面推进“大思政课”建设的工作方案》（以下简称《方案》），《方案》指出，全面推进“大思政课”建设，要坚持以习近平新时代中国特色社会主义思想为指导，聚焦立德树人根本任务，推动用党的创新理论铸魂育人。坚持开门办思政课，强化问题意识、突出实践导向，充分调动全社会力量和资源，建设“大课堂”、搭建“大平台”、建好“大师资”。同年 10 月，党的二十大报告指出，要弘扬以伟大建党精神为源头的中国共产党人精神谱系，用好红色资源，传承红色基因，赓续红色血脉，深入开

展社会主义核心价值观宣传教育，着力培养担当民族复兴大任的时代新人。

“大思政课”是在既有思政课建设的现实基础上，从大视野、大历史、大体系三维视角进一步构建起胸怀“两个大局”、跨越百年历史维度、多维时空协同育人的思政课新形态，从而使其具备“时间厚度”、“空间广度”以及“实践宽度”。

高校图书馆作为高校的文献信息中心和文化育人的重要阵地，融服务与教育为一体。通过开展阅读推广系列活动，落实高校图书馆的思想政治教育功能，把阅读推广融入大思政课，也用思政元素点亮阅读推广。用情、用心、用力讲好图书馆的大思政课，不断提升大学生的思想政治水平。

二、主要做法

金陵科技学院图书馆树立图书馆阅读推广工作与大思政课同向同行的教育理念，建立图书馆和二级学院、公共图书馆、基层社区密切配合的内外联动运行机制，开展了以建党百年、建团百年、五四青年节三个主题为主体的红色阅读推广系列活动。

（一）“学党史，强信念，跟党走”建党百年阅读推广系列活动

1. 成立“金科学子专访百名基层党员”实践团，专访百名基层党员。大思政课注重实践育人，实践教育是落实立德树人根本任务的重要环节。图书馆作为高校立德树人教育的重要阵地，鼓励大学生走出校门，以研学促阅读，去寻找身边的红色榜样。2021 年 7 月初，图书馆与二级学院团总支联合成立“金科学子专访百名基层党员”实践团，鼓励广大学生读红色经典书籍，聆听基层党员信仰故事，学习身边优秀党员事迹。图书馆前期对学生进行培训，让学生系统全面地了解党的相关知识，推荐红色经典书籍和红色主题影视作品。学生们利用暑期，寻访家乡或身边的优秀共产党员，对寻访过程、心得体会进行记录，拍摄照片、录制视频等，并阅读相关资料和书籍，形成实践报告。本次专访百名基层党员活动共收到 958 份实践报告，评选出 30 名优秀寻访者，并开展优秀基层党员采访分享会，交流其专访过程以及心得，挑选出 100 份优秀报告，汇编成《与信仰对话：金科学子专访百名基层党员实录》，再现了不同地域、不同党龄、不同岗位职位党员的优秀事迹，献礼党的百年华诞。大学生们通过阅读红色经典书籍，走访基层党员，撰写实践报告，了解了中国共产党的光辉历程，更深层次体会到共产党员这个称谓背后沉甸甸的使命和不能忘却的初心。同学们将知识转化为思想认识，在思想和行为上向优秀党员看齐，端正了学习态度，提升了思想境界。

2. 举办农民画艺术展，绘就新时代乡村振兴“新图景”。金陵科技学院图书馆

与公共图书馆合作，与金陵图书馆、江苏省农民书画研究会联合举办“阅美新时代，幸福新征程”建党百年农民画艺术展。省内六大画乡的农民画家通过寓意深刻的主题，勾勒出在党的正确领导下，新时代新农村实现振兴、培育乡村文化的发展历程。通过画展，大学生们了解了新时代农民的生产生活和精神风貌，激发了学习动力，纷纷表示要致力把课堂学习和乡村实践紧密结合起来，努力发挥专业所学，有责任有担当，为绘就新时代乡村振兴“新图景”贡献青春力量。

3. 与社区共同打造党史读书角，共建红色文化阵地。金陵科技学院图书馆将党建工作与阅读推广业务相融合，开展专属党员的红色文化阅读推广服务。与属地基层社区结对，向南京市栖霞区燕子矶街道晓庄村社区书屋捐赠党史相关书籍，共同打造党史读书角，收录了党史学习教育经典图书、报纸、杂志。图书馆党支部还利用党日活动，定期发挥专业优势，对社区书屋的图书进行分类、排序、上架，大大提高了借阅效率，优化了阅览体验。与属地社区书屋共建共享，增强了协同能力，盘活了校外资源，共建红色文化阵地。

4. 利用馆藏特色文献资源，举办建党百年文献图片展。金陵科技学院图书馆围绕党史学习教育，充分利用馆藏特色文献资源，整理、策划了“观图学史，崇德力行”建党百年文献图片展，以馆藏文献为支撑，以党的历史大事件为主线，生动形象地

图1　与社区共同打造党史读书角，共建红色文化阵地

展现了中国共产党百年来的光辉伟业。通过展览，师生们更全面系统地了解了党的光辉历史，汲取了精神力量、坚定了理想信念、厚植了爱党情怀，把初心和使命融入学习、生活、工作。

5. 传承红色文化，打造红色经典阅览区。为弘扬红色文化精神，传播党的先进思想理论，让红色书香溢满校园，图书馆与马克思主义学院深度合作，利用馆藏资源优势，在江宁校区图书馆四楼精心打造了红色经典阅览区。阅览区精选 1000 多册优秀红色图书，涵盖党章党规、党史党情、领袖著作、领袖传记，以及红色经典文学作品等，聚焦红色经典，传承红色基因，为广大师生提供了“红色精神粮仓”。

（二）“百年潮已起，青春起而行”建团百年阅读推广系列活动

1. 成立“团史故事听我讲”社会实践团，讲好家乡红色故事。2022 年适逢建团百年，金陵科技学院图书馆联合二级学院团总支，成立“团史故事听我讲”社会实践团，开展立体化红色活动，让大学生们在“大思政课”中，边实践，边阅读，边总结，边提高，以实际行动践行青春誓言。大学生们利用暑期，立足家乡红色印记，积极学习共青团史，阅读共青团相关书籍，讲好红色故事。团员们去了苏州、扬州、连云港、南京、淮安、安阳、嘉兴、昆明等二十几个城市寻找红色记忆，前期阅读相关书籍和史料、撰写拍摄脚本、进行实地拍摄，后期将学习过程及成果剪辑成“团史故事听我讲”系列视频。此次活动共拍摄 312 支视频，择优在微信公众号和图书馆大厅屏幕展播，旨在让学生通过阅读相关红色经典书籍，学团史讲团史、学团员讲团员，讲好家乡红色故事，发扬优秀红色精神，做到读行合一，以读促行，以行求知。

高校在推进“大思政”格局下的阅读推广过程中，应着力将传统的阅读推广模式转化为形式灵活、贴近当代大学生的特色活动，以大学生们喜闻乐见的形式提升阅读推广实效。把阅读推广活动进一步发展为覆盖范围更广、影响更为深入的“思政大课堂”。

2. 开展“时间两岸的对话”明信片绘制活动，与先烈对话。读红色经典书籍，学习革命先烈英雄事迹。将自己的情感用画笔描绘，把自己对先烈的崇敬之情和缅怀的感言寄语写在一张张明信片上，以此与先烈对话，表达致敬之情。

3. 开展“图解二十大思想，构建新时代蓝图”手账设计活动。同学们通过手绘学习二十大报告内容，了解党的历史和发展成就，把青春奋斗融入时代主题，展现出“知党恩，感党恩，听党话，跟党走”的新时代青年团员气象。

4. “民族歌曲唱经典，民族文化绽芳华”老歌新唱大赛。活动过程中，同学们通过查阅少数民族相关资料、改编歌词、熟悉民族歌曲的演唱方法，了解了少数民族

的风俗习惯、宗教信仰等。用歌声弘扬少数民族文化，使中华民族共同体意识和民族团结的理念浸润人心。

5. 开展“捧出一颗丹心，献与山河万里”征文创作活动。大学生团员以青春之名书写对习近平总书记寄语的感悟，表达“厚植爱农情怀，服务乡村振兴”的决心，用真挚朴实的语言书写了当代青年的责任与担当意识。活动中，涌现出许多满怀激情、信仰坚定的优秀作品。通过征文创作活动，大学生团员更加坚定了理想信念，切实提升了爱国爱党意识。

（三）“青春齐行动，共筑中国梦”五四青年节阅读推广系列活动

“大思政”红色阅读推广活动需要建立常态化的活动机制，结合大学生们的实际需求和知识体系，开展多样化的红色阅读推广活动，让“大思政”直抵人心。金陵科技学院图书馆围绕青年大学生自己的节日，2022 年、2023 年连续两年举办“炫动的青春”五四青年节阅读推广活动，让学生在活动中读红色书籍，展青春风貌，弘扬和传承五四精神。

1. 开展“二十经纶引青年，赤心笔墨展青春”绘卷活动，用画笔将“红心”绘进心间。参赛选手为定制的五四专题线稿进行配色，或在白色画板上进行自我创作，在画中学、在学中悟、在悟中做。从名人名言到红色历史故事，大学生们用画笔将“红心”绘进心间，表达对祖国的热爱。

2. 开展“五四青春诗会，幕府拼贴诗苑”活动，感悟青春。学生们用事先准备好的素材，通过拼贴的形式重组一首新的诗词，通过诗歌创作表达对青春、对坚守、对奋斗的感悟。

图 2　五四青春诗会，幕府拼贴诗苑

3. 举办“生而逢盛世，青年当有为”演讲朗诵比赛，诠释五四精神。学生们通过诗歌和演讲的形式，用真情实感诠释着五四精神和红色情怀，展现了金科学子们朝气蓬勃的风姿和勇于担当的精神。

图 3 五四青年节演讲朗诵比赛

4. 举办“读经典，书青春”诗歌征集大赛，以诗育人。优秀诗词是对人类美好理想的抒发、对人们道德情操的陶冶，同学们通过撰写、朗诵、欣赏诗歌，体味文字的美，将身心沉浸在诗歌之中，心灵得到滋养，文化素养得到提升。

5. 开展“生在红旗下，长在春风里”红色影视剧观后感征集活动。通过一部部红色影片，大学生们学习到革命先辈的不凡精神。红色文化滋养了新时代的青年，激发了大学生们强烈的爱国之情、报国之志。

大思政课堂

“学党史、强信念、跟党走” 建党百年系列活动	“百年潮已起，青春起而行” 建团百年系列活动	“青春齐行动，共筑中国梦” 五四青年节系列活动
❖ 成立“金科学子专访百名基层党员”实践团	❖ 成立“团史故事听我讲”社会实践团	❖ “二十经纶引青年，赤心笔墨展青春”绘卷活动
❖ “阅美新时代，幸福新征程”建党百年农民画艺术展	❖ “时间两岸的对话”明信片绘制活动	❖ “五四青春诗会，幕府拼贴诗苑”活动
❖ 与社区共同打造党史读书角，共建红色文化阵地	❖ “图解二十大思想，构建新时代蓝图”手账设计活动	❖ “生而逢盛世，青年当有为”演讲朗诵比赛
❖ “观图学史，崇德力行”建党百年文献图片展	❖ “民族歌曲唱经典，民族文化绽芳华”老歌新唱大赛	❖ “读经典，书青春”诗歌征集大赛
❖ 传承红色文化，打造红色经典阅览区	❖ “捧出一颗丹心，献与山河万里”征文创作活动	❖ “生在红旗下，长在春风里”红色影视剧观后感征集活动

图 4 金陵科技学院图书馆红色阅读推广活动体系框架图

三、创新之处

（一）形式创新：馆内外、校内外多方联动，助力阅读推广活动走实

“图书馆＋二级学院”，打造馆院一体化服务体系。图书馆与校内学院建立长期合作，尽可能贴近学生的实际阅读需求，广泛吸纳活动创意，馆院共同策划、开展一系列活动。

“图书馆＋基层社区”，共建社区书屋延伸服务阵地。图书馆与属地基层社区结对共建共享，依托图书馆平台优势及馆员专业优势，将阅读推广阵地拓展到校外，活化基层图书资源。

“图书馆＋公共图书馆”，推动优势互补资源共享。盘活社会文化资源，与金陵图书馆、江苏省农民书画研究会联合举办农民画艺术展，为师生提供丰富多样的主题活动。

（二）内涵出新：全方位、多层次内涵建设，助力阅读推广活动走深

“图书馆＋社会实践”，探索新时代内涵式发展实践路径。图书馆在新时代大背景下顺势而为，积极探索符合时代主题的推广路径，走出校门开展实践研学，强化内涵建设。

“图书馆＋大思政”，推动思政教育和业务融合发展。发挥高校图书馆“第二课堂”的角色作用，以阅读推广活动带动馆内红色资源建设，探索图书馆实现立德树人、三全育人目标的实践路径，进一步拓展与丰富思想政治教育内容体系。

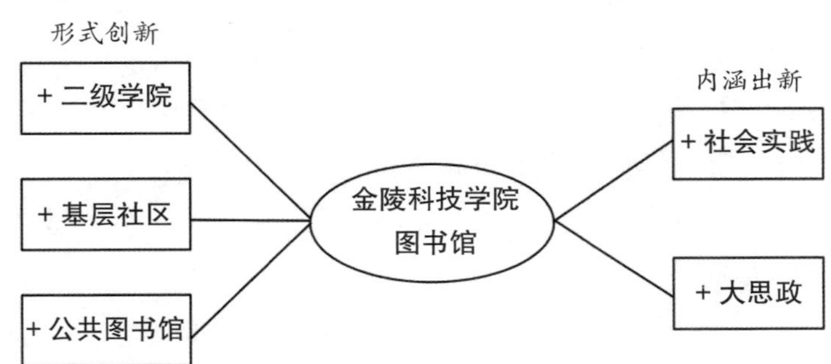

图5 金陵科技学院图书馆红色阅读推广活动创新之处

四、主要成效

（一）以研学为先导，促进红色经典阅读

以研学促阅读，不仅是读一本书或几本书，还要撰写调研报告，分享调研心得，

交流调研收获，展示调研成果。学生们通过调研了解到，对于红色经典书籍，要去阅读，更要用心去感悟，用情去交流。这种研学阅读方式为学生提供了真实的阅读体验，更受学生欢迎，让阅读走出书本的框架，走出图书馆的空间环境，更能提升学生的满意度，提高阅读推广的成效。

（二）以活动为依托，根植红色基因

红色阅读推广活动的开展，提升了阅读推广活动的思想性、理论性、亲和力和针对性；帮助大学生树立正确价值观，向英雄学习，向榜样学习，使大学生成为红色精神的坚定信仰者、践行者、传播者；通过形式多样的活动，以及鲜活的文字、图片和影像记忆，深化大学生的情感体验，涵养大学生的文化修养，促进大学生思想道德水平的提升，同时为高校“大思政课”教学改革创新贡献力量。阅读使人类文明的火种续延，阅读红色经典，可以将党的故事、革命的故事生动形象地传递给青年学子，给他们的思想烙上红色印记，传承红色基因，筑牢思想根基。

（三）以实践为路径，赓续红色文脉

用好用活地方红色文化资源，利用暑期让学生们走进家乡的红色纪念馆、博物馆、档案馆，追寻红色记忆。“金科学子专访百名基层党员”实践团活动，共收到958份实践报告，评选出30名优秀寻访者，并开展优秀基层党员采访分享会，交流其专访过程以及心得。“团史故事听我讲”社会实践团活动共拍摄312支视频作品，择优在微信公众号和图书馆大厅屏幕展播。团员们去了苏州、扬州、连云港、南京、淮安、安阳、嘉兴、昆明等二十几个城市寻找红色记忆，受到红色基地实践单位的一致好评，多名学生被评为优秀讲解员或志愿者。以实践为路径的阅读推广活动，依托地方红色文化、创新阅读推广模式，让红色文化释放出强大的凝聚力和引领力，推动了高校阅读推广与地方丰富的红色文化资源优势相结合、与大学生自身成长成才相结合。通过实地寻访，学生们纷纷表示：生长在盛世中，吾辈更当自强，做“红色传人”，做新时代的“赶考人”。

（四）以党建为引领，打造社区红色文化阵地

立足“小成本、大情怀、正能量”，与基层党组织共建，致力打造图书馆校外红色文化阵地，创建“社区书屋”党建品牌。金陵科技学院图书馆坚持与社区开展红色阅读活动，积极发挥“社区书屋”传播新思想、传承红色基因的重要阵地作用，与晓庄村社区合作开展的“高校社区齐联动，互促共进共发展，谱写时代新篇章”党日活动获得2022年度金陵科技学院“最佳主题党日活动”一等奖。

（五）主要活动成果

1.“金科学子专访百名基层党员”实践团活动共有 2000 多名青年团员返回家乡专访基层党员，录制口述资料，凝练 200 篇采访实录和宣讲稿，形成了 20 万字实录一册，现已整理完成第二册 35 万字的实录。

2.“团史故事听我讲”社会实践团活动共拍摄 312 支视频作品，择优在微信公众号和图书馆大厅屏幕展播。团员们去了苏州、扬州、连云港、南京、淮安、安阳、嘉兴、昆明等二十几个城市寻找红色记忆，受到红色基地实践单位的一致好评，多名学生被评为优秀讲解员或志愿者。

3. 以“金科学子专访百名基层党员”实践团为基础的党日活动“开展党员教育实境课堂，以红色基因坚定理想信念”获得 2021 年金陵科技学院“主题党日活动”方案立项。

4. 媒体报道

（1）《新华日报》官方“人民号”报道“观图学史，崇德力行”建党百年文献图片展。

网址：https://wap.peopleapp.com/article/rmh21968113/rmh21968113

（2）江苏文明网报道金陵科技学院图书馆与燕子矶街道晓庄村社区结对，建设红色文化阵地。

网址：https://wm.jschina.com.cn/9653/xixiaqu/202211/t20221118_7758042.shtml

（3）金陵图书馆官网报道“阅美新时代，幸福新征程”建党百年农民画艺术展。

网址：http://www.jllib.cn/hdym/hdbd/202211/t20221118_64769.html

图 6　部分活动优秀作品

（4）金陵科技学院官网报道南京市委常委、宣传部部长陈勇一行参观金陵科技学院图书馆红色经典阅览区。

网址：https://infopen.jit.edu.cn/info/1175/2952.htm

五、案例启示

红色阅读推广处于起步与探索阶段，还没有建立起规范化、专业化的模式与策略，需要进行顶层设计，不断完善政策制度体系，加强对红色资源阅读推广的重视，使之有章可循、有据可依，逐步趋向制度化、精细化，从而引导红色资源阅读推广走深、走实，让红色资源的价值被更加有效地挖掘。

（一）协同发力，构建红色资源共同体

图书馆作为推广主体要进行顶层规划，注重协同发力，建立合作机制，打造多元化主体，扩充推广力量，与其他职能部门、二级学院以及校外的博物馆、档案馆、红色基地等合作，外联借力，融汇创新，构建红色资源共同体，提升自身活动水平。

（二）树立品牌，建立红色资源阅读推广长效机制

红色阅读推广活动要建立常态化活动机制，制定不同时期的推广方案与目标，形成系列活动，树立品牌。只有通过深入挖掘红色资源，从不同层面、不同角度推广红色资源，才能让红色资源融入学校的育人体系。还要对推广内容、推广频率、推广规模、推广途径、推广方法等进行约定，以更加规范化、标准化的姿态引导读者逐渐形成一种红色文化自觉，建立相对完备的知识体系。

（三）创新形式，扩大红色资源阅读推广影响力

为使红色阅读推广活动增加受众面、扩大影响力、走深走实，图书馆要了解学生的思想和要求，实时了解学校师生的阅读意向动态，与时俱进，积极引导并推广有特色的创新活动，调动师生参加活动的积极性，激发师生阅读红色经典的兴趣，提升他们的思想境界；不断熏陶师生心灵，提升其综合素质，丰富教育成果，让红色基因真正扎根于师生内心，让红色阅读成为“大思政”课堂的重要组成部分，使红色阅读推广活动保持持久性、新颖性，更好地传承民族精神，弘扬爱国主义情怀。

专家点评

活动创意好：把阅读推广融入大思政课，用思政元素点亮阅读推广，把阅读推广活动进一步发展为覆盖范围更广、影响更为深入的“思政大课堂”。活动载体多：建立图书馆和二级学院、公共图书馆、基层社区密切配合的内外联动运行机制，构建红色资源共同体。活动效果好：完善活动的各个细节，控制把握好活动的每一个环节，及时进行经验总结。建议对活动的效果进行评估，改进后续活动方案。建议进一步总结经验，建立红色阅读推广常态化活动机制，制定不同时期的推广方案与目标，形成具有校本特色和本馆特点的阅读推广品牌。

主审专家：管红星

案例《馆院地联动，共筑“大思政”课堂》介绍了金陵科技学院在“大思政”背景下开展的以建党百年、建团百年、五四青年节三个主题为主体的红色阅读推广系列活动。成立“金科学子专访百名基层党员”实践团和“团史故事听我讲”社会实践团，鼓励大学生们走出校门，以研学促阅读，开展立体化红色活动，让大学生们在“大思政课”中，边实践，边阅读，边总结，边提高。同时，外联借力，融汇创新，建立图书馆和二级学院、公共图书馆、基层社区密切配合的内外联动运行机制，构建红色资源共同体。利用图书馆馆藏资源，着力将传统的阅读推广模式转化为形式灵活、贴近当代大学生的特色活动，以大学生们喜闻乐见的形式提升红色阅读推广实效。把阅读推广融入“大思政课”，也用思政元素点亮阅读推广，把阅读推广活动进一步发展为范围覆盖更广、影响更为深入的“思政大课堂”。案例工作理念或者思路具有原创性，工作流程有创新性，能够有效解决图书馆行业存在的痛点，工作方案陈述清晰，工作步骤具体明确。该活动媒体报道较多，在高校图书馆中具有很好的推广价值。能够紧扣思政主题，思路清晰；结构合理，层次分明，逻辑严密；语言流畅，简明扼要。该案例总体完整，示范性强。馆院地联动，共筑“大思政”课堂是一个非常好的模式，建议把工作进一步制度化、精细化，从而引导红色阅读推广走深、走实，让红色资源的价值得以更加有效地挖掘，让红色文化得以更好地传承。

主审专家：张小兵

南通大学红色经典阅读系列推广活动

项目组成员：徐宇红、徐勇、明娟、曹文、周耀、于映红、李强、丁刘军
单位信息：南通大学

【摘要】南通大学红色经典阅读系列推广活动以红色文献和红色主题为依托，提倡一种面向读者需求、弘扬传统文化的阅读方式。打造红色阅读推广物理空间——“传习书屋”，提供红色阅读场所；搭建网络红色阅读空间，构建党史党建专题数字平台，提供线上红色资源；结合时事热点，开展红色主题书展、图片展，吸引师生和社会公众的关注；向全校师生推荐红色经典阅读书目，引导师生深入阅读和研究红色文献；开展各类红色主题阅读分享会，帮助师生深入了解红色文献的背景和历史，增加其对红色阅读的理解和兴趣。南通大学图书馆通过推广红色阅读，提高了师生对红色文献和红色主题的认识和理解，同时激发了师生对阅读的兴趣和热爱，促进了学校文化建设和学生全面发展。

一、案例背景

党的十八大以来，以习近平同志为核心的党中央高度重视红色资源利用、红色基因传承工作。红色经典阅读以红色文献和红色主题为基础，深入挖掘中国共产党和中国革命历史的精神内涵，使读者更好地了解和感受中国革命的伟大历程。

红色文献是红色文化的重要载体，是记录中国共产党带领全国各族人民实现中华民族站起来、富起来、强起来的历史过程的生动载体和宝贵遗存，是我国建党百余年与建国七十多年从筚路蓝缕到繁荣富强的记录和见证，蕴含与积淀着深沉的中国文化、中国智慧、中国精神、中国价值和中国力量，是优质的育人资源与载体。

高校图书馆作为校园文化建设的重要阵地，具有教育和信息服务职能，理应充分发挥在学校“人才培养”和“文化传承创新”中的作用，而红色文献又是高校图

书馆红色文化资源的主要馆藏类型，因此，南通大学图书馆在红色经典阅读推广工作上发挥主观能动性，结合自身馆藏资源优势和专业优势，利用新媒体技术，加强红色文化的研究与阅读推广服务，创新传承红色文化精神，提高师生对红色文献的关注度，进一步发挥图书馆对大学生的教育作用，引导当代大学生坚定爱国信念，树立正确人生观，做新时代的建设者和优秀的接班人。

二、主要做法

（一）打造红色阅读推广物理空间——“传习书屋”

2021 年，馆领导亲自带队，在筹措到第一笔空间改造专项经费后，打造了一个独立的阅读推广空间，名为“传习书屋”。“传习”二字出自《论语·学而》，以此命名有传授知识，反复学习、实践之意，也有其字面意义，旨在深入学习贯彻习近平新时代中国特色社会主义思想，学思用贯通、知信行统一，不断赋予这一伟大思想新的时代内涵。2021 年 6 月 18 日，位于图书馆一楼的“传习书屋”正式揭牌，整体风格突出红色经典的特征。自揭牌以来，传习书屋相继开展了丰富多彩的活动，目前已经成为举办红色书展、红色经典研讨和专题阅读分享会的场所，也是开展党课学习、党员活动的党员之家。

（二）搭建网络红色阅读空间，构建党史党建专题数字平台

红色资源是高校红色主题阅读推广活动开展的基础，红色主题阅读推广离不开红色资源的建设。为了促进红色主题阅读推广活动的开展，南通大学图书馆首先对馆藏红色资源进行了有效整合，展示与党史专题教育有关的红色资源，开设专门的党史学习教育阅读书香园地。其次，结合数字化时代大学生的阅读需求，除纸本资源之外，加大了对红色电子资源的整合与展示力度。近两年，南通大学图书馆整理了党史党建专题数字资源，供师生学习党史使用，具体包括：中共党建党政视频课程数据库、红色报刊档案数据库、中共党史经典文献库数据库、新时代中国特色社会主义思想知识服务平台、新时代中国特色社会主义思想政治课程数据库等。

（三）结合时事热点，开展红色主题书展、图片展

1.“奋斗百年路　启航新征程”红色书展

为庆祝中国共产党成立 100 周年、扎实开展党史学习教育，2021 年 6 月 18 日，图书馆在传习书屋举办了“奋斗百年路　启航新征程”红色书展开幕式，精心挑选并展出了涵盖党史理论、党史奋斗、党史人物、党史文学等经典内容的书籍，引导

读者了解中国共产党奋斗史，深植爱党、爱国、爱社会主义的情感。

2.“永远跟党走　奋进新征程”喜迎二十大主题书展

2022年是进入全面建设社会主义现代化国家、向第二个百年奋斗目标进军新征程的重要一年，也是中国共产党召开第二十次全国代表大会的重要一年。为了献礼二十大，2022年10月中旬至11月底，南通大学图书馆在传习书屋举办了“永远跟党走　奋进新征程”喜迎二十大主题书展，展览共分党的理论、党的历史、党史人物、红色文学、南通党史五个部分，全方位展示党的光辉历程，讴歌时代英模，重温红色经典。

3.《复兴文库》书展

在党的二十大召开之际，由党中央批准实施的重大文化工程——《复兴文库》问世，我馆于2023年3月底从江苏凤凰新华书店集团有限公司成功订购一套，成为省内第一批收藏《复兴文库》的高校图书馆之一。为庆祝入藏，4月初在传习书屋举行了《复兴文库》书展。《复兴文库》具有极高的历史现实意义和学术研究价值，是学习贯彻习近平新时代中国特色社会主义思想、党的二十大精神的重要文献。

4. 红色耀中华——近代红色出版史文献展

欲知大道，必先为史。2023年4月中旬至5月中旬，南通大学图书馆联合校党委宣传部和校团委，在啬园校区逸夫楼一楼大厅举办了“红色耀中华——近代红色出版史文献展”活动。该文献展以上海图书馆馆藏近代文献资料为支撑，通过对红色出版文献的图片再现与介绍，生动展示党的红色出版活动中的人、事、物，客观诉说在党的建立、发展和壮大过程中，各个阶段的不同政治主张、宣传重点和策略。

（四）向全校师生推荐红色经典阅读书目

2021年是中国共产党建党100周年。为深入贯彻落实习近平新时代中国特色社会主义思想和总书记在党史学习教育动员大会上的重要讲话精神，隆重庆祝建党100周年，2021年5月至6月我们开展了“经典著作中的党史”书目推荐活动，分别邀请校党委常委、十位见证党的成长历史的各年代党员代表（出生于20世纪20年代—21世纪00年代）和八位专家学者向全校师生推荐红色经典阅读书目，鼓励大家通过阅读了解我们党的百年奋斗历程，了解我们党的百年辉煌。

此外，组织拍摄了推荐阅读书目的小视频，分七期在图书馆微信公众号连续推出，还利用南通大学官方抖音平台，推出了“今天一起来读”红色经典书目推荐系列视频，向全校师生以及全网观众深情讲述书籍内容，更好地传承红色基因，坚定理想信念。

（五）开展各类红色主题阅读分享会

1.《复兴文库》读书分享会

为深入开展学习贯彻习近平新时代中国特色社会主义思想主题教育，2023 年 5 月 31 日下午，南通大学图书馆在传习书屋举办“话家国情怀　立青春誓言”《复兴文库》读书分享会，来自校团委、图书馆、马克思主义学院的专家教授作为点评嘉宾出席活动。

来自雏凤文学社和青年马克思主义理论研究会（简称“青马会”）的六位同学围绕“家国”“青春”两个方面，分别做了读书分享，带领在场师生领略了古人的智慧，解读了红色经典文学作品，分享了自己的青春和家国情怀，图书馆理论学习中心组成员、雏凤文学社和“青马会”成员、各学院学生代表参加活动。

2.“青马思想汇”读书分享系列活动

为深入学习宣传贯彻党的二十大精神，用青年话语、青年行动广泛传播马克思主义科学理论和党的创新理论，更好地引领全校学生深入学习、宣传和践行习近平新时代中国特色社会主义思想，坚定不移听党话、跟党走，校团委和图书馆联合举办了“青年奋进正当时青春作伴好读书”信仰公开课之“青马思想汇”读书分享系列活动。

2023 年 3 月 22 日—5 月 17 日，来自全校 21 个学院的 50 多名同学在图书馆传习书屋进行了推荐书目并分享阅读体会的活动。他们分成十五个小组，分别围绕中国式现代化、人类命运共同体、推动绿色发展、总体国家安全观、科教兴国战略、

图 1　活动现场图

文化自信自强等主题展开了为期两个月的小组学习。各小组成员结合音视频等多种形式，从思想、学习、工作以及生活等方面交流感悟，将党的二十大精神的学习收获转化为一个个鲜活动人的小故事，通过接地气、有温度、青春范儿的宣讲充分展现了南通大学青年学子积极向上的精神风貌。全校500多名师生参与了本次活动。

三、创新之处

（一）系统性和特色性相统一

近两年，我馆开展的活动围绕红色经典阅读和党史学习这一中心主题，每个子活动既能突出特色、独立成篇，又可以保持活动间的关联性和系统性，通过系列活动逐步增强广大师生的红色文化底蕴。

（二）"常规手段"和"创新手段"相结合

在南通大学红色经典党史学习活动期间，除了各种传统的线下活动，如红色经典书籍展示、红色电影展播，我馆还借助微信公众平台、图书馆的LED大屏和南通大学抖音官方账号、超星"学习通"平台等，达到立体式的推广效果。

（三）多元主体联合共建，争取多方合作共赢

阅读推广活动是一项长期的系统性工程，只有争取多方联动合作，才能形成阅读推广的强大合力，提升红色主题阅读推广的总体效能。以南通大学图书馆为例，由于人力有限，图书馆尚未成立独立的阅读推广部，而是抽调了各部门中青年馆员组建阅读推广小组。为了最大限度地发挥红色主题阅读推广的宣传与辐射效应，图书馆采取联动合作的思路，与各方面取得合作，共同开展红色经典阅读活动。积极与学校宣传部、工会、团委以及网络数据提供商等组织机构加强合作，充分调动校内资源。不仅为阅读推广提供资金保障和人力支持，还对图书馆红色经典阅读推广活动在校内外的宣传提供了极大支持。

（四）主动与媒体对接，增强活动的社会影响力

为扩大"传习书屋"揭牌暨红色书展活动的社会影响力，图书馆积极和校宣传部联系，邀请了学校党委书记和分管校领导揭牌，学校各职能部门参与；活动报道发布之后，联系地方报社和有社会影响力的摄影家进行线上转载宣传，最后被多家主流媒体报道，并被"学习强国"转载，获得了广泛的社会好评。

四、主要成效

随着红色经典党史学习活动的不断推进，阅读红色经典党史著作已经引起全社会的共同关注。南通大学图书馆通过开展红色经典阅读系列推广活动，使大学生们深刻感受到中国共产党人的崇高革命精神和风范，从中补足精神之钙、铸牢理论之魂、获得奋进之力，真正做到学史明理、学史增信、学史崇德、学史力行。

（一）吸引了更多读者参与，纸质图书借阅量显著提升

纸质图书借阅量的下降是每个高校图书馆均面临的问题，新媒体的广泛应用丰富了阅读推广的手段。线下开展的传习书屋红色书展、读书分享会、红色电影展播等活动吸引了更多的同学走进图书馆；党委委员和专家学者的书目推荐、微信图文推送的书目清单和数字资源等，调动了读者阅读的积极性，相关纸质图书的借阅量明显提升。

（二）多种媒体宣传推广，扩大了活动的影响力

在智能时代的泛链接中，线上线下的多媒体宣传扩大了阅读推广的影响力。2021 年 6 月 24 日的《中国纪检监察报》以图片新闻形式报道我校图书馆举办“传习书屋”揭牌仪式暨“奋斗百年路 启航新征程”红色书展开幕式。活动不仅被《南通日报》、《江海晚报》、江苏省图书馆学会报道，而且被“交汇点”“今日头条”“学习强国”报道，社会反响强烈。

（三）锻造了一批精干的阅读推广馆员队伍

南通大学红色经典阅读系列推广活动的成功开展，离不开馆领导的统筹指导和馆员们的积极努力。活动过程中，阅读推广小组的成员秉持爱岗敬业、不怕险阻的精神，在馆领导的带领下，坚持不懈地努力推进相关活动；以“一切为了读者”为宗旨，根据读者所需提供优质的服务；熟悉馆藏资源，并熟练掌握计算机及多媒体技术，能够运用微信等新媒体平台拓展阅读推广途径。此外，小组成员引导读者阅读、为读者推荐书目的能力也在阅读推广活动中得到了锻炼，他们能够根据读者的实际情况，推荐合适的红色经典系列图书。随着红色经典阅读推广活动的开展，阅读推广活动小组组员的专业能力进一步加强，思路进一步开拓，对阅读现象的观察力也得到进一步提升。通过红色经典阅读推广活动，我馆馆员们的专业素质和服务水平得到了明显提升。

（四）培育了一支阅读推广的学生群体

对于高校图书馆而言，在阅读推广工作开展过程中，组建一支高素质且稳定的阅读推广队伍是最核心的要素。读者是图书馆阅读推广的对象，也可以成为阅读推广的主体。学生社团作为学校开展文化活动的主体，能契合学生的多元文化需求推出系列主题文化活动，使其参与到图书馆阅读推广工作中，能发挥大学生热情活跃、创新力强的特点，从而打造校园阅读文化品牌。南通大学图书馆在阅读推广中重视发挥学生组织的积极性，鼓励学生与图书馆合作交流。比如，2023 年的《复兴文库》读书分享会，文学院的雏凤文学社和马克思主义学院的“青马会”在活动中发挥了很好的组织和推广作用，学生社团在图书馆组织的阅读推广活动中进行社团风采展示；学生馆员协助老师完成阅读推广相关视频并在他们的学院、班级通过微信、抖音等方式进行宣传等。图书馆为学生组织提供自我展示和宣传的平台，使图书馆成为校园文化的中心地。

五、案例启示

高校图书馆在传播红色文化知识和弘扬红色文化精神时，应重视图书馆职责与优势的发挥，以红色文化思想为核心，挖掘红色基因，保持红色阅读推广的持久性和新颖性，强化协同合作，有效增强高校图书馆的深度和广度。

（一）挖掘红色基因，提高红色资源利用效能

红色资源作为党百年历史最真实、最直接的记录，对开展党史学习教育、提升群众文化素养具有重大意义。图书馆应充分发挥馆藏资源和功能优势，深入挖掘师生喜欢听、想了解、能被打动的红色故事。通过精心策划和整理红色文献、红色题材图书，形成红色文化品牌，吸引师生的关注和参与。同时，利用大数据和云计算技术，分析读者的行为特征和偏好，实现红色文化的精准聚焦和个性化推荐，提高红色资源的利用效用。

（二）创新推广模式，与时俱进发扬红色阅读

要让红色阅读成为师生思想教育的重要组成部分，就需要创新推广模式，保持红色阅读推广活动的持久性、新颖性。图书馆要实时了解学校师生的阅读意向，与时俱进，积极引导并推广有特色的创新活动，激发师生阅读红色经典的兴趣，提升思想境界，不断熏陶师生心灵，提升综合素质，丰富教育成果，让红色基因真正扎根于师生内心，更好地传承民族精神，弘扬爱国主义情怀。

（三）强化协同合作，打造红色经典阅读新体验

新时代红色经典阅读推广活动合作也需要不断创新来迎接时代的变革。图书馆各部门要倾心服务，发挥优势，与学校各部门和二级学院之间协同配合，深化合作交流。同时，加强学生社团在红色经典阅读推广中的重要性，培养他们的红色经典阅读素养，使他们成为图书馆红色阅读推广的重要桥梁和得力助手。此外，加大与数据库开发商的合作，提供先进的技术和资源服务，使广大师生能够更便捷地阅读红色经典，助力红色经典阅读活动的推广。

专家点评

活动以红色文献和红色主题为内涵，探索建立一种面向读者需求、弘扬优秀传统文化的阅读方式。立意高、创意足，活动组织和策划具有很强的执行力，特别是阅读分享交流会，注重读者的反馈尤为可贵，真正体现了阅读推广的真正内涵和要求，值得大家学习。建议对活动开展情况作进一步总结，凝练出能够体现校本特色和本馆特点的阅读推广经验，想一个好名字；此外在如何形成长效机制方面再进一步探索。

主审专家：管红星

案例《南通大学红色经典阅读系列推广活动》工作思路有创新；工作流程有变革；媒体报道较多，在高校图书馆中具有很好的推广价值。紧扣主题，思路清晰；结构合理，层次分明，逻辑严密；语言流畅，简明扼要。总体完整，示范性强，取得了比较好的效果，建议补充具体受益的师生人数及图片等。

主审专家：张小兵

多维协同，创建红色主题阅读空间新格局

项目组成员：刘建新、张文莉、张挺、刘丽珏、常春圃、林之婷、李婷、郁文婷
单位信息：南京工程学院

【摘要】南京工程学院多维协同、多措并举打造具有多元化、互动性、创新性的红色主题阅读空间，营造沉浸式阅读氛围，为全校师生提供丰富的学习资源及平台，2021 年 5 月以来，举办了迎接建党一百周年、学习贯彻党的二十大精神等重大活动。作为校园文化建设的重要阵地和全校师生的“第二课堂”，南京工程学院图书馆多方筹措，精心准备，充分挖掘并不断提高自身红色资源建设水平，通过“优化经典空间”“创新融合空间”“交流互动空间”和“延伸拓展空间”等多个维度的全方位建设，利用读书角、专题书架、阅读专区、书友会、文化讲座、艺术体验、专题图文展览及馆内背景音乐等多种载体、形式，深入开展红色主题阅读推广工作；通过各类活动广泛征集、精心挑选，多角度、多批次地向全校师生宣传、推送专题阅读书单，激发广大读者的阅读兴趣，引导读者在阅读红色经典著作中、在回顾党的光辉奋斗历程中感悟红色精神、传承理想信念。

一、案例背景

图书馆既是学校文献资源中心、文化传承的重要基地，也是思想交流的重要场所、知识传播的重要空间，更肩负着思政教育的重要职能。在以立德树人为根本、推进“三全育人”的大背景下，挖掘红色教育资源，主动融入学校“大思政”系统教育工程，在大学生思政教育工作中发挥重要作用，是新时代图书馆面临的机遇和挑战，也是发展转型的一个重要方向。因此，如何建设好、宣传好、发挥好、运用好图书馆红色资源，搭建红色学习园地，讲好红色故事，让大学生从被动接受思政教育转变为兴趣激发、主动了解、深入学习，是图书馆在深化思政教育功能建设过程中需要解

决的关键问题。一方面，图书馆不再只是学生借阅书籍、检索文献和学习阅览的教学辅助场所，而还是通过将红色教育元素融入资源建设、空间优化和读者服务等各项业务工作，更好地承担思政教育任务的场所。另一方面，开展图书馆红色主题空间建设也能够较好地改善馆员在具体工作开展与考核中偏重专业技术工作、忽视思想政治教育、缺少思政教育相关理论基础与实践经验的现状，形成馆员全员通过推广阅读参与“文化育人”和“服务育人”的良好局面。

基于这样的背景和现状，2021 年 5 月以来，图书馆以立德树人为根本、以读者为中心，紧密结合学习习近平新时代中国特色社会主义思想、党史学习、四史教育等主题和庆祝建党一百周年、党的二十大胜利召开等重大活动，结合图书馆自身空间特色和功能特点，以强化图书馆思政教育功能、促进阅读推广工作取得成效为目标，在多个“维度”探索创新，着力创建图书馆红色主题阅读空间新格局。

二、主要做法

（一）“一维”：优化经典阅读空间

将图书馆阅览室、开放式阅览区域、户外朗读区、信息共享空间、休闲阅读区等各类阅读空间统一调配，合理规划，充分利用图书馆馆舍条件，优化布局，根据阅读推广内容的不同，结合读者需求以及阅读习惯设置各具特色的经典阅读空间。

1.“初心 · 使命”红色主题读书角。在图书馆二层开放式阅读空间西侧区域设置红色主题读书角，将馆藏经典红色书籍集中展示，放置宣传展板，定期向读者推荐精选图书，使其成为图书馆为全体师生提供文化服务的特色园地。读书角空间开放，放置了舒适休闲的桌椅和沙发，让师生在既轻松又浓厚的氛围中细细品读红色经典。不少同学在学习之余写下了自己的读后感想，与更多的读者分享了自己的阅读心得。

2.“学党史，读经典”专题书架。图书馆结合以“品味红色经典，谱写青春赞歌”为主题的读书节系列活动，组织支部党员进行红色经典书目推荐和导读，全面梳理馆藏红色经典书目信息，设立党史学习教育专题书架，上架了《论中国共产党历史》《长征精神》《开国大典》等一批红色经典著作并根据借阅情况不断更新，线上线下相结合，推广图书馆红色资源，将理论学习与教育实践相结合。专题书架摆放在图书馆读者入馆必经之处的显眼位置，有效吸引读者的关注。为加强阅读效果，图书馆还征集读者的阅读心得并进行分享展示，通过微信、QQ群及图书馆读者荐购系统等平台让读者可以自由推荐值得推广的红色馆藏，体现了红色经典阅读推广的精准服务和交流互动。

图 1 “初心·使命”红色主题读书角

3.“共读经典　廉洁文化”阅读专区。为了继续深化党史学习教育和党风廉政教育，给读者营造轻松、舒适和更富感染力的阅读氛围，图书馆在二楼休闲阅读区域设置了“共读经典　廉洁文化”阅读体验专区。专区精选了百余本文学、历史、人物传记及思政教育类红色经典和廉洁文化著作，通过宣传党薪火相传的革命历史、展示党清正廉明的优良传统，让读者在沉浸式的阅读体验中明德思理、修身养性，在培养师生读书习惯的过程中传承红色文化、共筑强国梦想。

图 2 “共读经典　廉洁文化”阅读专区

（二）“二维”：创新融合阅读空间

图书馆天印文化长廊是弘扬优秀校园文化、激发创造激情、展示精神风貌的前沿阵地，在推动学生美育教育、弘扬中华优秀传统文化过程中发挥着重要作用。图书馆以建党百年、党的二十大等重大事件为契机，举办了多场以歌颂祖国、庆祝建党百年、喜迎盛会等为主题的摄影、书画、文献及图片展，用多种方式推送红色经典，以图书馆文化环境建设的创新形式引导广大读者开展阅读活动，同时，将红色经典元素嵌入文化展览和图书馆背景音乐，通过读者视觉与听觉的立体式感受营造氛围感与沉浸感。

1. 举办“庆祝中国共产党成立 100 周年光辉历程展”。展览由图书馆联合学校各部门和院系共同举办，包括“辉煌的历程”“永远跟党走”“精神的力量”三个篇章，分别以中国共产党的历次全国代表大会、百年党史的发展阶段和中国共产党人的精神谱系为脉络，结合习近平总书记在各个不同场合的讲话，通过精炼的文字、珍贵的历史图片，生动展示了我党团结带领中国人民不懈奋斗的光辉历史。展览突出政治性、教育性、普及性、互动性，为学校的党史学习教育提供了生动素材，观展师生还可扫描展板上的二维码，通过手机看到更多党史视频、参与党史知识竞答。

2. “思想之旗引领发展航向，真理之光照亮复兴道路”学习宣传党的二十大精神专题展。展览由“新时代伟大变革”“开辟马克思主义中国化时代化新境界”“新时代新征程中国共产党的中心任务”“全面建设社会主义现代化国家”和“牢牢把握团结奋斗的时代要求”五个主体单元以及党的二十大报告金句组成。近 50 块展板聚焦党的二十大报告原文，配套精选相关图片，并且每块展板都创新式嵌入了两三

图 3　“思想之旗引领发展航向，真理之光照亮复兴道路”学习宣传党的二十大精神专题展

册图书馆馆藏图书，为师生提供了延伸阅读、精进学习的方向，有助于大家更深入理解内涵、更精准把握外延，为更好服务师生深入学习、广泛宣传党的二十大精神提供直观便捷且内容丰富的文献资源保障。

3.“聆听红色乐章，传承红色基因”红色主题开闭馆音乐。图书馆精心选取了《妈妈教我一支歌》《红梅赞》《我爱你中国》等红色主题音乐，在每日开馆、闭馆、午间及傍晚等时刻进行定时播放。悠扬的乐曲萦绕在耳畔，熟悉的歌词忆上心头，读者在不知不觉间浸润了心灵、启迪了思想、陶冶了情操。红色经典音乐由人民创作，来源于革命伟大实践，表达了华夏儿女最真挚的情感，对培育大学生的政治认同、道德涵养和价值取向具有重要的指导作用。图书馆里的红色主题音乐仿佛一件件珍贵的历史馆藏，记载着百年沧桑、初心使命和伟大成就，在潜移默化的熏陶和身临其境的感悟中，读者阅读经典、感受经典。

（三）“三维”：交流互动阅读空间

利用图书馆研讨室、党员活动室、学术报告厅，举办书友交流会、阅读沙龙、文化讲座等形式生动的读书交流分享和传统文化体验活动，鼓励学校师生多读红色著作，多看经典影片，传承优秀传统文化，弘扬爱国主义情怀。

1.“相约读书日，共读中英文经典”阅读沙龙。图书馆联合团委、国际教育学院、外国语学院在读书节期间举办“相约读书日，共读中英文经典”阅读沙龙活动，带领大家品读经典、进行中西方文学与思想的交流。参会同学分享了 *Red Star Over China*（《红星照耀中国》）等英文经典著作，完整阅读原汁原味的英文原著的过程不仅是对语言能力的锻炼，更是对同学们人生观、世界观和价值观的一种积极构建。在阅读英文经典的过程中，疑难和困惑既是障碍，又是促进阅读、思考的积极因素，困难会引导读者进行思考，探索名著经典的深层内涵。

2.“弘扬传统文化，增强文化自信”红色主题艺术体验活动。非遗传承人、南京剪纸艺术家陈耀应邀来到图书馆，为师生们介绍了剪纸艺术的历史渊源、特点和技巧，强调剪纸对人格培养、对增强文化自信的重要性，向师生们展示了《剪个窗花献给党》《各族人民心向党》等多幅将党的光辉历程与剪纸艺术相结合的作品，重点解读了其中蕴含的红色元素。在艺术家的现场指导下，师生们边学边做，现场完成了《红星向党》《国旗》《党徽》等作品，用现学的技艺领略了剪纸艺术的神奇魅力，也表达了对党的祝福和热爱。

3.“战火连天处，分享伴我行”革命历史战争题材书友交流会。电影《长津湖》的热映让人们在了解和重温那段荡气回肠历史的同时，受到了深刻的爱国主义教育。其实，诸如此类的文学和影视作品不胜枚举，图书馆里就有着诸多革命历史战争题材的书籍：《大决战》《林海雪原》《上甘岭》……每一部作品都能够让人心潮澎湃，热血沸腾。在读者节期间，图书馆学生组织图管会联合天印读书会，以革命历史战争类图书和影视作品为主题举办交流会，分享对那些峥嵘岁月的理解和感悟。

（四）“四维”：延伸拓展阅读空间

图书馆红色主题阅读推广的空间和载体也伴随着环境变化和读者需求的提升而不断向着更多维度延伸和拓展。在持续优化自身资源结构和空间规划的同时，图书馆更广泛地联合外部力量，深入外部环境，运用“请进来”“送出去”的方式不断提升阅读推广的宣传水平和实际成效，扩大阅读活动的影响力。

1.“‘新’声相伴　阅享书香”第二班主任与新生相伴共读。校领导与学院第二班主任来到图书馆，与图书馆员一起和大一学生畅谈读书体会，并将《习近平谈治国理政》第四卷、《中国共产党简史》、《决战大数据》和《苦难辉煌》等书籍赠与新生代表，勉励大家多读书、读好书、善读书。图书馆馆长和参会师生分享了中国当代著名哲学家、教育家冯友兰的读书经验；第二班主任代表从红色经典、专业学习、文史哲、经典小说等多种类型角度向新生们推荐了《毛泽东的读书生活》《平凡的世界》《三体》等适合大学生阅读的优秀书籍；图书馆文献资源建设部的老师以“阅读是人生的一条小船”为题，与在座师生探讨读书的意义。共读活动不仅是一场生动的入馆教育，也为引导大学新生养成良好的阅读习惯打下了基础。

图4 “‘新’声相伴　阅享书香”信息与通信工程学院第二班主任与新生相伴共读

2.“阅读·思悟·力行·致远”校园定向寻书活动。为深入学习宣传党的二十大精神，在全校师生中坚定文化自信、推广全民阅读，图书馆联合校宣传部、工会、团委、体育部等多部门举办了校园定向寻书活动。活动在“校园定向越野赛”“寻书大作战”等本校经典项目的基础上进行创新，为全部21支教师组参赛队伍定制了包含红色经典、畅销图书在内的100余册比赛专用书单，参赛队伍需收集到放置在全部打卡点的图书方能完赛；学生组则以“解谜寻宝”的形式在馆内同步开启。作为寻书活动的延续，各单位还紧密结合同步进行的学习贯彻习近平新时代中国特色社会主义思想主题教育，围绕《习近平著作选读》等经典书籍的学习成果开展一系列阅读、交流、分享活动。此项活动将文化涵育与运动健康相结合，在运动竞技中融入校园文化，在阅读中强健体魄精神，以一种新颖的方式引领全校师生形成爱读书、爱运动的积极风尚。活动成效显著，反响热烈，被“交汇点”“紫金山新闻”等多家新闻媒体报道。

图5 “阅读·思悟·力行·致远”校园定向寻书活动

三、创新之处

（一）案例充分体现了图书馆作为本校文献资源保障中心和校园文化建设主阵地所起到的重要作用。图书馆所拥有的丰富馆藏图书和数字资源，结合图书馆员在专业方面的优势特点，以红色资源为载体，以思政教育为工作的出发点，使资源建设、读者服务以及阅读推广等图书馆日常业务更好地融合，促进了图书馆工作的提升。

（二）从精神和实体两个方面，为本校广大师生传承红色精神、传播社会正能量建立新的基地，开辟专属学习场所，丰富了师生的业余文化生活，加深了红色文化底蕴，促进了广大师生学习党的理论思想，增强党性修养，武装头脑并实践于学习生活中。

（三）以图书馆红色经典文献为基础，逐步形成空间服务、文化建设和阅读推广等各方面的延伸与拓展。以各类空间形态、活动形式满足和提升读者阅读体验，引导读者阅读行为。为图书馆发展注入了新理念、新元素和新动力，起到了显著的辐射作用。

（四）多种形式的阅读推广活动促进了图书馆与校内其他部门及院系、群团组织的联系，实现了多部门联动，很大程度上增强了图书馆作为学校文献资源保障基地及校园文化活动中心的影响力，为今后进一步推送图书馆服务、扩大阅读推广工作的覆盖面、优化活动效果，做了更加充分的准备。

四、主要成效

（一）提高了文献资源利用率。图书馆是服务于高校教学、科研的文献保障中心，通过阅读空间建设促进资源建设的不断创新，有针对性地提高馆藏红色资源建设水平，用较为丰富和权威的文献资料保障了全校各级各类党组织以及全体师生的学习需求。充分利用图书馆资源优势，传承红色文化的同时助力学校发展，实现党建工作与业务工作的相互融合与促进。图书馆积极引进各类红色资源数据库，汇集了权威文件、经典著作、音频视频等多种类型的学习资料。红色主题阅读推广及其延伸部分运用多样化的载体形式，为我校开展党建工作以及思政教育工作提供了充足的文献保障。

（二）形成了多维度红色阅读空间。图书馆不仅是我校的标志性建筑，还是为全校师生提供服务的阅读空间、学习空间和交流共享空间。红色主题阅读空间的建设紧跟新形势的发展方向，建设新时代的思政课堂，为贯彻落实党组织制度和开展思政教育、文化宣传活动提供了优质平台。图书馆打造实用的多维度红色空间，多角度激发读者阅读兴趣，引导读者开展红色阅读、深度阅读，不仅更好地服务读者，而且为全校各部门和教学单位开展思政教育工作提供支持，提高了馆藏资源和馆舍空间的使用效率，为图书馆阅读推广工作注入了创新内涵。

（三）引领了红色经典阅读风尚。作为建设书香校园的重要阵地，图书馆从本馆各方面实际条件出发，开展红色主题阅读推广，用红色经典促进书香文化建设，在弘扬红色文化中促进党建工作提升。图书馆为了更好地满足师生读者的学习需要，充分挖掘馆藏文献价值，加强馆藏红色文献资源建设力度，通过多种形式开展红色主题阅读推广活动，区别学生读者喜爱的较为通俗的经典图书、教师读者需求较高的专业性参考资料，受到了广泛好评，形成了较好的品牌效应，在全校范围引领了积极向上的阅读风尚。

五、案例启示

本案例从学生成长和发展的特点出发，涵盖了经典空间、互动空间、创新空间和拓展空间等多个维度的红色主题阅读空间，既丰富了图书馆开展阅读活动和思政教育的空间和内容，构建了全过程阅读服务育人链条，也让全校师生在线上线下、随时随地分享“阅读盛宴”、体验“文化大餐”的过程中，在参与创意策划、媒体宣传和活动本身的过程中接受红色主题教育的熏陶并得以成长，强化了图书馆阅读推广的效果。

经过一段时间的实践，图书馆馆员能够立足本职工作，主动发掘、提炼馆藏红色资源，以及工作流程及内容中蕴含的思政教育元素，并将其纳入专业服务和各类活动中，潜移默化地影响读者，引导师生在全校范围更广泛、更持续、更多元化地开展红色经典阅读活动，在一定程度上形成了全民阅读的良好局面，也展现了我校师生自身良好的思想政治素质和文化素质。

该项阅读推广案例取得成效的关键在于能够适应新形势下本校人才培养和学科建设的要求，以师生读者不断更新的阅读需求为导向，从多个维度提供更具普及性、互动性和创新性的红色主题文献资源保障和阅读服务，较为充分地体现了图书馆在开展阅读推广过程中的组织功能、阵地作用，促进了馆员业务水平和读者阅读素养的整体提升。今后，图书馆红色主题阅读推广工作的开展一方面要紧密围绕图书馆资源建设、环境建设和读者服务总体目标，持续化、系统化进行红色经典文献资源建设，打造思政教育新阵地，与此同时，考虑为学校思政教学课程和“课程思政”工作的推进提供文献体系支持，为教师授课、学生学习提供文献保障；另一方面，还应进一步加强阅读推广队伍建设，提高馆员自身的道德素质、思政意识、业务水平和创造能力，设计开发出更多包含红色元素的原创性、创新性、适合推广普及的阅读活动，助力图书馆阅读推广工作多条路径并行、多个维度融合，在学校思政教育和精神文明建设中发挥更大的作用。

专家点评

整体上看，活动策划有顶层设计，活动开展有过程监控，活动实效有规律总结，具有较好的推广价值。建议进一步探索红色主题阅读与育人机制的协同关系；进一步总结经验形成长效机制。

主审专家：管红星

案例《多维协同，创建红色主题阅读空间新格局》充分体现了图书馆作为本校文献资源保障中心和校园文化建设主阵地所起到的重要作用。图书馆所拥有的丰富馆藏图书和数字资源，结合图书馆馆员在专业方面的优势特点，以红色资源为载体，以思政教育为工作的出发点，使资源建设、读者服务以及阅读推广等图书馆日常业务更好地融合，促进了图书馆工作的提升。以图书馆红色经典文献为基础，逐步形成空间服务、文化建设和阅读推广等各方面的延伸与拓展。以各类空间形态、活动形式满足和提升读者阅读体验，引导读者阅读行为。该活动在高校图书馆中具有很好的推广价值，为图书馆发展注入了新理念、新元素和新动力，起到了显著的辐射作用。该案例工作思路具有创新性，技术方案有突破，工作流程有变革。案例报告总体比较完整，但缺少具体数据，比如提升文献使用率、受益学生数量等。

主审专家：张小兵

聚焦“第二个结合” 打造阅读多维空间

项目组成员：王志峰、刘宇琳、蒋璐、仲庆章、宝峰、王鹏、梁美宏
单位信息：河海大学

【摘要】河海大学图书馆为持续推进学习贯彻习近平新时代中国特色社会主义思想主题教育，深入贯彻落实党的二十大关于深化全民阅读活动的重要部署，紧紧围绕党的二十大提出的“把马克思主义思想精髓同中华优秀传统文化精华贯通起来”的时代命题，聚焦“第二个结合”，进一步发挥图书馆阅读主阵地的引领作用，于 2023 年 4 月，开辟了近 2000 平方米主题教育学习专区，将其建设为传播党的创新理论、深入推进全民阅读、弘扬中华优秀传统文化的展示空间、体验空间和学习空间。截至 2023 年 6 月 20 日，该学习专区累计服务校内外师生两万余人次，引导师生在浓厚的中华优秀传统文化氛围中，扎实推动主题教育走深走实，以主题教育引领校园文化建设。

一、案例背景

2023 年《政府工作报告》提出“深入推进全民阅读”。这是自 2014 年以来，“全民阅读”连续第十次被写入《政府工作报告》。高校图书馆作为大学生阅读的重要阵地，应该积极响应“深入推进全民阅读”的时代要求，要切实做好阅读指导和阅读服务工作，从提升馆藏建设质量、开展经典阅读推广活动、打造特色阅读空间等方面着手，形成阅读推广品牌，为建设书香校园贡献应有力量。

2023 年 4 月 3 日，学习贯彻习近平新时代中国特色社会主义思想主题教育工作会议在北京召开，习近平总书记强调，这次主题教育要全面学习领会新时代中国特色社会主义思想，全面系统掌握这一思想的基本观点、科学体系。为更好地推动广大师生及时跟进学习党的创新理论最新成果，河海大学图书馆以此次主题教育为契机，设立了学习贯彻习近平新时代中国特色社会主义思想主题教育学习专区，为广

大师生提供丰富全面的阅读资源与学习空间，充分发挥高校图书馆以文化人、以文育人的作用，不断深化“全民阅读”，推进书香校园建设。

二、主要做法

为深入贯彻落实习近平总书记关于推动全民阅读、建设书香社会的重要指示精神，全面贯彻落实党的二十大关于深化全民阅读活动的部署要求，图书馆精心策划、组织了学习贯彻习近平新时代中国特色社会主义思想主题教育学习专区、馆藏中的经典教材展、“艺路展卷 · 纸艺流芳”金坛刻纸展及中华优秀传统文化实境课堂等，激发师生学习热情，丰富学习方式，提升学习效果，推动习近平新时代中国特色社会主义思想入脑入心，以主题教育学习引领校园文化建设。

（一）学习贯彻习近平新时代中国特色社会主义思想主题教育学习专区

依托图书馆两地三校区馆藏资源，精选习近平新时代中国特色社会主义思想、党的二十大报告、百年党史三大主题图书千余种，成立主题图书专区；梳理师生在主题教育学习中遇到的重点和难点问题，由我校资深教授、专家带领，以集中讲座、展板展示、小组研讨等方式进行导学，围绕习近平新时代中国特色社会主义思想的核心内容、坚持和发展中国特色社会主义、以人民为中心的发展思想和中国式现代化展开主题研学；遴选精品视频主题学习资源，开设学习贯彻习近平新时代中国特色社会主义思想主题教育学习研讨区，将文献资源与空间服务相结合，为广大师生提供理论学习与交流研讨空间，推动主题教育走实走深；以专柜、专架等形式展示、推荐相关图书，如：习近平总书记推荐阅读的马克思主义经典著作、中华文化典籍等图书，供广大师生借阅、学习；陈列中英文版的《习近平谈治国理政》第一卷至第四卷，便于师生掌握习近平新时代中国特色社会主义思想脉络；精选《习近平新时代中国特色社会主义思想学习纲要》《习近平关于调查研究论述摘编》《习近平用典》《习近平讲故事》等经典图书，助力师生读原著、学原文、悟原理，推动习近平新时代中国特色社会主义思想的生动阐释与广泛传播；文库专区展示由习近平总书记作序的已出版 1—3 编 195 册的大型历史文献丛书《复兴文库》，引领广大师生为实现中华民族伟大复兴贡献校园阅读力量；选取“习语金句”书法创作大赛的优秀作品进行回展，邀请学生进行现场书法表演，引导广大师生传承中华优秀传统文化，弘扬社会主义核心价值观，传递阅读价值。

（二）馆藏中的经典教材展

自 2022 年起，河海大学图书馆开展了对馆藏经典教材的梳理工作，目前已梳理了九个系列经典教材，分别是《弹性力学》《弹性力学简明教程》《理论力学》《土力学》《水工钢筋混凝土结构学》《水力学》《画法几何及水利工程制图》《水电站》和《水利水电系统干部培训教材》。馆藏的九个系列经典教材，反映出我校教师立足国家水利水电事业发展对高层次人才的培养需求，不断充实教材建设工作的时代意义和现实价值，传递河海一代代优秀教师深耕教学一线，以学生为本，在继承发展的基础上改革创新的精神风貌，体现河海大学悠久的办学历史和深厚的文化底蕴。同时，这些经典教材是几代专家学者共同坚持不懈的努力成果，希望该展览能够激励同学们学习他们持之以恒的精神，认真领会教材的内在意蕴，充分发挥教材的引领示范作用。

图 1　馆藏经典教材展览

（三）“艺路展卷·纸艺流芳”金坛刻纸展

经过长期发展，金坛刻纸制作技艺不断完善，颇具江南水乡之气，从众多剪纸艺术中脱颖而出，2008 年，被国务院公布为国家级非物质文化遗产。2009 年，金坛刻纸作为中国剪纸的组成部分，被联合国教科文组织列入“人类非物质文化遗产代表作名录”。“艺路展卷 · 纸艺流芳”金坛刻纸展展出的是河海大学图书馆引进的国家级非物质文化遗产代表性传承人杨兆群先生历年创作的金坛刻纸精品佳作，共 30 余幅。杨老师躬耕于刻纸创作逾五十载，用坚守和创新诠释了匠人底色。图书馆依托非物质文化遗产项目，采用非遗展览、讲座、阅读相结合的立体阅读推广模式，让非遗文化在书香中广泛流传，也让阅读搭载非遗文化，引导广大师生感受非遗魅力，激发广大师生阅读兴趣，提升阅读体验。

图 2 师生参观金坛刻纸展

（四）中华优秀传统文化实境课堂

“中华优秀传统文化实境课堂”是河海大学图书馆深刻贯彻落实党中央、国务院关于繁荣发展文化事业和文化产业重要方针政策的创新性实践，打造了集阅读、学习、展览、体验、分享于一体的中华优秀传统文化项目传承活动空间。该课堂面向全校师生，以沉浸式体验、专业系统的教育方式，巧借创新活水，助力基于馆藏资源的优秀传统文化传承与传播。此次通过举办“南京泥人泥塑展”和“读不尽的红楼梦——《红楼梦》茶文化主题展”等活动，打造特色化体验空间，在品读经典文学作品的同时，让老师和同学们切身体验到中华优秀传统文化的超群魅力，助力中华优秀传统文化的继承与发展，推进中华优秀传统文化与校园文化建设深度融合。

图 3 中华优秀传统文化实境课堂

三、创新之处

（一）文献资源与空间服务结合，构建多维学习空间

图书馆将文献资源与空间服务结合，依托文化资源丰富、平台载体多元等优势，精心策划、统筹设计，精选与主题教育密切相关的馆藏图书千余种，布置三大主题图书推荐展柜，设立主题教育导学展板、集中陈列中英文版《习近平谈治国理政》、开辟习近平总书记推荐阅读书单精选专柜、专列展示《复兴文库》大型丛书等，为师生全面深入学习领会习近平新时代中国特色社会主义思想提供文献资源保障。同时，通过“艺路展卷·纸艺流芳”金坛刻纸展、中华优秀传统文化实境课堂、“习语金句”书法作品回展、馆藏中的经典教材展等板块的加持，将马克思主义中国化的最新理论成果与中国传统优秀文化结合，营造了浓郁的学习和文化氛围，着力打造师生喜闻乐见的学习载体，建设书香浓郁的教育阵地，释放理论学习势能，让学习更宽、更高、更深。

（二）打造特色化体验空间，推进校园文化建设

图书馆深入学习领会“第二个结合”的重大意义，立足更好担负起新的文化使命，打造传统文化特色体验空间，将弘扬中华优秀传统文化作为推动主题教育、建设书香校园不断深入的重要内容。其中，“馆藏中的经典教材展”通过展示九个系列教材，传递河海大学一代代优秀教师深耕教学一线、在继承发展的基础上改革创新的精神风貌，体现河海大学辉煌的办学历史和传统特色，启发读者从经典教材中汲取智慧和力量；中华优秀传统文化实境课堂是集阅读、学习、展览、体验、分享于一体的优秀传统文化项目传承活动空间，通过不定期举办“艺路展卷·纸艺流芳”金坛刻纸展、南京泥人泥塑展、《红楼梦》茶文化主题展，以及“品读《楚辞》”等阅读分享活动，让师生从中华优秀传统文化中汲取养分，全力推进书香校园建设；“习语金句”书法作品回展选取书法创作大赛中的优秀作品进行回顾展览，引导广大师生在感受书法魅力的同时，弘扬社会主义核心价值观。图书馆通过打造特色化体验空间，增强阅读体验感，创新阅读推广形式，使馆藏资源发挥更大效能，提升校园文化水平。

（三）服务引领，构筑系统性学习空间

打造一流文化环境和公共服务平台，以创新的服务模式，引导读者聚焦阅读，激发师生阅读热情，提升学习效果，推动习近平新时代中国特色社会主义思想入脑入心，做到学、思、用贯通，知、信、行统一。图书馆为提升学习专区服务水平，

组建创新理论、文化传承和阅读推广导学团队，制发研学导览宣传册，及时补充、不断优化优秀传统文化资源，将主题阅读空间、主题图书资源、主题文化传承、主题创新服务多维度融合，提供专业化、个性化、多元化、特色化、高品质主题阅读推广服务，营造浓郁的书香氛围。

四、主要成效

主题教育学习专区开设以来，持续开展内容丰富、形式多样、鲜明传播党的创新理论和弘扬中华优秀传统文化的主题教育实地研学和阅读活动，已成为领导班子读书研学、党支部组织生活和师生政治理论学习、提升阅读素养的重要阵地。活动多次被“新华网”“中国江苏网”等校外新闻网报道。

（一）优质运行，学习效果显著

目前，学习专区已经接待二级单位党政领导班子、教师党支部、学生党支部、领导干部结对学生班级、师生党支部联学共建、学院分工会组织、入党积极分子培训班、预备党员培训班、校外组织二十余批次来访，开展了内容丰富、形式多样的主题教育实地研学、特色体验等系列阅读推广活动，推进中华优秀传统文化传承创新与校园文化建设深度融合，进一步增强了广大师生的文化自觉和文化自信。通过学习交流、感悟体验，广大师生对习近平新时代中国特色社会主义思想、中华优秀传统文化有了更深刻的理解和掌握，发挥了图书馆在弘扬优秀传统文化中的主阵地作用，营造了爱读书、读好书、善读书的校园文化氛围。

（二）协同配合，形成有效运行机制

校党委高度重视主题教育学习专区建设工作，要求把图书馆建设成为体现主旋律、弘扬传统文化的宣传思想工作主阵地。图书馆充分利用场馆与资源优势，科学设计、专业布局，在各部门抽调人选组织精干力量，明确工作机制，确定人员分工，组建服务团队，有序推进工作实施，初步形成了党委牵头、部门承办、人员跟进的有效运作机制，在江宁校区图书馆创设习近平新时代中国特色社会主义思想主题教育学习专区，精心设置了 12 个研学板块，加强了各部门间的协同配合能力，充分发挥高校思想政治教育以文化人、以文育人的作用。

（三）传承中华传统文化，营造浓郁书香氛围

图书馆精心布置金坛刻纸展览、中华优秀传统文化实境课堂，挖掘优秀传统文

化内涵、策划设计体验活动，设立专题图书专架展览经典教材，通过举办南京泥人泥塑展、紫砂壶艺术与制作、非遗传承人金陵古琴讲习、古代经典诗词朗诵、《红楼梦》茶文化主题展，以及“品读《楚辞》”阅读分享活动等20余项精彩活动，助力中华优秀传统文化的继承与发展。图书馆把握时代脉搏，以寓教于乐的方式向读者推广中华优秀传统文化，推进中华优秀传统文化传承创新与校园文化建设深度融合，进一步增强了广大师生的文化自觉和文化自信。

五、案例启示

（一）联合多部门，形成工作合力

高效的阅读推广团队是图书馆阅读推广活动顺利开展的主要因素，具有举足轻重的地位。运行良好的阅读推广团队应该有清晰的目标、合理的人员组成，并且要与学校其他部门进行规划统筹，协同作战，营造良好的阅读氛围。此次主题教育学习专区从图书馆读者服务部、阅读推广与文化传播中心、资源建设部、学科服务部、数字化技术部等多个部门中组织精干力量，联合校党委、宣传部等多部门，明确工作机制，确定人员分工，组建服务团队，在有序推进主题教育学习专区工作实施的同时，加强学科服务、阅读推广以及人才队伍建设，充分发挥图书馆在人才培养、科学研究、校园服务和文化传承创新中的文化引领作用。

（二）凝聚多方力量，开展阅读推广活动

一方面，高校图书馆作为公共文化服务体系中的重要组成部分，有责任和义务通过自身努力促进全民阅读推广，以满足社会大众的文化服务需求；另一方面，因公共图书馆、博物馆等机构拥有丰富资源和先进技术，馆校协同合作的推广模式如火如荼，可以促进阅读资源的高效利用，拓宽服务路径和提高服务质量。此次主题教育学习专区创设后，我校图书馆与国防科技大学、中国水利水电科学研究院、省内各高中学校建立联系，提供学习与交流空间，扩大服务范围和服务内容，推动社会化阅读推广的开展；金坛刻纸、中华优秀传统文化实境课堂的布置均与地方文化结合，与地方政府、江宁织造博物馆等建立合作，推动传统文化氛围的营造。今后，我校图书馆将不断探索实践“馆校”结合新模式，利用各方优势资源，打造校园阅读“第三空间”，实现阅读资源利用最大化。

（三）发挥媒体作用，实现多渠道推广

在“互联网+”时代，高校图书馆要加快推进阅读推广与新媒体技术的创新融

合，形成“线上＋线下”的多渠道推广模式，让更多人了解并参与推广活动。一方面，需重视线下阅读推广，丰富读者阅读体验。在主题教育学习专区设立导学员，提供导学服务，组织中华优秀传统文化相关活动，引导学生主动学习习近平新时代中国特色社会主义思想，主动了解中华优秀传统文化，营造热爱阅读的良好氛围。另一方面，需推进线上阅读，激发读者阅读兴趣，图书馆可以通过官方微信公众号、视频号等大学生经常使用的媒体平台加强阅读推广平台的网络化、数字化传播建设，以动画图像、视频、文字讲解等形式解读习近平新时代中国特色社会主义思想，弘扬中华优秀传统文化。

专家点评

活动创意很好，把红色经典学习空间和传统文化传承空间相结合开展阅读推广活动。但整体感觉这两种阅读推广方式各有特点，虽相互支撑，但融合不多，特别是非遗文化传承要求比较高，复制普及不容易。阅读推广经典案例关键是要能复制推广。建议从源头上找找红色经典阅读与传统文化普及之间的内在逻辑和融合方式，尽可能从地方文化特色和行业文化渊源方面总结出一些可供参考学习的阅读推广范式。

主审专家：管红星

案例《聚焦“第二个结合” 打造阅读多维空间》紧紧围绕党的二十大提出的“把马克思主义思想精髓同中华优秀传统文化精华贯通起来”的时代命题，聚焦“第二个结合”，进一步发挥图书馆阅读主阵地的引领作用，开辟了近2000平方米主题教育学习专区，将其建设为传播党的创新理论、深入推进全民阅读、弘扬中华优秀传统文化的展示空间、体验空间和学习空间，引导师生在浓厚的中华优秀传统文化氛围中，扎实推动主题教育走深走实，以主题教育引领校园文化建设。工作思路具有创新性；技术方案有突破；工作流程有变革；能够有效解决图书馆行业存在的痛点。案例工作方案陈述清晰，工作步骤具体明确，该活动在高校图书馆中具有很好的推广价值；能够紧扣主题，思路比较清楚；结构合理，层次分明，逻辑严密；语言流畅，简明扼要。具体做法可以进一步细化，支撑照片效果一般，可以再优化。

主审专家：张小兵

高校图书馆红色经典阅读推广实践与启迪

项目组成员：任精举、石洁、房云、刘婷婷、陈沉、缪登月、朱亚娟
单位信息：南京理工大学紫金学院

【摘要】2021—2022 年，中国共产党经历建党百年和党的二十大这两项重要历史事件。2021 年，南京理工大学紫金学院图书馆举办庆祝建党 100 周年主题图书展。图书馆联合校党支部发挥创新教育载体作用，突出服务职能，充分利用馆藏资源优势遴选出马列主义、党史等方面的优秀文献上千种。书展吸引了众多观众参观，旨在引导读者学习党的光辉历史，了解党的峥嵘岁月、伟大成就，在党史中汲取前进的智慧和力量，在谋划学校发展、干事创业、服务奉献中彰显党建工作的领航作用。校马研部联合图书馆录制红色思政课，依托本次书展的红色图书和红色文化氛围，打造了面向全校青年学生的红色思政课——红色记忆中长征胜利的奥秘，该课程荣获共青团江苏省委颁发的三等奖，为建党百年献礼。2022 年，为了充分发挥红色电影的教育作用，助推党史文化的深入学习，图书馆还面向学校全体师生开展“喜迎二十大，红色映我心”电影展映活动，同时举办喜迎二十大书展等系列活动，继续发挥图书馆红色文化宣传主阵地作用。以上活动吸引了众多师生读者的积极参与，南京理工大学紫金学院图书馆用实际行动庆祝党的百岁生日和党的二十大胜利召开。

一、案例背景

党的十八大以来，习近平同志高度重视对党的历史的总结、学习和运用。习近平总书记指出：“全面宣传党的历史，充分发挥党的历史以史鉴今、资政育人的作用，是党和国家工作大局中一项十分重要的工作。”高校落实立德树人根本任务，必须坚持社会主义办学方向，把用党的光辉历史凝聚新一代青年意志、引领青年成长作

为工作的出发点，用党史讲理论、用事实讲道理，着力塑造、培养能担当民族复兴大任的时代新人。高校图书馆红色经典阅读推广工作可谓恰逢其时。红色经典是指反映或产生于中国革命年代，体现中国共产党英雄人物、革命先烈等先进人物事迹，具有精神和道德的双重教育功能，对于厚植大学生读者的爱国情怀、文化自信、理想信念，将起到积极的引领作用。高等学校图书馆担负着传播文化和立德树人的社会职能，红色经典阅读推广工作对树立大学生读者正确的世界观、人生观、价值观，培育时代新人，传承中华文明，发扬先辈的红色精神，弘扬优秀传统文化，有着极其重要的现实意义。

二、主要做法

习近平总书记强调“把红色资源利用好、把红色传统发扬好、把红色基因传承好”。高校图书馆是校园文化的主阵地，肩负着把红色文化建设好、发扬好和传承好的重要使命，做好红色经典阅读推广活动是必由之路。我校图书馆开展的活动如下。

（一）建设红色主题书展，喜迎建党百年华诞

2021年是中国共产党成立100周年，在这个特殊的历史节点，我校图书馆联合机关党支部，发挥创新教育载体作用，突出服务职能，充分利用馆藏资源优势，于“七一”党的生日来临之际，隆重推出庆祝建党100周年主题图书展，大力营造庆祝建党百年的浓厚文化氛围，向党的百年华诞献礼。展区装饰充满了红色文化氛围，墙壁上有我党百年历史重大事件的图片回顾，书架前摆放了活动海报，空间宽敞明亮，桌椅舒适，绿植充满生机，让读者在舒适的环境中慢慢品读红色经典。

本次书展遴选马列主义、党史、红色经典、改革开放等方面的优秀图书资料上千种，内容涵盖建党以来的重大历史事件、先进人物传记等，多角度展示了中国共产党的光辉历史。本次书展旨在引导读者学习党史，了解我党走过的峥嵘岁月和取得的光辉成就，在党史中汲取前进的智慧和力量，不断坚定道路自信、理论自信、制度自信、文化自信，做到学史明理、学史增信、学史崇德、学史力行。在谋划学校发展、干事创业、服务奉献中彰显党建工作的领航作用，以昂扬的姿态奋力开启学校改革发展的新征程，以优异成绩庆祝建党百年。

（二）联合校马研部录制红色思政课

“试问红军将士究竟依靠什么样的精神和信念最终完成长征这样的革命壮举？”我校团委副书记、青年教师房云老师录制了青春思政课——红色记忆中长征胜利的

奥秘，带领学生一起去寻找其中的答案。这是校马研部依托图书馆丰富的文献资源，特别是本次建党百年主题书展的红色图书和红色文化氛围，重点打造的面向全校青年学生的一场活色生香的红色思政大课，为建党百年献礼。

（三）编制红色经典书目

根据学校拟实施的学生阅读计划中关于经典阅读的工作要求，图书馆任精举老师牵头组织，精心编制我校《经典阅读计划书目》，书目共包括 6 大类 280 种图书，其中排在第一大类的“哲学与信仰类书目”收录红色经典书目约 40 种，介绍馆藏情况等信息，实用性非常强。每种图书均摆放在图书馆大厅显著位置，方便读者浏览和借阅。

表 1 南京理工大学紫金学院经典阅读书目例举

序号	哲学与信仰类书目	历史与文明类书目	文学与艺术类书目	经济与全球化类书目	社会与自然类书目	国防与军事类书目
1	马克思恩格斯共产党宣言	史记	美的历程	经济发展理论	吾国与吾民	孙子兵法译注
2	黑格尔著作集3：精神现象学	资治通鉴	哈姆雷特	现代经济学与中国经济改革	旧制度与大革命	控制论
3	沉思录	大国的兴衰	中国文学欣赏举隅	《资本论》的现代解析	不平等的代价	战争论
4	老子注译及评介	万古江河：中国历史文化的转折与展开	红楼梦	从传统人到现代人：六个发展中国家中的个人变化	资本主义文化矛盾	战略论
5	理想国	罗马帝国衰亡史	艺术的故事	文明的冲突与世界秩序的重建	集体行动的逻辑	论持久战
6	四书章句集注	海权对历史的影响（1660—1783）	中国美术史讲座	世界是平的：21 世纪简史	白领：美国的中产阶级	战争艺术概论
7	论人与人之间不平等的起因和基础	君主论	唐诗选	帝国：全球化的政治秩序	乡土中国：生育制度	制胜的科学
8	科学革命的结构	国史大纲	安娜·卡列尼娜	漫步华尔街	信息简史	大战略
9	共产党宣言	中国近代史	呐喊·彷徨	美国货币史（1867—1960）	漫游诺贝尔奖创造的世界：化学之旅	制空权
10	论语译注	全球通史	世说新语	经济学的思维方式（第十一版）	时间简史	拿破仑文选

（四）开展“喜迎二十大，红色映我心”观影活动

为将红色经典文化生动地呈现给师生，图书馆联合学校机关党总支利用图书馆视听共享空间，购置了红色音视频播放设备和一大批红色音视频资源，师生可在课余时间，走进视听室观看红色影片。为充分发挥其作用，图书馆组织读者协会每周定期开展尔雅影院观影活动，观看了《建党伟业》《建军大业》《金刚川》《长津湖》等优秀国产红色电影。

（五）举办红色经典诗歌分享活动

读者协会通过图书馆官微等渠道发布建党百年主题诗歌音视频，有的是同学们的原创作品，抒发对党的无限热爱和拥护；有的是精选经典作品配上饱含感情的吟唱，以视觉、听觉的独特触角，分享给更多的同龄人。一共制作了八期，推出了毛泽东的《沁园春·雪》《七律·长征》等经典作品。

（六）举办喜迎二十大书展活动，继续发挥图书馆红色文化宣传主阵地作用

图1 二十大书展现场

三、创新之处

（一）以主题书展的形式，集中、生动地展现我党百年来走过的光辉历程，适合师生现场慢慢品读。

（二）书展现场录制思政课程，形式新颖，创意十足，画面丰富，富有感染力，与书展主题高度契合，是图书馆服务教学、科研的生动写照，是书展宣传和阅读推广的创新手段。

（三）制作红色主题经典书目，导向性强，给人以直观、整体的感受，便于读者挑选和借阅。

（四）通过观影等活动形式，利用红色经典电影、红色经典诗歌的“有声悦读”，吸引师生读者进行欣赏和阅读。

总之，通过红色主题书展、导读书目、录制思政课程、观影等多种形式、多种媒介，我校图书馆构建了高效、立体的红色经典阅读推广体系。

四、主要成效

（一）此系列活动得到学校和师生的广泛关注和参与。校领导、学校其他部门人员、图书馆馆员、读者协会成员等共 70 余人参加了书展的开幕活动。通过一系列阅读推广活动，红色阅读蔚然成风，《共产党宣言》等主题图书借阅量高居马列大类前 3 位，反映出普遍的阅读热情。

（二）受到校内外的普遍肯定。活动多次受到学校官网、官微等媒体的报道和肯定，校马研部教师房云依托主题书展现场录制的思政课程获得共青团江苏省委等举办的相关专项赛三等奖。因在系列阅读推广活动中表现突出，项目负责人任精举获得中共南理工紫金学院委员会签发的“党员示范岗”“抗击新冠肺炎疫情先进个人”称号，两名项目组成员老师荣获学校“先锋共产党员”称号。

（三）2022 年 5 月，缪登月老师荣获江苏省高校图工委授予的“读者服务与阅读推广工作先进个人”称号；同年 11 月，本项目负责人任精举老师参加在南京大学召开的“图书馆数字治理与知识服务创新”论坛暨江苏省高校图工委成立 40 周年纪念会议，荣获江苏省高校图工委授予的“江苏省高校图书馆榜样馆员”称号。

五、案例启示

南京理工大学紫金学院图书馆红色经典阅读推广活动从 2021 年读书月开展以来，

通过举办红色主题书展、编制导读书目、录制思政课程、展播经典电影等多种形式，利用多种媒介构建高效、立体的红色经典阅读推广体系，对于发挥图书馆创新教育载体作用、突出服务职能、充分利用馆藏红色文献资源优势，具有现实且重大的导向意义。经过努力，红色经典书籍借阅量逐年上升。每年连续不断开展的红色经典阅读推广工作收到了良好的效果，可从中总结一些经验。首先，红色经典阅读推广工作要以人为本，从实际出发。我们通过调查了解到，在多媒体时代，很大比例的师生读者很难静下心来完整地读完一本红色书籍，如果将红色经典书籍集中到图书馆一楼比较醒目的专题书架区域，势必吸引更多读者的目光，可促使红色资源得以利用。其次，红色经典电影展映活动的开展吸引了很多读者来到屏幕前面，在声光电的刺激下潜移默化地受到熏陶，同时，促进了相关红色经典书籍的浏览和阅读。再次，红色阅读推广活动要长期坚持，并将创新放在突出位置，利用微信公众号等多媒体和新技术手段，开展读者喜闻乐见的创新活动，激发阅读兴趣，提升精神境界。最后，推广活动的高质量开展离不开学校其他部门积极合作，离不开社会相关部门的关心和支持。多方力量形成合力，吸引更多的师生读者参与进来，这样才能得到好的推广效果。

专家点评

本案例通过举办红色主题书展、编制导读书目、录制思政课程、展播经典电影等多种形式，力图构建高效、立体的红色经典阅读推广体系，立意高，实践强，特别是把书展和思政课相结合，具有一定的创新性和推广价值。但整体看，活动的效果还可以进一步强化，要把读者的需求和反馈作为活动开展的重要评估标准。建议进一步总结探索红色经典阅读与思政课之间的协同育人关系，进一步丰富协同育人的路径和形式；同时探索建立这种协同育人的长效工作机制，并逐步形成特色品牌。

主审专家：管红星

案例《高校图书馆红色经典阅读推广实践与启迪》发挥创新教育载体作用，突出服务职能，充分利用馆藏资源优势，遴选马列主义、党史等方面的优秀文献上千种。书展旨在引导读者学习党的光辉历史，了解党的峥嵘岁月、伟大成就，在党史中汲取前进的智慧和力量，在谋划学校发展、干事创业、服务奉献中彰显党建工作的领航作用。比较有特色的工作就是学校马研部联合图书馆录制红色思政课。依托书展的红色图书和红色文化氛围，打造面向全校青年学生的红色思政课“红色记忆中长征胜利的奥秘”为建党百年献礼。案例工作理念及思路具有一定原创性，关键技术方案有突破。特别是与校马研部合作思政课，取得了一定成效。案例撰写能够紧扣思政主题，思路比较清楚；结构比较合理，层次比较分明，逻辑比较严密；语言流畅，简明扼要。该案例总体比较完整，有一定借鉴意义。校马研部联合图书馆录制红色思政课是一个创新点，但是就录了一期，数量偏少，建议形成系列活动。红色经典书目与观影活动最好选择一些主题，成系列地开展活动。

主审专家：张小兵

传承红色经典　科创筑梦未来

项目组成员：袁艳、包信欣、袁逸、华春花、赵欣、宋杨、彭春红、卞小珍
单位信息：常州信息职业技术学院

【摘要】2021 年，恰逢建党百年，全国掀起了红色文化热潮。高校重视传承红色文化，努力使教育机制与红色育人相结合。常州信息职业技术学院图书馆经过三年多的实践，探索出了一条符合高职院校图书馆特色的红色经典阅读推广模式——体验式研学阅读推广模式。该模式采用“阅读＋体验＋创意＋美育＋科技”的方式，打造全新多维立体阅读，通过优化红色主题阅读空间、整合挖掘馆藏红色资源、教师领读、师生共读、共享交流、研学体验等阅读推广形式，将高职院校的人才培养与图书馆红色文化阅读推广工作进行融合，兼顾文化推广和工匠精神培养，把阅读推广活动嵌入课堂、嵌入新媒体、嵌入社会实践，实现阅读推广、专业技能、社会实践的融会贯通，提升阅读推广的服务效果，践行“立德树人”的使命。

一、案例背景

习近平总书记曾强调，要把红色资源利用好，把红色传统发扬好，把红色基因传承好。2020 年，习近平总书记在全国劳动模范和先进工作者表彰大会发表重要讲话时指出，新时代要大力弘扬以执着专注、精益求精、一丝不苟、追求卓越为主要内涵的工匠精神。作为为国家培养高素质技能型人才服务的高职院校图书馆，在阅读推广、培养工匠精神和培育大国工匠中发挥着重要的作用。将红色基因融入工匠精神，培养具有红色基因特质的工匠人才不仅是高职院校人才培养的创新之处，也为高职院校图书馆进行阅读推广，培养学生的“德”和“技”，达到德技兼修的目标，提供了创新思路。

常州信息职业技术学院图书馆通过活化馆藏资源，提升阅读空间，利用现代新

媒体技术、虚拟现实技术将红色经典与学生爱国主义、工匠精神教育深度融合。以红色经典为主要内容，通过老师领读、师生共读，“阅读+体验+创意+美育+科技”的方式，构建多维阅读，引导学生讲好党史故事、革命英雄故事、红色家风故事、工匠榜样人物故事，体验科技魅力。引领学生继承党的光荣传统，弘扬党的优良作风，传承红色经典，培育工匠精神，使其热爱传统文化，增强民族自信和文化自信。

活动汇集了各方力量，高校师生、中小学生、社区居民、社会人士等共同参与，活动形式有教师领读、师生共读、共享交流、研学体验等，通过学生广泛参与、深度互动体验，实现多层次、全方位的整合，拓展阅读推广工作思路，提升阅读推广效果。

二、主要做法

“传承红色经典　科创筑梦未来”系列活动在传统阅读模式的基础上，采用“阅读+体验+创意+美育+科技”的方式打造全新多维立体阅读，让阅读活起来，让书籍动起来，激励学生爱读书、读好书、善读书，提升阅读乐趣，增强阅读效果，营造阅读氛围，全面提升学生的阅读素养和科学素养，实现多层次、全方位的整合，拓展阅读推广工作思路，助力全民阅读。

（一）主题空间构建

为了发掘馆藏红色文献，更重要的是让读者充分利用这些文献，2021 年常州信息职业技术学院图书馆在以往工作基础上，将馆藏红色文献资源进行整理。为了方便师生阅读，节省找书时间，又重点补充打造了红色专题书库和专题展览区。

（二）书目推荐

根据当年热点事件列出相应的主题书目清单，通过图书馆微信公众号“书开香自来”栏目进行推送；在全校范围内挖掘阅读达人，通过“常信人的‘书’式生活”栏目进行榜样书单线上推荐；定期利用专题书架进行红色文献图书线下展示。通过这种线上线下相结合的推荐方式，提高红色文化资源的利用率。

（三）师生共读

“传承红色经典　科创筑梦未来”系列活动通过“体验感受、交流互动、知识传播”的服务方式，打造集阅读学习、交流体验、展示互动等多元服务于一体的红色阅读推广模式。图书馆设置“常信人的‘书’式生活”专栏，充分发挥老师和学生阅读达人的榜样引领带动作用，为广大师生做阅读领航人，进一步激发师生的读书热情；

图 1　师生共读《中国共产党简史》

开设“书影新播客”音视频节目，2021 年围绕党史学习教育推出百部红色影片供全校各党支部、各班级观看，加深对中国共产党治国理政、发展道路的理解；以线上阅读打卡、线下阅读沙龙的形式开展红色文献阅读分享会，促进学生养成良好的阅读习惯；与学校团委、校广播台等合作开展“传承红色基因，诵读红色经典”朗读者读书沙龙活动。

（四）创建品牌阅读活动

图书馆将阅读推广活动进行整合，将“看名画　读党史”作为本馆阅读推广品牌项目进行培育，并不断地推陈出新。活动受到了广大师生的一致好评，现已成为本馆颇具影响力的一项品牌活动。2021 年图书馆阅读推广部对这一品牌活动进行打磨和提炼，将阅读推广活动嵌入学生信仰、美育选修课程，以达到构建学生良好的阅读体系的目标。该课程每学期 32 个学时，课程共分为三个章节：第一章“启航”，以中国共产党成立和壮大为主线，围绕新民主主义革命初期精选故事题材，精选《五四运动》《启航——中共一大会议》《唤起工农千百万》《南昌起义》等作品，以精致的艺术内容再现新民主主义革命初期的历史性瞬间；第二章“艰苦奋斗”，通过《地道战》《长征》《井冈山会师》《夜渡黄河》《百团大战》《攻占总统府》等作品，再现奋斗中的经典场景，讲述中国共产党人不怕牺牲、英勇斗争的革命故事；第三章“荣耀”，精选经典名画《北平解放》《开国大典》《广交会》《首都的春天》《龙腾大湾》，讲述革命胜利后新中国成立以来党不负人民、不断带领中华民族走向伟大复兴的辉煌历程。至今课程已开满 3 个学期。

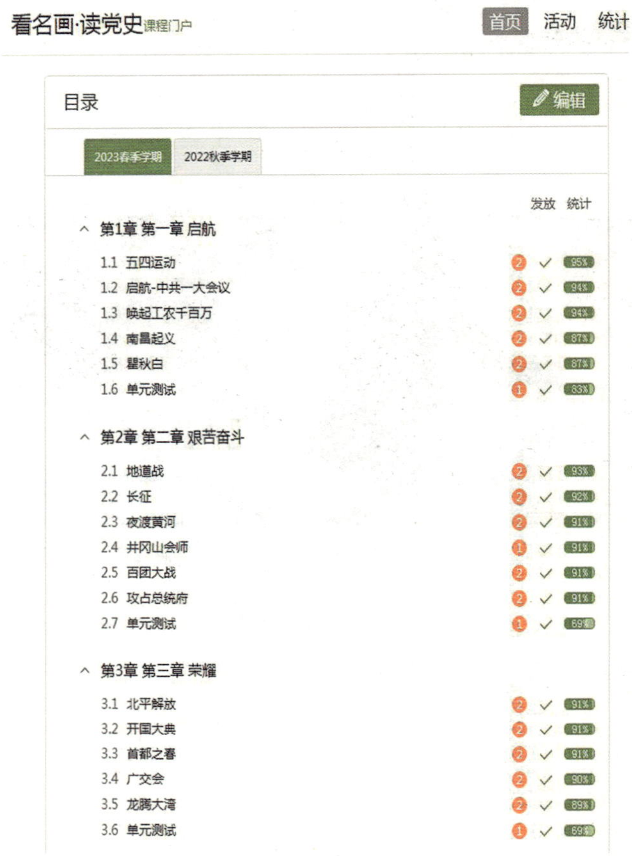

看名画·读党史课程门户　　首页　活动　统计

目录　编辑

2023春季学期　2022秋季学期

发放　统计

第1章 第一章 启航

1.1 五四运动　2　95%
1.2 启航-中共一大会议　2　94%
1.3 唤起工农千百万　2　94%
1.4 南昌起义　2　87%
1.5 瞿秋白　2　87%
1.6 单元测试　1　83%

第2章 第二章 艰苦奋斗

2.1 地道战　2　93%
2.2 长征　2　92%
2.3 夜渡黄河　2　91%
2.4 井冈山会师　1　91%
2.5 百团大战　2　91%
2.6 攻占总统府　2　91%
2.7 单元测试　1　69%

第3章 第三章 荣耀

3.1 北平解放　2　91%
3.2 开国大典　2　91%
3.3 首都之春　2　91%
3.4 广交会　2　90%
3.5 龙腾大湾　2　89%
3.6 单元测试　1　69%

图 2　“看名画　读党史”课程大纲

“看名画　读党史”以党史学习教育为本质，以艺术作品为载体，采用艺术作品欣赏与党史讲述、理想信念教育相结合的方式，从党成立以来各个历史时期中精选具有代表性的经典美术作品，通过历史内容和美术经典巧妙结合，融党史题材和艺术之美于一体，生动再现波澜壮阔的百年党史，使学生能得到美的享受，更能透过艺术作品本身所包含的历史背景、红色故事汲取向上、向善的智慧与力量，树立正确的价值观，激发学生勇担民族复兴大任的澎湃激情。通过情理交融地开展理想信念教育，学生不断增强文化认同，坚定文化自信，并不断地完善人格，提升审美能力，形成良好的阅读素养、阅读观和阅读体系。

（五）红色阅读与社会实践活动相结合

充分利用高职院校人才和资源优势，建立符合高职院校特色的“红色工匠文化”社会化阅读推广服务机制，吸引社会力量广泛参与红色资源建设、红色文化研学、红色工匠精神传播等社会实践活动，促进社会实践与红色文化、工匠精神、专业学习、志愿服务深度融合，充分展示了新时代高职院校学生大国工匠的创新与追求、精艺与专注，让“红色精神”“工匠精神”以实践活动的形式根植于广大学生的心中。

2021年以来，“传承红色经典　科创筑梦未来”系列活动与常州市新北区三井街道汉江路社区、龙城社区、阳光社区进行合作，以夏令营、冬令营的方式，开展了“红色家风”故事讲述、“话说常州　龙腾中吴”常州故事讲述、“看名画　读党史”、红色文创设计、红色宣讲团选拔赛等活动，受到了居民的认可与喜爱。将红色教育与大学生社会实践活动相结合，在新华小学、三井小学、新北区实验初中和上述社区的同学们开展了“红色科创作品展”、“VR看党史”、体验“红色科创设计工坊”、

图3　阅读融入暑期社会实践

图4　VR看党史

游览“爱国主义党史长廊”、“大国小工匠”等科普活动，通过沉浸式、互动式的体验让阅读活起来，让书籍动起来，增添了同学们的阅读乐趣，增强了阅读效果。

三、创新之处

高职院校图书馆阅读推广内容涵盖职业精神、工匠精神、岗位职业知识、职业技能、职业经验及经典人文知识等，而高职学生在校时间短，学习任务重，闲暇时间比较少，因此高职院校图书馆在设计阅读推广活动时，必须遵循高职院校的特点，以嵌入式专业阅读推广和数字阅读推广为主，同时兼顾文化推广和工匠精神培养，培育学生人文素养和职业精神，把阅读推广嵌入课堂、嵌入新媒体、嵌入社会实践。例如“看名画 读党史”将阅读推广活动嵌入信仰、美育选修课中，以研学体验的方式将阅读推广嵌入学生的社会实践。

“传承红色经典 科创筑梦未来”系列活动经过几年的实践，逐渐摸索出了一套适合高职院校图书馆特点的寓教于乐的阅读推广模式，将阅读与实践体验相结合。活动在传统讲座、展览等推广方式的基础上，有效结合高职院校的特点，充分运用AR（增强现实）、VR（虚拟现实）、MR（混合现实）技术与H5动态页面等新技术、新载体、新手段，开发虚拟红色文化资源，开展场景化、沉浸式的阅读推广活动，实现用户、资源与空间的有效互动，让用户在互动中更好地体验红色文化资源。

四、主要成效

自2021年校图书馆阅读推广部首次推出红色经典阅读推广活动以来，千余人参加了各种形式的线下活动。

表1 红色经典阅读推广活动举办情况

日期	内容	对象	参与人数
2021年5月	专业教师领学党史，感悟信仰的力量	常州市信息职业技术学院学生	55人
2021年6月	读书、学史、明志	常州市信息职业技术学院学生	50人
2021年4月—12月	朗读者：一起读党史（11期）	常州市信息职业技术学院师生	线上活动
2021年9月—12月	看名画 读党史	常州市信息职业技术学院学生	150人
2022年—2023年	信仰公开课：看名画 读党史（每学期32课时，已开展3学期）	常州市信息职业技术学院学生	160人
2022年6月	师生一起读党报	常州市信息职业技术学院师生	50人
2022年6月28日	阅读研学活动（1天）	常州市新北区三井小学学生	45人
2022年7月1日	阅读研学活动（1天）	常州市新北区实验初中学生	60人

日期	内容	对象	参与人数
2023 年 1 月 9 日	“看名画　读党史”：《启航——中共一大会议》；喜迎二十大手绘文创	常州市新北区汉江路社区儿童	43 人
2023 年 1 月 10 日	“看名画　读党史”：《唤起工农千百万》；对参与者进行红色故事演讲培训，并制作红色主题脸谱	常州市新北区汉江路社区儿童	43 人
2023 年 1 月 11 日	“看名画　读党史”：解读红色主题名画《攻占总统府》；用废旧纸板箱设计制作了“心目中的家”	常州市新北区汉江路社区儿童	43 人
2023 年 1 月 12 日	VR 眼镜体验红色故事	常州市新北区汉江路社区儿童	43 人
2023 年 1 月 13 日	“看名画　读党史”:《开国大典》设计红色主题旗帜，根据设计定制旗帜	常州市新北区汉江路社区儿童	43 人
2023 年 1 月 14 日	话说常州，龙腾中吴：常州故事 ·“龙城”的由来	常州市新北区汉江路社区儿童	43 人
2023 年 1 月 16 日	春节手工剪纸：讲述春节传统故事	常州市新北区汉江路社区儿童	43 人
2023 年 2 月 1 日	红色家风故事：走近伟人毛泽东	常州市新北区汉江路社区儿童	43 人
2023 年 2 月 2 日	红色家风故事：学习陈云，争做时代好少年	常州市新北区汉江路社区儿童	43 人
2023 年 2 月 3 日	元宵传统习俗：兔子灯制作；猜灯谜	常州市新北区汉江路社区儿童	43 人
2023 年 3 月 12 日	红色少年宣讲员选拔赛	常州市新北区汉江路社区儿童	35 人
2023 年 3 月 19 日	电路与摇摇棒：讲解电路原理和王诤将军“风声”传报的故事，带领学生制作含有红色语录的电路	常州市新北区汉江路社区儿童	30 人
2023 年 4 月 1 日—4 月 22 日	红色宣讲团视频拍摄	常州市新北区汉江路社区儿童	10 人
2023 年 4 月 23 日	红色宣讲团汇报演出（常州市图书馆“常图之春”读书节开幕式）	常州市新北区汉江路社区儿童	10 人
2023 年 6 月—9 月	“阅读伴成长　匠心探未来”暑期社会实践	常州市新北区新华小学学生、龙城社区儿童、阳光社区儿童、	150 人

由于活动内容的专业性和项目本身的公益性质兼顾了科学与趣味，参与学生都有所收获。“传承红色经典　科创筑梦未来 ”活动受到了青少年学生和家长的热烈欢迎。活动在新北区汉江路社区开展后，受到区领导的高度重视，选拔的首批红色宣讲团参加了常州市图书馆“常图之春”读书节开幕式演出，反响热烈，参与的老师、同学对活动给予了很高的评价。参加党史阅读分享的计算机应用技术专业 203 班冯吉宇同学说：“学习党史知识让我明白了，每个人的前途命运都与国家和民族的前途命运紧密相连。国家好，民族好，大家才会好。我们应当秉承先辈崇高精神，坚定理想信念，以史为鉴，展望未来。”参加研学体验的新北区实验初中七年级 15 班石颖同学说：“研学之旅令人印象深刻，回味无穷。最震撼的就是 VR 眼镜，古埃及的金字塔与骆驼十分逼真，让人仿佛在大沙漠中闲游；还有 3D 打印机，神奇的操

作让大家频频发出赞叹；4D 影片讲述着一个个安全知识，让人牢记心间；王诤将军的事迹鼓舞人心，青年们一起高唱红色歌曲，热血沸腾。在党的华诞，我们在红色长廊中学习党史，在研究室里重识伟人。作为国家的栋梁与希望，我们会一起努力，共创中国美好的未来、宏伟的明天。期待着再一次和同学们一起踏上旅程，感受科技的魅力和红色历史的伟大。感谢志愿者和老师们一起陪我们度过美好充实的一天。”参加研学的新北区实验中学的老师说：“通过研学活动以及沉浸式体验，学生能尽早地接触先进科技知识，对学生后续专业的选择和职业的选择、规划有很大的帮助。”

活动开展过程中，家长和老师们对活动设计、实践环节等提出了很多诚恳而有意义的建议，这也促使了活动不断进化和完善。活动内容从最初的讲座、书目推荐、阅读分享，发展到体验、创意设计、研学相融合，每一年的红色科创体验阅读活动都能达到一个新的阶段。“传承红色经典　科创筑梦未来”项目在常州市新北区三井小学和实验初中开展，活动可复制、可推广，2023 年 1 月在新北区汉江路社区开展后好评如潮。经口口相传，我馆收到了新北区龙城社区、阳光社区以及新华实验小学开展暑期活动的邀请，受益人群以及覆盖范围在不断扩大。

项目实施过程中，活动也受到了媒体及相关政府机构和部门的关注，得到了常州市新北区政府、常州市新北区妇联、常州市关心下一代委员会、常州市广播电视台、常州市图书馆等单位的大力支持，这些单位以不同的方式加入活动中，并通过各自的媒体平台对活动进行了相关报道。

五、案例启示

在活动实践过程中，我们对阅读推广工作有了新的认识和更深刻的理解，也从活动中受到了很多启发。

（一）阅读推广活动开展过程中，读者的参与不可或缺。阅读推广活动只有让读者积极响应并参与其中，才能促使图书馆阅读活动的设计更贴合读者需求，吸引更多的读者参与，以达到推广的效果。

（二）阅读推广活动要注重读者的反馈，以便改进推广内容。在每次活动开展前、实施过程中、活动结束后，注意收集参与学生、家长对活动的反馈意见和建议，并根据意见和建议及时调整或修改活动方案和活动内容。

（三）阅读推广活动要注重媒介宣传。在活动之初、活动进行中和活动结束后，都要及时进行宣传，扩大影响力，争取吸引更多的潜在读者来参加活动。特别是要充分利用微信公众号、抖音等新媒体平台扩大宣传面，吸引更多隐性读者参与活动。

（四）阅读推广活动不是个人或单个部门的事，一定要注重多部门协同合作。积极与校内外各部门和机构进行合作，充分挖掘校内外可利用的资源，增大活动覆盖面，吸引媒体关注，以达到广泛宣传的目的。

（五）阅读推广活动要培育与打造品牌。在阅读推广过程中要有培育品牌的意识，按打造精品的要求去设计和实施，要注重活动的长期影响。

（六）阅读推广活动内容及过程要注重时效性。要结合社会热点、突出时代特色，从而提升活动的关注度。

专家点评

活动策划力图探索一套适合高职院校图书馆特点的寓教于乐、将阅读与实践体验相结合的阅读推广模式，创意和出发点都很好，活动开展的成效也不错。在具体实践过程中，顶层设计视野还不够开阔，具体支撑手段也不足，可逐年持续改进。

主审专家：管红星

案例《传承红色经典　科创筑梦未来》探索出了一条符合高职院校图书馆特色的红色经典阅读推广模式——体验式研学阅读推广模式。案例工作理念和思路具有一定创新性，能够有效解决图书馆行业存在的工作难点。工作方案陈述清晰，工作步骤具体明确，该活动在高校图书馆中具有普遍的推广价值。案例总体比较完整，但缺少具体数据，比如受益师生数量。另外，照片质量不高。

主审专家：张小兵

第二部分

推进通识教育

对话中华经典　感受古典之美

项目组成员：孙金娟、顾国梅、成永娟、张莉莉、李晓艳
单位信息：常熟理工学院

【摘要】常熟理工学院图书馆以“对话中华经典　感受古典之美”为主题，开展“子川桥畔诵经典”“三代同堂读经典”“知识竞赛逐经典”“寒假征文悟经典”“江南文化绎经典”“‘悦’读手账绘经典”等系列阅读推广活动，以传统纸质书籍阅读为主，音频、视频、舞台呈现等多种形式为辅，将浅阅读与深阅读有机结合，拉近了读者与传统经典的心理距离，消除了读者阅读传统经典的语言障碍，将传统经典置于现代文明中解读并演绎。建立了读、听、看、演等相结合的全媒体阅读模式，搭建了线上、线下相结合的阅读成果展示与交互平台，实现了从个体阅读到群体阅读的增值效应，打造了多个阅读品牌，搭建了经典阅读平台，获得了多项阅读推广荣誉，培养了一批经典阅读骨干团队，取得了多项教科研成果。努力做到“思”与“行”的有机结合，围绕中华优秀传统经典阅读主题，着力在活动内容和形式上下功夫，力争做到每一项活动都有较高的参与度和影响力。

一、案例背景

常熟理工学院长期致力于“书香校园”建设，连续多年开展以经典阅读为核心的系列阅读推广活动，旨在培养大学生的阅读兴趣、提升大学生的阅读能力、增强大学生的综合人文素养。在学校多部门的共同努力下，“书香校园”读书月这一品牌项目历经十余年成果丰硕，我校图书馆于2018年荣获中国图书馆学会颁发的“全民阅读先进单位”称号，我校也于2021—2022年连续两年获评“苏州市全民阅读先进单位”等。

为进一步总结提炼阅读推广经验、夯实阅读推广效果、拓展阅读推广内涵与影响、

积累与展示阅读推广成果，2015 年，图书馆联合学校多部门成立大学生经典阅读工程指导委员会，面向全校学生实施大学生经典阅读工程项目。

学校图书馆不仅是大学生经典阅读工程项目的重要发起者，而且是大学生经典阅读工程项目的主要践行者。多年来，图书馆基于经典阅读理论策划开展活动，联合学校多个职能部门，紧密联系二级学院，以线上、线下相结合的多种形式提升活动的宣传度，不断扩大活动的影响面和覆盖面，举办了上百场以“对话中华经典 感受古典之美”为主题的各类品牌阅读推广活动，主要有“子川桥畔读经典”“三代同堂学经典”“知识竞赛逐经典”“寒假征文悟经典”“江南文化绎经典”“‘悦’读手账绘经典”等。

活动以传统的纸本阅读为主，辅以声音、色彩、光影、形象等多种形式的全媒体阅读模式，拉近了读者与传统经典的距离，消除了读者阅读传统经典的语言障碍，将传统经典置于现代文明中解读并演绎，提升了读者的阅读品位和阅读兴趣，让读者在读经典中享受学习的快乐，使校园阅读氛围更加浓厚。

二、主要做法

（一）子川桥畔诵经典

2021 年，为庆祝建党百年，图书馆推出经典阅读品牌活动——“子川读典”。“子川”二字出自《论语》：“子在川上曰：逝者如斯夫！不舍昼夜。”“子川读典”通过精读经典文本，用 21 天阅读打卡的方式培养大学生的阅读习惯，以阅读分享会的形式交流阅读感悟、碰撞思想火花。活动开展以来，受到师生的一致欢迎和好评，目前已开展阅读《唐诗三百首》《诗经》《孟子》《庄子》《道德经》等 13 期活动，近 1000 人次参与，收到摘抄、书评和诵读作品近 1000 份，共评出奖项 100 多个。

图 1 子川桥畔诵经典之中华优秀经典系列

2022年起，图书馆开展了“每周一诗”“每周一词”等诵读活动、“寻找最美声音”等诵读音频评比活动，经图书馆微信公众号向广大师生读者推送诵读音频。一个个音频承载着录制学生对经典、对优秀传统文化的热爱之情，从而由点及面，引导全校师生铭记光辉灿烂历史，传承优秀传统文化基因。

2022年下半年，图书馆与材料工程学院合作开展“湖畔晨读，共读经典”活动，以弘扬优秀传统文化，传承国学经典智慧，加强学风建设，将阅读融入大学生平时的学习生活中，提高阅读能力和审美能力，养成良好的读书习惯。

（二）三代同堂读经典

“三代同堂　共读经典”是图书馆牵头发起的经典阅读品牌活动，以培养大学生阅读、思考、写作、表达等多方面素质的全面发展为目标，建成有关30本经典的阅读平台和资料库（实体资源和网络资源相结合），形成以名师引领，30本经典为阅读核心，线上阅读、线下交流的阅读活动。

图2　共读经典——学生陶涛分享

自2021年起，我馆每年设立12个项目。至今，已设立项目36个，举办读书交流会24场，参与学生超5000人次，收到书评近2000份，表彰优秀学生近200人。活动以稳定的管理队伍和良好的阅读模式，扎实提升了读者的阅读兴趣，培养了学生良好的阅读习惯和技能，营造了良好的校园经典阅读氛围。

图 3　共读经典——导师王菊艳导读

（三）知识竞赛逐经典

2022 年起，图书馆围绕“中华传统文化经典”，组织开展了以《红楼梦》《西游记》《水浒传》《三国演义》等经典作品为主题的经典阅读知识竞赛共七期，近 4000 人次参与。竞赛激发了读者学习中华优秀传统文化经典知识的热情，加强了对读者的人文精神教育，使其在趣味丰富的竞赛氛围中增强了学习中华传统文化的意识，共享中华优秀传统经典之美，在书香校园文化建设中，让中华优秀传统文化焕发青春光彩。

（四）寒假征文悟经典

图书馆已连续八年开展寒假经典书评征文活动。2021 年至今，共收到 2500 多篇经典书评。其中不乏如《泠月明怀雪，烛影暗幽窗》《繁华落尽见真淳——走进〈宋词三百首〉的世界》《万艳同杯，千红一窟》等佳作。经典征文比赛鼓励学生抒写阅读感悟，展示自己的阅读成果，激发了学生阅读经典作品的兴趣，提高了写作水平，使其感受到与经典同行的魅力。

（五）江南文化绎经典

2400 多年前，孔门“十哲”之一的言子，开启了江南地区学习儒家思想的先河。孔子曰：“吾门有偃，吾道其南”，高度肯定了言子在孔门的重要地位。言子晚年，

图 4　言子文化特色数据库

遵照先师遗训南返传道，将礼乐思想带到了江南。常熟理工学院地处言子故里——常熟，图书馆充分挖掘、收集与言子有关的文献资源，并做数字化整理与展示，建成了言子文化特色数据库，内容涵盖言子及言子研究相关的原始文献、影像、图片、碑刻等，为研究言子文化的读者提供一个丰富便捷的资源获取渠道，在地方传统文化发掘与传承中做出了自己的贡献。

2022 年，由常熟理工学院师生共同参与的原创音诗画《南方夫子》在常熟保利大剧院隆重上演。作品《南方夫子》以“北学孔门”“杏坛习礼”“弦歌之治”“弘扬儒学”“传道江南”为主体结构，结合音诗画的表现形式，通过古今对话再现言子的一生，展现古代先贤的理想追求与责任担当，彰显儒家文化的当代价值与时代意义，是中华优秀传统文化创造性转化、创新性发展的典型探索与成功实践。演出以创新形式进行地域文化宣传，将古典韵致与时代精神相结合，让表演者和观众深入领会了儒家经典文化的丰厚底蕴和价值内涵。

（六）“悦”读手账绘经典

“手账”是集读书心得、生活感悟等内容为一体的记事本，配以精美的手绘插图，用彩色胶带、贴纸、印章等来装点，近些年在大学生群体中逐渐流行。在古代，中国人就有记手账的习惯，称作“手簿”。常熟理工学院图书馆选取四大名著为主题，引导大学生阅读并“绘制”经典，摘抄好词好句的同时，将自己对经典文本的理解

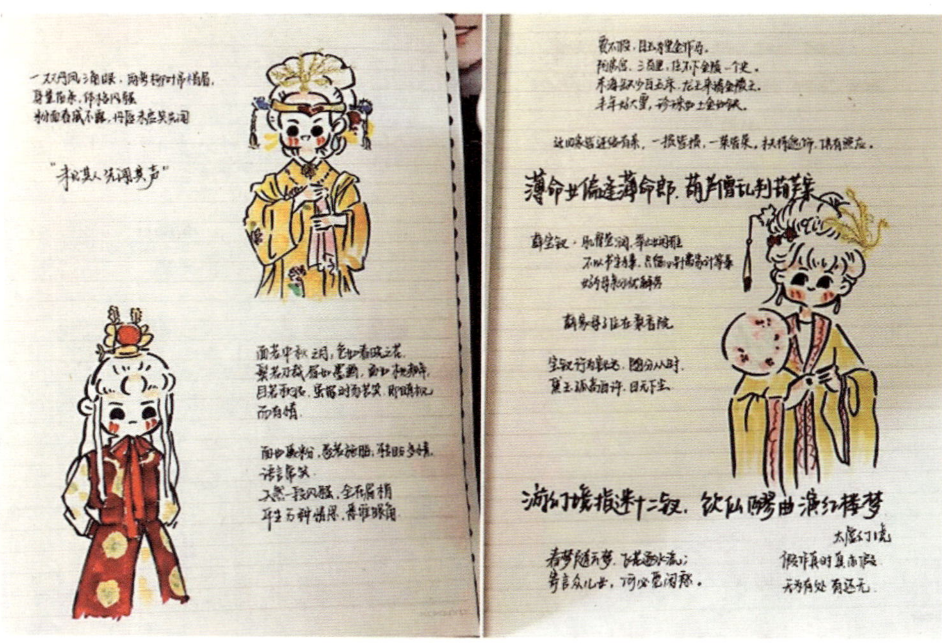

图 5 “悦”读手账绘经典之《红楼梦》人物

转化为图像，制作成不同的插画，穿插在文字四周，从艺术绘画的角度再现经典，以大学生喜闻乐见的方式，让阅读经典变成“悦”读经典。

三、创新之处

（一）建立了多种方式相结合的全媒体阅读模式

随着传统图书阅读率的逐年下降、读者阅读习惯的改变，引导读者突破阅读传统纸质书籍的限制迫在眉睫，将阅读传统纸质书籍与聆听有声读物再到观看视频导读三种方式相结合，就大大提升了阅读的趣味性。同时，可以将阅读的内容进行深度加工，转化为自己的学识，以读书笔记、书评、诵读音频、手账、舞台表演等多种形式展现自己的学习成果。全媒体复合阅读方式将浅阅读与深阅读相结合，提升了读者的阅读层次，收到了良好的阅读效果。

（二）搭建了线上、线下相结合的阅读成果展示交互平台

在线上，读者可以将自己的书法作品、读书笔记、书评、诵读音频等不同形式的学习成果上传到交互平台，读者之间可以相互点评各自的学习成果，交流阅读体验。在交流的同时，加深对经典的理解，逐步丰富自己的阅读感悟。在线下，举办经典阅读分享会，把形式单一的讲座转变为导师引导、学生分享、表演互动的情景式课堂。

将艺术融入中华优秀传统经典的阅读之中，同时提升了学生的艺术素养和文化素养。

（三）实现了从个体阅读到群体阅读的增值效应

传统阅读是一个人的阅读、个体的阅读，通过搭建的交互平台以及其他不同的交流渠道，阅读可以突破时空的限制，将有共同阅读兴趣的读者聚集在一起，使其在阅读的过程中共同探讨和分享阅读过程、经验，获得更多同伴的帮助，提高读书效率，促进知识的共享与增长。这种以书会友的群体阅读活动，得到了广大学生的热情支持，参与的学生读者通过交流心得，拓宽了个人的心灵空间。

四、主要成效

（一）打造了多个活动品牌

凝练了“三代同堂　共读经典”“子川读典”等活动品牌，举办主题征文大赛、经典诵读比赛、话剧演出、书画创作比赛等阅读推广活动，促进了师生深入阅读经典内容，相互交流阅读心得，提高了经典赏析能力和写作表达能力。

（二）搭建了经典阅读平台

测试平台：包括一个自主开发的经典阅读考试系统，其中有 30 套经典题库，每套题库对应一本经典书目，每本书目共 1500 道测试题，学生的经典阅读考试成绩纳入综合测评成绩。

资源平台：包含经典全文在线阅读数据库、可在线播放的经典导读视频数据库、师生对话在线交互系统、书评发布系统和读书活动预告发布系统等内容。完成了移动阅读平台的建设（替换了网站功能），为品牌活动的组织和随机测试提供了便利。

（三）获得了多项阅读推广荣誉

常熟理工学院荣获 2021 年度、2022 年度“苏州市全民阅读先进单位”；“基于通识教育的大学生经典阅读推广体系构建与实践”荣获 2019 年江苏省高校图书馆阅读推广优秀案例二等奖、2020 年熟理工学院教学成果一等奖、2020 年苏州市教学成果二等奖；“三代同堂 共读经典”项目荣获 2020 年苏州市优秀阅读创新项目；“子川读典 湖畔读史”红色经典阅读系列活动被认证为 2021 年度江苏省级三类公益阅读推广活动，并荣获“第十六届苏州阅读节优秀活动奖”、2022 年江苏省“高校图书馆阅读推广优秀案例”。

（四）培养了一批经典阅读骨干团队

深耕于阅读推广理论的朱原谅老师晋升为图书馆研究馆员；周梅获2021年度“苏州市全民阅读先进个人”；张莉莉获2022年度“苏州市优秀阅读推广人”。培训了一支由辅导员、阅读推广馆员和学生骨干组成的阅读推广人团队，精心组织品牌活动与课程管理，帮助学生养成阅读习惯和提升能力素养。

（五）取得了多项教科研成果

参与教学改革，校级教改项目4个、省级科研项目1项、市厅级科研项目1项；创办优秀书评集《子川集》。平台收到的主动投稿和阅读活动收到的经典书评总计近1万篇；发表研究论文50多篇，其中C刊18篇。

五、案例启示

（一）围绕中华优秀传统经典阅读主题，着力在活动内容形式和阅读品位提升上下功夫。

自2021年以来，以“对话中华经典　感受古典之美”为主题组织的每项阅读推广品牌活动都力求创新。围绕中华优秀传统经典这一载体，我们开展了阅读、竞赛、书写、演绎等多种方式相结合的阅读活动。首先，致力于中华优秀传统经典阅读主题，着力在活动内容和形式上下功夫，力争做到每一项活动都有较高的参与度和影响力，有效激发我校广大学子阅读中华优秀传统经典的兴趣，提高经典的影响力。其次，在经典导读与阅读品位提升上下功夫，邀请校内专家参与指导活动，如“子川读典”共读活动、“三代同堂　共读经典”等；录制导读视频26部，并作为精品慕课入选“学习强国”江苏平台，契合了广大读者的阅读心理，提升了经典阅读的效果，扩大了活动的辐射面。

（二）勤思考、多总结、拓思路，努力做到“思”与“行”的有机结合。

首先，要建立长效机制。将中华优秀传统经典阅读宣传推广作为一项重要任务、一种常态化的工作，由相对固定的专业团队进行策划、实施与评估，保证活动的可持续性。

其次，要打造阅读推广活动品牌。将中华优秀传统经典阅读推广活动品牌化，既保证活动的连续传承性，又在读者群中形成持续的影响力，有利于后期成果的保存和后续活动的开展。

再次，要积极拓宽宣传渠道。拓宽经典阅读推广的宣传路径，利用企业微信、微信公众号、“学习通”等线上平台，提高宣传推广的效率，为读者提供便捷的服务。

最后，要注重实际效果。不断拓展经典阅读的内涵和范围，培育众多优秀教师和学生读者代表，通过榜样的力量辐射本校、周边高校乃至全社会，带动一大批读者参与其中，使中华优秀传统经典所蕴含的优秀传统文化创造性转化、创新性发展。

专家点评：

常熟理工学院图书馆以“对话中华经典　感受古典之美”为主题开展系列阅读推广活动，以传统纸质书籍阅读为主，音频、视频、舞台呈现等多种形式为辅的阅读模式，将浅阅读与深阅读有机结合，将传统经典置于现代文明中解析、领悟并再演绎。活动紧扣经典阅读这一主题，开展读、听、看、演等相结合的全媒体阅读，打造了多个阅读品牌，搭建了经典阅读平台，获得了多项阅读推广荣誉，培养了一批经典阅读骨干团队，取得了多项教科研成果，成效显著。活动立意明确、形式丰富，具有一定的规模和影响力，具有较强的可推广性。建议进一步丰富和完善活动形式，建立基于经典阅读的推广体系，形成持续的影响力，持续提升品牌价值。

主审专家：袁家斌

“对话中华经典　感受古典之美”系列阅读推广活动，以传统纸质书籍阅读为主，辅助音频、视频、舞台呈现等多种形式，线上、线下相结合，浅阅读与深阅读相结合，引导读者阅读传统经典。建议围绕经典内容作进一步深入挖掘。

主审专家：陈亮

沐浴经典书香　涵育时代新人

项目组成员：侯三军、王汉林、易美、佘志虹、骆凡、程志刚、方勇、吴秀娟
单位信息：扬州大学

【摘要】扬州大学（以下简称“扬大”）图书馆以第二十三届读书节为契机，深入开展“经典阅读推广”活动，历时三个月。活动由图书馆牵头，联合教务处、研工部、学工部（处）、校工会、校团委以及相关学院共同举办，围绕“沐浴经典书香　涵育时代新人”主题，开展了近20项系列活动。本次阅读内容以经典为主。通过“阅”“写”“展”“赏”“听”“诵”“创”“悟”等多种形式，经典得以多元化、立体式地活化展现。同时借助数字化技术、参与式体验，阅读呈现线上线下沉浸式、互动式和共享式的新局面。通过此次活动，广大师生从经典阅读中寻找理论滋养、精神支柱，努力当好扬大文化的最美代言人、当好中华文明的坚定传承人。图书馆立足资源、空间和服务，将经典阅读活动打造成具有互动感、体验感、获得感的校园文化活动。读书节活动已持续开展23年，本次活动紧紧抓住读书节这一重要载体，使之成为校园文化建设的重要组成部分。经典阅读活动内容丰富、形式多样，影响力和受益面持续扩大。活动旨在激发学生阅读经典的热情，让更多的学生亲近书本、热爱书本，养成正确的读书观，享受优秀传统文化之美。

一、案例背景

2012年，党的十八大报告首次将“开展全民阅读活动”纳入我国社会主义文化强国建设。2022年，党的二十大报告全文发布，提出“深化全民阅读活动”。2022年4月23日上午，习近平总书记致信祝贺首届全民阅读大会举办，这是“全民阅读”在政府工作报告中连续亮相后，以更加丰富饱满的姿态落地，迈出了更具实质性的一步，打开了全民阅读新境界。2023年6月2日，习近平总书记在文化传承发展座

谈会上发表重要讲话，强调在新的起点上继续推动文化繁荣、建设文化强国、建设中华民族现代文明，是我们在新时代新的文化使命。高校图书馆承担着文化传承发展的重要使命。

青年兴则民族兴，青年强则国家强。对个体而言，大学是一个人精神、人格塑造的重要时期。在这种形势及要求下，高校图书馆应认清阅读推广本质上是高等教育育人体系的有机组成部分，进而从高等教育的人才培养目标、大学生的心理发展特点及需要出发，创造性地开展阅读推广工作，助力学生成长成才。

扬州大学图书馆积极响应党和国家开展“全民阅读”活动的号召，主动担当传承发展中华优秀传统文化的使命，通过举办“经典阅读”系列活动，对大学生的阅读行为和活动进行有目的、有计划的训练，弘扬中华优秀传统文化，引导学生爱读书、读好书、善读书。把经典阅读行动作为落实立德树人根本任务的重要载体，教育引导学生立志为中华民族伟大复兴而读书，从经典阅读中寻找理论滋养、精神支柱，努力成长为坚定“四个自信”的新时代好青年，当好扬大文化的最美代言人、中华文明的坚定传承人。

二、主要做法

扬州大学图书馆以第二十三届读书节为契机，深入开展“经典阅读推广”活动，历时三个月。活动由图书馆牵头，联合教务处、研工部、学工部（处）、校工会、校团委以及相关学院共同举办，围绕“沐浴经典书香　涵育时代新人”主题，开展了近 20 项系列活动。

（一）潜心倾听，了解师生阅读需求

通过网络调查、线下座谈、点子征集等方式，倾听师生意见建议；深入相关学院，走访教学名师、学工老师、学生社团，为科学、精准、有效开展经典阅读活动奠定扎实的民意基础。

（二）悉心回应，精准设计阅读项目

根据调研，本次经典阅读活动采用了“阅”“写”“展”“赏”“听”“诵”“创”“悟”等多种活动模式，确保每一类师生都有活动可参与。

阅：经典阅读积分挑战赛。设置了“人类思想”“国学经典”“世界文学”“中国文学”“历史文明”“艺术审美”“科学技术”“经济社会”八大阅读板块，活动时长 21 天，平台自动记录读者阅读、答题情况，按积分高低排名。

写：一是“与经典同行”主题征文。读者阅读欣赏经典著作，分享读书心得和人生感悟。二是“青春不毕业　阅读不散场”毕业生最爱的经典寄语分享活动。

展：一是阅读推广海报展览。在图书馆四个分馆分别举办“阅读为青春赋能”——邓咏秋阅读推广海报展览，让读者从“图画 + 名言”的方式中获得阅读的力量和励志的能量。二是“红色耀中华——近代红色出版史文献展”。三是“光辉的历程——在近代文献中探寻党代会历史”主题文献展。四是“选一本好书，育一片桃李”精品教材展。

图 1　阅读推广海报展

赏：一是邀请国家一级演员、江苏省曲艺家协会副主席袁小良来校，举办苏州评弹鉴赏会，让师生感受苏州评弹与吴方言的艺术魅力。二是邀请古琴艺术广陵琴派传承人高姐婕来校，举办古琴艺术赏析会，让师生感受好地方的好艺术——广陵琴派的独特魅力。嘉宾现场弹奏了艺术名曲，观众也上台互动弹奏。

听：一是 21 天讲座打卡活动——“做一个博学而有趣的人”。开设超星名师讲坛，讲坛分“思想之光”“艺术人生”“科学探索”三个篇章，每天一场 30 分钟的讲座。二是邀请凤凰出版传媒集团编审、江苏省作家协会副主席祁智来校，举办“山河故人——经典阅读鉴赏会”。

诵：“青春诵经典　拥抱新时代”中华经典诵读比赛。活动分初赛和决赛两个阶段，遴选 8 组选手参与决赛。决赛选手用声情并茂的朗诵，辅以书法、音乐、歌舞等丰富多样的形式为现场观众带来关于中华文化之美的沉浸式体验。

图 2　古琴艺术赏析会

图 3　中华经典诵读比赛

创：一是图书馆文创产品设计大赛，向师生征集体现扬大图书馆特色和文化品位的文创产品。二是图书馆空间设计创意大赛，获取全校师生对阅读空间的需求。

悟：一是“典籍里的端午”亲子文化体验活动，精心设计了“说端午”“诵端午”“展端午”“书端午”“印端午”等环节，让书写在典籍里的文字“活”起来，师生们感受了端午浓情，体悟了传统文化的无穷魅力，更加坚定了文化自信。二是“青春不毕业　阅读不散场”打卡图书馆活动，让毕业生感受到母校书香氤氲的殷殷祝福。

图 4　毕业季图书馆打卡活动

（三）精心推进，扎实开展阅读活动

经典阅读推广活动由图书馆馆领导总负责，读者服务与阅读推广部负责整体活动方案的策划，各相关部门制定子项目的具体实施方案。馆领导高度重视阅读推广工作，2022 年下半年即成立了第二十三届读书节活动工作小组，全面筹备读书节活动相关工作，包括活动调研、策划、与协作单位沟通、争取经费支持、人员组织、资源准备、宣传报道、后勤保障等事项，根据读书节活动安排，详细分解活动任务，明确责任部门、时间节点，确保各项活动正常有序开展。活动期间，多次召开协调会、推进会、反馈会、小结会等。

在活动推进过程中，图书馆全方位打造宣传推广体系，拓展活动的影响力和覆盖面。依托学校校园网、视频号、图书馆门户网站、官方微信公众号、QQ、电子屏等新媒体平台积极做好宣传推广，全方位展示活动过程，将活动方案、活动通知、宣传报道等通过新媒体平台同步推送给全校师生。教务处、研工部、学工部（处）、校团委利用教师和学生工作网络，发动师生参与读书节活动。校工会利用二级工会网络平台，组织教职工及子女参与读书节相关活动。邀请校电视台在大型活动现场摄像，并将视频在学校视频号发布。图书馆门户网站在显著位置还设立了读书节专题网页，在活动期间持续更新。

（四）用心总结，持续巩固阅读成效

本次经典阅读活动共有 220 多名师生分获各类奖项。图书馆召开表彰大会，对在读书节活动中涌现出的优秀读者进行表彰，颁发获奖证书，并给予一定的物质奖励，激发读者的参与热情。图书馆还邀请优秀读者代表现身说法，分享阅读经历，通过树立榜样为广大读者引路，带动更多的读者加入阅读活动。

每个子活动之后，我们都进行评估与反思，便于日后借鉴。对阅读活动中形成的各类材料进行整理归档，特别是活动过程中形成的照片、视频、获奖作品等资料，都分门别类进行整理，并上传到读书节专题网页，让更多的读者分享，延伸活动价值链。经过长期积淀，日后也便于集中展示历年读书节活动风采。

三、创新之处

（一）方式创新

本次阅读活动以“阅”“写”“展”“赏”“听”“诵”“创”“悟”等多种形式，让静态阅读多元化、立体式地呈现在广大读者面前，同时借助数字化技术、参与式体验，让阅读呈现线上线下沉浸式、互动式和共享式的新局面。读者可以根据自己的特长、喜好选择适合的阅读活动参与。

（二）内容创新

为深入挖掘中华经典文化的深刻内涵及其重要的当代价值，本次阅读活动以经典为主要内容，通过讲座、弹奏、演唱、诵读、写作、雕版印刷、书法习作等多种形式诠释经典，让读者深切感悟中华优秀传统文化之美，从经典中汲取文化滋养，弘扬民族精神与时代精神，培育当代大学生最坚定的文化自信。

（三）对象创新

本次阅读活动的受众既有大学生，也有青年教师，“青椒”亲子实现了“全民阅读、亲子互动、教学相长”的目标。如举办“典籍里的端午”亲子文化体验活动，通过“说端午”“诵端午”“展端午”“书端午”“印端午”等环节，让书写在典籍里的文字活化成鲜活生动的体验。我们将继续探索，积极活化馆藏典籍资源，推动非物质文化遗产等中华优秀传统文化更好地创造性转化及创新性发展。

四、主要成效

（一）坚持学生至上，涵育了时代新人

遵循习近平新时代中国特色社会主义思想“必须坚持人民至上”的世界观、方法论，图书馆始终“坚持学生至上”，立足资源、空间和服务，将阅读活动打造成具有互动感、体验感、获得感的校园文化活动。通过活动，我们真切地看到了学生

的成长，在诵读活动中，从初赛的青涩表演到决赛的落落大方、激情演绎，学生们收获的不仅仅是阅读，还有团队的合作、诵读表演的技巧等。在讲座打卡和经典阅读活动中，学生不仅聆听了精彩的讲座、阅读了经典的书籍，还增加了通过移动图书馆获取更多学习资源的乐趣。在苏州评弹和古琴艺术赏析活动中，学生在感受美、鉴赏美的同时提高了审美和艺术鉴赏力。在毕业季活动中，毕业生们感受到母校对学子的美好祝福和殷切希望。从长远看，读书节活动旨在激发学生读书热情，让每一位学生都亲近书本、热爱书本，使大学生养成“多读书、读好书、会读书”的读书观，享受快乐阅读，感悟大好时代，涵育时代新人。

（二）坚持守正创新，培育了活动品牌

遵循习近平新时代中国特色社会主义思想“必须坚持守正创新”的世界观、方法论，图书馆始终秉持“阅读经典、守正创新，培根铸魂、涵育新人”的活动理念，精心设计活动内容，深入推进阅读推广工作，不断巩固和深化校园文化建设成果，打造有特色、有影响的校园文化主阵地。坚持以经典阅读为核心，结合不同主题深入开展系列活动，积极探索阅读推广可持续、常态化发展模式，逐步形成阅读推广品牌。

自 2001 年至 2023 年，扬州大学读书节活动已经举办了 23 届，每一届读书节活动都有一个主题，围绕主题策划征文、讲座、展览、阅读、诵读等活动，内容丰富，形式多样。读书节活动已经成为图书馆阅读推广工作的重要抓手，被纳入学校科技文化艺术节项目体系，是学校校园文化建设的重要组成部分，在学校具有较大影响力。

（三）坚持系统观念，孕育了共建机制

遵循习近平新时代中国特色社会主义思想“必须坚持系统观念”的世界观、方法论，图书馆在充分利用好自身资源的基础上，积极向外拓展，多方连接资源。今年读书节活动期间，图书馆与校工会合作，开展“典籍里的端午”活动，校工会负责人员组织和经费支持等；与教育科学学院、音乐学院、公共艺术教育中心等合作，发挥其专业和人才优势，办好相关活动；与超星公司合作，开展线上讲座打卡和经典阅读活动；与苏州大学出版社、扬州新华书店、南京力源图书公司等合作，为各类艺术鉴赏、毕业季活动提供经费支持或奖品赞助。经过多方协同、合力共建，2023 年的读书节活动内容丰富、形式多样，活动的影响力和受益面持续扩大。

五、案例启示

（一）优化资源服务，加强阅读推广条件建设

图书馆的资源建设和服务创新是阅读推广工作持续向好发展的重要保障。今年我馆的智慧图书馆项目——新一代图书馆管理系统正式上线，全终端一体化配置、低代码活动引擎、大数据展示平台、图书馆新门户、新生入馆教育系统等服务创新，极大地助力了阅读推广工作。馆藏纸质书数字化也已列入我馆今年的保障性项目，以馆藏纸质书数字化工作为抓手，保证每本纸质书配备一本电子图书，有效解决馆藏复本不足、多校区借阅等问题。让读者有更好的阅读体验，实现时时可读、处处可读、人人可读。图书馆的空间改造项目，也给阅读推广工作的开展创造了很多有利条件。

（二）强化系统谋划，提升阅读推广品牌价值

一是系统谋划要有“高度”。阅读推广工作的品牌塑造知易行难，内容为王、品牌至上是历久弥新的发展之道。二是系统谋划要有“宽度”。阅读推广工作所需的资源整合不仅是图书馆与校内部门及校外单位之间的结盟、阅读资源的整合、管理人员的协作等，更包括整体策划、合力组织和立体传播。三是实践操作要有“深度”。活动要深入读者、扎根读者，切实服务于读者；要重视实地调查，了解各类读者的阅读习惯和需求特点；要重视工作评估，对各项活动进行总结，重视读者的反馈意见，评估活动成效。通过评估优胜劣汰或优化完善，摒弃短期性、形式化的阅读推广模式，实现可持续发展。

（三）固化工作机制，促进阅读推广长效建设

为更好地将阅读推广工作融入书香校园建设，应在学校层面成立阅读推广工作领导小组，建立校园阅读推广工作的管理体系、工作规范，以及资金、队伍保障制度。搭建阅读推广的校内协同机制和基于阅读推广的校园文化建设长效机制，推进校园阅读和校园文化建设稳健运行，将阅读推广工作提升到新的高度。比如，把经典阅读纳入学校通识教育体系，建立阅读学分制度；建立一支包括文化志愿者、领读者、讲书人等专业人员的队伍；建立阅读推广工作的专项经费支持制度等，确保阅读推广工作可持续高质量发展。

高校图书馆肩负新的文化使命，在营造校园阅读氛围、引导读者阅读兴趣、培养读者养成终身阅读习惯等方面任重道远。阅读推广是一个系统工程，需要各方面配合，也需要科学的规划，以推动阅读推广可持续、常态化发展，形成有品牌、有

影响力的阅读推广服务体系。我馆长期形成的“读书节”“毕业季”“迎新季”阅读推广服务体系仍需进一步创新深化，强化品牌效应，注重经典活化，以“滋养民族心灵、培育文化自信”为使命，在传承大学精神与弘扬中华优秀传统文化等方面发挥更加积极的作用。

专家点评

扬州大学图书馆联合教务处、研工部、学工部（处）、校工会、校团委以及相关学院，围绕“沐浴经典书香　涵育时代新人”主题，开展了经典阅读推广系列活动，通过“阅”“写”“展”“赏”“听”“诵”“创”“悟”等多种形式，使经典得以多元化、立体式地活化。同时借助数字化技术、参与式体验，代言扬大文化，传承中华文明。案例创新方式和内容，通过多种形式让静态阅读多元化、立体式地呈现在广大读者面前，通过讲座、弹奏、演唱、诵读、写作、雕版印刷、书法习作等多种形式诠释经典，让师生从经典中汲取文化滋养，弘扬民族精神与时代精神，培育当代大学生最坚定的文化自信。案例形成了一定的推广体系，活动丰富，互动性强，特色化推出亲子阅读、雕版印刷等活动，具有一定的创新性和可推广性。建议基于现有工作基础，进一步完善阅读推广体系，挖掘、探索针对经典阅读推广的理论框架，同时可以进一步结合扬州地域特色，将扬州文化经典做展示和推广。

主审专家：袁家斌

活动主题明确，由图书馆牵头，联合教务处等多部门进行协作，可以确保更好的效果。活动通过“阅”“写”“展”“赏”“听”“诵”“创”“悟”等多种形式，形式多样，内容丰富。“典籍里的端午”亲子文化体验活动，让书写在典籍里的文字活化成鲜活生动的体验，特色鲜明。馆领导全面负责读书节活动的指导、策划与审核工作，多次组织召开专题会，研究、讨论活动相关事项。建议建立常态的校内协同机制，进一步立足图书馆资源和地方文化，结合读者的阅读习惯和需求特点，引导读者深入阅读，将阅读推广工作进一步推向深入。

主审专家：陈亮

古为今用擦亮文化底色　融合中外拓展沉浸体验

项目组成员：刘丹、季敏、王彪、陈萍、陈勇
单位信息：南京医科大学

【摘要】习近平总书记在文化传承发展座谈会上的重要讲话中强调，“第二个结合”是又一次的思想解放，让我们能够在更广阔的文化空间中，充分运用中华优秀传统文化的宝贵资源，探索面向未来的理论和制度创新。让中华优秀传统文化走向现代，让经由“结合”而形成的新文化成为中国式现代化的文化形态，作为文化阵地重要成员的图书馆责无旁贷。南京医科大学图书馆紧扣“中华优秀传统文化”主旨，依托丰厚馆藏优质资源，从“古今中外”角度出发，着力打造“融合立体阅读”，持续延伸定制主题品牌活动，举办兼有可复制性与专业特色的阅读推广活动。其中，以“汉服文化”主题为例，重点阐述了融汇实体文化展、主题书展、沉浸体验、达人讲座、沙龙共读、专业特藏展示等为一体的融合立体阅读推广活动，旨在探究拓宽文化育人渠道、丰富育人内涵的创新机制与方法，传承发展优秀传统文化，实现深度阅读，提升校园文化内涵。

一、案例背景

党的十八大以来，习近平总书记围绕“中华优秀传统文化”，做出一系列重要论述。党的二十大报告中提出“推进文化自信自强，铸就社会主义文化新辉煌”，并深入阐发“第二个结合”重大理论创新，这是一次接通历史根脉的思想解放。2023 年 6 月，习近平总书记在文化传承发展座谈会上的讲话中强调：“在新的起点上继续推动文化繁荣、建设文化强国、建设中华民族现代文明，是我们在新时代新的文化使命。”当前，图书馆阅读推广亟待转型升级，摆脱“浅阅读”，与此同时，部分高校已开展的传统文化活动也存在偏重当下体验，缺乏历史底蕴的问题。

2021 年至 2023 年，南京医科大学图书馆作为文化育人阵地与高校文化枢纽，为厚植中华文化、大力营造文化氛围、彰显传播文化使命担当，长期以来一直重视并探索“传统文化”主题阅读推广工作，充分运用各优质资源，从“古今中外”4 个角度出发，虚实结合、动静协同，多层次打造了一系列以“融合立体阅读”为着力点，兼有可复制性与专业特色的原创型“中华优秀传统文化”阅读推广活动，在提升读者阅读积极性、激励其读好书、将馆藏资源借阅效能最大化的同时，积极发挥第二课堂作用，拓宽文化育人渠道，助力新时代校园文化内涵建设，涵养文化自信。

二、主要做法

通过文献调研等方式，我们发现当前高校图书馆开展优秀传统文化阅读活动的形式较为单一，与专业特色结合的实例较少。面对高校传统文化活动“重体验、轻底蕴”的问题，图书馆主动打破服务壁垒，充分运用馆藏资源、文化空间、新媒体技术、专业馆员队伍等综合优势，与学校有关部门聚力共建，以读者为中心、以“融合立体阅读”为着力点，由点及面，串联系列主题品牌阅读推广活动。

（一）深挖现代国风馆藏，打造融合立体阅读——以汉服文化主题活动为例

图书馆策划了融汇实体文化展、主题书展、沉浸体验、达人讲座、沙龙共读、专业特藏展示等的立体阅读活动，适逢中国华服日与世界读书节交汇，选择了可动态传承传统文化的精神标识、文化名片——汉服文化，作为活动主题。

1. 活动保障与前期策划

2023 年 4 月上旬，汉服文化主题活动进入筹备期，全程贯穿调研思维，并根据反馈与预案动态调整。通过访调座谈，切实走近读者收集意见，获悉学生读者对传统文化主题活动确有兴趣，且希望提升自身的参与度与展示度，同时发现留学生兴趣较大，图书馆逐渐延伸活动并拓展新的方向，形成渐进式阅读。

活动主体：①馆领导带领的推广经验丰富的图书馆专业团队；②具有非遗文化活动、劳动教育实践课经验的资产经营有限责任公司；③关注留学生中华传统文化教育的国际教育学院；④具有汉元素展品与演示经验的校团委汉服社团；⑤参与共创的读者与达人；⑥校宣传部等部门。

关键要素：物理空间，以读者关注度最高的图书馆二楼文化展示空间为主，后续延伸至留学生公寓阵地；汉服等展品，通过协办部门、汉服社团及爱好者募集支持；激励机制，主要为活动达人提供南医文创礼品等物质奖励，以及增加参与者作品展示度的精神奖励。

2.“华服书韵”传统文化展览开展日体验活动

经过前期在微信公众号等线上平台和学生公寓大屏展播宣传，2023 年 4 月下旬“中国华服日”之际，我们在图书馆文化展示空间举办了“华服书韵”传统文化展览开展日体验活动，现场轮换展出多种形制汉服、发饰（复原款为主），吸引入馆读者近距离感受汉服文化独特的魅力，并参与互动；展台陈设汉元素文创礼品，达人指导发饰爱好者体验中式盘发；邀请读者共创并展示成果，如邀请书法爱好者，用笔墨在数十份宣纸祈愿签上留下古风寄语。活动结束，即刻制作展示视频在大厅展播，持续宣传优秀传统文化。

3. 徜徉泱泱文脉，甄选推送图书

围绕“国学经典”“霓裳妆点”“风雅生活”“不止华服”主题，精选 300 余本国风书籍陆续展出、提供借阅，布展期较长。精选书籍借鉴“汉文化推介书单”、《中华传统文化百部经典》、中医药经典书目与“阅读之星”等师生读者代表推介的国学书单，收集读者书评、感悟。

图 1 2023 年 4 月 21 日，图书馆“华服书韵”传统文化展览开展日现场

4. 中外学生汉服文化分享——留学生公寓读书沙龙

汉服文化展中期，应外国学生需求，增设了针对留学生的沉浸式文化体验，在古色古香的留学生公寓榴竹书院举行“书韵飘香，悦读人生”实境活动。活动邀请汉服社指导老师开展讲座，现场融入了汉服穿搭、中式茶艺表演、图书共读分享等多种汉元素体验环节，注重讲好中国文化故事，让留学生感受中华文化的魅力，提高对中国文化的认同感，增强文化感召力，提升中华文化对外传播效能与影响力。

图 2　2023 年 5 月初，留学生公寓“书韵飘香，悦读人生”读书沙龙

5. 开放“医海拾珠”古籍展，促进中西医思想文化互鉴

活动期间，中外传统文化爱好者对我校医药典籍兴趣浓厚。经过前期整理工作，图书馆保留近 1300 册医药为主的古籍，其中还有珍贵稀有的手抄本。图书馆此次精选《本草纲目》《千金方》等 14 部南医典籍，依托书香南医文献展，在特藏室举办“医海拾珠”古籍微型展，限时展览并组织参观。中外学生交流分享，在学术层面，挖掘典籍的深层精辟见解、方剂的临床知识经验，与当今医学专业理论碰撞，启发现代医学，实现医脉相继，且促进中西医思想文化互鉴；在人文素养层面，可以直观感受典籍的历史价值，提升医学生人文素养，激发其阅读中医药衍生书籍的兴趣，增强文化自信。

（二）各类读者定制品牌活动，多维推送“中华优秀传统文化”主题

2021 年至今，图书馆在定期开展读者访调的基础上，面向不同群体，有针对性地进行了诸多有益的阅读推广探索和拓展，持续开展了一系列原创型阅读推广品牌

活动，逐步实现多元化与个性化协同、线上线下结合、多措并举、主动延伸，并前瞻性地依托品牌活动，围绕“中华优秀传统文化”定制品牌活动进行多维主题推送，见表 1。

表 1　面向不同读者定制“中华优秀传统文化”主题品牌活动

读者类型	主题品牌活动名称、内容	开展空间
校园师生群体	“馆员进宿舍”：馆员定期精选“传统文化”主题图书走进宿舍，与读者积极互动，零距离解决读者阅读中的问题	线下延伸
	“任性买，欢乐送”荐购借阅活动：定制“传统文化”主题海报，线上多路径宣传推送，收集读者相关主题荐购书单，实现“采购—加工—借阅—送书”一体化极速服务	线上 + 线下延伸
	教职工“德馨书舍”（校工会共建）：定期推送、更换书籍主题，设置“传统文化”分区，并配合书法活动，增设“书法”专区	线下延伸
	公众号“I 悦读”专栏推文：开辟“传统文化”专区，撰写“国漫”等主题推文并推介图书，收获读者诸多留言反馈	线上
校外社会群体	社区共建读书活动等：定期深入湖熟街道新农社区等举办文化活动，发挥医学专业优势，派送“传统文化”主题书籍，QQ 群推送相关信息，定制医药讲座	线上 + 线下延伸

图 3　2023 年 5 月初，品牌活动“德馨书舍”推广传统文化主题书籍，增设“书法”专区

1. 面向校园师生群体：图书馆采用声、影、图、文相结合的方式，定期开展品牌活动，采用主题定制形式，将优秀传统文化主动推送出去。

2. 面向校外社会群体：图书馆面向社会用户，响应全民阅读号召，引领文化风尚，丰富读者精神文化生活，收获读者诸多好评。

三、创新之处

（一）把握“两个结合”，提升活动内涵

深入领会“两个结合”的纲领意义，更好理解“第二个结合”是又一次思想解放的理论创新，能够在更广阔的文化空间中用好宝贵资源，为高校图书馆阅读推广活动及新时代校园文化建设提供中华优秀传统文化精髓，返本开新，提升内涵。

（二）立足医学特色，发挥专业优势

从馆藏资源到活动形式，立足医学特色，照应中西医思想，深挖包括中医药典籍在内的传统文化的当代价值，引起师生对医学的兴趣；充分发挥专业优势，在品牌推广活动中开展医药讲座等。

（三）激活传统文化，拓展体验形式

打破中华优秀传统文化单一的传承形式，审慎创新活动形式，打造“实体展 + 书展 + 多感官沉浸体验 + 讲座 + 沙龙共读”的融合立体阅读模式，增加读者共创性与展示度，在拓展沉浸体验的同时，促进精深阅读，提高文化底蕴，启发校园新文化内涵建设。

（四）延伸活动影响，加强传播效能

活动受众覆盖到社会用户与留学生。与国教院举办活动，与留学生交流互鉴，彰显了中华文明独特的魅力与影响力。参与活动的留学生们表示，希望能参加更多中华优秀传统文化主题的阅读活动。国教院辅导老师表示，本次活动增进了留学生对中华优秀传统文化的了解，深化了中外学生的人文交流。

四、主要成效

（一）丰富阅读推广活动形式，实现读者阅读体验升级

秉承“读者为中心”理念，实现了读者阅读体验的升级。主动打破传统借阅模式，

深挖、激活馆藏潜在价值，进而以丰富活动吸引读者，增强了读者互动与沉浸式阅读体验，提高了读者阅读的积极性，最终使读者在满足精神需求的同时，获得思想升华。

（二）探索图书馆服务转型新模式，拓宽文化育人渠道

围绕“中华优秀传统文化”主题的一系列品牌活动，经过一段时期的前瞻性筹划与精心打磨，已经在南京医科大学师生群体中拥有不小的知名度。探索传统文化推广教育与图书馆服务有机结合的措施，实现了新时代高校图书馆各项服务的优化转型，丰富了图书馆育人内涵，拓宽了文化育人渠道，强化了图书馆作为校园“第二课堂”的阵地属性。

（三）承担传承发展文化使命，助力校园文化内涵建设

经由“传承弘扬—激活复兴—创新发展”路线，递进发展传统文化。系列推广活动一经推出，吸引了大批读者参加，不乏长期拥趸。活动在多个线上平台发布相关新闻报道，并在大厅屏幕进行二次创作展播，线下收获诸多好评，提升了中华优秀传统文化的传播力度与广度；活动传承传统文化的同时，与时俱进，活用新技术、新媒体、新形式，启发新时代校园文化内涵建设，通过特色文化建设，繁荣发展先进文化；激发读者对传统文化的兴趣与认同感，增强文化自信，且发挥对外传播效能，促进文明交流互鉴，更好推动中华文化走出去，彰显中华文明独特魅力与影响力。

五、案例启示

（一）注重活动系统性与品牌持续性

“传统文化”系列阅读推广活动得以顺利开展，离不开响应政策、贯彻调研、顺应需求、科学规范、行之有效的系统性规划，进而分层设计，强化活动主旨，提升读者阅读价值感。系列活动的延续升级，则需要持续关注启发当代文化的传统国艺，将其作为活动主题的切入点，主动激活传统文化，拓展新形式，可以考虑开发具有传统文化元素与本校图书馆特色的文创，在开学、毕业季及各类文化活动中发放，潜移默化中涵育传统文化底蕴。

（二）多主体联动，凝聚各方优质资源

图书馆为提升文化活动品质与专业度，应加强横向、纵向主体合作，完善阅读推广工作机制。图书馆作为文化阵地重要成员，应继续深挖馆内资源，与活动主题

有效融合，同时吸纳读者共创；进一步深化与学校有关部门的合作，并根据主题，拓展新的合作对象，提升社团参与度；对于有特色资源的图书馆，应主动互通资源、馆际合作；同时，跨界寻求外部社会力量协同创新。

（三）全面与时俱进，主动创新服务

主动拓展读者喜闻乐见的全媒体传播渠道，拥抱新技术，增强挖掘深度，如古籍特藏数字化、可视化主题分析，运用 VR 技术和传统文化元素增强多感官体验。结合时下新鲜流行元素，贴近读者需求，增设新颖丰富的阅读活动，继续拓展深度共读，如结合本校特色，邀请名家嵌入活动，招募读者表演典籍中的经典片段等，引发共鸣，促进泛读向精读的转化，同时，注重二度创作，并多维度增设展示窗口，长期宣传展播，厚植文化情怀。

（四）强化队伍建设，提升馆员综合人文素养

新时代背景下，要实现文化繁荣目标，需要强化队伍建设，馆员应深入贯彻落实习近平新时代中国特色社会主义思想，领会“第二个结合”要义，不断提升传统文化素养、鉴赏力与创新服务需具备的综合素质，朋辈互鉴，全面锻炼阅读推广组织能力，以文化人、德润人心，营造浓厚书香氛围，加强新时代校园文化内涵建设。

专家点评

南京医科大学图书馆彰显传播中华文化的使命担当，探索开展“传统文化”主题阅读推广工作的方式方法，从“古”“今”“中”“外”4 个角度出发，虚实结合、动静协同，多层次打造了一系列以“融合立体阅读”为着力点的“中华优秀传统文化”阅读推广活动，助力新时代校园文化内涵建设，涵养文化自信。案例立意明确，特色鲜明，突出了中外文化的碰撞与交融，其中以汉服文化和中医药文化推广为典型，极具创意，具有一定的可推广性。建议继续强化特色，打造有影响力的活动品牌，弘扬中华优秀传统文化。

主审专家：袁家斌

从馆藏资源到活动形式，立足医学特色，发挥专业优势，围绕“中华优秀传统文化”主题开展系列品牌活动，“华服书韵”传统文化展和“医海拾珠”古籍展别具特色。建议进一步立足文献本身，创新活动形式，丰富活动内容。

主审专家：陈亮

品阅江南

项目组成员：韩冰、王继红、崔安芳、杨友清、倪卫东、王东亮、张敏、施红珍
单位信息：无锡职业技术学院

【摘要】无锡职业技术学院图书馆充分认识到源远流长、内涵丰富的“江南文化”是阅读推广工作的绝佳资源，近两年，着力推出“品阅江南”系列活动，通过聘请校内外阅读推广大使，整合校内外资源，建立长效机制，建设江南文化阅读推广资源库，形成了良好的影响力。“品阅江南”系列阅读推广活动主要包括以下几个方面：一是解读江南——聘请江南文化学者举办大型文化讲座与小型读书会。二是诵读江南——举办江南诗文诵读比赛、朗诵会等活动。三是荐书江南——精选并推介江南文化书籍，为江南概览、江南风物、江南诗文、江南人、江南行 5 个专题推介了 80 部书籍，并在每个专题中选择两本书进行了重点推介，还设计了送给新生的明信片，赠送了《江南纪》电子书。四是云阅江南——利用线上平台推广江南文化，设立“阅诵江南”专栏，与地方文化研究机构官方微信公众号合作，转发研究和解读江南文化的优质推文。五是艺感江南——举办江南艺术作品展与文化雅集。

一、案例背景

高校具有明显的地域性，深受地域的文化滋养，培养和输送的人才多服务于本区域的发展建设。无锡职业技术学院地处江南名城无锡市，深受吴地文化的浸润与滋养。无锡职院图书馆充分认识到源远流长、内涵丰富的“江南文化”是阅读推广工作的绝佳优势资源，近年来，积极挖掘校内外资源，着力打造江南文化阅读推广品牌，从而提升阅读推广的感召力和影响力。2020—2022 年，入学的同学亲身游历江南的机会不多，图书馆在线上线下持续开展“品阅江南”阅读推广活动，引领学子在江南文化阅读中领略江南的“诗与远方”。

二、主要做法

（一）解读江南——举办江南文化专题讲座与读书会

图书馆邀请了著名“吴文化”学者庄若江教授，为全校读者开展以“吴地文化溯源与解读”“能不忆江南——江南文脉及其精神图谱”“一座城市崛起的历史传奇——工商脉动与无锡的发展繁荣”为主题的大型文化讲座；邀请孙洪涛教授开展《红楼梦》系列专题读书会，其中“红楼梦——梅”专题重点讲述了江南地区特别是无锡的“梅”文化。专家学者为读者讲授和解读地方文化，加深了读者对江南文化的了解，也激发了他们对江南地方特色文献的阅读兴趣。

（二）诵读江南——举办江南诗文诵读比赛、朗诵会等活动

1. 举办“阅诵江南”线上诵读比赛。2022 年 4 月，图书馆组织了“拨开‘疫’云，阅诵江南——诗歌朗诵、好书推荐打卡挑战赛”，广泛动员全校师生读者录制音频或视频，诵读关于江南的诗歌或介绍与江南有关的图书。本馆微信公众号为诵读作品做了 3 期专题推文，并将优秀的诵读视频推荐到线上平台展示，视频推荐的获奖书籍供全国的图书馆老师做采选参考，有效助力了江南文化相关书籍的推广。

2. 连续举办两届以“江南文化”为主题的诗文朗诵会。2022 年 11 月 8 日晚，江南文化大型主题晚会——“阅咏江南”诗文朗诵会在国教一楼报告厅成功举办，到场观众 300 余人。2023 年 4 月 18 日，图书馆联合读者协会在第十七届读者节开幕式后举办了“品江南 诵经典”诗文朗诵会，《梦沉江南》《咏江南》《山雀子噪醒的江南》《烟雨江南》等声情并茂的朗诵节目将读者带入江南独有的意境中。

图 1 图书馆举办“阅咏江南”诗文朗诵会

3. 组织端午节现场集体朗诵活动。2022 年端午节，图书馆组织 30 余名学生读者在锡职山南缘诵读爱国诗人屈原的代表作——《离骚》。同学们声情并茂的朗诵声响彻锡职湖畔，诵读中激荡着先贤忧国忧民的高尚情怀。

图 2 “品江南　悦锡职”无锡职业技术学院第十七届读者节

（三）荐书江南——为读者精选并推介江南文化书籍

1. 2022 年 4 月，本馆公众号推出“【馆藏推荐】畅阅江南，送你一份馆藏江南文化书单”活动。图书馆在馆藏图书资源中精选关于“江南文化”的 80 部书籍推荐给全校读者，书单分为江南概览、江南风物、江南诗文、江南人、江南行 5 个专题，详细标注 80 部书籍的馆藏信息，每个专题选择两本书进行重点推介。

2. 2022 年 8 月，图书馆设计了送给 2022 级新生的明信片，随录取通知书一起邮寄。新生扫描明信片背面二维码即可获取《江南纪》电子书，了解江南古今，品阅江南文

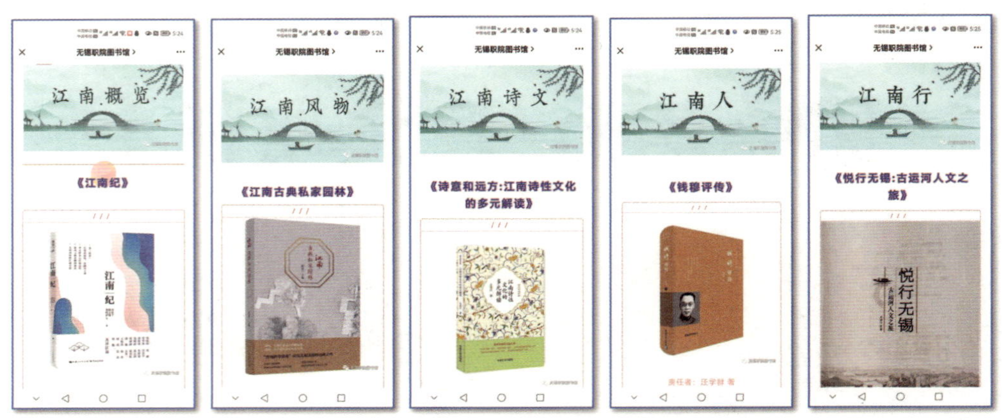

图 3 微信公众号推文：《【馆藏推荐】畅阅江南，送你一份馆藏江南文化书单》

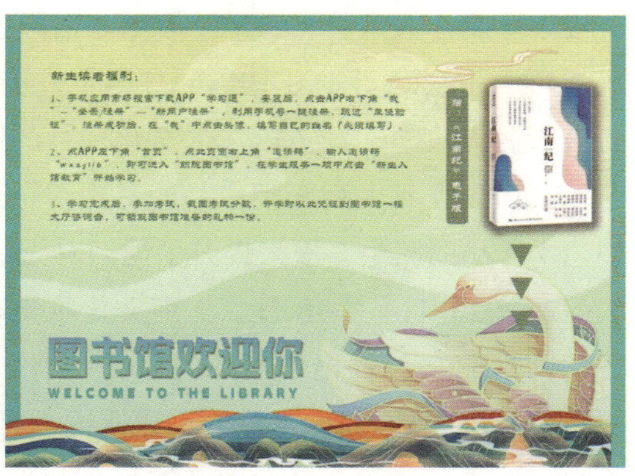

图 4 图书馆迎新生明信片

化。《江南纪》中，吴景平、虞云国、胡阿祥等 17 位学者历时近三年以江南为“传主”考证文献、爬梳史料、实地勘察，细究江南古今之变，生动地揭示江南文化的个性和特质，用流畅易读又不失专业性的文字记录了历经千载仍令人向往的江南。

（四）云阅江南——利用线上平台推广江南文化

1. 与地方文化研究机构官方微信公众号合作。将“江苏方志”“江南文化播报”“诗性江南”等公众号的研究和解读江南文化的优质推文转载至我馆公众号“阅诵江南”专栏，供读者云端阅览，编辑时将文章中涉及的相关图书的馆藏信息附后，供读者借阅。如：2022 年 5 月 8 日转发“诗性江南”公众号推文《解读江南：江南人心中的诗和远方》，并于文末附上《诗意和远方：江南诗性文化的多元解读》馆藏信息，供感兴趣的读者借阅。

2. 组织参加图书馆业界机构组织的线上读书、讲座活动。2021 年 12 月—2022 年 5 月，图书馆组织读者参加了国家图书馆、中国图书馆学会主办的“读百部经典　品千年文化”——《中华传统文化百部经典》校园行活动，我校焦乐天同学的诵读作品《桂枝香 · 金陵怀古》进入学生组原著诵读“精选作品”展示名单；2022 年 4 月，组织读者参加全省高校“品味书香　共享悦读”读书月主题活动——“书香苏皖　畅知江南”主题系列讲座；2021 年 5 月、2022 年 4 月，分别组织读者参加第三届、第四届江苏省高校图工委与阅读推广专委会主办的江苏省高校“云舟杯”共读一本书活动。

（五）艺感江南——举办江南艺术作品展与文化雅集

1. 为了让师生读者在图书馆直观了解本土文化，增强对属地文化的理解与感受，2021—2022 年，我馆联合我校艺术设计学院邀请无锡“惠山泥人”泥塑专家在图书馆一楼大厅制作大型“无锡景”原创非遗彩色泥塑《阿福古迹诞生图》。作品长 10 米，宽 7.5 米，高 1.2 米，主体以阿福诞生古迹为背景，生动再现无锡惠山古镇周边的名山名泉、名人故事、民俗风味、文化精神的独特风韵。作品制作周期长达一年，从原生态的惠山黑泥到大型彩塑作品的呈现，全过程在图书馆完成，读者见证甚至参与了大型艺术作品的诞生，极大提升了他们对无锡本土文化艺术的兴趣。

2. 2023 年 4 月 18 日，江南文化雅集在学校万迪文化广场的紫藤萝回廊下隆重举行，同学们身着鲜艳华丽的汉服，参与各项古典文化活动。现场有盛装游园会、汉服古典舞、亭中读书会、花间诵诗词、琴笛二重奏、江南品香茗、翰墨浸书香等古典文化展示与体验活动。置身其中，师生共赴一场古典之约，共享江南文韵之美。

三、创新之处

（一）突出江南文化阅读主题，围绕该主题持续举办系列活动，在苏南高校中点亮我校“品阅江南”的阅读推广品牌。2022、2023 年连续两届校园读者节都以“江南文化”为主题开展多项活动，充分考虑不同群体的阅读需求和特色，大力开展讲座、读书会、比赛、艺术展等江南文化相关的阅读活动。活动在新闻报道方面重点加强了在图书馆业界媒体、教育界媒体和当地媒体的宣传力度。

（二）在本馆微信公众号创建“阅诵江南”专栏，增强了公众号的吸引力，提高了学生在公众号平台的参与度。推文将文字、图片、音视频等融合起来，让读者更加关注图书馆的动态，对图书馆形成更强的亲近感与黏合度，让读者在“悦读”的同时感受到图书馆的“温情”与“温度”。2021 年 1 月—2023 年 6 月，本馆公众号的“粉丝”增加 3000 余人。

（三）注重阅读方法的培养。图书馆邀请南京邮电大学钱军研究员举办“唤回‘慢阅读’——提升阅读力”和“移动互联网时代的校园阅读”讲座，邀请江南大学庄若江教授举办“做最好的自己——实现善读之路径”讲座，邀请南京大学徐雁教授举办“‘读书身健方为福’——益心宁神的‘阅读疗愈’以及‘推荐阅读书目’”的讲座，邀请南京艺术学院陈亮研究馆员举办“诗教传统与阅读生活”的讲座，图书馆业内专家的讲座为我校读者提供了阅读方法、路径的专业指导，引领读者走向“好读”与“善读”。

四、主要成效

（一）主题明确、活动丰富，提高了学生在阅读推广活动中的参与度

从2021年确定"江南文化"作为我校图书馆的阅读推广主题开始，我馆围绕该主题策划组织了形式多样的阅读活动，举办多场大型江南文化专题讲座与小型读书会，例如举办江南诗文诵读、荐书比赛与诗文朗诵会，为读者精心制作江南文化书单，推介、赠送江南文化相关书籍，利用公众号的特色推文传播江南文化，在馆内举办体验性江南非遗艺术作品展，在校园中举办江南文化雅集，等等，这些持续不断、形式丰富的阅读推广活动促进了江南文化书籍的借阅与流通，成功点亮"江南文化"阅读推广品牌，切实助力学校的"文化育人"与"书香校园"建设。

（二）形成了江南文化阅读推广资源整合长效机制

为了充分利用校内外阅读推广资源，图书馆聘请了15位校内外阅读推广大使，包括卮若江、唐忠宝、赵翌等江南知名学者，也包括承剑芬等两位校内江南文化专家。阅读推广大使不仅直接面向学生开展讲座、组织小型读书分享会等，也向图书馆推荐无锡市相关资源，对提高阅读推广工作成效提出意见建议。学校图书馆组织阅读推广大使讨论明确工作职责，对馆藏江南文化相关资源进行了梳理，初步形成了江南文化阅读推广资源库。

（三）以江南文化阅读推广为依托，增强了图书馆文化与环境建设

图书馆展出所使用的桁架、展板、手册等宣传物料都含有江南元素，清雅并富有文化内涵，提升了图书馆的宣传品质；图书馆微信公众号的影响力也依托江南文化阅读推广有了极大提升，从单纯的推送新闻、发布通知到建设"阅诵江南"专栏，展播读者的优秀音视频作品、书评作品，转载解读江南文化的推文，推介馆藏江南文化书籍。公众号的文化底蕴得以提升，读者关注度大幅增加，如今粉丝量比2021年初增加3000有余。

另外，图书馆的环境建设更富江南情韵。2023年春夏，图书馆二楼西侧的多功能空中花园建成。读者在郁郁青青、摇曳多姿的花木间，观校园风光，望亭台楼阁，听莺啼燕啭，赏出水芙蓉，享受江南的美景与书香。

（四）"品阅江南"阅读推广活动大幅提升了图书馆工作的校内外影响力

2022—2023年，以江南文化阅读推广活动为对外宣传突破口，本馆在"学习强国"、图书馆业界媒体、教育界媒体和本地媒体的宣传量大幅提升。2022年累计对

外报道 10 篇次，2023 年上半年累计对外报道 15 篇次，其中涉及江南文化阅读推广的就有 10 篇次。

2022 年 4 月，“拨开‘疫’云，阅诵江南——诗歌朗诵、好书推荐打卡挑战赛”活动的新闻在江苏省教育厅官网、高职高专图书情报工作信息网、《图书馆报》上发布；2022 年 8 月，随录取通知书赠与新生图书馆定制明信片和《江南纪》电子书的新闻在高职高专图书情报工作信息网、江苏省图书馆学会官网上发布；2022 年 9 月，报道富有“江南底色”的 2022 级图书馆迎新活动的新闻在高职高专图书情报工作信息网发布；2022 年 11 月，成功举办“阅咏江南”诗文朗诵会的新闻在高职高专图书情报工作信息网、江苏省图书馆学会官网上发布；2023 年 4 月，以“品江南　阅锡职”为主题的第十七届读者节开幕式新闻在江苏教育高职高专图书情报工作信息网发布。

五、案例启示

（一）聚焦地域文化，汇聚社会资源，形成学校图书馆阅读推广工作特色

聚焦地域文化，可以形成高校图书馆阅读推广工作的鲜明特色，可以形成汇聚社会资源的明确抓手，同时能够与地方全民阅读推广工作高度契合。从地方高校自身来看，其阅读推广工作归根到底服务于学校的人才培养，而高职院校毕业学生主要在本地区就业，因此，学生在校期间更好地了解地域文化将有利于他们作为新市民融入当地社会。对地方全民阅读工作而言，高校本身一般是区域文化研究的高地，在文化资源方面拥有显著的优势和资源吸引力。

（二）发挥主体作用，促进多元合作，扩大阅读推广活动受众面和影响力

高校图书馆要充分发挥主体作用，提高主动合作意识，树立多元合作理念，拓展社会合作伙伴资源。需要积极吸引区域内其他高校图书馆、地方图书馆、地方文化企事业单位、知名文化学者的参与和支持。一方面通过合作汇聚更多主题性资源；另一方面，作为推动地方全民阅读活动的重要组成部分，在最大范围内实现资源共享，提高资源利用率，扩大阅读推广活动的受众群体和影响力。

（三）拓展推广渠道，线下线上结合，构建多样化立体化阅读推广体系

构建“线下 + 线上”立体化阅读推广体系。线下活动有其直观性、体验性的突出优势，在条件允许的情况下，可以持续举办传播地域文化的专家讲座、读书会、诵读会等，以及在馆内举办地方艺术作品展和文艺活动等。线上活动有其方便快捷、容量大的显著特点，高校图书馆应与社会媒体及其他公共文化平台建立合作关系，

共同推广区域文化，组织读者积极参与国家、本省图书协会及其他资源平台的线上阅读活动，调动读者阅读积极性，拓宽读者阅读视野。

专家点评

无锡职业技术学院图书馆以源远流长、内涵丰富的“江南文化”为阅读推广工作的主题，积极挖掘校内外资源，打造“品阅江南”文化阅读推广品牌，通过解读江南、阅诵江南、荐书江南、云阅江南、艺感江南等活动，引领学子在江南文化阅读中领略江南的“诗意与远方”，弘扬中华优秀传统文化。案例立意极具地域特色，活动内容丰富、形式多样、互动性强，具有一定的创新性和可推广性，特别是在展陈布置与聘请阅读推广大使等方面的做法值得兄弟图书馆参考借鉴。建议进一步完善推广体系，组织创意活动，持续提升品牌影响力。

主审专家：袁家斌

围绕源远流长、内涵丰富的“江南文化”开展阅读推广工作，整合校内外资源，通过解读江南、诵读江南、荐书江南、云阅江南、艺感江南，开展“品阅江南”系列活动，建设江南文化阅读推广资源库，形成了良好的影响力。建议进一步挖掘“江南文化”的特点，结合重要的人物和事件，梳理江南文化形成的脉络，帮助读者进一步感受江南文化。

主审专家：陈亮

初探“绘”本，爱上“悦”读

项目组成员：赵海龙、马黎艳、闫静雅
单位信息：连云港师范高等专科学校

【摘要】在全民阅读工程的深入和《中华人民共和国家庭教育促进法》的颁布与施行背景下，绘本阅读正逐渐引起社会各界的广泛关注。我校图书馆依托丰富的馆藏绘本资源和师范院校得天独厚的师资，紧紧围绕学校学科专业建设，为初等教育学院、学前教育学院（音乐学院）等学院量身打造集教学辅助与阅读推广于一体的“悦”读空间。通过提升阅读环境、提供个性化服务、深化馆校合作、营造主题教育阅读氛围等路径，我校鼓励师生阅读绘本，积极参与儿童绘本创作，做好绘本阅读推广活动，引导学生爱读书、读好书、善读书，进而营造全社会关心青少年学生读书行动的良好氛围。我校图书馆于2022年11月在新改造的绘本馆举办了“书香润童心　妙笔绘未来”绘本制作大赛活动。在活动前、中、后期，校图书馆按照我校学生专业特点和教学需求策划活动主题与方案，积极宣传推广。学院、师生及社团多方联动参与，为学生提供了集中展示交流的平台，夯实学生专业基本功，也促进绘本实训教学策略的良性调整，同时提高图书馆馆藏资源和空间设施利用率，创新图书馆辅助教学育人模式；对我校图书馆来说，创新了阅读推广工作模式；在连云港市高校图书馆绘本阅读推广方面迈出了跨越性的一步，为本市未来高校绘本阅读推广工作提供了启示与借鉴。

一、案例背景

二十一世纪，绘本阅读已经成了全世界儿童阅读的时尚，而绘本阅读是儿童阅读活动的主要载体。2022年1月1日，《中华人民共和国家庭教育促进法》正式施行，将家庭教育由传统的“家事”上升为重要的“国事”，也对家庭阅读推广提出了更高的要求。落实深入推进全环境立德树人，丰富教育资源，挖掘育人元素，推进全民阅读，高校图书馆发挥着重要作用。连云港师范高等专科学校是所百年师范院校，是连云港地区乃至苏北地区名副其实的小学、幼儿园教师摇篮。校图书馆积累了丰富的绘本资源，依托自有馆藏资源和空间的有机结合，创新服务模式，优化服务路径，构建馆校协同育人的新生态，促进阅读推广工作的开展。在此背景下，师范类高校图书馆也要与时俱进，因此绘本馆建设势在必行，这也是我校图书馆转型发展和培养合格教育师资的需要。2022 年图书馆利用本馆现有资源将七楼改造为绘本阅读空间，在“六一”儿童节来临之际，初次尝试开展了“我们在一起”亲子阅读分享活动，收到师生很好的反响。之后，图书馆紧紧围绕学校学科专业建设，为初等教育学院、学前教育学院（音乐学院）等学院量身打造了集教学辅助与阅读推广于一体的创意空间。通过提升阅读环境、提供个性化服务、深化馆校合作、营造主题教育阅读氛围等路径，引导学生爱读书、读好书、善读书，营造全社会关心青少年学生读书行动的良好氛围。

二、主要做法

我校绘本馆于 2022 年 10 月改造完成，聘请专业老师和馆员做阅读推广人。我们抽调了文献资源建设部和信息咨询部三位老师负责绘本馆相关事务及活动策划，聘请了学前教育学院（音乐学院）、初等教育学院、美术学院、数学与信息工程学院、外语与商务学院等 5 个学院的 8 位相关专任老师作为绘本阅读和活动推广的指导教师，另有图书馆读书社团和志愿者作为绘本阅读推广团队协助绘本馆活动的开展。绘本馆自创建以来，举办了各种形式的实践活动，吸引了大量师生读者热情参与，收到了意想不到的效果。主要有：（1）开设经典绘本阅读课程，主要由学前教育专业教师讲授；（2）绘本制作实践活动，各专业感兴趣学生均可参加；（3）绘本剧排练试演，以学前教育专业学生为主；（4）亲子阅读分享，部分教职工及其子女参加。下面，我们以首届绘本制作大赛为例谈谈主要做法。

（一）创意策划

作为儿童阅读“第一书”，绘本在培养儿童早期阅读习惯、促进亲子共读、推动全民阅读中发挥了重要作用。我校作为师范类高校，理解与讲述绘本是我校早期教育、学前教育、小学教育、美术教育等专业学生需要学习掌握的专业内容之一。我校图书馆于 2022 年 11 月举办绘本制作大赛，鼓励师生阅读绘本，积极参与儿童绘本创作，将所思所想用文字、绘画等形式表现出来，绽放爱国情怀，讴歌时代精神，彰显新时代文化内涵。

（二）前期准备

1. 活动策划。图书馆根据早期创意和指导思想拟定大赛主题为“书香润童心　妙笔绘未来”，并据此撰写初步方案。从各学院邀请与绘本相关的专业老师成为大赛指导老师，线下研讨绘本制作大赛方案可行性，对活动方案进行修改、完善。首先，分析有参赛意愿的目标读者的人数和群体特征，我校设有学前教育和初等教育两大专业，并设置了绘本相关课程，这些专业的学生有绘本制作的经验，也有考察自身对绘本理解与制作的需求。其次，征集作品，指导老师提出可适当降低征集标准，吸引更多读者参与本次活动，在提交绘本作品的同时可一并要求提交绘本解说视频，旨在考查学生对绘本的理解与讲述技能。最后，图书馆作为主办方，同绘本指导老师共同制定评分标准。

2. 活动宣传。图书馆根据绘本大赛活动方案面向全校读者发出大赛通知，通过校园网、图书馆主页、微信公众号、QQ 群等线上方式，以及指导老师、社团等线下方式同时进行宣传。

3. 人员和场地准备。本次绘本制作大赛由我校图书馆主办，图书馆志愿者协会及读书社协办。在活动期间，我们鼓励社团志愿者积极参与活动策划和准备工作，锻炼了学生组织和合作能力，增强了师生之间的凝聚力。

本次大赛展示和颁奖环节在刚落成的图书馆绘本分馆进行，绘本馆建设工程于 2022 年暑期启动，在项目负责人和施工单位的努力下终于在活动前夕顺利完工，保障了本次大赛的顺利进行。目前，馆内资源配置齐全，可移动桌椅、音响、教学一体机可直接使用或与笔记本电脑直连，已有 2.3 万余册不同主题的纸质绘本，如红色教育主题绘本、中华优秀传统文化主题绘本、外国获奖绘本等，已具备举办师范专业教学辅助和阅读推广活动的条件。

（三）策划实施

1. 作品征集。结合学生制作绘本所需要的平均时间，征集作品时间被确定在 3 周左右，要求选手在规定时间内将原创绘本电子版和创意解说视频提交至图书馆邮箱，实体成品绘本则通过社团志愿者协助收集。活动收到来自 7 个学院不同年级、不同专业同学的踊跃投稿，最终共征集到 65 件绘本作品，参赛人数超过百人。

2. 作品初筛。本次绘本制作大赛要求提交的作品主题积极向上，体现社会主义核心价值观，传播正能量，具有一定的文学性和故事性，整体视觉效果具有艺术美感，文字与图像能适当表现与诠释主题、情节、角色、场景等。鼓励创作者基于对自然、历史、社会焦点等的了解和观察进行创作；鼓励中国故事与中国元素的表达与呈现，传承和弘扬中华民族优秀传统文化。

3. 评分评奖。本次绘本制作大赛采用线上评分的形式。图书馆邀请 8 位绘本指导老师担任评委，审阅通过初筛的电子版作品和创意解说视频，并按照拟定的评分标准对作品进行打分。图书馆筛选出有效评分 6 份并计算每份参赛作品的平均分，最终评出特等奖 3 名、一等奖 10 名、二等奖 21 名、优秀奖 31 名。

4. 颁奖仪式。颁奖仪式同 2023 年校园读书节启动仪式一同举办，起到了承前启后的作用，体现了我校图书馆系列阅读推广活动的整体性。绘本制作大赛后期，我校图书馆将所有征集上来的作品摆放在绘本馆专架上进行展出（图 1），并将部分优秀作品制作成短视频，在馆内和图书馆广场大屏循环播放，激发对绘本感兴趣的师生更加深入地去创作、去推广。

图 1　首届绘本制作大赛部分作品在校绘本馆展示

（四）成效反思

本次活动使同学们收获巨大，不仅锻炼了初等教育、学前教育学院的学生，还调动了美术专业、英语教育专业、数学教育等专业学生的参与积极性，辐射 7 个学院，开设绘本相关课程的专业均有学生报名参加，基本做到了目标群体全覆盖，激发了学生对绘本的阅读和创作学习兴趣（图 2）。如外语与商务学院先后举办了三个循环

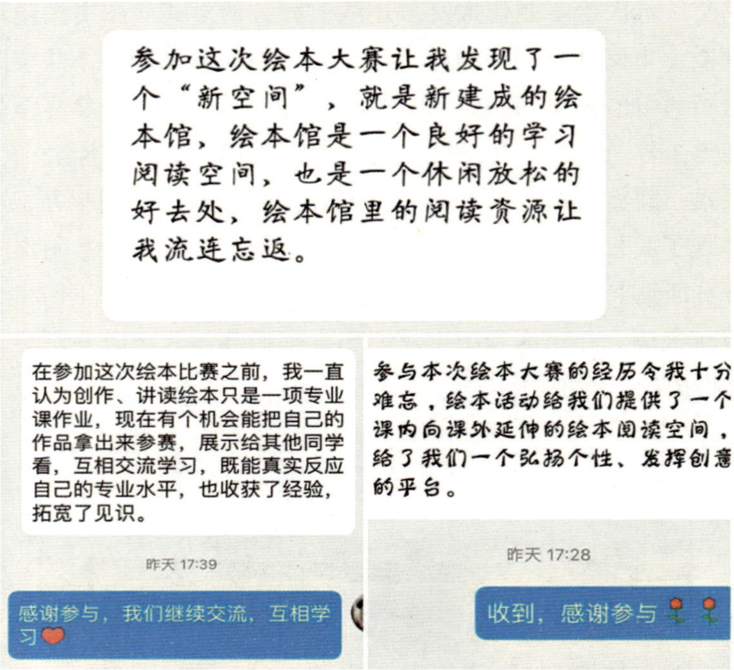

图 2　绘本制作大赛后参赛学生的评价

递进的系列活动：参观学习、阅读借鉴、绘本制作，帮助学生先认识内化，再创新生成。首先，学院组织小学英语教育专业 2021 级、2022 级共 8 个班以班级为单位有序参观了学校绘本馆，了解纸质绘本的编排结构、图文特点、主题思想等。其次，向学生推荐一些优秀的英文原版绘本以及手工制作绘本的电子版供同学们阅读借鉴，激发其创作灵感。最后，鼓励同学们构思故事主题和内容，自主安排小组成员分工，准备绘制材料，动手制作直至完成，锻炼了师范生的绘画技能、书写技能、想象力和创造力，提高了师范生的教学技能，帮助师范生树立以儿童发展为本的积极心向和服务儿童的职业意识。期待在不久的将来，我校师范生都能在各自的教学岗位上与儿童彼此成就、共同成长。

三、创新之处

（一）提升“悦”读环境，打造绘本阅读推广空间

我校图书馆馆藏绘本种类及册数在全市兄弟院校中位居前列。建设绘本馆，打造绘本阅读空间，开展绘本阅读推广，我校是本市高校第一家。2022 年 8 月启动绘本馆空间打造工程，10 月完工。同年 11 月开展的首届绘本制作大赛阅读推广效果非常好。在此基础上，我校于 2023 年 4 月又进行二次提升优化改造，打造出自然、活

泼、富有童趣的学习研讨环境。我校绘本馆紧紧结合学校升本创建及师范专业建设，打造集教学辅助与阅读推广于一体的服务空间，主要用于阅读、教学、讨论、创作、体验和展示等，有别于校外以绘本为主要运营内容的传统绘本馆。

（二）培养优秀师资打基础，拓宽绘本阅读推广路径

首届绘本制作大赛由我校图书馆与学校宣传部、各学院合作，开展绘本制作大赛后衍生了一系列围绕绘本的不同形式的阅读推广活动：举办绘本制作过程及阅读体验分享活动，现场学生对获奖绘本和优秀绘本进行深入了解和阅读分享；绘本剧比赛也已开启报名阶段，激发了师生读者对绘本阅读和创作的兴趣；建设绘本课程阅读体验与实践教学平台，为绘本馆辅助教师开展阅读推广工作积累了经验，同时将绘本阅读与专业的教学与就业需求相结合，为培养指导儿童阅读的优秀师资打下基础，促进师范生教育素养和阅读推广素养同步提升，提高我校毕业生就业率。

四、主要成效

近年来，在绘本阅读推广领域，高校图书馆相比公共图书馆的发展稍显滞后。我校图书馆的绘本阅读推广工作虽然尚处于初步探索阶段，但也收获了一些成效，发挥了图书馆在服务学校教学科研和立德树人中的作用，增强了图书馆服务学校的信心，实现了馆藏文献资源的阅读实践价值。这次活动从组织到作品的呈现，客观上进一步扩大了学校的影响力。例如，本次活动获得了校外机构和社会组织，特别是我市一些民营绘本馆、城市书房以及兄弟院校的关注，如格林书虫馆、时畔城市书房、赣榆区城市书房等。此外，我校鼓励具有师范素养的大学生志愿者将特色绘本和优秀课程设计送进幼儿园、中小学、绘本馆，为师生创造更多有趣、有料、优质的阅读体验，一定程度上拓宽了学生创业、就业的视野和渠道。

首届绘本制作大赛受到了师生读者的广泛关注，自大赛通知发布以来，陆续收到来自7个学院不同年级、不同专业同学们的踊跃投稿，共征集到65件绘本作品，参赛人数超过百人。绘本制作大赛鼓励制作者表达和呈现中国故事与中国元素，鼓励创新绘本形式和故事内容。从收到的参赛稿件看，虽然部分作品绘画制作、故事情节设计还稍显稚嫩，有待进一步打磨，但是参赛同学勇于创新故事情节和绘本形式，充分体现出了对儿童精神世界的高度关注、深入探索和生动表达。2020级学前教育专业8班的黄菊、张璇璇、潘文婧同学的作品《我的祖国》以立体书的形式表现了党史、新中国史以及祖国航天发展和抗击疫情的当代史诗。2021级婴幼儿托育服务与管理专业姜朱雯同学的作品《好忙好忙的小松鼠》（图3）原创了一个松鼠囤松子过冬的

图 3 2021 级婴幼儿托育服务与管理专业姜朱雯的原创作品《好忙好忙的小松鼠》

故事，故事情节简单且充满童趣，文本也简洁精炼，十分适合低龄儿童发展程度和阅读需要。

比赛为学生提供了集中展示交流的平台，激发了学生阅读绘本的兴趣和制作绘本的热情，有助于夯实专业基本功，为其将来走上教育工作岗位打下良好基础；保存了一批优秀的绘本教学实训成果，有助于专业教师聚焦学情，优化教学细节，促进绘本实训教学策略的良性调整。

对校图书馆而言，此次绘本创作大赛顺应社会阅读习惯的发展趋势，提高馆藏资源利用率，创新绘本阅读推广方式，在一定程度上鼓励了馆员打破固有思维，积极探索更富趣味性、更有实效性的阅读推广途径。

五、案例启示

高校图书馆是开展大学生阅读推广活动的重要阵地，不断创新阅读推广活动形式是职责所在。绘本阅读是师范类高校阅读推广不可或缺的重要组成部分。绘本制作大赛活动只是我馆对绘本阅读和阅读推广工作的初步探索，阅读推广未来的路还很长。高校图书馆在阅读推广领域有广阔的应用空间，我们应在实践中不断完善与创新，把绘本阅读推到更深的层面。

（一）提升“悦”读环境，拓展资源建设

在新技术浪潮的冲击下，信息获取渠道更加多元化、立体化，大众的阅读习惯朝着“影像”阅读的方向发展，思维方式也趋向直观接受信息的感性方式。目前，学前教育学院儿童绘本制作和绘本剧表演等课程已经在校绘本馆尝试开讲，未来还应结合学校升本目标进行专业建设，定期组织讲绘本、创绘本、演绘本等创意阅读活动，顺应现代社会阅读习惯的发展趋势，尊重青少年读者阅读习惯的变化，依托更优质的馆藏资源引导大学生合理阅读。除了硬件环境根据需要进行不断优化提升，跟上发展步伐，我校图书馆还须在馆藏绘本资源质量上考虑其直接效果，尤其绘本素材的选择应针对活动面向的人群综合考虑色彩和材质。设计精美、色彩鲜亮的视觉效果更有助于提升读者的阅读体验、激发阅读兴趣。绘本内容题材应当结合活动主题思想，注重故事性，加强积极健康的正向引导。

（二）挖掘学研结合点，提供学生实践平台

结合本校的师范特色，本馆有意识地探索了阅读推广在师范生素质培养方面的新模式，针对本校师范生教育相关课程的设置，力求以建设学前教育培育基地为目标，联合社会知名绘本馆机构，辅以大学生志愿者，共同打造融教学、学生实践基地为一体的空间。在绘本阅读推广活动中，本馆为师范生提供讲读和绘本制作的实践平台，为其积累教学经验，提升综合素养和核心竞争力，培养职业规划信心和团队合作精神。

（三）深化馆校社合作，形成推广多元合力

绘本在阅读推广工作中有着巨大潜力和价值。阅读活动要推广就需要广泛宣传、策划指导，局限于自己的小圈子势必影响有限，非长久之计。学校依托图书馆人文环境和专业馆员、阵地的天然优势，借助媒体，如本市《连云港日报》、《苍梧晚报》和电视台，还有自媒体等宣传推广渠道，扩大影响覆盖面；借助青少年校外活动相关的社会组织，搭建学校和社会合作育人平台，如建立馆校合作基地、建设实践基地等，开展研学、志愿服务等校外教育实践活动，将阅读推广嵌入活动方案；充分利用社会组织的教育资源优势，利用社会教育人才资源，如邀请绘本机构优秀绘本课教师、城市书房绘本阅读推广人、非遗传承人等定期走进校园，参与学校阅读推广活动，增强社校合作实效，促进活动品质持续提升。

专家点评

连云港师范高等专科学校图书馆依托丰富的馆藏绘本资源和师范院校得天独厚的师资，围绕学校支柱性与标志性专业，打造集教学辅助与阅读推广于一体的“悦”读空间，通过提升阅读环境、提供个性化服务、深化馆校合作、营造主题教育阅读氛围等路径，营造全社会关心青少年学生读书行动的良好氛围。案例围绕绘本阅读的主题，通过绘本空间建设、绘本制作大赛、绘本表演、亲子阅读、绘本课程等方式，开展丰富多彩的创意活动，不仅营造了全民阅读和儿童阅读的学习氛围，而且有力支持了学校的学科建设，充分发挥了高校图书馆的重要作用和影响力。案例具有一定的创新性和可推广性，建议继续挖掘特色，在图书馆文化传播和支撑学科建设两方面工作的结合中继续深入探索，持续提升品牌价值和影响力。

主审专家：袁家斌

该案例依托馆藏绘本资源，围绕学校特色专业建设，打造集教学辅助与阅读推广于一体的“悦”读空间，鼓励师生阅读绘本，积极参与儿童绘本创作，做好绘本阅读推广活动。活动比较有特色，建议进一步立足文献本身，创新活动形式，丰富活动内容。

主审专家：陈亮

楮墨芸香

项目组成员：钱思晨、杨雅琼、侯富芳、李芳玲
单位信息：淮阴师范学院

【摘要】淮阴师范学院图书馆（以下简称“淮师图书馆”）“楮墨芸香——中华典籍之魅力”系列文化活动以《关于推进新时代古籍工作的意见》为指引，深入贯彻落实古籍普及传播的要求。以感受典籍文化、体验非遗技艺为主题，以展示典籍文化、培养阅读兴趣、树立文化自信为目标，2022年6月至2023年6月，淮师图书馆先后举办了6期典籍文化活动，包括雕版印刷体验活动、线装书装订体验活动、古籍修复展示活动、传拓体验活动。系列活动受到学校师生读者的热烈欢迎和踊跃参与，每期活动均爆满并广受师生读者的好评，在校内外均取得了很好的效果和反响。2022年12月，《人民日报》、央视新闻、新华网等主流媒体在微博上以《传承！高校设置古籍修复体验课》为题广泛报道，引发网友热议，活动新闻浏览量达1000万次，江苏卫视等省内媒体也在电视媒体上进行了报道。系列活动展现了中国的辉煌历史与灿烂文化，激发了师生读者对中华典籍及优秀传统文化的阅读学习兴趣，培养了大学生的文化自信与爱国之心。

一、案例背景

2022年4月，中共中央办公厅、国务院办公厅印发《关于推进新时代古籍工作的意见》，提出了挖掘古籍时代价值，促进古籍有效利用，推进古籍数字化，做好古籍普及传播等一系列要求。其中明确提出“加大古籍宣传推广力度，多渠道、多媒介、立体化做好古籍大众化传播。持续推进古籍进校园工作，将中华优秀传统文化教育贯穿国民教育始终”。习近平总书记也指出“深入挖掘古籍蕴含的哲学思想、人文精神、价值理念、道德规范，推动中华优秀传统文化创造性转化、创新性发展”。

相关政策要求为高校图书馆开展古籍类阅读推广活动指明了方向。

淮阴师范学院图书馆作为江苏省古籍重点保护单位，历来十分重视古籍的搜集、整理与保护，藏有 2 万余册古籍及近 2000 张珍稀碑帖拓片，重视中华优秀传统文化及非物质文化遗产的传承与弘扬，并于 2021 年底建成淮安市第一家专业古籍修复室。为了响应国家政策要求，充分发挥图书馆馆藏古籍资源的教育功能，让大学生群体了解中国古代典籍的发展历史与产生方式，掌握古籍刻本、金石碑帖相关基础知识，感受中国典籍蕴含的文字力量与文化精神，产生阅读学习传统文化典籍的兴趣，形成传承和保护中华优秀传统文化的意识。淮师图书馆以馆藏古籍碑帖资源为基础，围绕培养大学生的文化自信与爱国之心这一目标，在 2022 年 6 月至 2023 年 6 月间举办了典籍文化主题讲座、古籍修复展示、雕版印刷体验、古籍装帧体验、金石传拓实践等一系列非遗技艺与典籍文化传播活动，取得了很好的效果和反响。

二、主要做法

淮师图书馆以“古籍进校园工作”要求为指引，充分挖掘馆藏特色资源，积极发挥馆藏资源的教育功能，不断创新活动形式、丰富内容体系，利用古籍碑帖资源开辟学生第二课堂，开发融合知识性、趣味性、实践性于一体的“中华典籍之魅力”系列阅读文化活动。系列活动面向大学生群体，普及古籍碑帖文化知识与技能，让学生参与古籍修复、学习古籍装帧、体验雕版印刷、感受金石传拓。

2022 年 6 月至 2023 年 6 月，淮师图书馆以“楮墨留痕——雕版印刷非遗文化讲座暨体验活动”“丝缝线缀——古代线装书装订展示暨体验活动”“纸墨留影——传拓技艺展示暨体验活动”为主题举办了典籍文化系列活动。

（一）雕版印刷技艺体验活动

2022 年 6 月，淮师图书馆举办了“楮墨留痕——雕版印刷非遗文化讲座暨体验活动”。这是图书馆在典籍文化系列活动方面的第一次尝试，报名通知发出一个小时，活动名额就已报满。此次活动包含“雕版印刷与古籍刻本鉴赏”讲座、雕版印刷非遗技艺体验两个环节。讲座内容包括雕版印刷的起源与发展历程、雕版印刷技艺流程、从唐至清历代雕版古籍刻本的比较与鉴赏，以及名刻善本古籍背后的有趣故事，并在现场展示了现存最早的雕版印刷实物——咸通九年《金刚经》（复刻本）、木泥铜锡活字印本《唐诗三百首》等，带领学生比较和体会雕版印刷与活字印刷的差别。讲座及展示激发了大学生了解和学习古籍知识的兴趣。

图 1 “雕版印刷与古籍刻本鉴赏”讲座

雕版印刷体验活动则提供《宣圣公孔子像》书页版画，“不忘初心，牢记使命”“取次花丛懒回顾，半缘修道半缘君”等名句、诗句雕版供参与活动的师生读者亲自印刷体验。活动指导老师现场讲解了雕版印刷的操作流程及要点，并做了示范，学生按照操作步骤积极尝试了刷墨、覆纸、拓印等工艺，体验了中国古代雕版及活字印刷的过程。

图 2 活动指导老师展示雕版印刷操作过程

此外，在 2022 年 12 月、2023 年 5 月，淮师图书馆还举办了两次雕版印刷讲座及操作体验活动，均受到了师生读者的热烈欢迎。

（二）古籍修复技艺展示活动

淮师图书馆古籍修复室于 2021 年年底建成，2022 年 11 月，举办了古籍修复技艺展示活动，工作人员带领学生参观图书馆古籍修复室，并向他们介绍古籍修复用纸、工具、材料等，现场还展示了古籍修复环节及技艺，展示了古籍修复的书页成品，让学生参与古籍修复的实践。活动引发校内师生关注，还吸引了传媒学院学生以古籍修复为主题创作毕业设计作品，对图书馆古籍修复过程进行拍摄记录。由于活动广受欢迎，2022 年 12 月，图书馆又举办了第二期古籍修复技艺展示活动。

图 3　古籍修复老师展示古籍修复书页成品

（三）古籍装订体验活动

2022 年 11 月 18 日，淮师图书馆举办了“丝缝线缀——古代线装书装订展示暨体验活动”。活动现场展示了中国古代书籍装帧形制演变、线装书版式变化等，由图书馆老师指导学生动手进行古籍线装书装订体验活动。学生经过理页、穿针引线、装订成书、处理线头、校正丝线、贴签等步骤，完成了使书页变为成书的过程，获得了极大的参与感和成就感。2022 年 12 月 7 日，图书馆又举办了一场线装书装订体验活动。

图 4　活动指导老师向读者示范古籍装订操作

（四）金石传拓体验活动

2023 年 5 月 19 日，淮阴师范学院图书馆举办了“纸墨留影——传拓技艺展示暨体验活动”。这是淮师图书馆首次举办传拓类的体验活动，吸引师生读者踊跃参加。活动特别定制了天下第一行书《兰亭集序》石刻、周恩来总理《大江歌罢掉头东》

图 5　活动指导老师指导学生体验传拓技艺

诗作石刻，还准备了仿汉“长乐未央”“永受嘉福”铭文瓦当等传拓器物。在老师的细心指导下，学生认真体验了传拓的洗碑、上纸、打湿、捶打、扑墨等操作流程，逐渐掌握操作要点，完成了一件件融合纸与墨的精美艺术作品。在学生的强烈要求下，图书馆在 2023 年 5 月 27 日又举办了第二场传拓活动。

三、创新之处

淮师图书馆开发设计的“楮墨芸香——中华典籍之魅力”系列文化活动主要围绕推广宣传古籍碑帖展开，通过实践性活动吸引学生不断深入了解中华优秀传统文化，阅读学习中华传统典籍。活动的创新之处在于：

（一）开辟学生第二课堂，通过趣味性、体验性活动普及古籍碑帖文化知识。非古典文献学专业的学生接触和了解传统古籍碑帖的机会较少，淮师图书馆开展的系列活动面向全校师生普及中华传统典籍文化知识，展示雕版印刷及线装古籍刻本的艺术、历史与文化价值，让非古典文献学专业的学生也有机会接触和了解雕版印刷、古籍装帧、金石传拓等技艺。

（二）寓教于乐，不断激发、引导学生对古籍及中华优秀传统文化产生阅读学习兴趣。淮师图书馆以雕版印刷、古籍装帧、金石传拓等操作体验活动为载体，让大学生对中华传统典籍有更直接的亲身体验，激发大学生对中华典籍及优秀传统文化的兴趣和热爱。

（三）积极地发挥古籍资源的教育功能，以培育文化自信为内核、以馆藏资源为基础、以实践活动为载体，开辟文化育人新路径。通过古籍文献、碑帖文献的内容与形式展现中国辉煌历史与灿烂文化，培养大学生文化自信与爱国之心，形成了图书馆服务育人、文化育人新模式。

四、主要成效

淮师图书馆“楮墨芸香——中华典籍之魅力”系列活动有效地激发起大学生对古籍文化的兴趣，培养了大学生的文化自信。

2022 年 12 月，以古籍修复展示、雕版印刷体验、古籍装帧体验为主体的典籍文化系列活动引发《人民日报》、央视新闻、江苏卫视、江苏省政府新闻办公室、江苏省共青团等媒体及机构的关注。《人民日报》、央视新闻等媒体在微博上纷纷转载活动视频，活动新闻浏览量近 1000 万次、视频观看量近 200 万次，引发网友的广泛关注和点赞。《中国教育报》《中国日报》《半月谈》《新京报》等媒体也对活

图 6　江苏卫视公共・新闻频道“新闻 360”节目报道淮师图书馆活动

图 7　荔枝网《传承！高校图书馆开设古籍修复体验课》视频截图

动新闻视频进行了转发，微博江苏、江苏共青团等官方平台也参与了转发。

江苏广电总台荔枝新闻第一时间在微信平台发布了活动相关新闻视频，公共・新闻频道“新闻 360”栏目也对活动进行了报道。中国古籍保护协会 2022 年 12 月 12 日以《传承！高校开设古籍修复体验课》为题，在其微信公众号上专门推送了视频新闻报道，对我校图书馆举办的活动进行宣传介绍。湖南新闻门户网站“红网”刊发了评论文章《古籍修复体验课：“复活”古籍是对文化的传承》，对活动表示肯定，认为活动以趣味方式促进文化传承，也为古籍修复的传承注入了新鲜血液。

2023 年 5 月举办的两期传拓活动均爆满，读者在活动参与中不仅学习了金石碑帖基本知识，也体验了作为古代复印术的传拓技艺。

中华典籍承载着民族精神与中华文化，淮阴师范学院图书馆依托馆藏古籍碑帖资源充分发挥古籍碑帖的教育功能，通过知识性、实践性的典籍文化活动，让读者在动手实践的过程中感受中华典籍蕴含的文字力量与文化精神，有效激发了读者了解古籍碑帖知识、阅读国学典籍的兴趣，培养和树立了大学生文化自信心。

五、案例启示

（一）阅读推广活动应响应时代要求，不断进行创新

淮阴师范学院图书馆以时代要求为活动背景，紧密结合党和国家的政策要求，与时俱进、守正创新，设计策划的典籍文化系列活动有体系、有内容、重实践、重知识，是对传统阅读推广活动的有效创新。

（二）阅读活动开展应将理论性与实践性相结合

淮阴师范学院图书馆典籍文化系列活动尤其注重理论与实践的结合，既有雕版印刷与古籍版本、古籍线装书装订知识讲座、碑帖文化知识讲座，也有古籍修复技艺展示、雕版印刷非遗技艺体验、古籍线装书装订体验、金石传拓体验，具有理论与实践相结合、知行合一的特点，在师生读者中起到了很好的推广效果。

（三）阅读活动内容应突出知识性与趣味性

相比于课堂上枯燥无味的古籍目录学、版本学讲授，图书馆举办的活动更加具有趣味性，不仅展示了实实在在的古籍实物和修复技艺，更让师生读者动手体验到古籍修复、雕版印刷、古籍装订、金石传拓的乐趣，寓教于乐，使知识与趣味相结合。

（四）注重读者的活动体验性，让读者获得参与感与成就感

兴趣是最好的老师，古籍文化要想普及传播，一定要激发读者的兴趣。相关活动让师生读者参与到古籍修复中来，动手触摸历史、感受文化，让师生读者获得极大的心理参与感，同时他们亲手制作的雕版印刷作品、线装书作品也让他们获得极大的成就感。通过活动的体验性，读者对中华典籍产生兴趣，愿意主动阅读、学习典籍文化知识。

专家点评

淮阴师范学院图书馆“楮墨芸香——中华典籍之魅力”系列文化活动是贯彻落实古籍普及传播要求的一项举措。系列活动以感受典籍文化、体验非遗技艺为主题，举办了雕版印刷体验、线装书装订体验、古籍修复展示、传拓体验等6期古籍修复活动。案例充分挖掘了馆藏资源，具有较强的趣味性和体验性，激发学生的学习兴趣，展示中国传统文化，引导师生树立文化自信。案例具有较强的创新性。建议不断积累活动经验，扩大受众面，将中国传统文化技艺展示推广到校外，同时联络行业专家，充分发挥专家资源的力量，不断扩大影响力，使更多的人了解、传承古籍修复技术。

主审专家：袁家斌

“楮墨芸香—中华典籍之魅力”系列文化活动以感受典籍文化、体验非遗技艺为主题，通过雕版印刷体验活动、线装书装订体验活动、古籍修复展示活动、传拓体验活动等，展示典籍文化，培养阅读兴趣，激发读者对中华典籍及优秀传统文化的阅读学习兴趣，广受师生读者的好评，在校内外产生了很好的反响。建议继续创新阅读推广形式，策划设计更多的古籍阅读活动，让古籍阅读更加具有趣味性，实现知识与趣味相结合。

主审专家：陈亮

推广本土作家作品，推进文化自信自强

项目组成员：李明善、韩宏军、杲亮、冯克品、张春红、张艳梅、虞冰
单位信息：宿迁学院

【摘要】为深入贯彻习近平新时代中国特色社会主义思想和党的二十大提出的“推进文化自信自强，铸就社会主义文化新辉煌”的要求，落实国家关于全民阅读的战略部署，宿迁学院图书馆发挥资源和人才优势，全方位、多渠道、深层次开展主题为“推广本土作家作品，推进文化自信自强”的阅读推广活动。活动以天使之翼读书会为平台，与校二级学院、地方作家协会和企事业单位协作，走近师生，深入中小学、社区和有关单位，面向学生、作家和文学爱好者及社区居民推介本土作家优秀作品，让大家认识本土作家、了解本土文学、知晓家乡发展变化，熟悉地方自然风貌、历史传承和风土人情，帮助大家提高文学鉴赏能力，提升文学素养和文化素质，增进对家庭、家乡、国家的深厚感情，更加热爱中华优秀传统文化，厚植家国情怀，进一步增强文化自信心，推进文化自信自强。各项活动做得扎实、细致、深入、持久，师生参与度高，效果良好，受到广泛关注、多方宣传，赢得好评，产生积极效果，对“书香校园”“书香宿迁”建设起到有效的助推作用。

一、案例背景

党的十八大以来，党和国家十分重视全民阅读工作。习近平总书记在不同场合多次谈到自己的读书经历，并站在治国理政的高度反复强调读书学习的重要性。他在给首届全民阅读大会的贺信中指出，阅读是人类获取知识、启智增慧、培养道德的重要途径，可以让人得到思想启发，树立崇高理想，涵养浩然之气。党的二十大报告明确要求“推进文化自信自强，铸就社会主义文化新辉煌”，提出“深化全民阅读活动”。为深入贯彻习近平总书记关于中国特色社会主义文化自信的系列重要

讲话精神，落实党和国家对全民阅读的战略部署，宿迁学院图书馆发挥文献资源、人才、智力和平台优势，以骨干馆员为主体，以天使之翼读书会为平台，自2016年以来，常态化开展以“推广本土作家作品，推进文化自信自强”为主题的阅读推广活动，扎实、深入、广泛、持续地推介本土作家优秀作品，为“书香校园”“书香宿迁”建设做出积极贡献。

二、主要做法

（一）发挥资源和阵地优势，举办丰富多彩的阅读推广活动

1. 拓展推广渠道，邀请本土作家举办“作家进校园作品赏读会”活动

在2023年世界读书日暨江苏全民阅读日到来之际，图书馆和天使之翼读书会在4月21日举办“作家进校园作品赏读会”活动，邀请宿迁市文学艺术界联合会副主席、市作家协会主席孟献国，中国传记文学学会会员、江苏省作家协会会员、宿迁市政协文化文史和学习委员会二级调研员洪声，中国自然资源作家协会会员、江苏省作家协会会员、宿迁市文艺评论家协会会员韩海涛先生分别领读《洋河湾》《宿迁赋》《一个英雄和三个败类》等优秀作品，220多名师生齐声诵读，现场热情澎湃，激起师生的家乡情、爱国情，激励大学生立志成才，发挥自己的才智，不负韶华，开拓

图1 2023年4月21日，作家进校园作品赏读会

进取，创新创业，敢于“说梦”、大胆“做梦”、锐意“造梦”、努力“圆梦”，塑造美好的人生。作家与大学生面对面交流、互动，进一步提高大学生文学鉴赏能力，提升大学生文学素养，让大学生更加了解宿迁、热爱宿迁，引导大学生志愿留在宿迁、建设宿迁。作家向大学生赠送著作，为大学生阅读本土作家作品、了解本土文化提供便利。

2. 坚持校内协同，将本土作家作品推广与大学生人文素养教育相结合

定期举办报告会、座谈会，面向师生开展作家作品导读、荐读和文学作品鉴赏活动，提升作家作品推广针对性、专业性，促进汉语言文学专业人才培养工作，使汉语言文学专业人才培养活动更加生动活泼、丰富多彩，助力学校提升人才培养质量。

（1）2022 年 10 月 7 日，邀请中国散文创作中心创作员、江苏省报告文学学会理事、江苏省作家协会会员、中国管理科学院研究院特约研究员、宿迁籍作家韩修存以“让青春在奋斗中大放异彩”为主题做《习近平的七年知青岁月》品读分享报告。

（2）2022 年 4 月 22 日，与文理学院联合邀请知名儿童文学作家、第九届全国优秀儿童文学奖得主、宿迁市历届政府文艺奖获得者胡继风先生开办“阅读与写作”线上讲座。讲座中，胡继风分享了读书、写作经历，讲述其通过阅读走上儿童文学创作道路的故事，引导大学生思考创作问题、关注社会问题，鼓励大学生抓住时机“多读书”、勤奋努力“多练笔”，热爱生活，书写自己美好的大学时光，创造辉煌人生。

3. 建立资源建设机制，收藏地方党史、方志，丰富本土作家作品推广资源

（1）图书馆注重广泛募集本土作家作品，努力争取作家支持，接受作家捐赠著作，丰富地方文献特藏室馆藏资源。

（2）2023 年 6 月 8 日，宿迁学院“史志驿站”挂牌之际，宿迁市委党史工办向我校图书馆赠送《江苏历代方志全书》530 册和《2022 年度宿迁史志文化丛书》494 册。

（3）邀请宿迁市委党史工办李军主任为我校师生做主题为“宿迁史话”的专题报告，进一步通过本土文化吸引优秀人才，引导师生更加深入地了解宿迁、热爱宿迁、扎根宿迁、建设宿迁。

4. 搭建平台，专题推荐宿迁本土作家本土文化主题文学著作

2022 年 3 月起，图书馆分期分批制作书评专栏，推荐本土知名作家最新作品，已经推荐刘家魁、王清平、范金华、周永文、胡继风、沈习武、孟献国、孙尤侠、王其成等作家最新出版的本土文化主题文学著作 16 部。

图 2 2023 年 6 月 8 日，举办“宿迁史话”主题讲座

图 3 2022 年 3 月 18 日，第 54 期本土作家作品书评专栏

（二）与地方公共图书馆合作，推广本土作家优秀作品

1. 与宿迁市图书馆合作，举办本土作家著作展

2023 年 4 月 10 日至 13 日在校内举办以“宿迁印记”为主题的本土作家地方文化著作展览。通过观展，广大师生对宿迁有了更加直观深入的了解，深刻感受到本

土传统文化的无穷魅力和深远意义，提升了师生的人文素养和阅读兴趣。

2. 与区图书馆合作，举办本土作家作品推广系列活动

（1）2023 年 4 月 22 日，在宿迁市宿豫区图书馆开展“读诗诵典赏美文”活动。我馆阅读推广志愿者馆员带领孩子们赏读本土作家、阅读推广人徐尊龙先生的作品《谷雨之语》，由“布谷”讲到“播谷”，引导孩子们思考“我们在这个年龄应该做些什么”，并从“春夏秋冬”的四季更替启发孩子们在“春生、夏长、秋收、冬藏”的农事规律中感悟成长的规律、人生的历程，在优秀传统文化熏陶中，启发孩子们在自己的“春天”抓住时机多读书、爱学习、强身体、长才干，努力做真君子、做成大事、做好学问。

（2）2022 年暑期，宿城区图书馆在承办“国学讲堂”活动中，以本土作家胡继风、沈习武等人的优秀著作为奖品，引导中小学生阅读本土作家本土文化主题作品。

（3）2022 年 4 至 6 月，协助宿城区图书馆举办“声动西楚”全民阅读声音档案征集活动，推荐本土作家刘家魁、金国旗、周永文、陈家声、陈法玉等 12 人的 12 篇作品。

（三）深入城乡中小学，以天使之翼读书会为平台，常年开展本土作家作品推广活动

1. 加强与地方中小学老师的联系，让本土文化“进校园、入童心”

近年来，我馆与宿迁学院附属学校（即南师大附属学校宿迁分校城北路校区）、洋河王园希望小学、宿豫区第一初级中学、宿城区龙河中心小学、湖滨新区皂河镇第二中心小学等学校联合举办范金华、胡继风、沈习武、孙尤侠、安春红、刘继武等作家作品领读、赏读、共读活动，并结合中小学生作文训练，进行读后感写作指导，开展读后感和读书笔记评比，助力家庭教育，帮助青少年成长。

2. 以主题党日活动为载体，向乡村小学捐赠本土作家作品

图书馆将推广本土作家作品纳入主题党日活动中，采购本土作家著作，并组织广大党员捐赠图书。近年来，我馆多次向宿城区龙河中心小学、湖滨新区皂河镇第二中心小学等乡村学校捐赠图书，指导乡村孩子阅读本土作家作品。

（四）深入城乡社区，面向居民开展本土作家文学作品品读、共读活动

1. 举办“本土作家作品赏读”主题读书活动

2022 年，天使之翼读书会深入宿豫区 4 个乡镇（街道）、19 个村居（社区）举办以“本土作家作品赏读”为主题的读书活动 24 场，活动中，向参加活动的中小学生奖励本土作家著作 120 册，同时赠送其他与本土文化有关的图书 49 册。

2. 举办“读诗诵典赏美文”主题读书活动

2023年，天使之翼读书会深入宿豫区3个乡镇（街道）、4个村居（社区）举办以“读诗诵典赏美文”为主题的读书活动6场次。活动重点推介宿迁作家作品，以身边的作家、熟悉的作品、家乡的习俗、生活中的文化引导城乡居民认识作家、了解作品、知晓习俗、感受文化，增强对家乡的热爱之情，倡导大家培养良好的阅读习惯，推行家庭读书会建设。活动向乡村家庭赠送胡继风、沈习武、孟献国、孙尤侠、安春红等本土作家优秀著作，为提升家庭教育水平和质量传递作家力量，助力“书香家庭”建设。

图4　2023年4月22日，宿豫区图书馆读诗诵典赏美文活动

三、创新之处

（一）把握时代脉搏，找准推广主题，推广活动深入城乡、贴近群众，主题明确，创意新颖

习近平总书记一直倡导要热爱、宣传推广并利用好中华优秀传统文化，培根铸魂，传承红色基因，厚植家国情怀。党的二十大报告明确要求“推进文化自信自强，铸就社会主义文化新辉煌”，提出“深化全民阅读活动”。“推广本土作家作品，推进文化自信自强”主题推广活动响应党和国家的号召，策应时代需要，把阅读推广工作做实、做细，聚焦本土作品、地方文化，深入城乡社区和中小学，贴近群众和青少年学生，助力下一代成长，助力乡村文化振兴。活动对象覆盖大中小学生，助

力“书香校园”建设。推广活动出发点在作品，归宿点在文化，主题明确，创意新颖。

（二）多方协作，多管齐下，推广范围广、参与度高，形式丰富多彩、喜闻乐见

“推广本土作家作品，推进文化自信自强”主题推广活动由图书馆主导，与校内教学单位、校外中小学、地方党政部门、地方作协、地方公共图书馆、书店及城乡村镇社区等多方广泛合作，通过主办、联办、承办、协办等方式，采用人们喜闻乐见的讲座、报告、赏读、领读、品评、读后感征文、阅读笔记评比、线上（音频视频）和线下诵读比赛等活动形式，向大中小学生、作家、文学爱好者和广大群众推广本土作家作品，宣传本土文化。活动范围广泛，参与者众多，阅读推广活动产生广泛而积极的社会影响。

四、主要成效

通过“推广本土作家作品，推进文化自信自强”主题阅读推广系列活动，我们向高校师生、中小学生、作家群体和文学爱好者以及广大群众推介了本土作家优秀作品，让大家进一步了解与认识了地方自然风貌、历史传承、风土人情、生活方式、社会现实、生产劳动，使大家在阅读活动中对地方文化和地方生活有了身心体验、情感归属和价值认同，从家庭到社区、到地方，进而到国家，形成了一定的认知、情感、理想、道德担当和行为自觉。本土作家作品阅读推广系列活动对于推进文化自信自强有着十分重要的积极意义。此项推广活动以其主题新颖、形式多样、深入基层等特点广受欢迎，活动地点有高校和中小学、公共图书馆和城乡村镇社区，活动参与人有作家学者、有普通群众，有成人、有孩子，活动形式有高雅深奥的学术讲座、报告，也有平易近人的赏读、品评，涉及范围广，影响面大，受到广泛关注，得到各级政府有关部门的肯定和鼓励，众多媒体多次报道。推广活动让参加活动的大中小学生、群众家庭和居民感受到家乡美好、阅读力量和本土文化魅力，收到良好效果。

（一）主题阅读推广活动的直接成效

1. 与校内教学单位协作，把本土作家作品推广与大学生人文素养教育相融合，创新推广方式，提升推广水平，促进大学生对宿迁本土文化的认知和感情。

2. 与地方公共图书馆、书店合作开展本土作家作品阅读推广活动，拓展推广渠道，广开推广路径，扩大本土作家作品的影响，推动本土文化的宣传。

3. 与城乡中小学合作，面向中小学生推广本土作家作品，找准推广对象，增强

推广针对性，提高推广有效性，从下一代抓起，培育中小学生的地方文化意识。

4. 与地方作协合作，邀请本土作家参与到本土作品阅读推广活动中来，增强推广力量，扩大推广影响。面向作家群体和文学爱好者，以专题推介、座谈、签名赠书等形式，开展王清平、孙家山等本土作家作品研讨活动，让作家与师生文学爱好者见面，为广大作家创造面对面交流的平台，让作家们在交流中结合作品品评开展创作指导，进而激发本土作家创作激情，促进本土作家文学创作再上新台阶，有效推动了地方文学创作、文化交流和文化发展。

5. 与地方党史工办（市史志办）、政协等部门协作推广本土作家作品，提高推广专业性，增强推广权威性，开阔本土作家作品和本土文化推广的思路，提高史志、方志的使用效益，收到了良好效果。

6. 与地方政府部门和乡镇村居、街道社区合作，以人们喜闻乐见的形式推广本土作家作品，提高群众参与度，拓展推广覆盖面，把本土作家作品推广到城乡家庭，并在宣传本土文化中助力城乡家庭教育和“美丽乡村”的文化建设。

2023 年 4 月，与天使之翼读书会合作开展阅读推广活动的宿豫区关庙镇被宿迁市全民阅读领导小组办公室评为“书香乡镇（街道）”，该镇宣传科科员孙玥被评为“金牌阅读推广人”。2023 年 4 月 17 日，在江苏省全民阅读活动领导小组发布的《关于表扬第四批书香城市建设示范市的通报》中，宿迁市作为“第四批书香城市建设示范市”、宿豫区作为“第四批书香城市建设示范县（市、区）”受到表扬。

（二）主题阅读推广活动的带动作用

“本土作家作品赏读”活动开展以来，深刻影响了宿迁市全民阅读推广工作，带动本地众多阅读推广组织（如“听蝉居文学部落”等）和企事业单位（如宿迁市图书馆、宿城区图书馆、宿豫区图书馆、宿迁新华书店、知遇书店、八角楼书店等）开展了大量丰富多彩的本土诗歌散文诵读、小说共读和美文品读等活动，吸引大批作家、文学爱好者、中小学生及其家长和普通群众参与，王清平、胡继风、沈习武等作家的作品在当地畅销。宿迁城乡阅读蔚然成风、书香四溢，对宿迁“全国文明典范城市”和“书香城市”创建工作起到了有效的助推作用。

（三）主题阅读推广活动取得的主要荣誉

2023 年 5 月，宿迁学院被江苏省教育厅、江苏省全民阅读活动领导小组办公室评为“第二批江苏省书香校园建设示范点”学校。2022 年 6 月，馆员冯克品老师被评为“第四届江苏全民阅读十佳阅读推广人”。

五、案例启示

宿迁学院图书馆“推广本土作家作品，推进文化自信自强”阅读推广主题活动可以追溯到2016年以天使之翼读书会为平台开展的“本土作家作品赏读”活动。八年来，我们始终如一地坚持开展本土作家作品推广活动。近几年，我们精心策划、周密部署、倾心打造、全力以赴，阅读推广成绩显著，总结起来主要有以下几点启示。

（一）讲政治责任，重服务大局

党的十八大以来，党和国家高度重视中华优秀传统文化的传承和发展。宿迁学院图书馆深入学习贯彻党中央有关重大决策部署的精神，充分认识“文化自信”对于民族伟大复兴和中国特色社会主义现代化事业的重要意义，长期坚持开展“推广本土作家作品，推进文化自信自强”的阅读推广主题活动，就是要把党的二十大提出的“推进文化自信自强，铸就社会主义文化新辉煌”的要求落到实处。这是“推广本土作家作品，推进文化自信自强”阅读推广活动持续开展并取得实效的思想基础和理论指引。

（二）明工作职责，有工作担当

高校图书馆主要肩负教育职能和信息服务职能。图书馆应充分发挥人才培养、科学研究、社会服务和文化传承创新的作用，“不断拓展和深化服务，积极参与学校人才培养、信息化建设和校园文化建设，发挥信息资源优势和专业服务优势，为社会服务”是高校图书馆的一项主要任务。图书馆充分认识自身的政治责任和工作职责，勇于担当自身所应担负的使命，紧密围绕“推进文化自信自强”这一嘱托，与学校“红色经典润心田”十大工程有机结合，持续开展全民阅读推广活动，把“推广本土作家作品，推进文化自信自强”的主题活动作为阅读推广的重中之重。这是“推广本土作家作品，推进文化自信自强”阅读推广活动能够做得实、做得细、做得久的实践基础。

（三）多方支持强，活动有保障

“推广本土作家作品，推进文化自信自强”为主题的阅读推广活动开展之初就受到宿迁学院、图书馆和地方各级政府有关部门的关心支持，各级领导为阅读推广活动的举办给予人力、智力、财力和平台等方面实在而有力的支持。具体活动得到乡镇街道和村居社区有关领导和工作人员大力支持，他们根据活动要求，积极做好参与人员组织、场地安排和设备调试以及活动现场秩序维护等保障工作。活动还得到本地作家、社会爱心人士和志愿者的大力帮助。这是“推广本土作家作品，推进文化自信自强”阅读推广活动得以顺利开展、圆满完成的组织保障。

（四）宣传报道多，精神鼓励大

以天使之翼读书会为平台的“本土作家作品赏读会”始于2016年，当时就受到本地各种媒体的关注，本地报社、电视台和新媒体平台对活动予以及时报道，大力宣传读书会的公益阅读推广活动，多次采访报道读书会创办人冯克品老师。二十大期间采访读书会创办人的报道得到了《宿迁晚报》等媒体平台进一步的报道。截至2023年6月底，“学习强国”宿迁平台发布的报道阅读量高达近三十万人次，点赞达万余人次。这是“推广本土作家作品，推进文化自信自强”阅读推广活动的强大精神动力。

（五）信仰情怀浓，活动持续长

自从2015年创办天使之翼读书会以来，我馆馆员冯克品老师将阅读推广志愿服务作为后半生的事业，其本人是文学爱好者，是江苏省作家协会会员，对家乡宿迁有浓厚的热爱之情，把长期坚持休息日到城乡各地开展本土作家作品推广活动当作一种学习和锻炼，当成自己成长的途径。多年来，冯克品老师在阅读推广方面得到多种荣誉和鼓励，使他做好阅读推广志愿服务的决心更大、信心更强。这是“推广本土作家作品，推进文化自信自强”阅读推广活动持续开展的可靠保证。

专家点评

宿迁学院图书馆深入学习贯彻党中央有关重大决策部署的精神，充分认识文化自信对于民族伟大复兴和中国特色社会主义现代化事业的重要意义，充分利用自身人才优势，与地方乡镇街道和社区联合举办针对本土作家作品的阅读推广活动，把二十大提出的“推进文化自信自强，铸就社会主义文化新辉煌”的要求落到了实处。活动具有本土特色，形成一定的群众影响力，也具有一定的可推广性。建议形成专门的人才队伍，一方面培养后续专业人才，一方面吸收本土作家资源，保证活动的可持续性，在活动规模和内容深度上进一步扩展，进一步扩大社会影响力，形成全民阅读的氛围。

主审专家：袁家斌

立足本土，推广本地作家作品，推进文化自信自强，把阅读推广工作做实、做细，聚焦本土作品、地方文化，深入城乡社区和中小学，贴近群众和青少年学生，助力下一代成长，助力乡村文化振兴。主题明确，创意新颖。建议进一步深挖活动主题内涵，丰富活动形式。

主审专家：陈亮

书里书外，品读运河

项目组成员：刘宇琳、刘祥平、蒋璐、仲庆章、陈晓华
单位信息：河海大学

【摘要】京杭大运河流淌千年，沟通南北，穿越古今，承载着古往今来无数繁华和人们的浪漫与诗意。为贯彻落实习近平总书记“大运河是祖先留给我们的宝贵遗产，是流动的文化，要统筹保护好、传承好、利用好”的重要指示，深入推进全民阅读，让更多读者了解运河文化，养成爱国、爱校、爱水情怀，河海大学图书馆于2022年11月至12月开展了“运河文化展系列活动”。“运河文化展系列活动”作为2022年河海大学图书馆“书香河海·水韵文华”主题阅读活动之一，主要依托学校水利特色，充分利用馆藏资源和社会资源展开，旨在通过系列活动提高馆藏资源利用率，营造良好的阅读氛围，讲述好运河历史故事、传播好运河文化和水利精神。该活动由基础展览、问答推广、理论学习、主题走读等多个环节构成，环环相扣，共吸引2000余名师生参与。

一、案例背景

2023年《政府工作报告》提出“深入推进全民阅读”，这是自2014年以来，“全民阅读”连续第十次写入《政府工作报告》。全民阅读作为政府主导、各界响应的一项全国性文化活动，是构建书香社会、促进文化繁荣的重要举措。高校图书馆作为重要的校园文化阵地，“全民阅读”是新时代赋予高校图书馆的历史使命，也是高校图书馆履行社会责任的重要途径。因此，高校图书馆在“全民阅读”背景下，应当充分利用图书馆的资源优势和文化优势，积极承担高校文化传播的责任，开展基于馆藏资源利用的形式多样的主题阅读推广活动，提升馆藏利用率，传播水文化，实现“全民阅读”与校园文化的协同推进，有效提升师生综合文化涵养。

河海大学是以水利为特色的高校，也是培养水利高层次创新创业人才的摇篮和开展水利科技创新的重要基地。为让全校师生充分领略中国大运河的历史面貌和文化价值，进一步学习领会习近平总书记关于治水兴水的重要论述，深刻认识保护好、传承好大运河文化的重要性，河海大学图书馆围绕清代京杭大运河河工图开展了“运河文化展系列活动”，让更多师生读者了解运河文化，养成爱国、爱校、爱水情怀。

二、主要做法

（一）“水道画卷：京杭大运河舆图里的河渠治理”展览

此次展览以馆藏图书《水道画卷：清代京杭大运河舆图研究》为底本，围绕运河图类型、运河图绘制特点、各地区河渠治理、发掘地图的史料价值，以图证史，通过直观、生动、形象化、符号化的舆图，再现清代京杭大运河清口地区河渠治理、中河治理及山东运河治理中的水利工程，图文并茂地揭示部分京杭大运河水利工程的用途、演变等问题，为研究丰富的大运河文化提供了“左图右史”，希望通过展览能让师生更好地理解大运河的历史和意义，进而更深入地理解中国历史、文化和精神，为现代水利事业的发展提供借鉴。

图1 展览布景

图2 展览现场

（二）观展有奖答题

历经2500多年，数代水利人励精图治，不断治理，才使得大运河不断发挥价值。其间都有哪些水利工程？它们都发挥了什么作用？本活动围绕展览内容，列出20道题目，从中随机抽选题目让参与者在“学习通”平台扫码答题，旨在通过现场观看展览、在线答题、现场兑奖的形式，在富有趣味的答题氛围中，帮助师生了解京杭大运河的历史知识，激发其对运河文化知识的学习兴趣，营造良好阅读氛围，同时，促进“学习通”学习平台及资源的使用。

（三）运河文化主题书展

运河文化主题书展以大运河为主题，以图书为承载，立体呈现大运河文化风貌。从运河水利治理、漕运研究、运河人物、沿线城市等方面着手，甄选适合师生阅读的相关纸质图书及电子书，带领大家领略大运河及沿线各地的历史渊源、故事传说，以及大运河文化的发展脉络、水利治理思想。这些图书中既有《中国运河与漕运研究》《中国水利史典——运河卷》《运河学研究》等理论研究系列丛书，《中国大运河人物》《近代大运河治理先驱：张謇》等运河相关重要人物传记，也有《京杭大运河沿线城市》《中国大运河扬州》《六千里运河　二十一座城》《江河交汇看镇江：运河人家》等运河沿线城市故事，《运河人家》《运河史话》《未了缘：运河边上的故事》等运河文学作品。这些有态度、有趣味、有价值、有思想的图书铺展出一条丰富多彩的“文化运河”，吸引读者展开书卷，走近运河。

图 3　有奖答题现场

图 4　主题书展

（四）运河文化主题专家讲座

2022 年 12 月 15 日，图书馆邀请河海大学博士生导师、《河海大学学报》（社科版）原副主编、河海大学“国家大学生文化素质教育基地”副主任、中国写作学会副会长、中国写作学会现代写作学委员会会长、中华水文化专家委员会副主任尉天骄教授通过腾讯会议做“运河文化与大运河文化带建设”讲座，共有近两百名师生参加了本次讲座。

该讲座从“运河”和“运河文化”的内涵讲起，着重介绍了京杭大运河的分布图、地形图及其七个分段，指出大运河目前面临的淤塞、文物损坏等现实问题，强调保护好、传承好、利用好大运河这一祖先留给我们的文化遗产势在必行；阐述了大运河文化带的内涵，选取生动形象的图片展示了京杭大运河江苏段的文化建设现状，表明淮安水立交、兴化垛田等景观都是大运河作为“活”的遗产的有力见证，同时介绍了按照打造中国大运河文化带先导段、示范段、样板段的目标，江苏段大运河文化带建设在徐州窑湾古镇、高邮历史古迹等遗产保护方面已取得的成果。

这次讲座主题鲜明、内容丰富，既有理论深度，又有鲜活示例，融入大运河文化带重要节点的风貌和特色。丰富的图片与理性认识相结合，为师生理解大运河文化提供生动的感性认识。在场的同学听完讲座均感慨颇深，表示今后将努力传承弘扬大运河文化，进一步挖掘大运河文化内涵，为大运河文化带建设贡献一份力量。

（五）“工笔重彩绘运河，观展走读悟水韵”走读活动

2022 年 11 月 12 日，图书馆组织河海大学教职工读书会成员前往金陵美术馆参观“大运河文化带建设主题工笔重彩画青年创作人才培养作品展”。此次活动特别邀请参展画家之一——南京特殊教育师范学院美术与设计学院平莉教授进行现场讲解。

该展览是国家艺术基金结项展示，通过运河文化带建设与工笔重彩画结合，带领大家感受运河特色文化与独特的绘画艺术。展览作品 100 多件，由 41 位业内名家指导来自 11 个省（市）的 30 位青年画家，深入运河沿线，坚持运河特色文化传承与绘画艺术发展并举的思路创作而成。这些作品把大运河沿线分布广泛、数量巨大、功能多样的文化遗产和当代风貌用工笔重彩面貌的绘画作品进行展现，并以此为基础推进大运河文化带建设和当代工笔重彩表现技法的创新与发展，通过创作运河题材工笔重彩画，生产运河文化符号，讲述运河历史故事，传播运河时代精神。

图 5 展览海报

图 6 平莉教授讲解工笔重彩画基础知识

在介绍展览作品创作背景的基础上，平莉教授为大家普及了工笔重彩画基础知识，分享了作品创作故事，并结合创作体验对每幅画作都进行了解析。其生动而又专业的讲解，让精美的作品更加灵动，也让参观者仿佛置身于艺术的大运河。

展览结束后，大家纷纷表示该展览为大运河及水文化传承提供了独特的视角，使自己增长了知识，提升了文化素养，拓展了艺术认知与审美视野，更清晰地了解了运河历史故事，感受到传播运河时代精神的重要性。

三、创新之处

（一）将文化传播与馆藏阅读推广相结合

河海大学作为中国水利高等教育的开创者，始终传承治水兴邦的历史使命。本次阅读推广活动立足河海大学水利学科特色和水利文化，以运河文化展览为重心，利用馆藏图书资源策划文化展览；同时开展运河主题书展，实现书、展结合，以书带展，以展带书，力求文化展览和馆藏资源利用相互促进，深化读者对于运河文化的理解，提高馆藏运河图书的利用率。

（二）复合构思提升活动的吸引力

“水道画卷：京杭大运河舆图里的河渠治理”展览突破了传统展览的呈现形式，将平面展板与立体化文字和图片相结合，搭配立体化造型，增强展览的视觉吸引力；同时考虑到学生群体可参与性与可互动性强的特点，开展趣味且有挑战性的有奖问答活动；并邀请著名水文化研究专家尉天骄老师开展讲座，进行大运河文化导读，帮助河海大学“水之子”更好地理解运河文化展览的内容，更多地阅读运河主题馆藏图书。

（三）多角度打造校园精品阅读推广活动

该系列活动通过理论学习与实地参观、线上与线下、理论性与趣味性相结合的方式打造看、学、乐交融的一体化阅读推广活动，助力学校阅读推广工作的多角度开展，满足读者需求，使专家、作品、读者零距离碰撞出火花，三者产生共鸣，为营造阅读氛围打下良好基础。

四、主要成效

“运河文化展系列活动”作为2022年河海大学图书馆“书香河海·水韵文华”

主题阅读活动之一，主要依托学校水利学科特色，充分利用馆藏资源和社会资源开展。该活动由基础展览、问答推广、理论学习、实地走学等多个环节构成，环环相扣，共吸引2000余名师生参与。以“运河文化展系列活动”为重要组成部分的“书香河海·水韵文华”主题阅读活动获得河海大学2022年度宣传思想文化工作优秀成果奖。

在运河文化展系列活动开展期间，画面精美、内容丰富、史料翔实的展览吸引了许多同学自发地沉浸式观看，领会各时期运河河渠治理的重点水利工程，近距离感受大运河的宏伟壮丽以及古之先贤的水利工程智慧。同学们表示此次活动主题鲜明、内容丰富，既有理论深度，又有鲜活实例，让他们更加深入、立体地了解了大运河文化，有效完善了水文化知识储备，形成爱读书、勤读书、善读书的良好风尚，增强了大家的文化获得感和幸福感。

（一）推陈出新，拓展了阅读推广多元渠道

特色阅读推广活动重在创新创意。此次运河文化展系列活动根据不同群体的阅读情况创新服务方式，用每个群体最易接受的形式开展活动。馆员拓展思路，基于馆藏资源采用展览形式，利用本地美术馆及学校特色资源，通过不同渠道开展形式多样的阅读推广活动。

（二）扩大范围，积极发挥图书馆的影响力

我馆依托学校特色举办的运河展览与观展答题活动将师生吸引到图书馆，进一步利用了图书馆的数字资源与纸本图书资源；邀请专家老师做专题讲座、开展校外走读活动，吸引众多学生与教师参加，充分发挥了文化主阵地作用，汇聚多方力量提升了阅读活动的品质，扩大了图书馆的影响力。

（三）拓展对象，多元化读者服务落到实处

高校图书馆的阅读推广主体往往集中在学生，此次运河文化展系列活动针对教职工开展了“工笔重彩绘运河，观展走读悟水韵”走读活动，将教师纳入阅读推广对象，聚焦教师阅读先行，引导教师阅读以提升教师自身修养和专业素养，以教师先读带动学生养成爱读书、善读书、读好书的行为习惯，进而助力全民阅读。

五、案例启示

（一）贴近专业群建设，提升馆藏资源

河海大学以水利专业为特色，其行业特色资源的阅读推广可以作为重点工作，

紧跟大运河研究发展动态，依托学校重点研究方向及内容，进一步优化图书馆馆藏资源配置，提升专业馆藏资源的利用率，为阅读推广工作奠定良好的馆藏资源基础；同时增加运河文化展览系列活动的参与度，扩大其影响力。

（二）贴近学生需求，打造多元互动空间

在举办活动的时候，要能够全方位地深入调查了解学生需求，充分利用图书馆已有空间、设备和丰富的馆藏资源，尝试引进多媒体工具，为学生提供大运河主题图书馆藏资源展示与阅读推荐服务，打造多元一体的主题阅读文化空间。

（三）细分读者，满足读者个性化阅读需求

高校图书馆面对不同需求、不同年级、不同层次、不同专业的读者应开展不同内容形式的阅读指导活动。本次活动仅区分学生与教师群体，分别针对他们开展不同类型活动，今后，将建立线上线下立体式的阅读推广与交流平台，进一步细分读者，满足读者个性化阅读需求，以吸引更多潜在读者。

（四）制定完整活动方案，提高活动有效性

同一系列的活动在内容和形式上能连续有效开展，让读者眼前一亮，才能令读者印象深刻，真正成为特色阅读推广品牌。同样，运河文化展系列活动的可持续开展，需要在主题细化、活动内容与形式创新，以及读者兴趣挖掘等方面进一步深入研究。

（五）建立阅读激励机制，激发读者阅读兴趣

如今大学生信息获取渠道多元化，若仅通过图书展览的形式进行阅读推广，效果或不理想。设立图书展示专区可以建立多样化阅读激励机制，如借阅达到一定数量和时长即可获得研讨间使用优先权、免费文献传递、精美礼品等，以激发读者阅读兴趣。

（六）凝聚多方力量，开展阅读推广活动

博物馆、文化馆、美术馆、科技馆等社会公共资源在阅读推广中起着很重要的作用。可增强与图书馆、兄弟高校、社会力量的合作，建立阅读基地，优化阅读空间，拓展阅读资源，同时依托政府或媒体平台扩大宣传效应，提高活动知名度，形成良好的全民阅读风气。

专家点评

河海大学图书馆依托学校水利特色，利用馆藏资源和社会资源开展运河文化系列活动，提高了馆藏资源利用率，营造良好的阅读氛围，传播了运河文化和水利精神。案例由基础展览、问答推广、理论学习、主题走读等多个环节构成，主题明确、特色鲜明、形式多样、趣味性强、师生参与度高。建议进一步挖掘馆藏资源，探索馆藏资源与文化传播的深入结合，丰富活动形式，持续提升品牌价值。

主审专家：袁家斌

"运河文化展系列活动"作为"书香河海·水韵文华"主题阅读活动之一，依托学校水利专业特色，利用馆藏资源和社会资源开展系列活动，讲述好运河历史故事、传播好运河文化和水利精神。由基础展览、问答推广、理论学习、主题走读等多个环节构成，环环相扣，很有吸引力。建议继续深化"运河文化"阅读推广，深度挖掘政治、军事、历史、地理、水利、农业、经济等方面相关的内容，帮助读者进一步了解运河文化。

主审专家：陈亮

“惠风和畅　飞花行令”校园流觞会诗词大赛

项目组成员：徐萍萍、任君红、高恬、张琴
单位信息：南京中医药大学翰林学院

【摘要】南京中医药大学翰林学院图书馆联合大学生读者协会举办“惠风和畅　飞花行令”校园流觞会诗词大赛，活动采取“线上游戏闯关＋线下互动 PK”的模式开展，旨在贯彻落实习近平总书记关于弘扬中华优秀传统文化的指示精神，引导大学生重温经典古诗词，分享诗词之美，感受诗词之趣。从最初的确立主旨、撰写策划方案，到甄选题库、邀请专家，再到置办服装、制作 PPT 等，诸多环节保证了诗词大赛活动能够高质量地如期举行。初赛利用“博看”小程序筛选出优秀选手晋级决赛，需要选手 4 个主题全部通过即算挑战成功，共有 15 名选手历经初赛答题的考验从 150 余名诗词爱好者中脱颖而出进入决赛。决赛邀请百名观众参与，共设置 3 个比赛环节，分别为：“勇者当先——补位赛”“激流勇进——小组赛”“群雄逐鹿——花落谁家”，让晋级选手进行线下实力对决，根据积分多少，角逐出“诗词状元”、“诗词榜眼”和“诗词探花”。同时，决赛环节融入了参赛选手现场抢答、交流互动、专家点评等形式，鼓励选手身着汉服，将中华优秀传统文化通过诗歌朗诵、古风歌曲演唱等节目演绎出来，赛制融入了时尚新媒体元素，将诗、歌相结合，充分体现了新技术手段在阅读推广活动中的灵活作用，促进了整个活动形式的多元化，看点十足。

一、案例背景

党的二十大报告指出：“我们要坚持马克思主义在意识形态领域指导地位的根本制度，坚持为人民服务、为社会主义服务，坚持百花齐放、百家争鸣，坚持创造性转化、创新性发展，以社会主义核心价值观为引领，发展社会主义先进文化，弘扬革命文化，传承中华优秀传统文化，满足人民日益增长的精神文化需求，巩固全党全国各族人民团结奋斗的共同思想基础，不断提升国家文化软实力和中华文化影响力。”高校图书馆作为校园文化和社会文化的重要基地，位于阅读推广的前沿，应把握时代脉搏，充分发挥自身优势，挖掘和整合传统文化资源，打造传统文化品牌，建设传承和传播中华优秀传统文化的阵地，肩负起文化育人的使命和职能，提升当代大学生的文化自觉和文化自信，助推中国特色社会主义文化的繁荣发展。

中华古典诗词作为中国传统文化的精髓，蕴含着中华文明深厚的价值理念和生生不息的民族精神。南京中医药大学翰林学院图书馆创新性地运用“线上游戏闯关+线下互动PK”的理念与思路，借鉴《中国诗词大会》节目的成功经验，认真调研，合理规划，利用自身资源优势，举办了生动活泼的“惠风和畅　飞花行令”校园流觞会诗词大赛活动，通过关卡设计的多元性增加赛制的难度和趣味，融入汉服演出元素，并引入激励机制提升参与者的积极性与主动性，进而提升其对中华古典诗词的阅读兴趣，烘托出崇尚传统文化的校园文化氛围，激发青年学生的文化使命担当，增强国家认同、民族认同和文化认同。

二、主要做法

2023年4月，图书馆以“4·23”读书节为契机，联合大学生读者协会、博看数据公司开始酝酿“惠风和畅　飞花行令”校园流觞会诗词大赛活动初步方案，经过反复考证，出台了最终活动策划方案，正式进行赛制策划、活动宣传、题库甄选、专家邀请、服装置办、PPT制作等诸多环节筹备工作。下面对整个活动流程和开展过程以时间为序分别进行详细叙述。

（一）活动预案讨论

南京中医药大学翰林学院图书馆在确定举办首届线上线下相融合的诗词大赛后，立即联系合作的数据商草拟线上初赛方案。考虑到游戏闯关的方式更能贴近现代大学生的心理需求，提高参与者的积极性，且线上答题不受场地空间的限制，易于扩大参与面，图书馆设计了情景式、阶梯式闯关游戏，打造学生喜欢的传统文化活动。

（二）活动宣传

2023年5月8日，大赛宣传系列推文在图书馆微信公众号和官方网站同步推出，此系列推文公布了大赛的阶段和初赛线上答题的二维码。

线上参赛者可通过扫码参与初赛答题。初赛设有 4 个主题，分别为桃红柳绿、高山流水、八珍玉食、四季流转，每位参赛者根据流觞经过的位置依次进入对应主题完成诗词任务，4 个主题全部通过即算挑战成功。每个主题有对应的诗词任务，每个任务限时 40 秒，完成全部任务即当前主题挑战成功，晋级下一主题，已挑战成功的主题无法重复挑战。答题期间，参赛者每天有 3 次挑战机会，任务挑战失败或中途放弃，系统均默认消耗掉 1 次挑战机会。每日徐行 4230 步即可额外兑换 1 次挑战机会，如当天未兑换或兑换当天未使用则视为主动放弃该机会。最后以挑战成功的主题数、挑战所用时间、完成挑战的先后顺序进行综合排名。同时，推文中对报名方式及奖项设置也进行了具体说明，设有“诗词达人”5 名、“诗词新秀”10 名，内容清晰明了，极大地吸引了广大诗词爱好者的注意。

（三）利用“博看”小程序完成晋级选手的筛选

初赛线上答题时间为 2023 年 5 月 8 日—14 日，答题界面会出现实时更新的排行榜，选手们可以随时看到自己的排名，这大大提升了竞赛的紧张感和刺激性，最后共有 15 名选手通过初赛答题的考验，从 150 余名诗词爱好者中脱颖而出进入决赛。

（四）设置多元化的决赛关卡

因当时出现突发状况，多名晋级选手无法出席决赛现场。图书馆文化活动部立即启动应急预案，在原有的决赛方案上增加了现场观众补位赛，以确保决赛的顺利进行。

决赛于 2023 年 5 月 26 日晚在图书馆一楼报告厅举行。第一环节为“勇者当先——补位赛”，邀请现场观众答题，得分排名前 10 者上台与 15 名初赛晋级选手一起挑战答题。25 名选手现场抽签分组，每组 5 人，共 5 支队伍进入第二环节。第二环节为“激流勇进——小组赛”，本环节分三轮进行比拼，题型分必答题、单选题和抢答题，均采用积分制，得分相同的选手则进入加时赛（抢答题）。其中，“行云流水”（必答题）：每组 10 题，所有选手轮流答题，由主持人说出诗词的上句或下句，选手对答，每道题需在主持人发出“请作答”口令后 15 秒内进行作答，每答对 1 题得 3 分，答错不加分。千帆竞渡（单选题）：每组 6 题，每道题需在主持人发出“请作答”口令后 15 秒内在写字板上进行作答，根据主持人口令亮出题板，答对 1 题得 2 分，答错不得分。捕风捉影（抢答题）：每组 6 题，选手在规定时间内说出所给诗词句所缺的字，每答对 1 题得 4 分，答错或不答不加分。

图 1　"惠风和畅　飞花行令"校园流觞会诗词大赛决赛

所有题目出自唐诗宋词及古典名著内容，选手们思维敏捷，回答问题的速度与准确率都令现场观众感到惊讶与佩服，充分展现了扎实的诗词功底。经过三轮激烈角逐，共 8 名选手顺利进入第三环节。第三环节为"群雄逐鹿——花落谁家"，本环节比赛包含两轮飞花令，根据抽签结果进行两两对决，决胜环节以"花"和"书"为关键词进行接龙作答，直到一方背不出，则另一方获胜。在精彩的接龙中，台下观众时而鼓掌喝彩，时而屏息凝神，将比赛的气氛推向了高潮。

图 2　飞花令对决

本次大赛将诗、歌相融合，参赛者们以独特的方式带来才艺展示：李梓萌《虞兮叹》、杨成元《小提琴歌曲串烧》、陈峰《江夏赠韦南陵冰》、郑明晨《近体诗赋》、黄琳《水调歌头》……现场观众徜徉在华夏古律与现代乐器的火花碰撞中，感受中华诗词意境。最终，陈峰夺得了本次大赛的“诗词状元”，沈浩、曹双分别荣获“诗词榜眼”和“诗词探花”的称号，黄琳等五位同学获得优秀奖，李梓萌等三位同学获得最佳才艺奖。

（五）颁奖典礼

活动最后，泰州校区学工办教师李澄琦对本次大赛进行了点评和总结，给予了高度评价。他表扬了参赛者们对古诗词的热情，感谢此次活动带领师生品诗词之韵、感诗词之趣、享诗词之美，号召大家努力将诗词文化传承下去，要从中华优秀传统文化中获得智慧，坚定理想信念。此次大赛是一场智力的较量，更是一场思想的较量，但在比分与胜负之外，更多的是被激发的求知欲。正如苏轼在《稼说送张琥》中所言：“博观而约取，厚积而薄发。”图书馆精心设计了饱含中华传统文化元素的水晶奖杯，由学工办和图书馆老师为获奖同学颁奖。

获奖名单

诗词状元	生物制药201 陈 峰
诗词榜眼	生物制药202 沈 浩
诗词探花	制药工程221 曹 双
优秀奖	中医定向222 夏 军
	制药工程221 黄 琳
	制药工程221 吕 彤
	全科221 袁欣悦
	制药工程221 尤子悦
最佳才艺奖	制药工程221 黄 琳
	中医定向212 李梓萌
	制药工程211 杨成元

图3　活动海报、奖杯和获奖名单

图 4 集体合照

三、创新之处

（一）理念创新：活动主题与阅读推广的政治主旋律相契合。为贯彻落实习近平总书记关于弘扬中华优秀传统文化的指示精神，让古诗词烙印在大学生的脑海里，激活“中华民族文化基因”，大赛入选的题目聚焦唐诗宋词及古典名著等中华优秀传统文化代表，带领观众在竞赛与娱乐中领会中华诗词文化精髓，以多元视角、开放平台、新兴信息技术等方式实现对中华优秀传统文化的传承与发扬，透过诗词之美传承和弘扬了社会主义核心价值观，契合了当代全民阅读的文化强国战略。

（二）模式创新：融合图书馆资源与服务，多平台宣传与推广。组织这样一场别开生面的活动，光凭图书馆现有的人才储备是难以完成的。图书馆邀请学工部参与协办，让本次活动获得了更多学生的参与。图书馆的优势在于阅读推广的政策引领、空间场地、专职阅读推广人等，确立活动主旨之后，策划团队通过图书馆网站及微信公众号等平台，用“惠风和畅　飞花行令”作为活动的广告语，吸引师生报名，在全校产生了良好的反响，达到了传承文化与经典育人的多重效果。

（三）形式创新：新技术与多元素融合，突破传统赛制。大赛的举办不仅借助“博看”小程序平台进行初赛比拼，还在决赛环节融入了参赛选手现场抢答、交流互动、专家点评等形式，鼓励选手身着汉服，将中华优秀传统文化通过诗歌朗诵、古风歌曲表演等节目演绎出来。赛制融入了时尚新媒体元素，将诗、歌相结合，充分体现了新技术手段在阅读推广活动中的灵活作用，促进了整个活动形式的多元化，看点十足。

四、主要成效

（一）发掘古典诗词的情感内涵，传承和发展中华优秀传统文化

高校诗词大赛是传承和发展中华优秀传统文化的重要途径。通过竞赛让学生接触和创作诗词作品，促进了中华优秀传统文化的传承与创新，提高了学生对传统文化的认识和理解。当前，大学生缺失人文阅读，缺失纸质文本阅读，缺失结构性阅读和目标性阅读，更缺失“深阅读”和“深思考”。古诗词阅读内含对作品背景的理解，属于对经典作品的深度阅读。本次诗词大赛活动恰是对当代大学生阅读能力缺失现状的弥补，不仅是一场关于古典诗词的记忆比拼，更展示了古典诗词的内在情感活力，将传统文化的阅读推广活动由表象的热闹，推向精深的专业化层次，达到经典阅读、非遗传承与文化育人的多重效果，助推高校的阅读推广活动走向“深阅读”和“深思考”。

（二）助力书香校园建设，积淀学校文化底蕴

建设书香校园是提高大学生素养、促进学校内涵发展的需要。图书馆加强校园文化建设，以馆藏资源为依托，以学生社团为载体，通过举办诗词大赛活动，为读者打造一个文化交流和展示的平台，吸引校园内学生群体参与，更好地发挥图书馆在校园文化建设中的作用，诗词大赛在活动过程中呈现出一种引领文化风气、丰富校园文化生活的作用，有助书香校园建设，提升学校的文化软实力和影响力。

（三）培养学生团队合作和组织能力，促进学生社团成长

诗词大赛需要学生在团队中进行组织、协作和展示，培养了学生的团队合作精神和组织能力。大学生读者协会社团凝聚了一大批思维活跃、创新能力较强的学生。他们来自学校各院系，既是参与者，也是此次活动的组织者，由他们策划、宣传与执行，更容易满足学生读者的需求，更好地吸引学生参加活动并扩大影响力。在开展活动的过程中，图书馆老师积极地指导学生社团完成活动场地布置、活动策划撰写、活动海报和推文制作。实践部提升了学生对外的联络与沟通能力，宣传部展现与提升了学生的写作能力和宣传能力。此次活动有效发挥了学生社团的主观能动性，依托图书馆文献资源和空间资源优势，使其综合能力得到提升，有利于学生社团成长壮大。

实践证明，“图书馆 + 学生社团”的阅读推广模式成效显著，值得推广。

（四）提升大学生读者的综合素质和个人竞争力

当代大学生纸质阅读量减少，查阅资料也以网络渠道为主，呈现出“浅阅读”和过度依赖电子渠道的现象。大学阶段是世界观、人生观、价值观形成的重要时期，经典古诗词蕴含着古代先贤的思想精华，深入阅读能够帮助大学生滋养精神，不断提升文化修养，培养传统美德，并使其通过深入思考接近事物本质，帮助其树立正确的世界观、人生观和价值观。高校诗词大赛不仅提升了大学生的文学修养、艺术鉴赏力和审美能力，还促进了学生的思维、表达、组织和团队合作能力的发展，可以让学生在舞台上展示自己的才华，提高他们的自信心和自我表达能力，这些收获均有助于提高大学生的综合素养和未来的职业竞争力。

五、案例启示

高校诗词大赛不仅是一个传统文化传承的平台，也是培养学生综合素养和发展艺术才华的重要途径。通过创新和改进，图书馆可以进一步提高诗词大赛的影响力和成效，为学生提供更广阔的发展空间。本次诗词大赛是一次成功的经验，图书馆在传承和弘扬中华优秀传统文化方面正在朝着多元化的发展方向迈进。

（一）挖掘揭示馆藏资源，阐发传统文化精髓

图书馆应加大传统文化文献资源建设力度，以丰富的馆藏资源为依托，针对大学生特点做好馆藏中医传统文化典籍的资源展示与书目导读工作，从“根”上用力提升传统文化教育的层次，区别于其他高校举办凸显本馆中医药传统文化特色的诗词大赛。

（二）扩大读者组织阵地，开展多方联动的深度推广服务

鉴于高校开展文化传承阅读推广活动的重要性与复杂性，图书馆只有加强与学校各部门、各社团、各院系的协调合作，统筹全校的资源，活动才能取得良好的效果。图书馆应发挥在校大学生的朋辈效应，给学生主动权，充分发挥学生的自主性，促进以培养学生人文素养为目标的阅读推广工作的开展，有效缓解图书馆人力资源紧缺的问题。同时，图书馆可以联动教务处、校团委和学工处，结合中医药院校特色，将中医药和经典文化融合，把参与经典阅读活动获得的评分与奖励制度关联，设立阅读积分制度，以调动读者参与活动的积极性，变被动参与为主动参加。

（三）做好活动前期调研、宣传和后期绩效评价，保证活动的可持续发展

充分调动人力资源，做好活动前期调研和宣传工作，以保证活动内容符合读者阅读需求，使活动正常有序举行。借助学生社团平台，及时收集与整理读者参加活动的感受等活动效果反馈信息，进一步完善评价方法和评价体系，总结活动举办过程中的经验教训，做到扬长避短。借助馆内线上线下平台，引导学生社团制定具有针对性、成效性的方案，在大主题下，持续开展更加科学有效和规范化的不同类型的子活动有助于打造有影响力的符合读者需求的文化传承活动品牌，提高读者满意度。尤其要注意活动主题设计应围绕主题寻找多个切入点，设计形式要多样化，内容要丰富且有延续性。

（四）建立主题经典创意品牌栏目，提升活动影响力

以诗词大赛为活动形式的中华优秀传统文化阅读推广工作可以利用微信公众号平台增加相关诗词荐读栏目，并邀请校内中医药专业老师开设中医药诗词讲座，激发中医药院校学生学习古诗词文化的兴趣。活动的开展可以利用新媒体平台开启直播，并将活动成果做成微视频在平台上进行广泛传播，提高活动的影响力和知名度。

专家点评

案例是贯彻落实习近平总书记关于弘扬中华优秀传统文化的指示精神的一项举措，通过古诗词比赛让古诗词烙印在大学生的脑海里，激活“中华民族文化基因”，传承和弘扬了社会主义核心价值观，契合了当代全民阅读的文化强国战略。案例的组织融合了图书馆资源与服务，进行了多平台宣传与推广，特别与学校学工部配合默契，保证了活动的顺利进行。在技术层面，采用新技术与多元素融合的形式。案例立意明确，形式活泼，互动性强，易于推广。建议进一步与学校职能部门联络合作，保证校内师生参与度与覆盖性，目前只看到单一学科的学生反馈。

主审专家：袁家斌

校园诗词大赛活动将“线上游戏闯关＋线下互动 PK”相结合，让学生们分享诗词之美，感受诗词之趣。建议进一步创新活动形式，丰富活动内容。

主审专家：陈亮

基于城市优秀文脉传承发展的校园阅读推广

项目组成员：马其峥、朱竹、赵步阳、丁璇、葛敏、孔超、江悦、王天然
单位信息：金陵科技学院

【摘要】南京是国家首批历史文化名城和我国首个被授予“世界文学之都”称号的城市，文化底蕴深厚、文脉资源丰富，具备高校以文育人、以文化人的重要禀赋。金陵科技学院是南京市属高校，近年来学校图书馆依托南京优秀城市文脉展开校园阅读推广并取得较好成效，为学校获批“江苏省书香校园示范点”提供了有力支撑。安徽省图书馆学会、拉萨市图书馆等单位前来参观考察，给予了高度评价。本校阅读推广活动的特点一是打造集馆藏、展陈、阅读于一体的南京城市文学阅读推广空间——金陵文学汇。其中，馆藏、展陈部分包含红映金陵、文脉金陵、文系金陵、文心互鉴等4大板块5000余册图书，成为广大师生了解金陵文脉、阅读金陵经典和感知金陵文化的重要载体。金陵文学汇入选“世界文学之都地标网络”成员单位。二是面向师生美好阅读需要开办名家讲坛、读者沙龙，精品化传播南京优秀城市文脉。举办“传承和弘扬雨花英烈精神”“从六朝古都到文学之都”“明清雕版印刷对文学传播与发展的影响”等城市文脉系列讲座以及“海上丝绸之路遗产”读者沙龙，帮助师生感受金陵文韵和大家风范。相关活动受到“新华日报人民号”“江苏网”“新江苏”“紫金山新闻”“梧桐论语”等媒体的报道，得到了叶兆言、薛冰、陶起鸣等文学名家的点赞和题字。三是以师生为主体，推进优秀城市文脉常态化、课程化，激发师生文化传承发展的自觉性和主动性。与人文学院协同联动，共同开展面向学生的新媒体创意写作大赛、经典诗文诵读等活动，探索开设“南京百年文学史”公共选修课程，使得师生传承发展优秀文化的参与度广，活动影响力大。

一、案例背景

党的十八大以来，以习近平同志为核心的党中央把传承发展中华优秀传统文化作为一项根本性战略进行部署和推进。2017 年，中共中央办公厅、国务院办公厅印发《关于实施中华优秀传统文化传承发展工程的意见》，这是我国第一次以中央文件形式专题部署中华优秀传统文化传承发展工作，体现了传承发展中华优秀传统文化在党和国家事业全局中的重要地位。城市优秀文脉的传承创新是一座城市持续稳健发展和城市人群生产生活的重要内容。文化传承创新是高校的重要职能，集中体现在高校以文育人、以文化人的过程中。在现代社会，一座城市和其区域内高校的融合共生特别是文化耦合的趋势愈加显著。图书馆是高校校园文化建设的重要载体，也是高校参与所在城市优秀文脉传承与发展的重要力量。南京作为中国的四大古都之一，在近两千五百年的建城史上积淀了璀璨的文化。城市底蕴深厚、城市文脉强劲，是高校面向广大师生弘扬中华优秀传统文化、革命文化、社会主义先进文化的重要禀赋。为此，金陵科技学院图书馆近年来在依托南京优秀城市文脉开展校园阅读推广活动方面积极作为，在特色馆藏资源建设、空间载体建设、阅读推广活动、新媒体传播方面主动探索，通过更新理念、探索新路有力促进了校园阅读推广活动高质量发展。

二、主要做法

（一）建设与南京优秀文脉相关的特色馆藏资源

为发挥金陵科技学院作为南京市属高校的文化传承创新职能，近年来学校图书馆加大对南京优秀文脉相关的特色馆藏资源的建设力度，努力使学校图书馆成为汇聚南京优秀城市文脉的重要资源库。一是全面发掘与整理图书馆已经馆藏的南京优秀文脉类图书资源。通过理清“家底”、重新编目和建立推广清单，立体呈现馆藏南京文脉资源，为师生方便快捷地了解和借阅特色馆藏资源提供高质量服务保障。目前，已发掘和整理该类图书文献 3 万册。二是集全校之力建设“金科文库”。广泛收集金陵科技学院师生、校友的教学、学术、文化等各类图书 800 余册，进一步丰富了南京优秀文脉类特色馆藏。其中，校长刘永彪教授带头向“金科文库”捐赠其个人学术专著，起到了示范带头作用。各机关部门、专业学院积极动员师生捐赠个人专著或文化类图书，形成了师生共建共享的良好发展态势。三是积极争取地方党委政府和社会机构支持。如争取到中共南京市委党史工作办公室捐赠的南京红色文脉系列图书 200 余册，争取到南京德基美术馆向图书馆捐赠《石渠典藏·金陵图》

《50绝美：御宋》等典藏精品图册，进一步拓展了南京优秀文脉类特色馆藏的来源渠道。通过以上举措，金陵科技学院图书馆馆藏的南京优秀文脉特色资源得到进一步丰富和拓展，为全面高效地开展基于优秀城市文脉的校园阅读推广工作奠定了坚实的基础。

（二）专辟金陵文学佳作展陈与阅读空间——金陵文学汇

因地制宜打造的城市文脉展陈与阅读空间，是传承发展城市优秀文脉的重要载体。金陵科技学院在加强南京城市文脉特色馆藏资源建设的同时，十分注重南京优秀文脉相关图书文献的展陈与阅读空间建设。2021年以来，金陵科技学院图书馆主动适应南京“世界文学之都”建设的布局，在学校江宁校区图书馆五楼东区专门开辟了以南京城市文脉为主题的图书展陈与阅读空间，打造专注高校文学阅读推广的全新平台——金陵文学汇。经过两年来的建设，金陵文学汇目前已经建成红映金陵、文脉金陵、文系金陵、文心互鉴等四个既成体系又相互映衬的板块。其中，“红映金陵”主要展陈党史、新中国史、改革开放史、社会主义发展史中有关南京的图书文献，旨在引导和帮助师生传承和弘扬红色基因和时代精神；“文脉金陵”主要展陈和推广南京历史上各个时期的文学巨著和佳作，旨在引导和帮助师生传承中华优秀传统文化；“文系金陵”主要展陈和推广近现代著名作家有关南京的文学作品，旨在引导和帮助师生了解近代南京的风云激荡与正道沧桑；“文心互鉴”主要展陈和推广“世界文学之都”其他成员城市的优秀文学作品，旨在引导和帮助师生开阔视野、博采众长。“金陵文学汇”占地面积400平方米，展陈金陵文脉图书5000余册，空间布

图1　南京优秀文脉展陈与阅读空间——“金陵文学汇”（拍摄于2021年10月）

局合理，阅读环境优美，已经成为广大师生前往图书馆的重要“网红打卡地”。

（三）大力开展以南京优秀文脉为特色的校园文学阅读推广活动

依托南京优秀城市文脉特色馆藏资源和“金陵文学汇”空间，立足学校实际和师生需求，积极策划开展校园文学阅读推广活动，并使之成为活跃校园文学氛围、滋养师生心灵的重要活动。活动具体包括四类。一是每年开展“文映金陵　书香致远”校园读书月系列活动，组织师生推荐优秀图书、诵读雨花英烈家书、分享读书心得体会等，引导师生了解和传承南京优秀城市文脉。二是定期开展以南京文学佳作赏析、推介为主题的名家讲坛、读者沙龙活动，具体包括名家讲坛“从六朝古都到文学之都”“明清时期浒湾雕版印刷对文学传播与发展的影响”、读者沙龙“海上丝绸之路遗产”，以及南京木刻雕版印刷现场制作活动等。三是联合人文学院共同举办新媒体创意写作大赛，重点面向高校写作者，具体包括开展集训、写作指导和评奖颁奖等环节，促进青年写作能力提升和高校相关专业建设，为推动校园文化建设、南京“世界文学之都”建设助力赋能。同时，积极探索开设“南京百年文学史”公共选修课程，促进优秀文脉资源的课程化。开设“行走的文学课堂”，组织学生寻访南京文学客厅、台城、清凉山等文脉场所，实地感受千年文都魅力。四是联合江苏省同心教育实践基地举办“民族团结进步月”之“同心共圆中国梦”海峡两岸优秀诗文诵读暨读书分享活动，组织师生诵读两岸优秀诗文，激发其爱国心、报国志、强国行。上述活动得到了广大师生的积极参与，取得了良好成效，受到师生广泛好评和较高社会赞誉。

图 2　名家讲坛之“从六朝古都到文学之都”（拍摄于 2023 年 4 月）

图 3 读者沙龙之"海上丝绸之路遗产"（拍摄于 2023 年 4 月）

（四）充分依托新媒体平台推进南京优秀文脉传播的立体化和矩阵化

综合运用媒体平台推介、展示、分享校园阅读推广活动，有助于提升城市优秀文脉传播实效。近年来，金陵科技学院图书馆在开展南京优秀文脉阅读推广过程中积极运用各类媒体，体现了"同一文脉资源、多种方式呈现"的传播格局。一是利用金陵科技学院图书馆网站、微信公众号等平台定期推送南京优秀文脉相关的图书信息，举办相关阅读推广活动，扩大推广力度，辐射更多师生群体。二是积极开展阅读推广微视频制作，依托骨干馆员力量，拍摄南京优秀文脉特色馆藏资源介绍、优秀图书推荐、金陵文学汇空间宣介、阅读推广活动展示等微视频，立体全面地呈现图书馆基于南京优秀城市文脉的阅读推广做法与成效，吸引更多师生关注并参与南京优秀文脉的传承发展实践。

三、创新之处

（一）紧扣时代强音，更好体现高校的文化传承创新职能

高质量推进文化传承发展是马克思主义基本原理同中华优秀传统文化相结合的必然要求。金陵科技学院图书馆紧扣时代要求，主动创新理念，聚焦文化传承发展，以传承弘扬南京优秀城市文脉为切入点，对绵长、恢宏、丰厚的南京优秀城市文脉进行特色化资源建设、立体化空间展陈、活态化认知体验，为高质量推进文化传承发展探索了新路。

（二）聚焦精准供给，更好满足师生对高品质文化的需要

金陵科技学院图书馆以促进科学与人文融合为导向，立足所在城市优秀禀赋和学校具体实际，在理工科为主的高校校园中加大阅读推广特别是文学阅读推广力度，通过名家讲坛、读者沙龙、文学创作等方式满足师生更加多样化的精神生活需求，促进学生的全面发展，更好体现图书馆在落实立德树人根本任务中的独特文化功能。

（三）推进馆院协同，更好为学校学科专业建设助力赋能

金陵科技学院图书馆积极对接所在高校学科专业建设需要，立足文学阅读推广，助力人文学院课程教学与专业实践，提升专业建设的内涵与影响。同时，促进南京优秀城市文脉资源的可持续发展，通过建好“金科文库”，打造金陵科技学院师生代表作的展示平台和沉浸式阅读场所，以一个不断完善的南京优秀城市文脉知识谱系助推各学院、学科、专业的高质量发展。

四、主要成效

金陵科技学院基于城市优秀文脉传承发展的校园阅读推广项目实施5年多以来，在凝塑工作理念、拓展馆藏资源、构建特色空间、举办创意活动、推进理论研究方面均取得了较大成效，为助力师生发展、丰富校园文化发挥了积极作用。

（一）形成了科学机制

在探索以文化人、以文育人的实践中，金陵科技学院进一步认识到优秀城市文脉在传承发展文化、滋养师生心灵中不可或缺的作用，全校重视并支持图书馆加强南京优秀文脉特色馆藏资源建设和“金陵文学汇”展陈与阅读空间建设，学校主要领导亲自谋划和推进相关建设，带头捐献南京文脉图书文献。经过实践探索，较好形成了学校领导高度重视、图书馆牵头组织实施、其他各单位协同联动的科学高效运行格局，成为推进校园文化建设的重要支撑。

（二）促进了师生发展

基于城市优秀文脉传承发展的校园阅读推广项目实施以来，受到了全校各单位和广大师生的积极响应与热情参与。“金陵文学汇”展陈与阅读空间的建成，为师生零距离感受南京优秀文脉资源和沉浸式阅读南京优秀文脉图书提供了良好载体；“金科文库”建设倡导师生成为优秀文化的传承发展者，为师生立足当代、促进文化传承发展提供了展示、交流、互鉴、共享的平台；名家讲坛、读者沙龙的常态化举办，

为师生感受南京优秀文脉和分享阅读体会提供了载体；新媒体创意写作大赛的举办、“南京百年文学史”公共选修课程的开设，对学生强化文学素养和参与文学创作起到了积极推动作用。

（三）赢得了社会美誉

南京城市优秀文脉特色馆藏资源库建设顺利推进，得到了南京市委党史办、市方志办、德基美术馆等多家单位的支持和捐赠，也得到了师生校友的大量图书捐赠。“金陵文学汇”展陈与阅读空间于2022年5月获南京市文学之都促进会的认证和授牌，成功入选“世界文学之都地标网络”成员单位。在此基础上开展的校园阅读推广活动多次获得“新华日报人民号”“江苏网”“新江苏”“紫金山新闻”“梧桐论语”等媒体的关注和报道；获得了叶兆言、薛冰、陶起鸣等文学名家的点赞、祝福和题字。校园阅读推广工作为金陵科技学院获批江苏省书香校园示范点提供了坚实支撑。《南京百年文学史》相关书评等作品荣获南京图书馆学会“阅美善读——馆员荐书”活动书评组二等奖、短视频组三等奖，负责相关工作的馆员获江苏省高校图书馆读者服务与阅读推广先进个人，相关研究论文《基于城市文脉的高校图书馆特色馆藏资源建设研究》于2022年9月发表于《图书馆工作与研究》。安徽省图书馆学会、拉萨市图书馆、江苏第二师范学院、南京工程学院等单位前来参观考察，给予了高度评价。

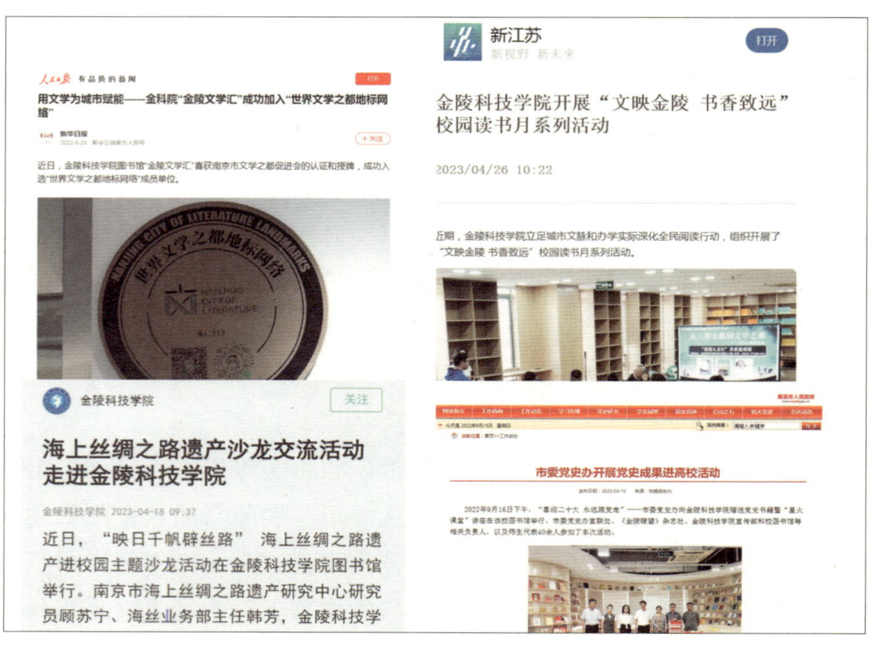

图4　媒体报道

五、案例启示

近年来，金陵科技学院高度重视图书馆在文化传承发展中的重要作用，紧紧围绕落实立德树人根本任务，紧扣全心育人育才、全力服务南京，进一步传承发展南京优秀城市文脉，积极挖掘优秀地域文化来滋养心灵、启迪发展、铸魂育人，用好南京资源、讲好南京故事，引导和助力师生传承好、发展好南京优秀城市文化。

（一）聚焦使命担当，做到高位引领

阅读推广是高校履行文化传承创新职能的重要抓手，也是推进大学文化建设的重要载体。高校推进阅读推广必须对标党中央关于落实立德树人根本任务的战略部署，树立阅读推广工作的正确政治导向和价值取向，引导和激励师生热爱、认同和践行中华优秀传统文化、革命文化和社会主义先进文化。金陵科技学院在推动校园阅读推广走深走实的过程中，始终对照文化传承创新职能，以落实立德树人根本任务为主题主线，在特色馆藏资源建设、展陈与阅读空间建设、阅读推广活动组织方面突出优秀文化浸润作用，切实增强师生的文化自信。

（二）突出文脉优势，推动转化发展

高质量阅读推广离不开高质量内容供给。高校在推动阅读推广高质量发展的过程中应当强化“内容为要”理念，在加大优质内容供给上持续发力。金陵科技学院在开展校园阅读推广工作的过程中主动发掘所在城市的优秀文脉资源，重点对南京久负盛名的文学资源禀赋进行收集整理、开发展陈和阅读推广，形成具有南京城市特色和学校办学特点的“金陵文学汇”展陈与阅读空间，取得了较好的师生认可度和社会美誉度。同时，加大对南京文学资源禀赋的推广力度，利用新媒体、微视频等形式进行的阅读推广活动受到师生广泛关注，南京文学资源禀赋的课程化尝试为推进学校素质教育拓宽了思路。

（三）激发主体活力，促进整体提升

高校阅读推广的主体是广大师生，只有把广大师生的积极性、主动性和创造性调动起来，才能把阅读推广工作落到实处、取得实效。金陵科技学院在开展校园阅读推广的过程中注重发挥师生主体作用，根据师生美好阅读需要邀请名家来校开展专题讲座、举办读者沙龙，引导师生与大家学者对话交流、与朋辈学友分享互鉴，共同提升文学素养和文化素质。倡导实践感知与体验，组织学生参与新媒体创意写作大赛、走进南京文脉打卡地，感受古都文韵，促进学生在博大精深的南京优秀文

脉中自觉担负文化传承发展的使命。

（四）强化传播报道，营造优秀氛围

利用新媒体平台加强对阅读推广内容进行传播和对阅读推广活动进行报道，是使校园阅读推广工作受到广泛关注和取得深远影响的重要举措之一。金陵科技学院在开展校园阅读推广工作的过程中注重多渠道推介、发布南京优秀城市文脉相关图书以及活动信息，吸引众多师生积极参与讲座、诵读、写作、走访、捐赠图书等各项阅读推广活动，形成了师生共同参与的良好氛围。同时，积极主动在社会媒体刊发阅读推广活动情况，受到了社会关注，提升了学校美誉度，也进一步促进了阅读推广团队和师生高起点做优阅读推广的信心。

专家点评

案例依托“基于城市优秀文脉传承发展的校园阅读推广”项目展开，在凝塑工作理念、拓展馆藏资源、构建特色空间、举办创意活动、推进理论研究方面均取得了一定成效，为助力师生发展、丰富校园文化发挥了积极作用。案例围绕城市文脉主题，紧密契合学校的办学特色，将图书馆的资源建设、技术保障、宣传推广、读者活动等主要业务相融合，打造品牌活动。其中，开设课程、建设专题空间都是较为典型的做法，具有一定的创新性。案例参与面广，活动形式多样，可操作性强，易于复制推广。建议拓展与南京图书馆、金陵图书馆等地方公共馆的合作，在金陵文脉领域挖掘更加丰富的文学宝藏，将校内活动推广至社会，共享优秀资源，扩大影响力。

主审专家：袁家斌

金陵科技学院图书馆依托城市文脉进行校园阅读推广，打造了城市文学阅读推广空间——金陵文学汇；开展了名家讲坛、读者沙龙，精品化传播南京优秀城市文脉，以师生为主体推进优秀城市文脉常态化、课程化。建议进一步深入挖掘城市文脉中的丰富内容，扩大活动影响力。

主审专家：陈亮

“博雅颂”非遗课堂

项目组成员：刘琼[1]、周云峰[1]、骆雪松[1]、张霖[2]、徐思源[1]、吕芙蓉[1]
单位信息：[1]江苏大学、[2]镇江市非物质文化遗产保护中心

【摘要】为深入贯彻落实习近平总书记关于非物质文化遗产保护的重要指示精神，彰显文化自信的精神力量，促进文化流动，江苏大学图书馆、镇江市非物质文化遗产保护中心、江苏大学团委共同打造“博雅颂”非遗课堂。非遗课堂包括“非遗进校园”“非遗云课堂”“非遗文化展”三个部分。“非遗进校园”主要是邀请非遗传承人走进江苏大学，面向大学生开展非遗知识和非遗技艺传播活动；“非遗云课堂”主要面向江苏大学研究生支教地，向多所支教中学的高中生传授非遗技艺；“非遗文化展”不定期开展非遗流动图文展和作品展。通过非遗课堂，有的读者进一步系统学习非遗文化，有的读者将其作为自己的研究生课题，更好地促进了非遗的创新创造。

一、案例背景

非物质文化遗产（以下简称“非遗”）主要包括：①传统口头文学以及作为其载体的语言；②传统美术、书法、音乐、舞蹈、戏剧、曲艺和杂技；③传统技艺、医药和历法；④传统礼仪、节庆和民俗；⑤传统体育和游艺；⑥其他非物质文化遗产。非遗蕴含了世界各民族发展过程中优秀的文化精髓，传承和保护好非遗就是保护各民族文化的创造力和生命力。图书馆作为文献资源汇集、加工、传播与利用的公益性部门，部分职能与非遗保护的基本职能相契合。我国《非物质文化遗产法》第三十五条规定：“图书馆……应当根据各自业务范围，开展非物质文化遗产的整理、研究、学术交流和非物质文化遗产代表性项目的宣传、展示。”

随着公共文化服务的发展和全民阅读的深入推进，以文献资源为载体的阅读推广已经无法满足读者的需求，阅读推广内涵和外延不断扩大。近年来，无论是高校

图书馆还是公共图书馆，阅读推广的资源逐步向文化资源延伸，其中非物质文化遗产的推广和传播成为阅读推广重要的内容之一。

镇江作为国家历史文化名城，非物质文化遗产丰富，现有9项国家级非物质文化遗产项目、37项省级非物质文化遗产项目、110项市级非物质文化遗产项目，有国家级、省级非物质文化遗产传承人21人。这些项目见证了镇江的历史发展变迁，是镇江历史文化宝库中的优秀代表，也是镇江文脉延续的重要力量。镇江1987年开始筹建“镇江民间文艺资料库”，2002年在原有资料库的基础上新建“镇江民间文化艺术馆”，以挖掘、收藏、整理、研究、展示和开发为手段全力抢救和保护本土非物质文化遗产。基于此，江苏大学图书馆与镇江市非物质文化遗产保护中心建立了较为密切的合作关系，共同开展非遗进校园、非遗展览等系列活动，邀请校内外传统文化研究学者、手工匠人通过讲座、展览、手工实践等形式传承中华优秀传统文化精神、传播中华优秀传统文化价值。

二、主要做法

镇江非物质文化遗产包括白蛇传传说、董永传说、扬剧、佛教音乐、镇江恒顺香醋酿制技艺等国家级项目，以及剪纸、面塑、泥塑、蛋雕、邮票贴画等省级项目。每一个项目的作品以其传承赓续的视觉形象和造型格式，都蕴涵了丰富的文化历史信息，是各种民俗活动的重要组成部分。以非遗技艺体验为主体，结合非遗文化展，立体化展现中华优秀传统文化和民间艺术的魅力。

（一）非遗进校园

“非遗进校园”活动每年举办四期，以“讲座 + 制作”的方式让同学们进行非物质文化遗产相关知识的学习和技艺体验。活动从2020年开始，已经成功举办了“太平泥叫叫”“剪纸”“中国结”“古琴”“扬剧”等“非遗”走进江苏大学图书馆的活动。另由于“恒顺香醋酿制技艺”的特殊性，需要在特定场地进行示范和展示，特带领大学生走出校园，走进中国醋文化博物馆，近距离感受镇江香醋酿制技艺。

1. 泥塑——太平泥叫叫。太平泥叫叫是镇江地区独特的民俗文化玩具，采用特殊的黏土随形就意，捏塑各类飞禽走兽、花鸟鱼虫，并用发簪钻上哨孔，晾干焙烧。成品俱成黑色，点上颜料，复涂松香，吹之则声音响亮清越。图书馆特邀请太平泥叫叫省级非遗传承人周宝康进行了知识讲授和技艺传授。

2. 剪纸。镇江市非遗传承人陈秀红展示了自己获奖的剪纸作品，并介绍了剪纸艺术的发展历程和艺术魅力。现场进行了折叠、画图与剪纸技法教学。每位读者都剪出了自己满意的作品。

3. 中国结。镇江非物质文化遗产传承人安永凤详细介绍了中国结的历史故事及其文化寓意，手把手地教每一位同学们编织“双平结”。

4. 丝网花。邀请蒉载初老师讲解、教授丝网花的编制技艺，并赠送同学们《丝网花编制艺术》一书。

图 1　八十多岁的蒉载初老师一直坚持站立授课两个多小时

5. 扬剧。国家一级演员，中国戏剧梅花奖、白玉兰奖获得者，镇江市艺术创作研究中心主任龚莉莉表演了革命现代戏《党的女儿》，还携戏曲社扬剧班新同学们共同表演了传统扬剧《鸿雁传书》。在互动环节，多名学生穿上戏服学习戏曲身段，沉浸式体验传统扬剧，并现场获赠《龚莉莉唱腔集锦》专辑光盘，该专辑记载了扬剧的曲谱唱腔。

6. 古琴。镇江市元同斋古琴工作室的蔡伟和鹤羽老师分享中国古琴与传统文化知识，并弹奏了《将进酒》《秋风词》《关山月》。两位老师与同学们进行互动教学，让同学们通过指尖感受古琴的韵味与魅力。

7. 恒顺酿醋技艺。恒顺酿醋技艺非遗传承人乔贵清现场演示醋的制作工艺流程，对各种原料和各道工序进行解读，并进一步展示了醋的制作全过程。

图 2 沉浸式体验传统扬剧

图 3 恒顺酿醋技艺非遗传承人展示镇江香醋酿制技艺

8. 中国笛箫制作及艺术赏析。笛子爱好者袁志钟与丝竹苑的学生们一起进行了笛箫演奏，并进一步分享了他撰写的笛子制作大师常敦明先生传记《几个孔 一辈子——常敦明笛箫制作艺术管窥》、中国竹笛演奏家俞逊发先生传记《中国笛子艺术大师俞逊发传》。

图 4　笛箫赏析及阅读分享会

（二）非遗云课堂

我们依托镇江市非物质文化遗产保护中心邀请镇江非遗传人，通过线上直播的形式，向江苏大学支教地的学校提供远程授课，在学习与互动中，将镇江的地方文化向更多的地方传播推广。活动开始于 2023 年，每月一期，每期一个主题，线上进行非遗技艺的传授。

图 5　支教地的孩子写的上课心得

表 1 非遗云课堂开课情况

教学内容	人数	教学人	教学对象
丝网花	95	李爱华	内蒙古巴林右旗大板第四中学和青海门源第二寄宿制中学学生
面塑	95	张娟	
剪纸	95	陈秀红	
中国绳结编织	95	安永凤	
草编	95	高美华	

（三）非遗文化展

为了更加全面地展示非遗特色和创作成果，不定期开展了非遗流动图文展和作品展。已经推出“镇江市非物质文化遗产项目展”和“千年等一回”国家级非物质文化遗产《白蛇传》传说剪纸展、“遇见镇江·匠心非凡——镇江非遗主题摄影展”等。

三、创新之处

（一）“讲授 + 展览 + 体验”的教育内容，丰富了非遗教育的形式

非物质文化遗产传承的形式主要靠口传、身教与心悟，很少以书面形式留存下来，如果按照传统课堂形式进行授课，无法完整地将文化内涵传达给受众。因此本案例打造的是“讲授 + 展览 + 体验”的非遗课堂，让学生在讲授中吸收知识，在体验中实践，在观展中深化，从而达到教育的目的。

（二）“线上 + 线下”“校内 + 校外”的教育形式，扩大了非遗传播范围

本案例不拘于课堂的限制，结合非遗项目的实际特点，将非遗课堂从校内转移到校外，又结合读者需求，通过线上课堂，将非遗知识传播到千里之外的山区，既扩大了非遗传播的范围，也丰富了贫困山区孩子们的美育课程。

（三）“技艺学习 + 阅读思悟”的教育体验，深化了非遗的传承与发展

作品和文字是非遗传承和发展的重要载体，本案例特别重视对非遗相关作品集和图书的推荐，通过作品赏析、收藏、阅读交流，进一步深化非遗艺术的传承与发展。

四、主要成效

活动自 2020 年首次举办，目前已经举办了 10 期线下课堂、5 期线上课程、5 期展览，获赠图书 2 种 10 册、光盘 10 册。每期线下课堂约 30 人，线上课堂约 100 人。

（一）积厚流光，传承的不仅是一项技能，更是非遗人笃行不怠的精神

非遗课堂邀请的非遗传人大多已过古稀，他们对非遗事业本着内心的热爱，十年如一日地坚持。他们谦卑和蔼、热情踏实，上课前精心准备课件和材料，上课时坚持站立，不愿中途休息。如丝网花非遗技艺传承人蒉载初老师已经82周岁，为了不浪费上课时间，提高课堂效率，她上课前一定亲自将材料制作成半成品，2个小时坚持站立授课，对读者的问题和请教耐心讲解。读者们感动于非遗传人脚踏实地的耐心和一丝不苟的精神，并声称这就是流进我们血脉里的中华精神。

（二）内容丰富，启迪性强，促进了文化传承

非遗课堂内容丰富，趣味性强，每期报名名额都被秒抢。读者中有留学生群体，也有研究生，他们通过学习对中华传统文化产生了浓厚的兴趣。如在古琴课学习后，有一名留学生继续跟随老师进行系统学习；在扬剧课学习后，有一名研究生将自己的研究选题定位为“扬剧知识组织”，希望通过研究进一步传播、传承扬剧。更有兄弟学院、兄弟图书馆咨询了解活动详情，拟开展类似活动。

（三）区域协同，扩大了阅读推广的边界，提高了影响力

在本次活动中，图书馆搭建了非遗传承人与读者之间沟通的桥梁，同时通过与非遗保护中心的合作，丰富了图书馆开展阅读推广与文化传播的资源，通过江苏大学支教地的美育课堂，将镇江的非遗传播得更广，引起了各类媒体的报道，提高了阅读推广的影响力。

五、案例启示

高校图书馆承担着文化传承与文化育人的职责，担负着培养大学生文化自信的使命。中华优秀传统文化有着极其丰厚的内涵与传承价值，高校图书馆应主动与校内外机构开展共建合作，共同创建阅读推广品牌，共享各类文化资源，建立长效机制，以项目、课程等常态化形式进行中华优秀传统文化的传播与传承。

（一）联合开展学术研究。

“非遗进校园”满足了中华传统文化传承与高校培养文化自信的共同需求，但大多数高校仅仅将此作为一项常态化活动开展，而对于非遗传承的需求、现状和问题缺乏科学研究。我馆在实践中总结经验和教训，研究中华文化传播与传承的课题，提出切实可行的解决方案，为学校、地方政府提供科学、系统的建议，为创新文化生态、文旅融合和文化育人提供决策依据，为传承中华优秀传统文化提供更加坚实的思想基础和服务保障。

（二）开设中华文化课程

从单一的活动向多元的课程升级，从非遗进校园向非遗在线课程延伸，积极推动中华优秀传统文化课程的建立，通过开设选修课、通识课或组织研学营的方式，培养学生的文化自信和认同感，引导学生掌握和运用正确的世界观、人生观、价值观开展团队合作，体现中华文化与时代发展的互通性和发展性，既实现了中华文化的传承和推广，又有效履行了高校的文化育人责任。

（三）共同组织文化传播社会实践

高校图书馆应充分借用地方文化机构丰富的中华文化资源，邀请专业人士作为指导老师，共同带领大学生开展文化传播社会实践，组织大学生积极参与展览、讲座、研讨会、读书分享等文化传承的志愿服务，让大学生感受厚重文化历史的同时，不断提升自身文化素养，使中华文化枝繁叶茂。

专家点评

江苏大学图书馆为深入贯彻落实习近平总书记关于非物质文化遗产保护的重要指示精神，彰显文化自信的精神力量，促进文化流动，与镇江市非物质文化遗产保护中心、江苏大学团委共同开展“博雅颂”非遗课堂，通过“非遗进校园”“非遗云课堂”“非遗文化展”三种途径积极促进镇江地区非遗的创新创造。案例充分融合镇江的地域特色，将传统工艺和技术引入校园，通过“讲授＋展览＋体验”的教育内容，丰富了非遗教育的形式，扩大了非遗传播范围，为非遗艺术的传承与发展做出了积极贡献。案例紧扣主题，活动丰富多彩，参与性强、互动性强，经验具有较好的示范借鉴价值，具有较高的可推广性和创新性。建议针对非遗传承主题与行业联合举办各类活动，持续引入行业资源，继续扩大受众群体，不断提升品牌影响力。

主审专家：袁家斌

“博雅颂”非遗课堂包括“非遗进校园”“非遗云课堂”“非遗文化展”三个部分，开展非遗知识和非遗技艺传播，活动内容有特色。建议进一步立足文献本身，创新活动形式，丰富活动内容。

主审专家：陈亮

坚定文化自信，构建知识共同体

项目组成员：沈逸君、杭茂燕、李瑛瑛、刘慧、盛晟
单位信息：三江学院

【摘要】经典阅读分享会作为三江学院校园文化建设系列活动之一，每月分上、中、下旬开展，采取线下现场分享与线上网络直播的形式多维度开展，邀请校内外专家学者以及不同专业的学生在读书空间分享自己对经典文化的感悟与体会，是一种有效的阅读推广活动。在经典阅读分享会上，学生可以选择自己喜欢的经典著作进行阅读，并与其他参与者分享自己的阅读心得和体会。这种活动可以促进学生对经典文学作品的理解和欣赏，激发他们对阅读的兴趣。在分享会上，我们邀请专业人士和相关领域的学者进行指导和讲解，帮助学生更好地理解和解读经典作品。此外，经典阅读分享会还可以提供一个交流和互动的平台，使学生通过与他人的讨论和交流拓宽自己的思维和视野。通过经典阅读分享会，高校可以引导学生深入了解和研究经典文学作品，提高他们的阅读能力和文学素养。将优秀传统文化融入大学生社会主义核心价值观培育，有助于建设具有学校图书馆特色的文化品牌，提升文化品牌的高度，驱动图书馆阅读推广工作的可持续发展，形成良好的文化阅读氛围，更好地推动高校文化的传承与创新。

一、案例背景

高校加强中华优秀传统文化教育、弘扬中华优秀传统文化、坚定大学生的文化自信，是建设中国特色社会主义、培育和践行社会主义核心价值观的现实要求，是大学教育的重要使命。

高校阅读推广的重要性在于培养学生的阅读兴趣和阅读能力，提高综合素质和学术水平。阅读是获取知识、拓宽视野、提升思维能力的重要途径，对于学生的学

习和个人发展都具有重要意义。通过阅读，学生可以了解各种学科领域的知识，拓宽自己的知识面；可以培养批判性思维和创造性思维，提高解决问题的能力；可以提高语言表达能力和写作能力，提升学术素养。因此，高校阅读推广对于培养学生的综合素质、提高学术水平具有重要作用。高校可以通过组织阅读活动、推广优秀资源等方式来开展阅读推广工作，为学生提供更多的阅读机会和资源，激发他们的阅读兴趣和热情，同时，也需要加强对学生的阅读指导和培训，提高他们的阅读能力和理解能力。只有重视和加强高校阅读推广工作，才能更好地培养学生的综合素质，提高他们的学术水平。

二、主要做法

中华优秀传统文化积淀了中华民族最深刻的核心价值体系。如何弘扬中华优秀传统文化，坚定大学生的文化自信，是大学教育的重要使命。本课题以我校的实际做法为例，总结出高校可以通过整合传统文化课程资源，加强文化经典阅读，重视校园文化建设等路径，深入挖掘中华优秀传统文化，使传统文化精髓深入校园，深入学生心灵。

（一）空间的准备。经典阅读分享会的开展必须有一个固定的实体空间。在学校的大力支持下，2020 年 11 月，图书馆的读书空间改造完成。此空间还受到江苏电视台教育频道的关注，他们前来进行了采访和报道，采访中，学生们都给予了我们极大的肯定。

（二）多方合作。经过与学校相关部门的洽谈商量，2020 年 12 月，我馆与教务处、校团委、文新院多部门合作开展经典阅读分享会活动。

（三）举办启动仪式，扩大影响力。2021 年 5 月 24 日晚，经典阅读分享会启动仪式在读书空间正式开启。江苏电视台、南京电视台、中国江苏网、新华日报·交汇点、《南京晨报》、《现代快报》等多家媒体对我校分享会活动进行报道，有效扩大了学校的社会影响力，塑造了良好的社会形象，提升了学校的知名度和美誉度。

（四）整个团队主要围绕以下方面开展工作：

1. 精心选择经典作品。选择具有代表性和影响力的经典作品，如文学名著、科学探索、历史故事等，能够引起学生的兴趣和好奇心。

2. 多样化的分享形式。邀请学生进行朗读、演讲、剧场表演等，让学生参与其中，深入理解和感受经典作品的魅力。

3. 提供互动环节。在分享会中设置互动环节，如问答、小组讨论等，鼓励学生积极参与，分享自己的理解和感受，激发他们的思考和好奇心。

（五）创设良好的阅读氛围。在分享会前进行相关的预热活动，如展示相关图片、视频、音频等，营造浓厚的阅读氛围，让学生对经典作品产生浓厚的兴趣。

（六）鼓励学生分享心得体会。在分享会结束后，鼓励学生写下自己对经典作品的心得体会并进行交流和分享，让学生互相启发和借鉴，进一步激发他们的阅读兴趣和好奇心。

表 1 第一季经典阅读分享会参与情况

期数	人数	期数	人数	期数	人数
1	80 人线上线下同步	9	238 人线上	17	1001 人线上
2	36 人线上线下同步	10	299 人线上	18	1057 人线上
3	51 人线上线下同步	11	300 人线上	19	1159 人线上
4	42 人线上线下同步	12	542 人线上	20	1156 人线上
5	58 人线上线下同步	13	564 人线上	21	1501 人线上
6	108 人线上线下同步	14	864 人线上	22	1600 人线上线下同步
7	99 人线上	15	941 人线上		
8	136 人线上	16	939 人线上		

表 2 第二季经典阅读分享会参与情况

期数	人数	期数	人数	期数	人数
1	1847 人线上	9	1404 人线上	17	1017 人线上
2	1712 人线上	10	1186 人线上	18	1002 人线上
3	1507 人线上	11	1354 人线上	19	865 人线上
4	1379 人线上	12	1280 人线上	20	880 人线上线下同步
5	1640 人线上	13	1280 人线上	21	1200 人线上线下同步
6	1332 人线上	14	1095 人线上		
7	1414 人线上	15	1210 人线上		
8	1335 人线上	16	1258 人线上		

三、创新之处

（一）理论创新

阅读推广是实现高校文化建设的重要途径。根据高校大学生阅读现状的调查研究，图书馆旨在以阅读推广工作为切入点推动工作系统性可持续发展，进而通过完善与优化文献资源建设、读者服务建设、阅读教育建设及文化建设，构建较为完善的图书馆阅读推广机制，努力实现高校图书馆阅读育人的使命职责。

（二）实践创新

1. 通过引入新的阅读材料和阅读形式，激发学生的阅读兴趣和好奇心。

2. 利用多媒体技术丰富阅读内容。在阅读材料中嵌入音频、视频等多媒体元素，使阅读更加生动有趣，如在电子书中添加朗读音频。

3. 利用互联网资源提供更多信息。通过链接提供相关的网页、文章、视频等资源，为读者提供更深入的背景知识和拓展阅读的机会，帮助读者更好地理解和应用所读内容。

4. 设计互动性阅读活动。利用在线平台或应用程序设计互动性阅读活动，例如在线讨论、问答游戏、阅读挑战等，激发读者参与和思考，增加阅读的趣味性。

5. 利用社交媒体平台分享阅读体验。鼓励读者在社交媒体上分享自己的阅读心得、书评或者推荐语，与其他读者进行交流和互动，扩大阅读的影响力，形成阅读社群。

6. 与其他学科融合，拓展阅读的领域和深度，使学生更全面地理解和应用所读内容。

四、主要成效

经典阅读分享会是一种促进学生阅读兴趣和阅读能力提升的活动形式。经典阅读分享会的成效与阅读活动的设计和实施方式密切相关，要确保分享会内容有足够的吸引力和启发性，同时鼓励学生积极参与和互动，两方面结合起来才能进一步提升活动的效果。

（一）从高校阅读推广工作的层面看，主要有以下一些成效。

1. 激发阅读兴趣。分享经典作品可以引起学生对文学的兴趣和好奇心，了解到各种不同类型的经典作品，从而激发他们对阅读的热情。

2. 扩大阅读面。经典阅读分享会通常涉及各种不同的经典作品，包括文学、哲学、历史等领域。这样可以帮助学生接触更广泛的阅读材料，拓宽阅读面。

3. 提升阅读能力。通过参与经典阅读分享会，学生可以接触到高质量的文学作品，提高他们的阅读能力和理解能力，学习不同的写作风格、文学技巧和深层次的思考方式。

4. 培养批判性思维。经典作品往往具有深度和复杂性，通过分享和讨论这些作品，可以培养学生的批判性思维能力，使其学会分析、评价和解读文学作品，培养独立思考和判断的能力。

5. 增强文化素养。经典作品通常反映了特定时代和文化的价值观和思想。通过参与经典阅读分享会，学生可以更好地了解和理解不同文化的背景和传统，提高文化素养。

（二）从高校学生的角度看，经典阅读分享会是一个很好的学习和交流平台，可以帮助同学们拓宽知识面，提高思维能力和文化素养。

1. 获取知识。经典阅读分享会可以让人们接触到各种经典著作和文学作品，从中获取新的知识和见解。通过分享和讨论，参与者可以了解不同的观点和思考方式，拓宽自己的思维领域。

2. 激发思考。经典作品通常具有深度和内涵，可以引发人们对生活、人性、社会等问题的思考。在分享会上，参与者可以通过与他人的交流和碰撞，深入思考和探讨作品中的主题和意义，从而提升自己的批判性思维能力。

3. 文化传承。经典作品是文化的重要组成部分，经典阅读分享会可以促进优秀文化的传播。参与者可以通过分享会了解和欣赏不同文化背景下的经典作品，增进对文化多样性的理解和尊重。

4. 社交互动。经典阅读分享会是一个社交和互动的平台，参与者可以结识志同道合的朋友，共同探讨和分享对经典作品的理解和感悟。这种社交互动可以促进人际关系的建立和发展，丰富个人的社交圈。

总的来说，经典阅读分享会可以带来很多积极的成效，参与者积极参与讨论，保持开放的心态，可以从中获取知识、思考问题，并将所学应用到实际生活中。

五、案例启示

（一）阅读分享会深化了学生对经典文学作品的理解，具体有以下几个方面的启示。

1. 提供多元化的观点和解读。在分享会上，学生可以与其他参与者分享自己对经典文学作品的理解和解读，同时也可以听取其他人的观点和见解。这种多元化的观点交流可以帮助学生从不同的角度去理解和欣赏作品，拓宽思维和视野。

2. 激发深入思考和讨论。分享会上的讨论环节可以激发学生对作品的深入思考。通过与他人的交流和互动，学生可以提出问题、分享疑惑，并与他人一起探讨和解答。这种深入思考和讨论的过程可以帮助学生更好地理解作品中的细节、主题和意义。

3. 引导独立思考和批判思维。在分享会上，学生可以表达自己对作品的独立见解和批判思考。通过分析作品中的人物形象、情节发展、语言运用等方面，学生可以培养自己的批判性思维能力，并形成独立的文学审美观。

4. 提供专业指导和解读。分享会可以邀请专业人士或相关领域的学者进行指导和讲解。他们可以提供作品的背景知识，以及文学批评的观点和解读，帮助学生更好地理解和欣赏经典文学作品。

通过以上方式，经典阅读分享会可以帮助学生深入理解和欣赏经典文学作品，提高阅读能力和文学素养。

（二）阅读分享会激活了学生的阅读兴趣

1. 精心选择经典作品。选择具有代表性和影响力的经典作品，如文学名著、科学探索、历史故事等，能够引起学生的兴趣和好奇心。

2. 多样化的分享形式。邀请学生进行朗读、演讲、剧场表演等形式的分享可以让学生参与其中，深入理解和感受经典作品的魅力。

3. 提供互动环节。在分享会中设置互动环节，如问答、小组讨论等，鼓励学生积极参与，分享自己的理解和感受，可以激发他们的思考和好奇心。

4. 创设良好的阅读氛围。在分享会前可以进行相关的预热活动，如展示相关图片、视频、音频等，营造出浓厚的阅读氛围，让学生对经典作品产生兴趣。

5. 鼓励学生分享心得体会。在分享会结束后，鼓励学生写下自己对经典作品的心得体会，并进行交流和分享，让学生互相启发和借鉴，进一步激发他们的阅读兴趣和好奇心。

通过以上方式，经典阅读分享会可以激发学生的阅读兴趣和好奇心，使他们更加主动地进行阅读活动，并享受阅读所带来的快乐和成长。

专家点评

三江学院图书馆以经典阅读分享会为抓手，促进学生阅读兴趣和阅读能力提升。活动频次高，参与学生较多，分享内容具有一定的吸引力和启发性，锻炼了学生的批判性思维，增强了学生的文化素养。案例具有一定的创新性和推广价值。建议在现有基础上拓展多样化的分享形式，设置更多互动环节，不断增强学生参与的兴趣，让学生更加深入理解和感受经典作品的魅力。

主审专家：袁家斌

经典阅读分享会作为校园文化建设系列活动之一，每月分上、中、下旬开展，采取线下现场分享与线上网络直播的形式多维度开展，同时，邀请校内外专家学者及不同专业的学生在读书空间分享自己对经典文化的感悟与体会，内容丰富。建议进一步立足文献本身创新活动形式，围绕特色主题活动，深入挖掘和揭示内涵。

主审专家：陈亮

“1+N”优秀传统文化阅读推广实践

项目组成员：欧阳志、李明媚、王洁、朱建设、卫东华、随红波、顾文娟
单位信息：南京理工大学

【摘要】习近平总书记在文化传承发展座谈会上发表的重要讲话，为高校图书馆进一步做好文化传承与发展创新工作提供了根本遵循和重要指南。南京理工大学图书馆认真贯彻落实总书记重要讲话精神，把文化育人作为图书馆转型发展的重要内容之一，主动肩负坚定文化自信、传承文化血脉的时代责任，勇担新的文化使命，积极创新阅读推广的形式和内容，弘扬中华优秀传统文化。南京理工大学图书馆以“1+N”优秀传统文化阅读推广实践为切入点，打造二十四节气荐读、传统节日荐读、阅读分享会、古籍推广、“书香墨韵”、文化展厅等多个弘扬优秀传统文化的活动平台，积极引领更多师生读者走入优秀传统文化的世界，感受优秀传统文化的精髓和魅力。南京理工大学图书馆紧紧围绕立德树人根本目标，以文化人、以文育人，用优秀传统文化教育人，讲好优秀传统文化里的中国故事，形成良好的育人环境，让图书馆成为学校弘扬优秀文化的教育主阵地。

一、案例背景

习近平总书记在文化传承发展座谈会发表的重要讲话中指出：“只有全面深入了解中华文明的历史，才能更有效地推动中华优秀传统文化创造性转化、创新性发展，更有力地推进中国特色社会主义文化建设，建设中华民族现代文明。”中国文化源远流长，中华文明博大精深。中华优秀传统文化是经历了时间筛选和沉淀而留存下来的宝贵精神财富，是中华民族的精神命脉，是我们最深厚的文化软实力，其独一无二的理念、智慧、气度、神韵，增添了中华民族内心深处的自信和自豪。建设社会主义现代化强国，离不开优秀传统文化的精神指引和支撑。

中共中央办公厅、国务院办公厅印发的《关于实施中华优秀传统文化传承发展工程的意见》中明确指出，要“充分发挥图书馆、文化馆、博物馆、群艺馆、美术馆等公共文化机构在传承发展中华优秀传统文化中的作用”。图书馆是文化建设的重要组成部分，对中华优秀传统文化的收集、整理、保存、传承、推广等有着重要责任，也有着与生俱来的优势。图书馆作为传播文化、传承文明、培育文化自信、提高学生素质的重要场所，应积极发挥其阵地作用与服务功能，激发中华优秀传统文化的生命力，传续中华民族精神命脉，为奋进新征程、建功新时代注入强大精神力量。

为发挥图书馆文化传承主阵地作用，助力优秀传统文化的传承和弘扬，南京理工大学图书馆以“1+N”优秀传统文化阅读推广实践为切入点，开展弘扬优秀传统文化系列活动，积极建设多个活动平台。在弘扬优秀传统文化推广工作中，图书馆紧紧围绕高校立德树人根本目标，以文化人、以文育人，用优秀传统文化教育人，丰富校园文化生活，形成良好的育人环境，让图书馆成为弘扬优秀传统文化的教育主阵地。

二、主要做法

（一）一种使命，弘扬中华优秀传统文化

习近平总书记在文化传承发展座谈会上的重要讲话精神为高校图书馆在新时代进一步做好文化传承与发展创新工作提供了及时而重要的指南。南京理工大学图书馆积极贯彻落实总书记的讲话精神，肩负坚定文化自信、传承文化血脉的责任，勇担新的文化使命，积极创新多种形式和内容进行阅读推广，弘扬中华优秀传统文化。活动成果斐然，在学校立德树人和三全育人工作格局中发挥了重要作用。

（二）N 个平台，推广中华优秀传统文化

为了更好地推广优秀传统文化，提升传统文化对读者的吸引力和影响力，图书馆创新阅读推广形式和内容，积极打造二十四节气荐读、传统节日荐读、阅读分享会、讲好古籍里的中国故事、“书香墨韵”、文化展厅等系列活动品牌，引领更多读者走入传统文化世界，感受优秀传统文化的精髓和魅力。

1. 二十四节气荐读

二十四节气是中华优秀传统文化的重要组成部分，体现了中国人对自然和时间的敬畏与尊重。我校图书馆在省内高校中首创“二十四节气荐读”栏目，于微信公众号平台在每个节气推荐相关书籍，旨在引导大学生增强对中国文化的认同感和自

豪感，赓续中华民族优秀文化，以浩然正气担起时代之责，以新担当、新作为展现新时代新风貌。

2. 传统节日荐读

中国传统节日是中华民族悠久历史文化的重要组成部分，保留了独特的文化记忆，凝聚并影响着中华民族的价值观念、文化心理、生活方式和审美旨趣。在传统节日里，图书馆微信公众号平台推出相关书籍，精心呈现中国传统节日之美，带领师生在书中见识中国，了解优秀传统文化背后的人情、物理、信念和信仰情怀，传承和弘扬中华优秀传统文化。

3. 阅读分享会

为了积极传播中华优秀传统文化，我馆每周举办高质量的读书分享活动。阅读爱好者在指定地点进行交流，主要交流对同一经典著作的不同见解，从而使参与者

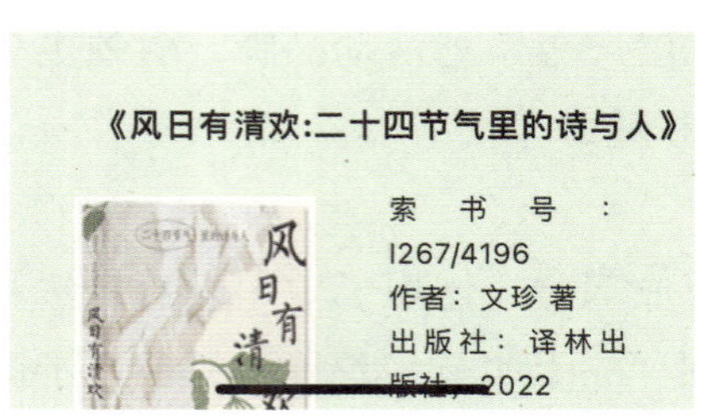

图 1　二十四节气荐读

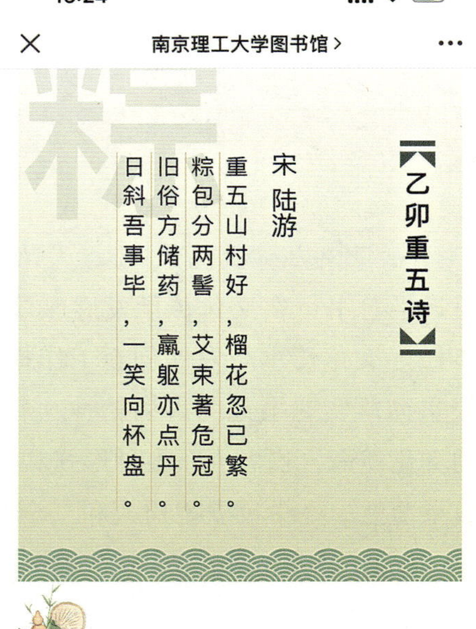

图 2　传统节日荐读

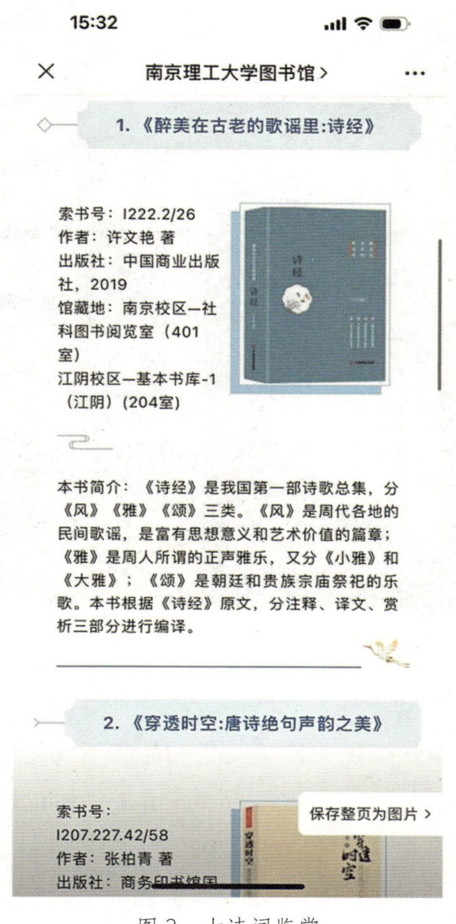

图 3　古诗词鉴赏

了解到个人领悟不到的思想精髓，加深对作品的理解并产生共鸣。通过阅读交流，同学们对一本书的领悟又上升到新的层次。

4. 讲好古籍里的中国故事

古籍文献资源藏于南京理工大学图书馆特色馆。为了讲好古籍里的中国故事，2021 年图书馆对馆藏古籍进行整理研究，完善了《南京理工大学图书馆古籍图录》和《南京理工大学民国文献目录》。2023 年图书馆建成古籍特色资源数据库，以电子数据形式呈现古籍资源，便于读者的阅读利用。图书馆构建古籍的数字化与立体传播，以现代创新手段展示古籍之美，让书写在古籍里的文字活起来。

图书馆坚持每周在微信公众号上推送古籍荐读书目，不定期举办经典古籍书目展览。图书馆通过多角度多层次的阅读推广形式，让古籍走近师生，吸引读者阅读经典古籍、从中华优秀传统文化中汲取精华，培养学生对中华优秀传统文化讲仁爱、重民本、守诚信、崇正义、尚和合、求大同核心理念和精神价值的认同。

图 4 古籍图书展

5.“书香墨韵”系列活动

“书香墨韵”是图书馆弘扬优秀传统文化的品牌活动之一。图书馆通过系列活动的开展传承了中华优秀传统文化，丰富了图书馆文化建设的内涵。例如，2023 年 6 月 9 日举办“书香墨韵”毕业季专场活动；2022 年 1 月 29 日，举办“迎新春、送福字、写春联”活动；等等。系列活动的开展加强了师生读者交流互动，丰富了校园文化生活，彰显了书法艺术魅力，弘扬了传统文化，让同学们在潜移默化中感受了中华优秀传统文化的魅力，实现文化育人的同时，不断增强文化自信，进一步引导广大青年成为中华优秀传统文化的忠实践行者和传承者。

6. 打造文化展厅

图书馆积极打造学校文化展厅，利用自身阅览空间优势，加强与校内单位部门合作联动，积极引入优秀校园文化成果在图书馆展览。2023 年 4 月 10 日，图书馆与校化工学院合办“初心如磐，金石隽永——庆祝建校 70 周年金序兰刻品展”，从“方寸之地，气象万千”“石可为师”“雅俗共赏，石可陶情”三方面展出了金老师的篆刻艺术作品。2023 年 3 月 7 日，图书馆与能源与动力工程学院联手举办“翰墨贺七秩，丹青绘新篇”迎 70 周年校庆书画、书签展。2023 年 3 月 8 日图书馆联合自动化学院举办“翰墨挥毫七秩，丹青逐梦一流”迎 70 周年校庆书画创作活动，活动分为“我为母校送祝福”书法创作、“青春奋力绘蓝图”装饰画制作、“方寸蕴情书心语”书签制作、“匠心传承沐春风”水彩线描画创作四部分内容。2023 年 5 月 17 日，图书馆还联合化工学院开展“翰墨丹青迎七秩，军工写意逐一流”迎70周年校庆书画创作活动。在图书馆的文化展厅里，同学们沉浸式接受优秀传统文化熏陶，提高了审美情趣和人文素养，参与营造了高雅、清新的校园文化氛围。

三、创新之处

（一）构建常态化传统文化阅读推广机制

图书馆高度重视中华优秀传统文化阅读推广工作，通过持续的传统文化推广、稳定的书单栏目推送、贯穿全年的活动等构建中华优秀传统文化阅读推广常态化机制。首先，图书馆组建中华优秀传统文化经典阅读推广活动平台，对传统文化荐读，书目筛选，活动策划、组织、实施，以及网站、新媒体的宣传推广等进行有序分工、统筹协作，合力推动中华优秀传统文化阅读推广工作有效开展；其次，以“1+N”优秀传统文化阅读推广实践为切入口，开展贯穿全年、形式内容丰富的中华优秀传统文化主题阅读推广活动，助力大学生开拓阅读视野、提高综合文化素养。

（二）充分利用新媒体平台，创建沉浸式阅读空间

图书馆注重利用线上线下相结合的方式开展中华优秀传统文化阅读推广工作，线上充分利用新媒体平台，线下创建沉浸式阅读空间，拓宽中华优秀传统文化的阅读推广渠道。线上充分利用新媒体平台优势，利用网站、微信公众号等新媒体平台开展图文并茂、形式多样的中华优秀传统文化书籍推送、解读等活动；线下通过分享会、书展、“书香墨韵”系列活动、古籍荐读、文化展厅等宣传手段营造中华优秀传统文化的良好阅读氛围，创建中华优秀传统文化交流平台和空间，开展沉浸式阅读体验活动。

（三）多部门联动，提升活动的影响力。

图书馆加强了与校内单位部门合作联动，特别是与各学院的合作，充分利用图书馆、学院和机关部门各自的资源优势，共同弘扬中华优秀传统文化，让活动的影响力得以大大提升，形成图书馆、学院、学生多方共赢的局面。

四、主要成效

（一）勇担使命，建设践行社会主义核心价值观的重要阵地

习近平总书记指出：“要认真汲取中华优秀传统文化的思想精华与道德精髓。”

强调我们这代一定要深入挖掘和阐发中华优秀传统文化的时代价值，使中华优秀传统文化成为涵养社会主义核心价值观的重要源泉。图书馆举办传统文化阅读推广活动，既有利于践行社会主义核心价值观，又做到了对传统文化的继承与创新，从传统文化中发掘有益的元素，在不断吸收优秀传统文化的基础上践行和培养社会主义核心价值观，以增强学生的文化自信心和民族自豪感。

（二）部门联动，共同弘扬中华优秀传统文化

图书馆加强与校内单位部门合作联动，共同弘扬中华优秀传统文化，让活动的影响力及参与度得以大大增强和提高。联合化工学院开展的“翰墨丹青迎七秩，军工写意逐一流”迎70周年校庆书画创作活动，吸引了百余名学生参加，共创作200余幅书画作品。联合能源与动力工程学院开展“迎新春，送福字，写春联”活动、“书香墨韵”毕业季专场活动，吸引了上百名学生参加，活动现场共书卷轴、条幅300余幅；开展“笔墨同绘元旦佳节，弘扬中华传统文化”师生写春联活动，吸引了上百名学生参加，共书春联600多副；举办“书香墨韵”传统文化弘扬活动，现场共书条幅50余幅、书签200余张，设计签名60余幅。图书馆还联合部队举办“迎新春、送福字、写春联”活动，为部队官兵写下了200多副春联和100多张书签。

（三）文化育人，打造弘扬中华优秀传统文化“第二课堂”

高校图书馆不仅是文献信息资源集中地，更是文化服务和培育文化自信的主阵地、传承与发扬中华优秀传统文化的重要窗口。南京理工大学图书馆有着专业的服务、丰富的馆藏资源、齐全的设施和优良的环境，图书馆主动结合时代要求，充分发挥阅读推广工作在传播中华传统文化中的作用，积极开展丰富多彩的阅读推广活动，打造学生弘扬中华优秀传统文化“第二课堂”。图书馆充分利用自身优势，积极弘扬中华优秀传统文化，促进学生对传统文化由被动学习转变为主动学习，发挥中华优秀传统文化育人作用，助力中华优秀传统文化的传承与发展。

五、案例启示

立德树人是高校教育的根本任务，高校的中华优秀传统文化传承工作任重而道远。图书馆作为为高校教学科研、人才培养服务的重要部门，应在中华优秀传统文化传承弘扬中勇担重任。在工作中，图书馆应充分发挥在传承弘扬中华优秀传统文化、建设书香校园中的自身优势和不可替代的作用，注重中华优秀传统文化的挖掘与利用，注重将中华优秀传统文化传承与立德树人工作相结合，注重将中华优秀传统文

化传承推广与读者喜爱的阅读模式紧密融合，推进书香校园文化建设和优秀传统文化传承工作富有成效地开展。

图书馆作为传承弘扬中华优秀传统文化的实践者，需要创新阅读推广模式，深入挖掘传统文化的丰富内涵及时代价值，激发大学生阅读兴趣、提高阅读品位、感受优秀传统文化的魅力、增强文化自信。同时引导更多学生参与优秀传统文化的推广活动，增强其对中华优秀传统文化的认同，树立正确的价值观念，更好地以文化人、以文育人。工作中需要加强多方合作，几方联动，共同创新活动形式，打造优秀传统文化阅读品牌，同时注重利用新媒体平台，构建多元化阅读推广渠道，优化阅读空间，营造优秀传统文化阅读氛围等，多方努力，更好地促进图书馆中华优秀传统文化阅读推广活动的开展。

“1+N”优秀传统文化阅读推广实践是南京理工大学图书馆充分发挥馆藏资源优势，以其专业的服务和丰富的活动，探索弘扬中华优秀传统文化阅读推广工作的有效实践。我们充分认识到中华优秀传统文化阅读推广不是一朝一夕，而是需要长期坚持的工作。图书馆应把文化育人作为图书馆转型发展的重要内容之一，志存高远、多措并举，落实立德树人、文化育人工作要求，致力建立文化育人长效机制。面向未来，我们将坚持守正创新，坚定文化自信，传承文化血脉，勇担新的文化使命，讲好优秀传统文化里的中国故事，为中华文明传本扬学，使中华优秀传统文化代代相传。

专家点评

南京理工大学图书馆以“1+N”优秀传统文化阅读推广实践为切入点，打造二十四节气荐读、传统节日荐读、阅读分享会、古籍推广、文化展厅、“书香墨韵”等多个弘扬优秀传统文化的活动，积极引领更多师生读者走入优秀传统文化的世界，感受优秀传统文化的精髓和魅力。案例立足于优秀传统文化阅读推广，形式多样，与校内外单位联络密切，共同推动系列活动的开展。活动参与情况较好，充分体现了图书馆在文化传承方面的引领作用。案例具有一定的创新性和可复制性。建议进一步结合学校和图书馆实际情况，策划举办更加具有特色和代表性的活动，打造活动品牌。

主审专家：袁家斌

"1+N"优秀传统文化阅读推广实践创新二十四节气荐读、传统节日荐读、阅读分享会、古籍推广、文化展厅、"书香墨韵"等活动，引领读者走入优秀传统文化的世界，感受优秀传统文化的精髓和魅力。活动内容丰富，有广度，有深度。建议进一步创新阅读推广模式，深入挖掘传统文化丰富的内涵及时代价值，激发读者阅读兴趣，提高阅读品位，感受优秀传统文化的魅力。

主审专家：陈亮

第三部分

夯实职业素养

西浦朗读者

项目组成员：王思云、滕超、李姗姗、曾培、李琦
单位信息：西交利物浦大学

【摘要】高校图书馆作为学校的文化中心、师生的精神家园，是大学生获取阅读资源、学习阅读方法和培养阅读习惯的重要场所。为深入学习贯彻党的二十大精神和习近平总书记关于深入推进全民阅读、建设书香社会的重要指示，西交利物浦大学（以下简称“西浦”）图书馆于2022年10月推出“书香西浦”系列活动之“西浦朗读者”阅读推广活动。该活动主要包括“朗读、分享、感悟”三个部分，通过朗读经典段落、滚动播放视频、社交媒体传播的方式进行阅读分享与推广。这一活动通过调动多重感官的方式，激发阅读兴趣、提高阅读效率、鼓励阅读交流，为广大师生建立阅读交流平台。“西浦朗读者”活动以其独特的朗读形式和推广方式，有效促进了读者之间的分享与互动，从而引导更多师生加入阅读，在校园中形成“爱读书、读好书、善读书”的浓厚阅读氛围，为“书香西浦”的建设和校园文化的发展做出了积极贡献。

一、案例背景

随着互联网的高速普及和媒体技术的迅速发展，大学生的阅读习惯也发生了重大变化，当代大学生普遍更倾向于视频阅读、碎片化阅读和快速阅读。高校图书馆作为学校的文化中心、师生的精神家园，扮演了帮助大学生获取阅读资源、学习阅读方法和培养阅读习惯的重要角色。西交利物浦大学图书馆一直将组织阅读和推广阅读作为工作重点，积极探索“阅读+”的服务模式，通过举办各种品牌活动，如“书香西浦”系列活动、读书月系列活动等，深入学习贯彻党的二十大精神和习近平总书记关于推动全民阅读、建设书香社会的重要指示，引导师生参与到阅读中来，形成爱读书、读

好书、善读书的浓厚氛围，促进“书香西浦”建设、为校园文化发展提供助力。

基于央视文化类综艺节目《朗读者》的品牌影响力，借助当下有声阅读的流行趋势，西浦图书馆于2022年10月推出了“西浦朗读者”阅读推广活动。该活动主要围绕“朗读、分享、感悟”三大主题展开，推出八个系列经典阅读书单指导学生进行阅读内容选择。其目的在于通过有声朗读经典作品，让读者深切感受作品中的人文魅力和情感内涵，激发内心深处的渴望和力量，推动阅读文化的传承和发展。

二、主要做法

“西浦朗读者”活动是西浦图书馆推出的“书香西浦”系列活动之一，自2022年10月至2023年4月已连续举办两个学期，每学期通过线上平台招募朗读者，吸引了广大师生热情参与。图书馆对整个活动流程进行了统一的管理，包括确定报名人选后统一进行朗读视频的录制、编辑，再由图书馆负责统一发布和展示，最后进行“最佳朗读者”和“人气朗读者”的公开评选。

“西浦朗读者”活动采取了多种创新做法，以吸引读者参与。以下是主要的策划和执行过程。

（一）组建团队

西浦图书馆高度重视“书香西浦”校园建设，成立了以副馆长为组长的书香校园建设领导小组，抽调馆内精干力量负责阅读推广工作，有效地保障了书香校园各项工作的规划和实施。为了保障书香校园建设工作的顺利推进，领导小组制定了长期规划和短期规划，并制定了各项阅读推广活动的详细计划。

（二）活动宣传

自“西浦朗读者”活动开展以来，西浦图书馆充分利用多种宣传渠道，包括图书馆官方微信公众号、馆内电子大屏、电视轮播、海报机展映、海报展架宣传等社交媒体平台和内部宣传方式，同时，紧密结合学生社团的传播力量以及志愿者群体服务等渠道，发挥他们的传播力量，积极推广朗读者活动，以吸引更多的读者参与。

（三）前期准备

1. 场地资源支持：为满足朗读视频的录制需求，西浦图书馆在四楼搭建了专业的朗读亭，以提供必要的设备和后期制作资源支持，保证朗读视频的质量和效果。朗读亭不仅满足了朗读者活动期间朗读视频录制的隔音需求，还能为以后同学们练习演讲、准备面试等提供场所。

2. 朗读指导支持：图书馆员为读者提供了专业的朗读指导和培训，内容涉及文字发音、朗读语调、情感转换承接和表达技巧等。为了确保录制顺利，馆员还会提供详细的录制期间注意事项，包括摄影和音频方面的建议。

3. 书单推荐支持：朗读者所选的朗读书目体裁、题材不限，语言不限，内容要求积极健康。为了鼓励和激发参与者的朗读热情，图书馆精心汇总了八个系列经典阅读供参考选择。这些书单涵盖了军事政治、文学、管理学、历史、心理学、经济、传记、艺术等各类主题，以满足朗读者的不同阅读兴趣和需求。读者可以从这八个系列中任选一本喜爱的书籍进行朗读录制，这样既有一定的选择方向，又能一定程度满足读者的个性化需求。

（四）朗读录制

鼓励读者选择多元化的朗读内容，既可选择推荐的书籍段落，也可选择个人喜爱的作品。自由选择保证了朗读内容的多样性，能够吸引更广泛的观众群体。录制朗读视频时分为三个部分：自我介绍、推荐图书及理由、朗读经典段落。

（五）成果展示和分享

朗读视频录制结束后，图书馆员会对视频进行编辑和制作，以确保视频的流畅和风格统一，编辑完成后会通过图书馆官方微信公众号进行统一展示和分享。微信推文采用“视频 + 文字 + 图片”形式，在选题、排版、制图等细节上下足功夫，为读者提供传统纸质阅读之外的网络阅读和有声阅读新体验。

（六）投票评选“最佳朗读者”

“西浦朗读者”活动吸引了大量校内师生的积极参与，我们收到了众多读者的朗读视频。经过初步筛选、评估以及后期的录制和编辑，最终呈现了18份精选朗读视频。针对这18份精选朗读视频，西浦图书馆发起了“最佳朗读者”“人气朗读者”的投票评选活动。自投票开启，历时7天，共计超过1600人次参与了投票。线上，我们精心设计了微信投票展示页面，以便读者轻松观看每个朗读者的视频；线下，为了扩大朗读者活动的影响力并增加图书馆人流量，我们充分利用馆内一楼大厅的公共区域，以2023年西浦图书馆读书月“阅读阅己，阅见未来”系列活动为契机，抓住“4·23”世界读书日的契机，精心策划了投票活动、朗读作品展览、朗读者介绍海报、朗读书目信息介绍等。从2023年4月17日开始，广大师生进出图书馆一楼大厅时，通过扫描二维码就可以在手机上欣赏朗读者的视频。在活动期间，有许多人驻足观

图 1 “最佳朗读者”活动作品展览及投票现场

赏朗读者视频，并留下了照片纪念。

通过以上的活动策划和执行，我们成功地组织了“西浦朗读者”系列活动，吸引了众多读者的参与和关注。此次活动目标明确，策划和执行过程高效协调，确保了参与者的高质量和朗读视频的高水平。“西浦朗读者”活动成功地激发了师生的阅读热情，不仅为他们提供了一个展示朗读技巧和分享书籍之美的平台，而且加强了读者之间的交流和互动，促进了阅读文化推广效果，为校园创造了浓厚的阅读氛围，也为书香校园建设提供了有力支持。

三、创新之处

（一）创建从单一转向多元的互动交流平台

“西浦朗读者”活动使图书馆的阅读推广定位发生了创新性改变。该活动将传统的阅读推广方式从单一的纸质书籍推荐和展示转变为主动、多元的有声文化交流，激发了读者对阅读的热情，点燃了读者对朗读的情感需求，同时极大地增强了图书馆与读者之间的互动。

（二）探索感性阅读的力量，激发理性思维

在阅读推广活动中，我们不仅强调传递信息和知识，而且强调激发读者的感性

体验和情感共鸣。我们鼓励读者以一种开放的心态去感受书中的情节、人物和意义，让文字在心灵深处产生共鸣，通过朗读，帮助读者更好地理解和消化所阅读的内容，加深对作者意图和表达方式的理解，融入故事的世界，感受其中的情感起伏。这种亲身体验可以引发读者的情感共鸣，启发读者的理性思考，提高读者阅读的深度和质量。

（三）有效扩大阅读推广的受众群体

"西浦朗读者"活动通过图书馆社交媒体平台、线下展览、校内宣传等渠道推广朗读者的视频，吸引了更多学生和教职员工参与。这不仅为图书馆带来了更多的关注度，而且使得阅读成为校园中的热门话题和共同兴趣。这些朗读者们不仅仅是传统意义上的朗读者，还起到了推广图书馆资源、分享阅读经验和提升师生阅读兴趣的作用。活动结束后，我们邀请了朗读者成为读书分享会的主讲人，举办了四场"悦读会"读书分享会，与读者们深入探讨和分享阅读背后的故事与经验。这一活动吸引了众多读者的参与，有效扩大了阅读推广的受众群体。

四、主要成效

"西浦朗读者"活动自开展以来，共收到近 60 个朗读作品，经过图书馆初步筛选和评估，以及后期的视频录制和编辑，最终呈现出 18 份精选朗读视频。"西浦朗读者"系列推文在线阅读量超过 10800 次，视频点赞量共计 853 次，投票人数达到 1600 人次，线下参加朗读视频展览的师生共计 3000 多人，受到西浦师生的广泛关注和一致好评，掀起了全校范围内的阅读热潮。通过为期 7 天线上线下的投票，最后根据实际的票数和朗读视频点赞数，成功评选出 2023 年度"最佳朗读者"和"人气朗读者"。"以朗读促学习，以评奖促进步"的方式既鼓励大家坚持阅读，又激励大家提升阅读及语言表达能力，收到了良好效果。

（一）有效筛选书单，激发阅读兴趣

"西浦朗读者"活动紧密结合西浦图书馆推出的八个系列经典阅读书单，让读者通过有声朗读的方式介绍经典作品，同时以自身的阅读经验与体会向其他读者推荐书籍。这一活动不仅有效帮助了读者进行书籍筛选，而且促进了阅读交流与思考。别具一格的朗读活动方式，有效激发了读者的阅读兴趣，也将图书馆的经典阅读书单在师生群体中推广开来。

图 2 “西浦朗读者”活动颁奖典礼

（二）提升阅读视野，拓宽知识维度

“西浦朗读者”活动所选书籍范围较广，内容涉及文学类、心理学类、科学类等，体裁包括小说、散文、诗歌等。这些书籍对于开阔学生视野、培养学生独立思考能力和良好阅读习惯有很大帮助。如心理学书籍《蛤蟆先生去看心理医生》引导大家学会自我疗愈；《人类群星闪耀时》让读者从历史中增智慧、明事理；《月亮与六便士》教会读者协调理想与现实的矛盾……正是这些广泛的阅读题材适应了不同读者的需求，让读者能找到自己感兴趣的书籍，也可以根据自己的喜好和需求选择适合自己的图书进行阅读。

（三）邀请朗读嘉宾，充分发挥热度

参加“西浦朗读者”活动的学生通常是对阅读有着浓厚兴趣和热爱的，其中一部分还是朗读的爱好者。我们希望借助“西浦朗读者”活动将这些热爱阅读的读者汇聚到一起，为自己朗读的图书代言，同时推广图书馆资源、增加阅读乐趣、分享阅读体验。例如“西浦朗读者”的嘉宾也会被邀请成为“悦读会”读书分享会的主讲人。这样，嘉宾们可以参加不同的阅读活动，收获不同的阅读经验；同时在不同活动中分享不同类型的书籍，让更多读者收获不一样的阅读体验。嘉宾和读者还会把在图书馆经历过、参与过的活动分享给周围的朋友，从而在社交群体中推广阅读活动。

五、案例启示

阅读推广旨在将优秀的阅读资源推荐给读者，读者在阅读过程中汲取优质资源的精华，培养良好的阅读习惯、提高阅读技巧，通过不断主动阅读进行自身技能的锻炼和提升。高校图书馆的阅读推广活动充分发挥了图书馆的文化育人功能，帮助学生提升阅读素养，培养终身学习的习惯，进一步提高整个社会的素质和修养。通过开展“西浦朗读者”阅读推广活动，我们得到了一些启示。

（一）发挥品牌效应，推广阅读活动

品牌化阅读推广活动在读者中具有较高的认可度，可以充分发挥其所具有的文化价值魅力。无论是承接之前的阅读活动，还是开展新型的阅读活动，我们都十分注重创建自己的品牌。在“西浦朗读者”活动中，我们借鉴了央视的节目风格，并结合本校的实际情况和大学生的阅读方式，形成了独特的朗读风格，并且持之以恒地进行推广，创建了自己的独有品牌。今后，我们应该以此为平台，结合读者的兴趣和实际需求，不断发展和完善“西浦朗读者”系列活动，让朗朗的读书声在西浦校园里延绵不绝。

（二）多元拓展宣传渠道，推广阅读活动

传统的阅读推广活动通常通过海报、展板等方式宣传，但信息时代，线上线下宣传方式应该完美结合。线下宣传方式包括海报、期刊、横幅等，而线上宣传方式更加丰富多样，包括各类公众号、视频号、小程序等，可以实现全方位宣传。除了借助网络媒体技术进行推广，还可以借助师生群体进行推广，如利用学生社团、志愿者以及联合周边高校的师生力量进行宣传推广。每一名师生个体都有自己的社交圈，都有自己可以辐射的读书群体。我们可以借助师生个体以及群体的社交力量进行阅读活动的推广，这样我们阅读活动开展的范围就不仅限于校内，而是推广到校外了。

（三）做好阅读信息的引导与推送工作

随着信息技术的发展，各类繁杂的信息飞速增多。要使阅读信息不被其他无关信息遮盖，关键要做好信息的引导与推送工作。例如，图书馆可以建立一个在线平台，将朗读者系列视频、推荐书目与图书馆的纸质及电子资源相结合，有针对性地推送阅读资源，并帮助读者发现更多资源和信息，使读者能够第一时间获取所需的资源，从而提高图书馆资源的可及性和利用率。

（四）融入校园文化，助力“书香西浦”校园建设

只有融入，才能理解；只有理解，才能更好地融入。要真正推动阅读活动深入发展，必须融入校园文化，站在学生的角度，满足他们的需求，将服务读者放在图书馆工作的首位。因此，阅读推广活动应该结合本校师生的需求、校园环境、图书馆资源等因素，充分利用校园优势，进行融入式、全方位阅读推广。

“西浦朗读者”活动的举办有效激发了读者的阅读兴趣，帮助读者养成良好的阅读习惯和独立思考的能力。活动推广过程中的经验与不足，也给了我们很多启示，为图书馆的其他阅读推广活动提供了有益的经验指导。在今后的阅读推广工作中，我们将建立更加完善的推广体系，为读者定制阅读信息，打造自己的品牌，真正发挥阅读推广的最大价值。

专家点评

图书馆能围绕朗读活动开展图书推荐、读书分享、用户朗诵培训等配套工作，希望进一步加强对活动效果的评价和分析，进一步通过朗读活动加强后续推广，积极培养用户良好的阅读习惯，进一步完善活动的反馈、分析、评价和改进机制，扩大活动的影响力和阅读推广实效。

主审专家：钱军

“西浦朗读者”活动借鉴央视的节目风格，结合本校的实际情况和大学生喜爱的阅读方式，形成了自己独特的朗读风格和品牌效应。更重要的是基于本馆八个系列的经典阅读书单，将传统的阅读推广方式从单一的纸质书籍推荐、展示转变为多元互动的有声文化交流平台，在激发读者阅读热情的同时，引导读者更好地理解和消化所阅读的内容，有助于加深对作者意图和表达方式的理解，引发读者的情感共鸣，启发读者的理性思考，提高了阅读的深度和质量。同时，朗读者系列视频的征集、展览、评比扩大了活动的宣传度和覆盖面，提高了阅读推广和传播的效果。活动以“朗读”为载体，深入挖掘阅读元素，给用户带来全新的阅读体验，拓展了传统纸质阅读之外的网络阅读、有声阅读等新模式、新体验，具有创新性和很好的阅读推广价值。建议以“西浦朗读者”为平台，不断发展和完善系列活动，构建阅读推广活动长效机制，搭建数字资源平台，保存优秀朗读视频，积累多渠道宣传本校优秀阅读推广活动的资源。

主审专家：王新宇

二师读书人

项目组成员：康微、李京胤、张茜云、孙文佳、谢昕潭、周小丹、石莹、徐雯
单位信息：江苏第二师范学院

【摘要】“二师读书人”是江苏第二师范学院图书馆主持的连续性访谈项目，致力于宣传本校读书人的阅读情怀和理念，加强图书馆与师生的沟通和交流。访谈以“读书”为主题，结合访谈对象的研究经历，加入访谈双方对阅读推广工作的思考。目前为止，访谈已连续进行两期，第一期访谈对象共4位教师，另邀请9位优秀学生读者书面分享读书感想；第二期访谈对象也是4位教师，另邀请1位青年教师、1位优秀学生读者在第十届校园读书节开幕式上与大家面对面分享读书心得。两期“二师读书人”访谈受到我校师生的特别关注，尤其是被访谈人所在的学院，更加积极推动本院学生利用图书馆资源和服务，更加关注、理解和支持图书馆工作。本次阅读推广活动为营造书香校园氛围发挥了重要作用，同时体现了图书馆以文化人、以文育人的教育职能。

一、案例背景

学风建设和校园文化建设一贯是我校的重点工作，2022年在第九届校园读书节暨学校教风学风建设大会之际，图书馆着手开展“二师读书人”系列专访项目，大力宣传阅读和读书人，激励同学们从阅读和榜样中汲取力量，这既是学风建设的应有之意，又是书香校园建设的重要内容。

“二师读书人”是一个长期、持续性的访谈项目，以“读书”为主题，结合访谈对象的研究经历，加入访谈双方对图书馆阅读推广工作的思考，除访谈外，项目小组还邀请受访对象为我校学生录制“读书寄语”，并对图书馆工作提出意见和建议。同时，该项目还结合校园读书节活动选择老师和学生代表以书面或面对面的形式分

享阅读感想。

二、主要做法

为了将“二师读书人”打造成校园阅读文化建设的重要平台和品牌项目，长期、持续性推动校园书香建设，我们主要按照以下流程开展工作。

专门成立由业务副馆长牵头、推广培训部统筹、青年骨干馆员共同参与的“二师读书人”项目工作组，统一规划、协调和执行访谈项目。

项目工作组首先对学校各教学院部的骨干教师、知名学者进行广泛调研，其次按照项目年度规划从中遴选访谈嘉宾，再次，集中讨论后围绕访谈嘉宾成立若干访谈小组，最后正式发出访谈邀请。

访谈小组进一步调研和梳理访谈对象的学术方向、学习经历、教学特色等，结合图书馆资源服务、阅读推广等工作需要，逐步形成访谈提纲、日程及人员安排。

访谈小组基于访谈提纲与各访谈嘉宾进行初步沟通和交流，根据沟通情况修订访谈方案，开会讨论后形成访谈实施方案。

访谈小组按照实施方案的规划和分工，邀请访谈嘉宾进行正式访谈。访谈一般由读书寄语和深度采访两个基本单元构成，全程进行文字和视频记录。

图 1　“二师读书人”访谈现场

访谈完毕后，访谈小组根据项目总体要求对所有文字及视频素材进行细致的整理和编校，制作完成读书寄语视频和采访实录文案，并将相关视频和文案反馈给采访嘉宾，根据他们的意见进行调整和修订，定稿后汇总提交项目工作组。

项目工作组汇集各小组上交的文案和视频后，统一协调、规划和实施后期宣传和再生性推广。后期宣传包括向学校官网、学校校报、图书馆官方微信公众号和视频号等平台成系列地发布相关文案及视频，利用图书馆及学校相关场馆大小电子屏展示读书寄语，在图书馆大厅举办专场平面展览展陈采访文案及嘉宾读书学习的相关物品。再生性推广主要是指在其他阅读推广活动中对采访信息的嵌入式再利用，比如根据嘉宾的读书心得举办相关读书沙龙，邀请学生读者和访谈嘉宾就读书心得进行现场互动交流，或者围绕嘉宾推荐的书目征集或组织学生读者写作书评性杂文等。

项目工作组在每一期访谈结束后进行总结，对访谈情况进行阶段性回顾和反思，评估当期访谈的得与失，并提出下一期访谈预案。

三、创新之处

借助“二师读书人”平台，让图书馆员与校园读书榜样进行读书交流和思维碰撞，把阅读推广工作和读书与研究方法的教育引导以及图书馆资源与服务的宣传结合起来。

“二师读书人”项目在执行过程中，图书馆员组成的采访小组首先深入了解采访对象的学习和研究经历，梳理其研究成果，在此基础上结合图书馆资源、服务、阅读推广等工作挖掘与激励学生阅读、启发学生研究和思辨相关的问题，草拟访谈提纲，并基于访谈提纲与采访对象进行多次沟通和交流，根据双方沟通结果改进访谈题目，确定访谈提纲之后再实施访谈。这样的执行过程有以下好处：访谈内容主要为访谈对象的亲身经历，访谈对象兴趣浓、感触深，特别愿意分享自己的有益经验；访谈问题结合图书馆工作，因而在访谈的过程中，访谈对象也会比较关注图书馆工作，愿意结合自身经历和感受真诚提出自己对图书馆的意见和建议；访谈对象是校内老师和同学，这对同学们来说印象更为深刻，阅读推广效果也更显著。

四、主要成效

（一）该项目已形成 8 篇系列采访文章和 8 份读书寄语视频，并且发布在学校官网、学校校报、图书馆官方微信公众号、图书馆展览区等处。

1.《多读书　读好书　好读书——冯保善教授访谈实录》

2.《读圣贤书，庶几无愧——贡如云教授访谈实录》

3.《虚壹而静，向内求索——邬春芹教授访谈实录》

4.《腹有诗书气自华，最是书香能致远——蒋波教授访谈实录》

5.《科学人文共熠熠，好读深思学问勤——蒋功成教授访谈实录》

6.《读书将以穷理，勤学将以致用——孙爱军教授访谈实录》

7.《保持热爱，笃行不怠——生命与化学化工学院宋志顺老师访谈实录》

8.《致知力行，踵事增华——数学科学学院毛伟教授访谈实录》

（二）不仅为同学们树立了良好的读书、学习和研究榜样，而且为同学们指出了具体的学习和研究方法。比如：

1. 龚如云老师鼓励大家思考为什么读书：“读圣贤书，所学何事？而今而后，庶几无愧。为天地立心，为生民立命，为往圣继绝学，为万世开太平。天下兴亡，匹夫有责，为自己的尊严而读书，为民族的尊严而读书。”

图 2　二师读书人访谈实录展示

州大学是江苏省吴文化研究基地，苏州大学图书馆建设有“吴文化数据库”，大运河研究院也落户苏州大学。苏州大学拥有一大批江南地域文化研究专家，也有一届届学生组成源源不断的江南文化拥趸。

苏州大学图书馆馆藏丰富的吴文化书籍，建有“吴文化特色数据库”，并以“吴文化网站”的形式实现网络共享。为帮助苏大学子在校期间更好地了解苏州文化、融入苏州生活，养成爱读书、读好书、善读书的阅读习惯，图书馆发挥馆藏优势和人才优势，自 2019 年策划并开展“行走的阅读”活动，以苏州非物质文化遗产和传统文化景观为阅读对象，通过“阅读 + 行走”，领略苏州古典园林的精巧，触摸非遗文化的现代脉搏，感受苏州的人文魅力和江南文化的历史底蕴。

二、主要做法

馆藏万卷书，带你走走书中路。在阅读中行走，在行走中阅读，二者实为一体，难分彼此。我们了解一个地方，很多时候是从阅读开始。高校图书馆的服务宗旨是“以人为本，服务第一”，高校图书馆是重要的文化阵地，服务对象是高校师生，占最大比例的读者是高校学生。以高校学生喜闻乐见的方式把地域文化、传统文化与读者结合在一起，是“行走的阅读”活动的初衷。

（一）组建专门团队，以队伍保障推广成效

图书馆 2018 年组建阅读推广小组，定期召开小组成员会议，集思广益，结合文化热点，策划了“行走的阅读”活动。小组成员精心选题，敲定苏州最具代表性、认知度较广的苏州园林、大运河、昆曲、评弹、缂丝等作为阅读对象。后续，选定专家、撰写文案、宣传推广、现场维护、媒体直播、后续报道、问卷调查……每一个流程都落实到人，力保每一次活动都有序完成。

（二）开展专题讲座，以“轻课堂”形式做知识引导

图书馆与苏州博物馆、苏州园林档案馆及学校相关院系等合作，邀请专家学者给读者做室内专题讲座。每期讲座针对相应的文化项目，通过轻松的课堂形式，对读者进行知识引导，激发读者兴趣。

根据前期对学生课程安排的调研，我们一般将专题讲座活动时间安排在周三下午，围绕苏州的古典园林，介绍园林的建造史、造园特色，相关人物和事件、风格变迁；对苏州本土非遗项目，如古琴（虞山派）、昆曲、评弹、缂丝、碧螺春制作技艺等，介绍其历史背景、发展沿革、新时代创新等，使学生对江南文化相关知识形成初印象。

图1 室内讲座

（三）实地行走，以现场体验提升真实感受

在室内专题讲座完成后，通过微信公众号发布实地行走活动报名通知。由于场地和人员等的限制，限额报名，额满为止。在活动报名通知中同时附上活动集合地点和详细的行走路线，让活动参与者对活动有心理预期。

图2 实地行走——大运河博物馆

图 3　实地行走——昆曲博物馆

专家带领读者实地行走，畅游园林，探访博物馆，参观工作室，看实景、摸实物，动手体验，零距离接触阅读内容，获得真实感受；全程由资深专家进行讲解，将课堂知识与实际情景统一有效融合，使读者将知识印象与实体印象融会贯通，获得知识，也获得情绪的放松和心情的疗愈。

（四）推送经典书单，推荐针对性阅读

发布活动通知的同时，我们会推出荐读书目，让学生有针对性地了解某一个或某一领域文化知识，通过听—看—读的过程，对课堂讲座知识做进一步理解和消化。

（五）提供交流平台，促进读者阅读分享

图书馆建立了专门的“行走的阅读”微信群，要求每次参与活动的读者上传活动中拍摄的有特色的照片，同时对活动感受进行分享交流；引导参与者撰写实地行走的活动心得，以游记的方式记录活动过程和活动感受，提升读者阅读水平；在图书馆微信公众号和主页中推送优秀游记，进一步激发读者参与活动的积极性，引导更多的读者参与活动。

（六）收集读者意见，拓宽活动发展空间

为丰富活动内容、拓宽发展空间、加强和读者的沟通，我们分别于 2021 年 5 月、2022 年 1 月、2022 年 12 月三次展开满意度调查和意见建议收集。调查结果显示，

图 4 书目推荐

读者对图书馆举办的系列活动好评满满，希望我们能持之以恒，举办更多优秀活动。当然也有很多善意的意见和建议，希望我们能推陈出新，增加活动的频次和种类。

三、创新之处

（一）阅读形式的创新

“行走的阅读”，是专题讲座 + 实地行走 / 现场体验 + 图书推荐 + 读书分享“四位一体”创新型沉浸式的阅读推广模式，是情境化阅读的一种延伸，通过情境化、交互化的体验过程，让学生产生求知欲和阅读欲。

（二）阅读内容的创新

通过实地行走、亲身体验，参考文旅融合的方式，游园林、进博物馆、看工作室，将吴文化内容具象化，把吴文化馆藏图书、吴文化网站再一次推送到读者面前，盘活馆藏资源，推动苏州特色地域文化的保护和弘扬。

（三）读者服务的创新

行走的阅读，是图书馆的情境化阅读服务，是图书馆适应新时代发展需要的有效探索。图书馆根据读者需求营造个性化情境式服务，使读者主动接受信息，让读者具有强烈的认同感和归属感，真正做到以读者为中心。各类阅读活动的开展，使阅读推广服务的模式得到有效的转型。

（四）馆读交流的创新

行走的阅读，将图书馆文化活动拓展到园林、博物馆、工作室等实地场景，阅读场地从室内变化到室外，拉近了读者与馆员之间的距离，使读者在自然环境中身心放松，读者与馆员之间的交流也更轻松，容易获取平常在图书馆内获取不到的意见和建议，促进相互理解。

（五）传播途径的创新

打破书本、图像等传统纸质媒介传播形式，通过语言情境化，道具实体化、场景化，沉浸式体验服务具象化，打通文化传播主客体壁垒。阅读印象苏州，行走现实苏州，引导读者走进经典图书、走进吴文化，行走在园林中，爱上江南文化，爱上一所学校，恋上一座名城，最终让读者从江南文化的接受者转变为江南文化的传播者。

（六）队伍管理的创新

自 2019 年尝试开展“行走的阅读”，通过近 3 年的试点调研摸索，图书馆积累了一定的经验，在阅读推广方向上加大了人、财、物投入力度，抽调各部门优秀人员，组建“行走的阅读”团队。馆领导对团队成员各方面能力的培养也高度重视，从策划、调度、设备保障、交通保障、视频拍摄及后期剪辑、后期宣传等方面对其进行了针对性培训，注重人员分工协作，促进活动开展质量的提升。

四、主要成效

（一）激发阅读兴趣，培养阅读习惯

苏州大学图书馆依托自身的资源优势，充分发挥第二课堂的功能，通过“行走的阅读”，以知识讲解 + 实地行走的方式激发读者阅读兴趣，以阅读书单的推荐培养读者的阅读习惯。每次活动后，图书馆都会引导读者撰写实地行走的活动心得，以游记方式记录活动过程和活动感受，提升读者阅读水平，并在图书馆微信公众号和官网主页中推送优秀游记，进一步激发读者参与活动的积极性，引导更多读者参

与活动。

“行走的阅读”活动的开展让读者改变了对图书馆的传统观念和看法，吸引更多读者走进图书馆，阅读吴文化相关图书，参与多元化图书馆阅读活动。2021 年 5 月以来，图书馆举办近 20 次“行走的阅读”活动，活动口碑越来越好，每次活动报名名额一经发布就被读者“秒杀”。

（二）丰盈学生生活，培养传播力量

每次活动辅以相关主题书单用作延伸阅读，盘活馆藏资源。目前，活动共推荐书目六十余种，收到读者游记数百篇和寄语上千条。图书馆为阅读推广人（组织者）和读者（参与者）组建了“行走的阅读”微信群，读者会将自己拍摄的园林时景、体验视频等上传，与大家分享，提升了读者个人的摄影技能。同时，“行走的阅读”将文化内涵更好更多地融入大学生的学习和生活中，加深了他们对优秀传统文化的记忆和理解，也拉近了读者和图书馆的距离，使读者由文化的受众成为文化的传播者。至今，微信群有近 100 名忠实读者，他们也将通过自己的人脉，由群内而群外，成为江南文化的传播者。

（三）弘扬优秀传统文化，增强文化自信

历史文化是源，城市发展为流，源远方能流长。苏州是中国的历史文化名城，有着深厚的历史文化背景。苏州大学图书馆在新生季组织开展了初探苏州的行走阅读活动；根据节气开展了行走园林、行走非遗工作室活动，邀请了苏州园林爱好者和非遗传承人给学生做现场讲解；组织了行走苏州大运河展示馆及大运河景区、苏州昆曲博物馆、苏州评弹博物馆活动，看实景、摸实物、听实音，在行走中阅读，提升了学生对我国优秀传统文化特别是地域文化的认识，增强了文化自信。

（四）提升馆员活力，增进部门协作

为顺利举办每一次活动，在没有专班人员的情况下，图书馆各部门群策群力，团结协作，共同参与。几年来，该项活动在策划启动、组织安排和安全出行等方面形成了规范化操作体系。图书馆非常注重对年轻馆员的培养，充分发挥年轻人的能力优势，根据不同项目内容指派专人撰写文稿和拍摄制作视频，活动结束后组织馆员复盘总结、查漏补缺，不断提升馆员的工作水平。馆领导大力支持活动的开展，充分利用新媒体平台，将每次活动拍摄的视频、照片等作为花絮制作成小视频进行后期宣传，增强活动效果。阅读推广小组成员还会将现场活动照片和回顾视频发到读者微信群，供参与者浏览欣赏。很多没有机会参加活动的读者留言表示图书馆竟

然举办了这么有意思的活动，争取下次报名参加！读者群里的交流也提高了“行走的阅读”活动的热度。

五、案例启示

（一）坚持以读者为核心的服务理念

行走的阅读是近年来图书馆创新的一种情境服务，是图书馆适应新时代发展的需要进行空间、资源、服务三维融合发展的直接体现。这种形式的阅读让读者主动接受信息，具有丰富的获得感，同时促进读者强烈的求知欲，符合“读者第一”的服务理念，需要图书馆一以贯之地坚持下去。

（二）坚持挖掘地域文化特色

陆文夫说：“苏州的优势不在于单项冠军，而在于团体总分，文化古城的特点就是文化的各种门类齐全，都有传统，都有积累，都有发展。”两千多年的苏州文化独具特色、魅力无穷，“行走的阅读”活动效果表明，苏大师生对苏州这座城市充满探索热情、了解欲望和融入需求。高校图书馆可以挖掘地域特色文化，采用文旅融合的方法，结合馆藏资源做相应的文化服务，带领高校师生在课后闲暇近距离感受城市脉搏。苏州有无穷的文化瑰宝，古典园林、刺绣、昆曲、评弹等传统文化都值得苏大师生去挖掘。

（三）依靠学生放大阅读推广效应

大学生既是阅读推广活动的客体，在特定条件下也可以成为阅读推广活动的主体。大学生新媒体应用能力强，在阅读推广活动中具有很强的潜力。招募对阅读推广活动有兴趣的大学生志愿者并对其进行必要的阅读推广能力和素质培训，能够为阅读推广队伍注入新鲜血液。阅读推广志愿者可以作为图书馆与读者之间交流沟通的桥梁，可以使图书馆的阅读推广活动更具有针对性，提高活动参与度。大学生是精力和知识充沛的群体，阅读推广活动不仅可以引导他们欣赏文化景致，而且可以引导他们进行故事性表达，赋予园林情感，让每一位参与活动的大学生都愿意为苏州“代言”，为图书馆的阅读推广活动放大传播效应。

（四）注重新生阅读推广工作

2022年苏州高校新生开学季，为了让每一位来到苏州的学子快速了解苏州的文化、融入苏州的生活、爱上这座城市，苏州为高校新生发放礼包，其中包括一张园林游览券、一个苏州文化旅游体验红包。领到礼包的新生纷纷赞叹：“一秒领取礼包，一秒爱上苏州！”这与我们“行走的阅读”活动初衷不谋而合。借鉴市政府的做法，图书馆也针对新生系统性推出了一些有吸引力的沉浸式活动，从入校初就抓好新生阅读习惯的培养和阅读方法的养成工作，为各项阅读推广活动的顺利开展打下坚实的基础。

（五）注重分享交流与荐读

读书分享会在参与者的交流探讨中使个体的阅读感受和心得在群体之间分享，从知识管理的角度来讲，其本质也是知识分享。通过分享交流、好书荐读，个体的隐性知识成为群体成员的共性知识。在这个知识经验社会化的过程中，分享交流推进了阅读深度。

专家点评

能积极挖掘地方文化资源，通过走读模式开展乡土教育。适合在入学季开展地方文化阅读推广的高校参考。活动的参与度有待提高，建议积极与二级学院等单位展开合作，不断完善工作机制，扩大活动影响力和实效。

主审专家：钱军

“行走的阅读”是专题讲座（引）+实地行走/现场体验（领）+图书推荐（阅）+读书分享（悟）相结合的创新型沉浸式阅读推广活动，以一种高校学生喜闻乐见的方式把地域文化、传统文化与读者服务结合在一起，体现了传统文化知行合一的思想。案例中“四位一体”创新型沉浸式阅读推广模式是情境化阅读的一种延伸，创新了阅读推广形式，参考文旅融合的方式，引导读者实地行走、亲身体验，推动特色地域文化的保护和弘扬。活动满足了读者个性化情境式服务需求，拓宽了馆读交流渠道，增进了馆读联系。沉浸式、情境化的阅读推广方式具有创新性，“阅读+行走”与地方文化融合，是一种文化熏陶和浸润，引导读者自觉坚定文化自信。案例具有较好的推广性，建议将“行走的阅读”活动资料数字化，对接“吴文化”数据库，打造特色数字阅读推广资源；围绕“吴文化”开展拓展阅读，推陈出新，进一步提升学生对我国优秀传统文化和地域文化的认识，增强文化自信。

主审专家：王新宇

看会行走的书，读有故事的人

项目组成员：岳中方、常青、任蓓蓓、童心成、陈雪娟、高文凤、范小燕、汤小华、郑岚

单位信息：南京审计大学

【摘要】每个人的经历都是一本书。真人图书馆以真人为借阅对象，通过“阅人”来阅读，在约定时间、固定地点，读者与真人图书直接对话，即时交流并多向沟通，共同分享人生经历、社会经验、深邃思想、独特体验和读书心得。南京审计大学“得一真人图书馆”的“得一”取自《老子》，希望读者通过阅读，终有“一得”。创建得一真人图书馆，旨在搭建双向阅读平台，涵养师生精神世界，助力学校人才培养和文化传承与创新。从最初的创意萌发到持续不断开展活动，经过不懈探索和实践，“得一真人图书馆”逐步形成了一套独特的、较为成熟的文化育人运行模式，丰富了沟通渠道，有效拉近了师生、生生间的距离，以特有的形式吸引师生参与双向阅读，参与度和满意度高，实现了真人图书和读者、图书馆员、学生社团的共同成长与发展。

一、案例背景

图书馆是高校最大的信息资源中心，是师生密集出入的学习场所、第二课堂，也是学校重要的文化象征和文化阵地。近年来，南京审计大学图书馆始终以立德树人为根本，充分挖掘图书馆“信息传递者、服务提供者、文明传播者、阅读引领者”的综合功能，着力培育校园文化育人品牌。

每个人的经历都是一本书！真人图书馆（Human Library）以真人为借阅对象，通过“阅人”来阅读。在约定时间、固定地点，读者与真人图书直接对话，即时交流并多向沟通，共同分享人生经历、社会经验、深邃思想、独特体验、读书心得。

阅读双方都是“鲜活”的生命，有“鲜活”的经历和体验。作为真人图书，被人阅读是从零到一的交流分享，是从一到十的总结沉淀，更是再次思考、再次发现的过程；作为读者，带着自己的问题与思考而来，深入交流互动，开发隐性知识资源，给双方带来独特的阅读体验。

南京审计大学“得一真人图书馆”的“得一”取自《老子》，希望读者通过阅读，终有“一得”。创立得一真人图书馆，旨在搭建双向阅读平台，充分发掘图书馆除纸质资源和电子资源之外的第三种资源——思想型资源，在互动中交流探讨、思辨质疑、文化育人，助力学校人才培养和文化传承与创新。

二、主要做法

（一）“两个坚守”和“三个坚持”

得一真人图书馆自创建以来，始终做到“两个坚守”和“三个坚持”。坚守图书馆“文献服务，文化育人”的初心和使命；坚守真人图书本源，走自己摸索的实践道路。与国内其他高校不同的是，我们不把真人图书阅读搞成讲座或沙龙，始终坚持小范围、面对面的深度交流互动探讨模式；坚持阅读双方的自愿自主参与；坚持持之以恒开展阅读活动。哪怕有一句话影响到你，哪怕只有一个读者，风里雨里，坚持到底！

（二）独树一帜的阅读活动机制

在岳中方副馆长的策划与带领下，我们组成了真人图书项目团队。经过不断实

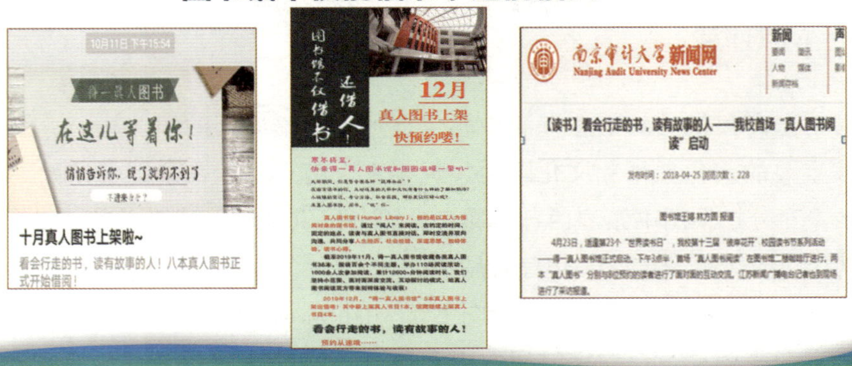

图 1　得一真人图书馆阅读活动相关报道

践探索，从真人图书招募、宣传推广、预约借阅到双向阅读实施、评价反馈等，得一真人图书馆目前已经形成独特而良好的运行机制。

1. 真人图书招募

我们拟定了真人图书招募通告，进行了广泛宣传，招募方式有他人推荐、组织推荐、自我推荐三种。为遴选高品质真人图书，除了审核制度，我们还设置了试读制度，旨在选择优质真人图书书目，测试活动流程、设备和人员等方面的准备情况，确保活动的顺利进行和读者的阅读体验。得一真人图书馆的图书招募得到了许多教师、校友和学生的大力支持，获得了热烈反响。截至目前已收藏各类真人图书60余本，并为每位真人图书制作藏书证，辑成得一真人图书馆藏书册和阅读活动资料汇编。

图2　得一真人图书馆藏书册及阅读活动资料汇编

2. 真人图书编目

我们创建了一套独具特色的真人图书编目系统。目前已收藏的60余本真人图书，从身份看，有“教师书”“校友书”“学生书”“校外书”，分别以A、B、C、D区分编目；从类别看，依据真人图书突出特点，分为“专业书”“人文书”“达人书”“公考书”“求职书”“考研书”“留学书”“实践书”“创业书”等；每本图书都有图书简介、一句话概述、图书自语或他人荐语，每次上架阅读都有分享主题。

3. 阅读活动开展

阅读主题确定。与真人图书确定每次阅读分享的主题，主题可以是一本书，或当前的热点话题、阅读双方关心的热点问题或有趣经历。

阅读活动推送。由项目团队制作活动海报，通过线上线下相结合的方式进行活动宣传。

阅读活动预约与互动问题采集。真人图书阅读完全采用自主预约制，每位读者都自主预约，带着问题积极投入。读者可以通过扫描海报上的二维码参与活动，并在预约过程中提出针对主题的互动问题。阅读活动进行前，会将预约信息以短信的形式发送给参与读者，并提示读者注意活动参与须知。

阅读活动进行与现场反馈。我们特设了真人图书阅览室，营造舒适的阅读氛围，便于阅读双方的互动交流，同时设计了读者反馈表，每次活动都能收获来自读者的真实反馈，增强了我们将阅读活动持续进行的动力。

图 3　A015 号真人图书戴翔“数字技术与全球价值链攀升理论新发展”阅读活动现场

图 4　D002 号真人图书周文晴、吴潇“拆掉思维的墙”阅读活动现场

阅读活动报道与宣传。每次活动后，均推出专门报道，扩大阅读影响，也激励阅读双方积累阅读资料，最终累积成图书馆独有的思想型资源库。

每本真人图书都是自愿加入馆藏，都具有独到的实力和魅力，且无私奉献；每位读者都是自主预约，带着问题积极投入，辅以项目团队良好的支持与服务。这种在双方自愿自主状况下的“求知·倾听·思考·交流”活动既实在又有实效，激活了阅读双方丰富的内在资源，对双方都大有裨益。

三、创新之处

我们坚持以文化人、以文育人，致力于把得一真人图书馆建设成校园文化育人品牌，涵养师生的精神世界。该项目主要创新之处有以下三点。

（一）新

虽然真人图书这个概念不是新的，目前国内也有部分图书馆在开展，但我们的探索与实践是独一无二的，走的是自己摸索的实践道路，我们的两个“坚守”和“三个坚持”给真人图书阅读双方带来了别样的体验与收获。

（二）实

“得一真人图书馆”项目实施以来，我们坚持“持之以恒，久久为功”，奉行长期主义，从2018年4月首批10本真人图书，到2023年6月的60本真人图书，从第1场阅读，到第187场……阅读在持续进行中，不仅馆藏真人图书和阅读活动数量不断增加，而且对真人图书内涵的挖掘不断推进。

（三）活

对于真人图书而言，被人阅读是从零到一的交流分享，是从一到十的总结沉淀，更是再次思考、再次发现的过程；对于读者而言，带着自己的问题与思考而来，双方的交流互动有助于开发隐性知识资源，给双方独特的阅读体验。真人图书项目的“活”，不仅体现在阅读双方内在资源的丰富与灵活，以及由此带来的阅读过程的激荡人心与灵活，而且体现在真人图书和读者的广泛性与流动性，以及能够反复阅读与被阅读的体验。

四、主要成效

2018 年 4 月至 2023 年 6 月，5 年来，得一真人图书馆已收藏各类真人图书 60 本，围绕 270 余个不同的主题，举办 187 场真人图书阅读活动，3390 余人次参与阅读，累计逾 19000 分钟阅读时长。量的积累必然带来质的改变，其主要成效表现在两方面。

（一）涓涓细流，立德树人

从最初的创意萌发到持续不断的活动开展，经过不懈探索和实践，得一真人图书馆逐渐形成了一套独特的、较为成熟的文化育人运行模式，丰富了沟通渠道，有效拉近了师生、生生间的距离，以其特有的形态特点吸引师生参与和投入双向阅读，参与度和满意度高，在此过程中，实现了真人图书和读者、图书馆员、学生社团的共同成长与发展。无论是漫谈读书与生活、认识自我、卓越领导力，还是纵论资本投资、中国改革、中美贸易摩擦、为读者解答疑难困惑，每一次的双向阅读都渗透着价值引领和思想教育，涵养了阅读双方的精神世界，如涓涓细流，立德树人。从参与者的亲身体验与反馈中可见一斑：

> 整个阅读过程十分轻松而且收获满满。再次感受到郭宏之老师独特的人格魅力。品味郭老师这本真人图书，更像是品味生活。希望真人图书可以一直办下去，这种面对面交流的阅读方式获得的比纸质阅读多得多，且充满趣味，受益匪浅！
>
> ——A002 号真人图书郭宏之读者反馈
>
> 有句话这样说“读一本好书就如同和一个高尚的人谈话”，今天是真真切切感受到了。很享受和（郑登元）教授面对面交流，从教授的言谈举止中我感受到了他对人生的思考、对社会的看法、对经济的解读……
>
> ——A003 号专业书郑登元读者反馈
>
> 老师生动有趣而富有哲理的讲述让我对公务员职业有了更清晰的认识，要选择一个适合自己的岗位，从岗位要求出发，不断加油向前冲！
>
> ——A007 号公考书刘星读者反馈
>
> 和洪涛老师面对面交流，让我感受到了老师的博学以及深厚的文学涵养，让我懂得了生活中的事物其实都是引导我们的一扇门，带我们找寻喜欢的东西和自己人生的追求。
>
> ——A008 号人文书洪涛读者反馈
>
> 老师说话很幽默，让人发笑的同时又值得思考回味。与老师的交流过程让我看到了另一种思维方式。这是一本理性幽默的故事书！
>
> ——A009 号人文书刘锦读者反馈

通过参加这次活动，我想我对生活又有了新的认知，要学会生活，回归生活，敢于舍弃那些无意义的忙碌，做好“加减法”，享受自己的生活。

——A012 号真人图书高晓霞读者反馈

老师讲解得很细致，将经济全球化、双循环、资源跨国流动、规模经济与生产的需求预测结合，讲解了新格局的新逻辑，即中国将转向以国内大循环为主体、国内国际双循环相互促进的新发展格局。

——A015 号真人图书戴翔读者反馈

这一场真人图书阅读让我感受到了生命所具有的润物细无声的蓬勃力量，也让我意识到当下我们在残障人士保障方面的缺陷。今天，我拆掉了内心带有偏见和误解的墙，希望以后可以帮助更多人拆除心中的墙。感恩相遇！

——D002 号真人图书周文晴、吴潇读者反馈

本以为残障人士与我们之间有一个无法互相理解的鸿沟，没想到是我们的无知才造成了我们心里存留已久的壁垒。她们的朗诵动人无比，她们的真情表达令我眼眶湿润。她们说“看不见不是我的缺点，只是我的一个特质”，其实“特殊看待”的不是她们，而是我们自己。

——D002 号真人图书周文晴、吴潇读者反馈

（二）文化育人的示范作用

得一真人图书馆秉持文化育人的信念，始终坚守本源、持之以恒、精耕细作、深化研究，逐步成为校园文化建设的一道亮丽风景线，在校内外产生了积极广泛的影响，被江苏广电新闻、交汇点新闻、南京审计大学官方微信公众号和官网多次报道，并在江苏省图书馆学会阅读推广专委会 2019 年会上做汇报交流。2018—2019 年，获得首届全国图书馆案例创新大赛三等奖、江苏省高校图书馆阅读推广优秀案例二等奖、全国财经高校 2019 年论文评选一等奖。2020 年，该项目获评中国图书馆学会实践案例一等奖，同时荣获南京审计大学思政工作质量提升工程（十大育人）优秀成果二等奖。广东对外经贸大学、南京邮电大学、南京财经大学、南京特殊教育师范学院等 8 所高校图书馆同行到访进行了专题交流。

五、案例启示

（一）发掘思想资源，丰富资源类型

得一真人图书馆充分发掘了图书馆除纸质资源和电子资源之外的第三种资源——思想型资源。事实证明，图书馆作为信息资源中心和文化阵地，不仅可以通

过购买获得纸电资源，还可以发挥创意、搭建平台，让更多的师生参与真人图书阅读互动，碰撞交流，激发思想火花，收获特别体验，逐渐累积成自己独有的思想型资源库。

（二）以文化人，以人育人

真人图书阅读活动有效地拉近了老师与学生、学生与学生之间的距离，丰富了师生之间的沟通渠道，助力学校通识教育的开展。无论是漫谈读书与生活、认识自我、卓越领导力，还是纵论资本投资、中国改革、中美贸易摩擦等，每一次的双向阅读都渗透着价值引领和思想教育。真人图书的阅读双方在互动方面能够达到很高境界，不仅相互探讨、答疑解惑，而且反复交流、深度挖掘。以人育人，化雨无形。有价值，可操作，可推广。

（三）持之以恒，久久为功

自2018年得一真人图书馆创建以来，我们奉行自愿自主、小范围、面对面互动探讨的原则，持之以恒地探索实践，哪怕只有一个读者，也坚持开展阅读活动，形成了一套较为成熟的运营机制，以其特有的形式吸引了师生参与和双向投入，参与度和满意度高，受到一致好评，逐步成为一个影响广泛的校园文化育人品牌，拓展了图书馆文化育人的内涵与外延。在此过程中，实现了真人图书和读者、图书馆员、学生社团的共同成长与发展。

专家点评

案例持续开展多年，在同行中有较大影响，发挥了较好的示范作用。能着力开发隐性知识，积极探索真人图书馆工作模式：真人图书招募—真人图书编目—活动开展—宣传—反馈与改进。建设了真人图书阅览室，形成了得一真人图书馆藏书册等成果。案例适合各类图书馆参考，有可推广价值。建议加强对阅读需求的分析，加强对真人馆藏的线上宣传和利用。

主审专家：钱军

案例以真人为借阅对象，通过“阅人”来阅读。在约定时间、固定地点，读者与真人图书直接对话，即时交流并双向沟通，分享人生经历、社会经验、深邃

大传染病之后，我们对中医药的作用有了更深的认识，更加认识到要发展中医药，注重用现代科学解读中医药学原理，走中西医结合的道路。

中国药科大学是一所以药学为特色，以药学、中药学学科为龙头的多学科、研究型大学。我国中药事业发展与党史息息相关。讲好“红色”中药故事，为读者做好相关阅读推广服务，进行荐读、导读，增强药学人党史教育的鲜活性，是时代赋予的任务。

二、主要做法

中国药科大学图书馆收集相关史料并分析整理，以图片、文字、短视频等形式挖掘中国共产党百年来筚路蓝缕的光辉历程中的中药元素。

2022 年 10 月至今推出十七期红色中药史主题案例，为读者荐读、导读，已发表在中国药科大学图书与信息中心微信订阅号及中国药科大学图书馆微信服务号上。案例内容丰富，荐读、导读以网状节点形式进行，包括阅读图书、期刊，浏览网站，观看影视剧，收听广播剧，开展相关讲座，等等。

第一期　红军医院与中药

国内革命战争时期，白色恐怖下的根据地医药资源极为匮乏，军民在中国共产党的领导下募捐集资，建立红军医院，广泛利用当地流传的中医单方和自制中草药，内服外敷，治愈了许多伤病员。

第二期　英烈遗方

雨花台烈士纪念馆中藏有两张国家三级文物——烈士任天石开过的药方。任天石（1913—1948），江苏常熟人，出生于中医世家，抗战爆发后弃医从戎，1947 年 1 月因华中第十地委遭破坏在上海被捕后被押至南京，1948 年牺牲。

第三期　药岭建厂

平定县张庄镇南后峪村的药岭山自古就是一处避暑胜地。这里有古代的寺庙建筑、石刻艺术，还有抗日战争时期八路军前总卫生部制药所和一二九师卫生部制药厂合并而成的利华制药厂旧址。

第四期　中药英烈

1938 年，东北抗日联军第三路军和北满省委与姚明久取得联系，姚明久受命在金山堡开展地下工作，成立了北满抗日救国总会金山分会，以行医为其掩护。1941 年，由于叛徒告密，姚明久被捕遇害，年仅 29 岁余。

第五期　英雄疗伤

抗日名将周保中 1932 年 5 月起任中国国民救国军总参议，后任东北抗日联军第五军军长，对日军作战屡立战功，指挥过两克安图、三打宁安等战斗。周保中任军长的抗联第五军注重医疗卫生，且用中医较多。这些中医都是自愿参加抗日的，带了很多秘方。

第六期 长征火种

长征期间，红军连续作战，给养匮乏，环境恶劣，缺医少药。在困难面前，官兵“革命理想高于天”，医务人员不顾个人安危，以鲜血和生命铸就忠心赤胆，用中西医结合的方法救死扶伤。中医药显现了强劲的力量，为长征的胜利和有效保存中国革命的有生力量做出了历史性贡献。

第七期 赤脚医生

赤脚医生，是20世纪60—70年代“文化大革命”中期开始出现的名词。赤脚医生们自种中草药，自建土药房，利用自己有限的医疗知识，想出各种土洋结合的办法，让身边的老百姓少花钱也能治病。

第八期 国医抗争

“废止中医案”是指1929年2月国民政府卫生部召开第一届中央卫生委员会，会上余岩、褚民谊等人先后提出了四项相关议案，其中包括废止中医之办法，以达到中医自然消亡之目的。为防止被废止，中医界采取了组织社团、抗议请愿等多种措施进行抗辩，终于使此案未被施行。

第九期 李鼎铭

李鼎铭是中央领导身边的良医，经常为中央领导同志推拿按摩、诊治疾病。李鼎铭担任陕甘宁边区政府领导职务后，在繁忙的工作之余，仍不忘为百姓诊治疾病、解除病痛。

第十期 《寻乌调查》

20世纪30年代，毛泽东所做的《寻乌调查》是我们了解中央苏区社会剧变中，医药文化从“变革”到“传承”的重要历史文献。《寻乌调查》中的医疗卫生叙述，反映了中西文化的冲突与交融，以及民众对中医药文化的捍卫与传承，为中国共产党“中西医并重”医疗卫生工作方针的提出奠定了思想基础。

第十一期 风雨同仁堂

同仁堂的乐元可、李铮夫妇从同情抗日到投身抗日地下工作，为中国共产党在北平地区的地下工作做出了贡献。夫妇二人积极投身平津情报站的地下工作，为地下组织保管、兑换经费，被誉为地下情报组织的“金库主任”。

第十二期 烽火雷允上

抗日战争时期，日本人通过各种方式意图获取中国的秘方，对雷允上开出了一个秘方十根金条的价码，但雷允上的当家人毅然回绝：宁可死也不交出秘方。雷家人以生命为代价，保住了部分秘方，其中就包括“六神丸”的方子。

第十三期　乐氏药贾

同仁堂是具有三百四十余年历史的中华老字号，全国著名的四大药店之一。同仁堂中医药文化亦是首批国家级非物质文化遗产项目，同仁堂产品的质量上乘，驰名中外。同仁堂起源于乐家老铺，乐家是一个大家族，乐元可和李铮及其子女积极参加革命，乐氏家族赢得红色荣誉。

第十四期　义起陈李济

陈李济为创建于明、兴盛于清、图存于民国、尚存于今世的中药品牌，杨殷烈士是从陈李济走出来的中国工人运动先驱，也是新中国“双百”英雄模范人物。杨殷以制药工人身份，经常深入陈李济各车间，向工人师傅宣讲革命道理，并以陈李济为据点开展党的工人运动活动。陈李济见证了杨殷烈士在短暂而光辉的一生中参与发动广州起义、成立广州苏维埃政府等重要历史时刻。

第十五期　隆顺榕

1833 年，天津隆顺榕药局成立。1950 年，中国药典雏形——《中药成方统一配本》在天津诞生，其中许多方剂来自《隆顺榕固有成方配本》。同年，时任总经理的刘华圃提出“发展国药、研究提炼、改革剂型、进一步发展中成药”和“成药下乡”的建议，得到周恩来总理的支持，选定天津市资金及技术力量位于首位的隆顺榕药庄作为国药科学化的实验基地。

第十六期　《陕甘宁边区药用植物志》

在陕甘宁边区考察中，乐天宇发现延安南部有个固临镇，进去有一大片丘陵，是一个屯兵于农的理想地。朱德总司令将此地起名为“南泥湾”，党中央会议通过了开发南泥湾的决定。1942 年，乐天宇与徐纬英、彭尔宁整理编写《陕甘宁边区药用植物志》，共收集 23 科 49 种药材，分别描述形态特征、药用价值与产地产量，7000 余字，并配绘图。《陕甘宁边区药用植物志》不仅填补了陕甘宁边区植物研究的空白，而且是延安时期唯一一部以志命名的专业志书。

第十七期　陈毅请名医

抗日战争爆发后，陈毅率领新四军第一、第二支队挺进南京东南百余里的茅山地区，建立了江南第一块抗日游击根据地。但由于日寇的封锁，许多伤病员得不到及时治疗，严重影响了部队的战斗力。当时，有位名叫辛三仙的老中医，隐居茅山乾元观。陈毅数次到乾元观请老医生出山，最后辛三仙钦佩陈毅胆识才略，献出了一年来采到的全部草药，把乾元观作为新四军江南指挥部的总医院。

三、创新之处

（一）学校专业和阅读推广相结合

中国药科大学是一所以药学为特色，以药学、中药学学科为龙头的多科性、研究型大学。我国中药事业发展与党史息息相关。讲好“红色”中药故事，为读者做好相关阅读推广，进行荐读、导读，增强药学人党史教育的鲜活性，是一种时代赋予的任务。

（二）中药史与百年党史相结合

挖掘中国共产党百年来筚路蓝缕的光辉历程中的中药的元素。此方向的阅读推广内容是以前未曾涉及的，题材新颖。

（三）主要运用新媒体进行阅读推广

至今推出十七期红色中药史主题成果，为读者荐读、导读，已发表在中国药科大学图书与信息中心微信订阅号及中国药科大学图书馆微信服务号上。此种方式更易被大学生接受，扩大了阅读推广的影响力。

四、主要成效

（一）利用红色资源，讲好中国故事

通过收集相关史料并分析整理，以图片、文字、短视频等形式挖掘中国共产党百年来筚路蓝缕的光辉历程中的中药的元素，该阅读推广系列为读者阅读伟人著作、了解红色中药史实提供线索，为党史教育及中药史教育提供革命素材。

习近平总书记曾说：“要把红色资源充分利用好，把红色传统发扬好，把红色基因传承好。”无数革命先烈在血与火的战斗中，用自己的生命铸就了可歌可泣的红色文化，这些宝贵的精神财富对后代的发展具有重要意义，构成了社会主义核心价值观的重要基础。红色文化对大学生的未来生活将产生难以估量的正面影响。

（二）深挖专业特色，倡导爱校敬贤

中国药科大学是一所以药学为特色，以药学、中药学学科为龙头的多科性、研究型大学。我国中药事业发展与党史息息相关。此前从未有系统的相关研究，将近代中药发展史和党史相结合。讲好红色中药故事，增强中药人党史教育的鲜活性，是一种时代赋予的任务。

本校结合中药专业的历史发展、结合百年党史进行阅读推广，使学生更加了解校史，并产生强烈的认同感和自豪感，更加爱校敬校。

（三）激励学生奋进，培养爱国情怀

百年党史的风雨历程和艰苦奋斗，是一种独具特色的思想文化成果，包含着伟大的革命和建设精神。而中药史贯穿其中，形成了独特的红色中药史文化。本次阅读推广活动有助于培养学生的爱国主义情感，促使学生以中国共产党人为榜样和楷模，提高自身的思想政治修养、知识和能力，使他们成为勇于担当、甘于奉献的人，使他们成为担当中华民族伟大复兴大任的时代新人。

五、案例启示

（一）新媒体应用于阅读推广的优势

新媒体阅读推广更加符合大学生阅读特点。高校图书馆与公共图书馆不同，高校图书馆阅读推广的主要对象为大学生，大学生的年龄一般在 18—22 岁，属于使用网络占比较高的群体，因此通过新媒体宣传可扩大阅读推广的影响。

可跨越时间空间的限制进行推广。传统的阅读推广活动，因为时间空间的限制，参与者往往只有几十、上百人，而以移动设备为载体，通过新媒体技术加大推广宣传力度，推广内容可以随时随地进行传播，读者参与人数没有上限。并且，新媒体阅读推广平台通常能完成整个阅读推广活动的读者报名、推广宣传、统计分析等工作，极大地提高了阅读推广的工作效率，使图书馆可以突破时间和空间的限制进行阅读推广，更广泛地影响更多的大学生读者，从而促进其深度阅读和培养良好的阅读习惯，使阅读推广的实际效果显著增强。

（二）红色资源与阅读推广结合

2019 年 3 月 4 日习近平总书记在看望参加政协会议的文艺界社科界委员时强调：“共和国是红色的，不能淡化这个颜色。”这一重要论述体现了弘扬红色文化与传承红色基因的重要性。图书馆是收藏人类文化遗产的重要场所，应对每一个时代的文化，尤其是优秀文化积淀，以及由此而产生的文献资源有完整的搜集、整理、记录、反映和推广。图书馆具有保存和推广人类文化遗产的使命，应对中国共产党领导中国人民在革命斗争时期与社会主义建设时期产生的红色文献进行系统的收集、收藏与阅读推广，助力红色文化传播，坚定文化自信。

（三）学校专业与阅读推广相结合

图书馆有丰富的资源，但阅读推广一般情况下以文学书籍为多，实际上专业阅读推广可以引导学生利用图书馆资源学习，提高高校图书馆的利用率。大学生对于自己的专业是最熟悉的，从专业课角度出发进行阅读推广具有与生俱来的优势。学校专业与阅读推广相结合，使得学生更加了解专业的历史发展，并产生强烈的认同感和自豪感，更加努力学习，爱校敬校。

专家点评

案例有特色，契合学校办学特点，围绕“党史”和“中药”两个主题，融合开展爱国主义教育和医药精神教育，通过讲座、展览、视频等形式，积极开展活动策划和实施，取得了较好的效果，对特色型高校图书馆开展阅读推广工作具有参考价值。建议加强校内联动，不断扩大活动影响力；注重活动成果固化，持续深化阅读推广工作。

主审专家：钱军

红色中药史案例将学校专业、党史教育和阅读推广相结合，通过收集相关史料并分析整理，以图片、文字、短视频等形式挖掘中国共产党百年来筚路蓝缕的光辉历程中的中药的元素，讲好红色中药故事。中药史与百年党史相结合，题材新颖；以学生熟悉的专业知识开展荐读、导读和推广，为读者阅读伟人著作、了解红色中药史实提供线索，丰富了党史教育素材，同时使学生更加了解学校的历史发展，产生强烈的认同感和自豪感。独特的红色中药史文化有助于培养学生爱国主义情感，进一步坚定文化自信，激励学生勇担民族复兴重任，不断奋斗。申报书中缺少读者评价和活动照片建议补充；十七期红色中药史主题成果可以按类型组织、呈现，比如著作类、人物类、故事类等，如能对应党史时间节点，更便于学生感知和解读；红色中药史主题成果在微信公众号推出的同时，可采用现场展览的方式宣传；建议引导学生主动挖掘红色中药史素材，在推进阅读推广的同时，提升其信息挖掘和整理能力。

主审专家：王新宇

厚植爱国情怀　筑牢忠诚警魂

项目组成员：徐菲、王姝、张圆圆
单位信息：江苏警官学院

【摘要】江苏警官学院图书馆作为校园文化的主阵地、学生的第二课堂，紧密结合学院育人目标，充分发挥自身的文化传播作用和教育职能，聚焦立德树人、铸魂育警根本任务，营造特色鲜明的警察校园文化，通过荐读红色经典、开展传统文化教育、创新理论学习和宣传廉洁文化等切入点，积极策划开展系列阅读推广活动，打造读书节“世界读书日”系列活动、中国传统文化课、“老山对话”读书分享会等阅读品牌，建设新思想经典文献阅读专区、党史文献阅读专区、近代警察史文献阅读专区等各类阅读专区，将线上阅读推广活动与线下实体活动有机融合，拓展服务渠道，努力提升图书馆文化引领力，切实加强青年学警理想信念教育，坚定文化自信，厚植爱国主义情怀，筑牢政治信仰，铸就忠诚警魂。

一、案例背景

“公安姓党”是公安机关的鲜明政治属性，对党绝对忠诚是公安队伍的政治本色。江苏警官学院作为全省公安机关人才培养的主渠道，担负着培育忠诚卫士的神圣职责和重大使命。近年来，学院进一步加强公安专业学生忠诚警魂教育，将忠诚警魂教育作为一项重大的政治任务、育人的根本任务，贯穿人才培养全过程、各环节。图书馆作为校园文化的主阵地、学生的第二课堂，坚持正确的政治方向，聚焦立德树人、铸魂育警根本任务，增强创新意识，对标新时代文化建设的新标准和师生的新要求，结合庆祝中国共产党百年华诞、党的二十大、学习贯彻习近平新时代中国特色社会主义思想主题教育等活动，弘扬社会主义核心价值观，培育青年学警的家国情怀，激发他们爱国、爱党、爱警、爱民的热情，发挥图书馆在文化传播和教育方面的独特优势，积极策划组织了系列阅读推广活动，提升图书馆的文化引领力，切实加强学警理想信念教育，筑牢政治信仰、铸就忠诚警魂。

二、主要做法

江苏警官学院图书馆立足育人的根本任务，以传承红色文脉、弘扬忠诚文化为目标，积极发挥服务育人、文化育人、全员育人的作用，以馆舍为载体、图书为桥梁、阅读推广为纽带，拓展服务渠道，将线上阅读推广活动与线下实体活动有机融合，创新开展系列阅读推广活动，吸引学警读者读好书，厚植爱国主义情怀，营造良好的校园文化氛围。

（一）荐读红色经典，传承红色基因

习近平总书记在党史学习教育动员大会上讲话强调，要抓好青少年学习教育，着力讲好党的故事、革命的故事、英雄的故事，厚植爱党、爱国、爱社会主义的情感，让红色基因、革命薪火代代传承。图书馆努力创新思路，挖掘红色文化潜力，通过整合线上线下、校内校外资源，以多种形式相结合的方式开展红色经典图书阅读活动，努力引领读者养成良好的学习习惯、阅读振奋人心的内容，激发他们奋发向上，树立正确的世界观、人生观、价值观和爱国主义崇高理想。在图书馆门户网站建设“党史学习线上展厅”，展出党史故事、党史书籍、廉政故事等相关主题内容，宣传红色文化，弘扬红色精神，推动党史学习教育走深走实；联合校内马克思主义学院开展“百年党史　血脉赓续”红色经典系列研读活动，开展“《红星照耀中国》——那红星照耀中国，也必将照耀整个世界”、“《苦难辉煌》——历百年苦难，创今日辉煌”等主题的“老山对话”读书分享会。以书为媒，引导读者了解党的光辉历史，感悟党的初心使命，领会党的精神谱系，传承党的红色基因，让青年学警们在思想和心灵上受到爱国主义教育的熏陶，提升思想与精神境界，在学思悟践中汲取奋进力量，增强历史责任感和使命感，做党和人民的忠诚卫士。

（二）弘扬中国文化，厚植爱国情怀

党的十九大报告提出：“文化是一个国家、一个民族的灵魂。文化兴国运兴，文化强民族强。没有高度的文化自信，没有文化的繁荣兴盛，就没有中华民族伟大复兴。”图书馆既是学院重要的文化阵地，又是教书育人体系的重要组成部分。因此，图书馆立足中国特色，在弘扬中国文化、培育爱国主义精神上下功夫，组织开展各类弘扬爱国主义的阅读推广活动。如 2021 年的“阅读马拉松”活动，将《血战长津

湖》作为比赛用书，引导读者了解抗美援朝长津湖战役的真实历史，感悟英烈精神，厚植爱国主义情怀；2022 年举办的“诗文巧入画”活动，将经典诗词与摄影作品相结合，融文字入画卷，品读古典诗词之美，感受中华民族的文化内涵和精神品质；2023 年图书馆开设了中国传统文化体验课，通过专家讲座、互动交流、课程体验等多种形式吸引青年学警体验、参与和感受中华优秀传统文化，深入挖掘中华优秀传统文化所蕴含的思想观念和人文精神，使中华优秀传统文化扎根于青年学警心灵深

图 1　2021 年“阅读马拉松”活动

图 2　图书馆传统文化体验课

处，进一步坚定文化自信，涵养家国情怀，做新时代堪当大任的人民警察，擦亮“为民服务”的底色。

（三）宣传廉洁文化，筑牢从警根基

公安院校的青年学警是公安机关未来的中坚力量，承载着公安事业的希望，在他们中间深入开展廉政教育，对于净化校园环境、培育合格警察具有十分重要的意义，同时他们处于世界观、人生观和价值观正在形成的过程中，在这个特殊的人生时期学习廉政文化，会使其受到廉政文化的熏陶，树立“廉洁光荣，腐败可耻”的意识，培养正确、积极、健康的理想信念、道德观念、法治意识和社会责任，使“清正廉洁”成为每个青年学警的立身立业之基，扣好廉洁从警的“第一粒扣子”。图书馆结合自身工作实际于2021年开展了“学党史　话清廉”廉政故事图文展，该展览以二十位老党员为主体，以简洁易懂的文字说明配合真实老照片，通过一个个廉政故事传播正能量，颂扬清正廉洁。通过展览，让青年学警在潜移默化中传承廉洁文化，增强廉洁意识。每年结合学院廉政文化月活动，通过网站、微信公众号、手机软件进行廉政书目推送，传播廉政知识，弘扬廉政精神，推进廉政文化建设，营造良好的廉政氛围，让青年学警在其中接受陶冶和熏陶。此类活动，强化了青年学警的职业精神和职业道德教育，使其树立责任意识、底线意识。

（四）创新理论学习，铸牢忠诚警魂

当前，学习贯彻习近平新时代中国特色社会主义思想主题教育正在全党开展，这是贯彻党的二十大精神的重大举措，也是一件事关全局的大事。为引导广大读者读原著、学原文、悟原理，深刻领悟习近平新时代中国特色社会主义思想的核心要义、精神实质、丰富内涵和实践要求，图书馆通过设立阅读专区，构建个性化阅读空间，积极开展阅读推广活动。为深入开展主题教育，图书馆充分利用馆藏资源建设了线下新思想经典文献阅读专区，主要收集习近平新时代中国特色社会主义思想重点图书，包括著作集、单行本、论述摘编、思想研究、学习体会等1200余册，并在图书馆网站、移动手机图书馆建立了线上新思想经典文献阅读专区，方便读者阅读、下载、研究相关文献。依托该专区，图书馆定期开展师生交流会和读书分享会，教育引导青年学警用习近平新时代中国特色社会主义思想武装头脑、指导实践、推动工作，并通过图书馆网站、微信公众号、电子屏幕、宣传展板等方式充分宣传，激励青年学警自觉做习近平新时代中国特色社会主义思想的坚定信仰者和忠实实践者，点燃勤学向上、矢志报国的热情和担当，筑牢忠诚警魂。

三、创新之处

（一）打造品牌阅读活动

近年来，学院图书馆发挥资源优势，积极为读者搭建阅读平台，打造“两纵两横两季”品牌阅读活动。如果为期一个月的读书节活动和世界读书日系列活动为横向阅读活动，那么中国传统文化体验课和“老山对话”读书分享会则是贯穿全年的纵向阅读活动。图书馆同时在两个阅读“窗口期”（新生季、毕业季）交叉举办各类倡导阅读、促进传播、推进文化建设的系列阅读活动，充分利用这些交叉纵横的品牌阅读活动发挥以文化人、以文育警的作用，积极开展各类中华优秀传统文化、经典阅读、红色文献主题阅读活动，充分营造优秀的警察学院校园文化，激发青年学警的文化认同、文化自信以及爱国情怀。

（二）构建阅读新空间

随着互联网技术的不断发展，高校图书馆阅读推广活动已经不再局限于传统空间，而是越来越数字化，打破时间和空间的限制，为读者参与活动提供了更多的可能。良好的阅读空间和环境会提升阅读和学习的效果。学院图书馆依托现有资源，将馆藏资源和空间服务相结合，为读者构建便于使用、易于交流、类型多样的学习交流空间，创造更适合读者阅读、学习、思考的动态阅读环境。通过建立新思想经典文献阅读专区、党史文献阅读专区、近代警察史文献阅读专区等各类阅读专区，将纸质资源和数字资源融合，配备移动电子设备和对应数字阅读平台动态调整布局，打造可阅读、可研讨的阅读新空间。

四、主要成效

（一）丰富校园文化生活 助力书香校园建设

图书馆阅读推广活动贯穿全年，主题鲜明，内容丰富，为师生读者提供了一个阅读、分享、交流的互动平台，吸引了众多师生读者的参与，在提升读者文化素养、信息素养、专业素养上发挥了重要的作用，读书节、“世界读书日”系列活动等成为学院校园文化建设的品牌活动，营造了浓厚的阅读氛围。

（二）聚焦公安文化特色 传承警察职业精神

学院的发展伴随着江苏公安的发展进步，是存史育警、传承警察职业精神的阵地。图书馆聚焦学院立德树人的根本任务，认真履行岗位育人、全员育人的职责使命，创新活动载体、内容和方式方法，为师生提供具有警营特色的文化活动，教育引导青年学警传承红色基因，坚定理想信念，在学思践悟中汲取奋进力量，在政治建警、文化育人方面发挥积极作用。

（三）创新文化育人方法 加强文化内涵建设

图书馆丰富阅读推广方式方法，深度挖掘优秀传统文化内容。通过引入中国传统文化体验课，开展现场活动，吸引读者积极参与，加强互动交流，亲手体验和感受传统文化的魅力，认识传统文化的内在价值，增强学生的文化熏陶和视野。

（四）扩大图书馆影响力 吸引读者走近图书馆

联合团委、组宣处、学生处等部门广泛宣传阅读推广活动，积极扩大宣传范围，提升关注度和知晓度，引导读者积极参与阅读推广活动，让更多的读者了解图书馆、走进图书馆，发挥图书馆的文化引领力，营造积极向上、勤奋好学的文化氛围，促进学生健康成长。

五、案例启示

江苏警官学院图书馆把读书活动与忠诚警魂教育相结合，思政教育和全员育人相结合，大力开展各类经典阅读活动，引领广大学警深入学习党史知识、阅读红色经典书目，从学习中感悟初心使命、汲取精神力量、厚植爱国情怀，自觉做共产主义远大理想和中国特色社会主义共同理想的坚定信仰者和忠实实践者，践行“为民服务”的根本宗旨，坚守执法公正的基本要求，严守纪律严明的本职准线，永葆对党忠诚的政治底色。作为公安院校图书馆，在服务好师生读者的同时有责任也有义务促进全警阅读推广，将阅读活动的触角延伸到基层公安机关，满足基层民警的阅读需求，提升民警的综合文化素养。未来，在服务公安的阅读推广工作中，我们将遇到新的服务对象和新的服务需求，为保障公安行业阅读推广工作的顺利开展，我们要加强阅读推广的辐射力和推动力，进一步拓展阅读推广活动的服务范围，创新服务方式和服务内容，寻求与各级各类图书馆和阅读推广组织的合作，通过开展公安行业阅读推广活动，充分发挥自身的资源优势，引领公安行业阅读风尚，打造阅读平台，切实发挥图书馆滋养读者心灵、培育文化自信重要场所的作用。

专家点评

本案例围绕警官学院的学生特点开展系列阅读推广活动，活动内容较为丰富。希望进一步加强对学生阅读需求的分析，不断凝练活动主题，充实阅读推广力量，完善工作机制，调动更多馆员参与到阅读推广工作中来。建议进一步聚焦案例主题和特色，强化活动内容的策划，探索特色型高校图书馆的阅读推广模式和机制。

主审专家：钱军

案例以传承红色文脉、弘扬忠诚文化为目标，通过荐读红色经典、开展传统文化教育、创新理论学习和宣传廉洁文化等形式，开展了系列阅读推广活动，打造了读书节、“世界读书日”系列活动、中国传统文化课、“老山对话”读书分享会等阅读品牌，形成“两纵两横两季”阅读推广格局；建设了各类阅读专区，配备移动电子设备和对应数字阅读平台，将纸质文献资源和数字资源融合，打造了可阅读、可研讨的阅读新空间。案例主题突出，有助于营造优秀的警官学院校园文化，激发青年学警的文化认同、文化自信以及爱国情怀。建议加强品牌阅读活动的精准性、系统性，确保活动开展的延续性，继续将读书活动与忠诚警魂教育相融合，挖掘新中国史中的忠诚警魂元素，建设数字化阅读推广平台，辐射全警深入开展阅读推广。

主审专家：王新宇

“崇廉尚美　校史共读”主题阅读活动

项目组成员：陈亮、连朝曦、夏媛媛、张红霞、赵歆璐、施丽佳
单位信息：南京艺术学院

【摘要】2022年，为迎接党的二十大、向南京艺术学院110周年校庆献礼，南京艺术学院图书馆联合校党委宣传部、纪委办公室、党委教师工作部、团委等职能部门共同举办了“崇廉尚美　校史共读”主题阅读活动，围绕“崇廉尚美”，阅读《江苏历代贤吏为官之道》；围绕“校史共读”，从110位校史人物的故事和110种校友著作中选取师生感兴趣的推进深入阅读，撰写阅读心得。从各类文献资料中发现有价值的人物信息，从社会历史背景、人物成长过程、重大事件等角度进行知识拓展，通过阅看相关史实文字、图片、影像资料等，了解校史人物生平事迹，感受他们的成长历程，挖掘他们在学校办学历程中的点滴，了解他们在学校110周年办学历史中所取得的巨大成就，深层次研究、揭示、展示、传播校史文化。

一、案例背景

2022年是党的二十大召开之年，也是南京艺术学院建校110周年，为持续营造高质量发展和高水平大学建设良好氛围，深入推进廉洁南艺建设，学好、讲好校史校情，以良好的精神面貌迎接党的二十大胜利召开，同时，为了让广大读者更加了解学校的发展历程与历史积淀，感受厚重的文化底蕴和奋进精神，向110周年校庆献礼，图书馆联合校党委宣传部、纪委办公室、党委教师工作部、团委等职能部门共同开展“崇廉尚美　校史共读”主题阅读活动。活动面向全校师生开展，同时欢迎广大校友积极参与。在此之前，图书馆在东门大厅将旋转楼梯旁边的墙面改造成了南艺校史文化墙，记录了我校创办历史上35位有突出成就的教育家、艺术家及其光辉事迹，成为图书馆一道闪亮的风景。校庆110周年之际，图书馆专门挑选了110

位著名校友的故事及110种校友著作供师生参考，希望掀起全校共读校史、了解校情的热潮。此外，图书馆还举办了“文献中的百年艺术教育历程”主题展览，精选百位校史人物，展示他们的照片、生平简介及主要作品，展现110年来南艺师生走过的光辉历程。

二、主要做法

部门之间经过沟通和酝酿确定了共读书目。纪委办公室确定了“崇廉尚美”主题的共读书目——《江苏历代贤吏为官之道》，上面记载了成长于江苏或是为官于江苏的能官贤吏、干国良臣，如范仲淹、邵宝、冯梦龙、郑燮、颜真卿、包拯、周忱、林则徐、曾国藩、左宗棠等人的为官之道。我馆组织广大师生，特别是党员干部开展主题读书活动，深入了解江苏历代贤吏的为官理念和从政实践，从中汲取养分，树立正确的世界观、人生观、价值观。“校史共读”主题阅读活动主要从两个方面进行：一是走近110位校史人物。师生可以从图书馆挑选的110名校史人物中选取一位进行了解，也可选取多位，或者另选其他校友，从文献资料等各类资源中发现有价值的信息，从社会历史背景、人物成长心路、重大事件等角度进行知识拓展，通过阅读了解校史人物生平事迹，感受他们的成长历程，挖掘他们在学校办学历程中的点滴趣事。二是阅读110种校友著作。师生可以选择任意一本或数本著作，也可以另选感兴趣的其他校友著作进行阅读，通过阅读相关史实文字、图片、影像资料等，了解在学校110年办学历史中，这些校友所取得的巨大成就，深层次研究、揭示、展示、传播校史文化。图书馆在馆藏图书数字化平台提供相关图书的电子版供大家阅读。

在阅读心得的创作方面，我们要求读者突出活动主题，体裁不限，散文、小说、诗歌、杂文、通讯、报告文学、调研报告等均可，要求原创首发，严禁抄袭。凡涉及有关人物或重要事件等史实内容，要求认真考证。

在保证稿件来源方面，我们首先重点向校党委宣传部、纪委办公室负责的领导干部、离退休老同志，以及专家学者进行单独约稿；其次集中组稿，校纪检监察干部、组工干部等由纪委办负责组稿，广大教职工，特别是新进教师由校党委教师工作部负责组稿，广大学生，特别是学生党员干部等由校团委负责组稿。多个职能部门的参与，保障了此次主题阅读活动的参与度。

在稿件评审方面，各组稿件由图书馆汇总，并牵头组织评选、汇编优秀征文及出版专刊等。图书馆邀请校内专家学者和有关领导组成评委会进行评选，分别选出教师和学生获奖征文，分别在馆刊“崇廉尚美”和“校史共读”两期专辑上刊登，在校庆日之前印刷出版，并在校庆当天将两期专辑发送至学校各个部门和各个学院。

2023 年 4 月 23 日，第 28 个世界图书与版权日之际，在图书馆报告厅成功举办了“崇廉尚美　校史共读”主题阅读活动颁奖仪式，为此次活动画上了圆满的句号。

三、创新之处

本次活动的创新之处主要有以下几点。

1. 以“崇廉尚美”为主题开展活动，向江苏历史上的贤官能吏看齐，树立正确的人生观和价值观。《江苏历代贤吏为官之道》一书收录了历代特别是明清时期在江苏任职或江苏籍的贤官能吏，体现了江苏历代贤吏群体所蕴含的历史价值和现实意义。通过主题阅读，读者心怀“国之大者”，积极效法先贤，不忘初心、牢记使命。

2. 以校史和校史人物为共读的对象开展阅读推广活动，创新阅读推广内容。此次活动与 110 周年校庆的时间节点相契合，让广大师生阅读了解校史、了解校史人物的光辉事迹和艺术成就，增加对学校的了解和热爱。

3. 与多个职能部门开展合作，对图书馆阅读推广工作有明显的促进作用。尤其是在稿件组稿方面，校委宣传部、纪委办、教师工作部、团委和图书馆等单位联合负责校内各个群体的稿件征文，做好活动宣传、征文收集、内容把关与择优推荐等工作，让此次活动覆盖到校园的每一个角落。多个职能部门的支持，使活动的开展得到了强有力的保障。

4. 通过馆刊《一品阅读》的两期专辑“崇廉尚美”和“校史共读”对此次征文活动进行成果展示。广大师生通过阅读馆刊专辑，能够进一步认识到“崇廉尚美”和“校史共读”的重要意义，使此次活动在结束之后还可以宣传和推广，使阅读推广活动具有一定的延续性，增强了阅读推广的效果。

四、主要成效

通过各组织单位的广泛宣传，此次征文活动共收到教师作品 56 篇。图书馆对教师稿件进行了查重和初评，并邀请校内专家及领导共同评审，最终评选出一等奖 5 篇，二等奖 10 篇，三等奖 15 篇。

学生征稿 281 篇，其中美术学院 47 篇、设计学院 41 篇、高职成教院 37 篇、传媒学院 31 篇、工业设计学院 21 篇、人文学院 22 篇、文化产业学院 19 篇、南艺附中 19 篇、音乐学院 18 篇、舞蹈学院 11 篇、影视学院 11 篇、流行音乐学院 4 篇。图书馆对学生稿件进行了查重和初评，初选出 110 篇，之后邀请校内专家及领导共同对这 110 篇稿件进行了评审，最终评选出一等奖 15 篇，二等奖 24 篇，三等奖 51 篇。

图书馆从评选出的优秀征文中分别选取了教师崇廉尚美主题稿件 19 篇、学生崇廉尚美主题稿件 12 篇，编辑出版馆刊总第 28 期“崇廉尚美”专辑；选取教师校史共读主题稿件 4 篇、学生校史共读主题稿件 27 篇，编辑出版馆刊总第 29 期“校史共读”专辑。在《一品阅读》馆刊编委会的共同努力下，两期专辑最终在校庆前夕顺利印刷出版并送至学校各单位，广大师生读者亦可在图书馆东门大厅《一品阅读》赠阅书架领取阅读。

图 1　《一品阅读》总第 28 期“崇廉尚美”专辑封面

图 2　《一品阅读》总第 29 期“校史共读”专辑封面

在主题阅读的基础上，图书馆于 2022 年 12 月 8 日—22 日在三楼阅览室大台阶处举办了“文献中的百年艺术教育历程”主题展览。此次展览作为建校 110 周年系列庆祝活动之一，精选百位校史人物，展示他们的照片、生平简介及主要作品，展现 110 年来南艺师生校友走过的光荣教育历程，展示南艺 110 周年办学成就，向校庆 110 周年献礼。

图 3　“文献中的百年艺术教育历程”主题展览现场

此次主题阅读活动的顺利开展，在我校掀起了“崇廉尚美”和“校史共读”的热潮。通过阅读相关的书籍，感受江苏历代贤吏公正清廉、敬业爱民的高尚品德，了解南艺校史人物在艺术领域的伟大成就和对艺术的满腔热忱，参加活动的师生用文字书写了对江苏历代贤吏的敬仰和对校史人物的崇敬，并以此激励广大师生薪火相传、砥砺前行。

五、案例启示

（一）活动主题与校内热点相契合

此次活动以“崇廉尚美　校史共读”为主题，围绕迎接党的二十大和校庆 110 周年，与热点时事相契合，不仅受到学校领导层面的重视，而且得到各个职能部门的广泛支持。选择与校内热点相契合的主题活动，增加了职能部门参与活动的积极性，为活动的顺利开展提供了良好的保障。

（二）多部门合作构建阅读推广新渠道

阅读推广一般被认为是图书馆的工作，很少有其他部门参与进来。图书馆在活动宣传阶段会请学工部或团委等职能部门帮助进行活动宣传，但即便如此，也经常会出现读者参与积极性不高的情况。而活动一旦与更多部门联合举办，读者参与的积极性明显提高，其原因是图书馆的影响力不够大，号召力不够强，宣传渠道有限。图书馆虽然可以通过读者群、微信公众号、海报等方式对活动进行宣传，但是往往难以吸引读者的注意力，活动信息没有办法覆盖所有的学生。另外，由于学生每天接触各种各样的信息，对于图书馆的信息可能会选择不关注和忽略，但对于职能部门推送的信息关注度相对高很多，联合宣传使信息受众人数得到大幅增加，参与的人数也有了很大的提升，因此与多部门合作开展活动非常有必要。

（三）增加读者参与活动的动力

一项阅读推广活动能够吸引读者参与，一定是这项活动能够为读者提供参与的内在驱动力或外在驱动力，比如内在驱动力方面，参与活动可以提升专业认知或知识素养、展示自我才华、认识志同道合的朋友等，外在驱动力方面则可以获得奖品或纪念品、增加综合实践学分、得到老师和同学的认可等，因此在活动策划过程中，必须考虑如何增加读者参与活动的驱动力。读者没有参与活动的驱动力，活动就很难开展。本次活动设置了奖品证书，参加活动的同学也会增加综合实践的积分，同时优秀作品还可以在馆刊结集出版，这些都是鼓励学生参加活动的有效方式。

（四）做好活动过程的精细管理和反馈

活动过程的每一个细节往往是环环相扣的，做好一项阅读推广活动，必须精细化管理好每一项步骤，比如主题征文活动，前期需要选好主题，做好铺垫，通过多渠道进行宣传；征集阶段要及时统计参与人员信息及参与作品信息，然后向相关征稿部门反馈；评选阶段需要设计好流程，严格按照相关要求评选打分，认真做好评分表汇总和作品得分排序等工作。每一项工作都要规划好完成的时间节点，以使整个活动顺利开展，最终还要及时产生结果，给相关的部门和参与的师生予以积极的反馈。

专家点评

图书馆以该校110周年校庆为契机，联合校内多个部门积极探索出了校庆季校史共读工作模式：遴选校史人物—推荐校史著作—校史人物展览—共读书目推荐—举办主题征文……案例产生了较好的影响，具有典型性、可推广性，适合艺文类、综合性高校图书馆参考。能抓住110周年校庆的热点适时开展，建议以此为契机，形成常态化机制，每年校庆季针对不同的校史人物和校史著作开展共读活动，以不断形成校庆季阅读推广活动品牌。

主审专家：钱军

“崇廉尚美　校史共读”主题阅读活动在党的二十大召开、学校110周年校庆背景下举办，既是一次深刻而有意义的阅读推广活动，又是一次爱国荣校的教育活动，实现了图书馆文献服务和文化育人职能的有效统一。活动围绕迎接党的二十大和校庆110周年，与热点时事相契合，受到学校领导层面的重视和校内各个职能部门的广泛支持，师生参与度高，特别是学校各部门教职工的积极参与提高了活动的影响力和效果。活动具有推广意义，区别于经典阅读推广内容，以校史和校史人物作为共读的对象开展阅读推广活动，举办了一次别开生面的校史教育活动，引导师生学习南艺校史人物在艺术领域的伟大成就和对艺术的满腔热忱，拓展了图书馆传统意义上的阅读推广职能，赋能校园文化宣传和传承任务。活动激励机制有效，过程管理精细化，形成读、写、展、推的阅读推广模式，活动经验可供参考和借鉴。建议在本次“崇廉尚美　校史共读”主题阅读活动基础上总结经验，进一步开展体系化、持续性的主题阅读推广，探讨学科化阅读推广，不断推陈出新，扩大阅读推广范围；推动阅读推广资料的数字化，实现数字化资源的存储和揭示。

主审专家：王新宇

传统印刷装帧体验与文化传承

项目组成员：李丹、时文甲、周艳、李轶伦、杨括、陈婧、张百慧、袁美惠
单位信息：南京大学

【摘要】南京大学图书馆作为第一批全国古籍重点保护单位，所藏古籍文献占全省高校馆藏古籍文献的44%，这些古籍是中华优秀传统文化传承发展的重要载体和见证者。同时，南大图书馆又是国家级古籍修复技艺传习中心，具备雄厚的专业科研力量，开设的“传统印刷装帧体验与文化传承”课程是一门知行合一、理论联系实践的古籍阅读推广课程，主要包括理论课程讲解和一系列与中国书籍生产、印刷、装帧相关的实践操作活动，目的是在南京大学校园内宣传中华优秀传统文化。理论与实践课程均由图书馆古籍保护与活化实验室工作人员承担，他们不仅理论知识完备，而且具有丰富的实际操作经验。课程以中华文化传承发展为主线，以版本分类、版式概念、装帧形式等理论学习为基础，向学生讲授中华古籍的发展演变与制作过程，讲授古籍中蕴含的中国古代科技与思想，并指导学生掌握相关工具的制作和使用方法。实践活动包括手工造纸、法帖传拓、雕版印刷、活字印刷、线装书制作、文化考察等。通过推广学习，同学们亲耳聆听、亲眼观摩、亲手刷印，亲身体验传统文化的精致魅力，了解了中华古籍的过去与未来，能够近距离体验中国古代传统印刷工艺，从而激发对中华文明的热爱，在具体实践中讲述中国故事、推广传统文化。

一、案例背景

2022 年 4 月 25 日，习近平总书记在中国人民大学考察时指示，要深入挖掘古籍蕴含的哲学思想、人文精神、价值理念、道德规范，推动中华优秀传统文化创造性转化、创新性发展。5 月 18 日，习近平总书记在给南京大学留学归国青年学者的回

信中再次强调要“在坚定文化自信、讲好中国故事上争做表率”。2023年6月2日，习近平总书记在文化传承发展座谈会上强调，中国文化源远流长，中华文明博大精深。只有全面深入了解中华文明的历史，才能更有效地推动中华优秀传统文化创造性转化、创新性发展，更有力地推进中国特色社会主义文化建设，建设中华民族现代文明。

为深入贯彻中办国办《关于推进新时代古籍工作的意见》的文件精神，积极响应习近平总书记关于传承中华优秀传统文化的号召，更好地宣传古籍保护理念，让珍贵典籍走近大众，激发民族自豪感，坚定振兴中华、实现中国梦的信心和决心，2022年9月，南京大学图书馆古籍特藏部在南京大学本科生院申报开设了“传统印刷装帧体验与文化传承”课程，开展了大量关于古籍保护与文化传承的阅读宣传推广与实践体验活动。

二、主要做法

“传统印刷装帧体验与文化传承”课程以“中华古籍的前世今生”为内在脉络，分为八节小班化主题课、四节大班化公开课，一共32课时，带领同学们从走近古籍、拂去尘埃开始，先后体验手工造纸、法帖传拓、雕版印刷、活字印刷、饾版印刷、手订成书等制书流程，汇集灿然朱墨，连缀缤纷纸叶，在手工劳动中完整地体验传统书籍的诞生历程。最后走出校园，考察世界级非遗传承基地金陵刻经处，现场参观古代书籍的雕版实物与古籍制作流程，现场感受中华优秀传统文化的魅力。

在授课形式上，每节课由理论知识讲授、实操教学演示和动手实践体验三个部分组成。馆员通过深入浅出的讲解，亲手指导，将古籍这一“冷门”领域在同学们的内心逐渐“升温”，使厚重的典籍时不时闪现着盎然的意趣。同时，为了配合教学，每次课都精心拍摄了专业的教学视频，让同学们一边欣赏，一边学习。

在推广形式上，本次活动采用线上与线下相结合的方式，在图书馆的微信公众号上专门开设了课程合集，每次课程之前发布课程预告，配以精心准备的专业文字介绍、图片，吸引读者点击阅览；每次课程结束之后发布课程回顾，对本次课程内容进行梳理与总结，上传课程实况图片与完整版视频。

在具体课程安排上，主要内容是八个方面的有机结合。古籍是中华文化的重要载体，系列课程第一课就是让学子直面古籍，接触经典，为同学们讲述《四部丛刊》的故事。《四部丛刊》之“四部”即古籍传统分类法“经史子集”四大门类，由著名学者、出版家张元济主持出版，傅增湘、叶德辉、缪荃孙、周叔弢等版本专家提供学术支持，上海商务印书馆编辑出版，共出三编，精印古籍四五百部。这套大丛书为传承中华文化、保存善本信息、推动学术发展做出了巨大贡献。时光荏苒，百年已过，原版《四部丛刊》本身越来越珍贵，厂肆或有零星残本，整套收藏则难得一见，而南京大学图书馆馆藏丰富，古籍部书库内珍藏着多套《四部丛刊》。为了让同学们了解古籍及影印古籍的出版情况，体会前辈传承文化的艰辛，培养爱书护书的精神，本次课程带着同学们一起拂去历史的尘埃，来一次跨越时空的会面，解读《四部丛刊》。在教学演示环节，两位古籍修复师示范使用软毛刷、面团、海绵擦和清水进行古籍除尘的方法。同学们围在两位老师身旁，专注地观察传统和现代技法的不同操作流程。在同学们开始翻阅古籍时，助教就大家手头的书细致讲解古籍的各种相关知识……厚重的典籍时不时闪现盎然的意趣。《荀子》里悄然飘落的泛黄笔记，《唐诗纪事》藏书票上的闪亮姓名……惊喜不期而遇，鼓舞着同学们传承薪火、探索深埋于纸页间的学脉。

第二课是“手工造纸”。中国传统手工纸历史悠久、源远流长，创造、保存和传播了光辉灿烂的中华文明。老师通过对《天工开物》这部经典古籍的解读，向同学们展示了书中有关造纸技术的图绘，详细解说了制作传统手工纸的工艺过程，介绍了纸张性能与纤维的相关分析方法，依次介绍了麻纸、皮纸、竹纸、草纸和混料纸的不同特点，并向同学们展示了楮树树皮等造纸原材料。同学们亲手触摸了不同种类的手工纸，感受了纸张硬度与触感的微妙不同。在现场演示环节，授课老师重点为大家演示了手工造纸过程中的“抄纸”这一步骤，并指导大家亲自动手抄一张独一无二的手工纸。

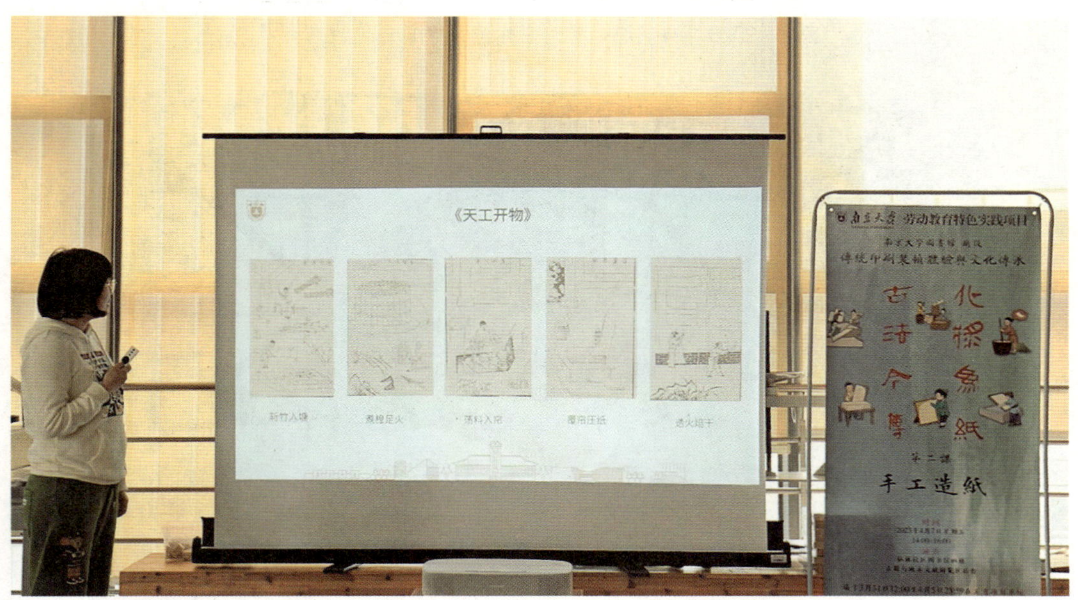

图 1　2023 年 4 月 7 日，手工造纸课程理论讲解环节

按照理论讲授、实操演示与亲身体验的顺序，配合相应的教学视频，在接下来的五次课中，我们又开展了法帖传拓、雕版印刷、活字印刷、饾版印刷、手订成书五个专题的教学。通过这种生动的宣传推广模式，我们带领大家认识了《淳化阁帖》《大观帖》《三希堂法帖》《山海经》《梦溪笔谈》《农书》《红楼梦》《武英殿聚珍版程式》《古今图书集成》《全唐诗》《十竹斋笺谱》《永乐大典》《四库全书》等诸多经典传世之作。同学们不仅了解了古籍，感受到中国古代的科技文化，而且知行合一，亲手制作了与此相关的书籍，在焕然古韵中近距离感受历史与文明的光华神采。

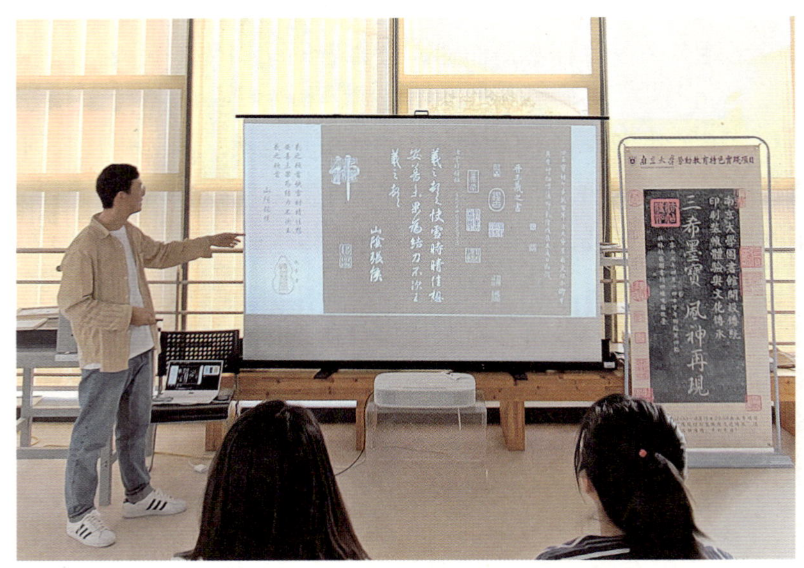

图 2　2023 年 4 月 14 日，法帖传拓课程理论讲解环节

图 3　2023 年 4 月 14 日，法帖传拓课堂演示环节

图 4　2023 年 5 月 10 日，雕版印刷课堂体验环节

图 5　2023 年 6 月 2 日，饾版拱花课程演示环节

在最后一课文化考察环节，我们带领同学们走出校园，探访身边的历史古迹，在文化实践考察中体悟诗礼江山、天下文枢的悠悠文脉。我们走进了世界级非物质文化遗产传承单位——金陵刻经处，参观了贮藏十二万块雕版、四万册经典古籍的经版楼，观摩了雕版印刷、装订的现场演示。

我们开设的这门课程，在南京大学校园中一时成为现象级焦点，同学们争相抢课，一票难求。为了满足更多同学对体验中华优秀传统文化的需求，我们还加设了四堂公开课，不设名额，让更多同学爱上古籍，亲手印刷、拓印传世经典。

图 6 2023 年 6 与 14 日，金陵刻经处文化考察课程

三、创新之处

一部古籍的诞生史，也是一部浓缩的中华文明史。“传统印刷装帧体验与文化传承”课程打破了观光式、打卡式宣传壁垒，改变了宣教式、填鸭式口号说教，在吸纳传统劳育课的手工劳动元素之余，充分调动眼、心、手，结合知、信、行，搭建了具有南大风格的沉浸式文化传承品牌与交互式教育平台。其创新之处主要体现在以下几个方面。

（一）形式上的创新

从单一走向多元，从碎片走向系统。与以往的单场活动不同，本次课程是连续性、体系化的，目的在于使传统技艺走进现代生活，通过理论学习与实践劳动，带领同学们身体力行，近距离观察、参与一部书籍的诞生。

（二）技术上的创新

本次课程运用了多种创新技术。课堂中所用的教具，如雕版、活字、帖板，均由授课教师亲手制作。在与院系合作交流中，我们的头脑碰撞出新的火花，借鉴理工科实验室所用的激光刻录机，我们创造性地用现代科技制作传统雕版。在教学中，我们根据实际需要，灵活开发创造，丰富了课堂教学内容。这些创造性转化与创新性发展，成为古籍活化的巨大突破口。

（三）宣传上的创新

我们打造专题合集模式，对课程内容进行预告与回顾，配以精美的海报与视频，给读者带来视觉冲击，让大家念念不忘。课程被广泛关注，南京大学官方微信三次报道，同时引来多家媒体采访，成为微博热搜话题。视频被多家平台转发，引来网友热议、点赞。

（四）授课组织的创新

这门课程由图书馆古籍保护与活化实验室的 8 名老师一起参与，每位老师各有所长，从课程大纲设置、文案策划与宣推、教具研制与开发到课堂理论讲解与实践操作，每个环节都精心打磨，力求为大家呈现有内容、有深度、有组织、知行合一的课堂形式。

（五）与地方文化相结合

课程注重与南京地方文化机构相结合，与十竹斋画院、金陵刻经处等文化机构合作，以请进来、走出去的方式扩大课堂空间，拓展同学们的视野。

（六）保护与活化相结合

课程在南京大学本科生院属于劳动实践特色项目，但每次都加入了丰富的知识和理论授课内容，比如活字印刷课程，老师带同学们学习了《梦溪笔谈》《农书》等原文；又如造纸课上，老师为大家讲述了《天工开物》里关于造纸的记录。课程的背后，有着南大图书馆古籍人的初心，把古籍里的内容活化到实际的课程中，也是古籍保护的一种体现。

四、主要成效

“传统印刷装帧体验与文化传承”课程的推出，是南京大学图书馆从嵌入式课堂、联合开设课堂到独立开设课堂的一次具有里程碑意义的跨越，在校园内外产生了很大的影响。

（一）在校园师生群体中反响强烈，广受师生欢迎

每次与课程相伴的预告与回顾都有稳定可观的阅读量；因为名额有限，抢课堪称秒杀；更吸引了热爱传统文化的院系教师前来旁听；课后，同学们好评如潮。

来自物理学院的郭同学幼时学习过书法，也曾临摹过《三希堂法帖》。这门课程让她与钟爱的《快雪时晴帖》再次相遇，也让她领略了传统记忆中追求务实的艺术精神。

来自文学院的殳静宜同学说，这门课程不仅让“遥不可及”的古籍变得“触手可及”，而且带来了知行合一的美好体验，让她体会到了古籍人“择一事，终一生”的匠人精神，也感悟出劳动孕育灿烂文明与无限希望。

法学专业大二学生孟政屹平时接触传统典籍的机会相对较少，这门课程让他感到很新奇。他认为课程特别有内容，在老师协助下印刷出自己的作品，令他尤其印象深刻，收获颇丰。课程让非专业背景的他有机会零距离体验悠久的传统文化，独立创作一份活字印刷作品，这让他的心中充满成就感和获得感。

安邦书院的许同学是本次课程的参与者之一，他表示，自己拥有多年的书画学习经历，平时也临摹过苏轼的《寒食帖》，但这次的传拓实践让他收获了有别于以往的体验，一方面，他听到了许多课本外的文史知识；另一方面，打刷捶打、拓包上墨等环节也锻炼了他的动手能力。

就读于历史学院的邱同学之前参加过有关敦煌的主题讲座，也阅读了老师推荐的书籍，因此对佛教文化产生了浓厚的兴趣。通过金陵刻经处的文化考察活动，邱同学近距离观看经版制作和书籍装帧的全过程，了解到许多书本未曾讲述的知识，可谓收获满满。

（二）得到了学校官方的认可

三个月内，南京大学官方微信公众号上刊登了三次课程相关宣传推文，此课程更是成为南京大学招生宣传中的亮点。南京大学在官方微信公众号中这样写道：“小蓝鲸们在图书馆古籍特藏部推出的‘传统印刷装帧体验与文化传承’课程中探索一本书的前世今生，在‘知’与‘行’的相辅相成中，直面中华五千年的文脉传承。”

（三）兄弟院校反响强烈

仅 2023 年 3 月至 6 月，就有三十余家高校图书馆来南京大学图书馆调研交流，多方面咨询与本次课程相关的传统文化阅读推广工作。在清华大学主办的全国高校古籍保护利用工作会议上，我们公开汇报了本次课程在文化传承与阅读推广方面的探讨，得到了教育部、全国高校古籍整理工作委员会、国家图书馆、北京大学图书馆、

清华大学图书馆等单位专家的一致肯定，专家认为这是一条古籍活化与宣传推广的新路径。

（四）在社会中反响强烈

课程活动引发多家媒体关注，并前来采访。仅微博平台，就有包括“人民网”“中国新闻社”“半月谈”“中国网”“中青在线”等央媒，以及多家省级媒体在内的30多家媒体开设话题或转发，位居当日热搜同城榜第七位，数据共计274.3万。相关视频在抖音、腾讯视频号、爱奇艺等视频平台被大量转发，引发网友热议点赞。

本课程是我校图书馆多年来的经验沉淀与探索整合，力求在心手相传、辛勤劳作间，共同讲好古籍故事、讲好南大故事、讲好中国故事。希望让同学们在理论学习、手工创造与美育涵养中，感受“国运和文运相牵，文脉与国脉相连”，进一步理解传统文化的现实意义，明晰其对个人、家庭、社会、国家和人类发展的重大价值，在亲身实践中增强文化自信，厚植家国情怀，成为有责任担当、有家国情怀的时代新人。课程的开设，不仅让同学们感受到中华传统古籍的魅力，身体力行地体验劳动创造，在课程中学习到的中国古代科技史也让南大学子更加坚定文化自信。这是一种跨越时空的沉浸式体验，让学生进入手工制作的情景，用双手、用心去体会书籍印刷装帧技艺的初心与匠心，使中华民族的传统技艺之美得以传承。期待学生能将所学知识、技能和理念融入创新设计、融入文化传承。

中国的造纸术与印刷术历史悠久、魅力无限，是文化艺术与科技进步的代表成就，更是民族精神和传统思想的重要承载。图书馆希望借此项目打造一个具有影响力的文化品牌，使之成为具有中国特色的文化宣传推广课程，参与高校“三全育人”的教学活动，为推动中华优秀文化的普及做出贡献，在高校中、在青年中推广传播科学态度、工匠精神、审美意识，促进高校文化艺术的发展与繁荣，塑造年轻一代正确的世界观、人生观、价值观。

五、案例启示

2014年3月27日，习近平总书记在联合国教科文组织总部演讲时指出：“每一种文明都延续着一个国家和民族的精神血脉，既需要薪火相传、代代守护，更需要与时俱进、勇于创新。中国人民在实现中国梦的进程中，将按照时代的新进步，推动中华文明创造性转化和创新性发展，激活其生命力，把跨越时空、超越国度、富有永恒魅力、具有当代价值的文化精神弘扬起来，让收藏在博物馆里的文物、陈列在广阔大地上的遗产、书写在古籍里的文字都活起来，让中华文明同世界各国人民创造的丰富多彩的文明一道，为人类提供正确的精神指引和强大的精神动力。”

2023 年 6 月 2 日，习近平总书记在北京出席文化传承发展座谈会时强调，中国文化源远流长，中华文明博大精深。只有全面深入了解中华文明的历史，才能更有效地推动中华优秀传统文化创造性转化、创新性发展，更有力地推进中国特色社会主义文化建设，建设中华民族现代文明。

习近平总书记的讲话为我们守正创新做好工作指明了前进的方向。中华优秀传统文化是中华民族的根和魂，中国式现代化是赓续古老文明的现代化。总书记提出的“第二个结合”是又一次的思想解放，让我们能够在更广阔的文化空间中充分运用中华优秀传统文化的宝贵资源，探索面向未来的理论和制度创新。

作为南京大学图书馆的古籍工作人员，我们不仅要把珍贵的文化典籍保护好，更要传承好中华优秀传统文化，传播好中华文明。利用专业知识发掘古籍中蕴含的优秀文化内核，并向全校师生、全社会宣传推广。我们将继续探讨古籍保护与活化的路径与模式，用科学的方法保护古籍，用先进的技术开发古籍。继续依托南大丰富的古籍资源，进一步结合南大各学科的科研成果，建立对古籍的全方位、立体化研究体系。继续举办多种类型的宣传推广活动，达到以文化人、以文育人的目的。继续深化文化传承课程，让同学们知行合一、身体力行地体验古人的劳动与智慧，坚定文化自信。通过这些模式与路径，把古老的典籍所承载的文化用更通俗、更科学的方式呈现，讲好中国故事，促进学科交叉，吸引来自更多专业的年轻人亲近古籍、热爱传统文化，加入古籍保护和文化传承的队伍。当这些优秀的传统文化在全社会广泛传播，为全体人民所广泛接收，全国人民统一的文化自信就会形成；对本国本民族优秀传统文化足够自信，就会形成一股强大的精神力量，在这种力量的驱使下，全国人民将向着中华民族伟大复兴的中国梦目标昂首前进。

习近平总书记在文化传承发展座谈会上的重要讲话概括了中华优秀传统文化的特性：连续性、创新性、统一性、包容性、和平性。在我们课程的实际操作中，这五个方面的特性都有体现，我们将继续保持与发扬。第一，连续性。中华文化源远流长，文字和书籍使文化得以延续。我们的课程正是对此的继承与发扬，从头梳理纸与书籍的诞生和演变，在生动有趣的课堂中，将文化传承的伟大使命传递给莘莘学子。第二，创新性。中国古代文明一直蕴含着蓬勃生机和无限创造力。文字载体、复制方法、装帧形式不断升级，最终实现了实用与审美的统一。这些内容在我们的课程中一一呈现，引领同学们亲身体会中国古代文明的创新性。第三，统一性。中国自古就以统一为期许，车同轨，书同文，为天下太平之征。有了统一的文字，还需要造纸、印刷技术的进步才能更好地发挥作用。我们的课程正与此相关，潜移默化中传达了文化的力量。第四，包容性。中华文化不以民族、宗教、地域、国籍为轸域，而以认同和融合为旨归。在文化认同与交流的过程中，纸与印刷起到了重要作用，古代文化借以远播异域，东西文明得以传入中国。南大图书馆既有古籍善本，又有西文特藏，二者结合，正体现了中华文化的包容性。第五，和平性。中华文化温润和平，主张各美其美，天下大同。本课程没有激烈的竞争性，充满了友好与互助，师生与同学亲切交流，寓教于乐。这样的课堂才是理想的课堂。

专家点评

以课程的形式开展古籍阅读推广，能积极挖掘馆藏特色资源，聚焦藏书文化，强化活动的体验感和普及性，积极探索"让古籍活起来"的阅读推广模式、方法和路径。建议普及与提高相结合，在课程基础上为有兴趣的学生开列相关书目，进一步拓展阅读。

主审专家：钱军

本案例围绕南大图书馆开设的"传统印刷装帧体验与文化传承"课程展开。该课程是一门知行合一、理论联系实际的宣传推广课程，利用馆员的专业知识发掘古籍中蕴含的优秀文化内核，向全校师生、全社会宣传推广中华优秀传统文化，传承中华文明。案例体现了推广创意、技术创新和管理创新的有机结合，深受大学生欢迎，具有较高的阅读推广价值。案例内容优。案例积极响应习近平总书记关于传承中华优秀传统文化的号召，围绕宣传推广中华优秀传统文化展开，体现中华优秀传统文化的连续性、创新性、统一性、包容性、和平性。案例实施方式新。该课程在形式、技术、宣传和授课组织方面都有创新，并且与地方文化相结合，打破了观光式、打卡式宣传壁垒，改变了宣教式、填鸭式口号说教，在吸纳传统劳育课的手工劳动元素之余，充分调动眼、心、手，结合知、信、行，实现保护与活化相结合，搭建了具有南大风格的沉浸式文化传承品牌与交互式教育平台。案例效果好。课程在师生群体中反响强烈、广受欢迎，得到了学校官方的认可，成为南京大学招生宣传中的亮点。在兄弟院校也反响强烈，在全国高校古籍保护利用工作会议上得到了教育部、全国高校古籍整理工作委员会、国家图书馆、北京大学图书馆、清华大学图书馆等专家的肯定。引发社会多家媒体关注，前来采访、报道。案例引导同学们在理论学习、手工创造与美育涵养中，进一步理解传统文化的现实意义，明晰其对个人、家庭、社会、国家和人类发展的重大价值，在亲身实践中增强文化自信，厚植家国情怀，成为有责任担当、有家国情怀的时代新人。建议继续深化文化传承课程，引导同学们知行合一、身体力行地体验古人的劳动与智慧，感受“国运和文运相牵，文脉与国脉相连”，坚定文化自信。继续依托南大丰富的古籍资源，进一步结合南大各学科的科研成果，建立对古籍的全方位、立体化研究体系。探讨古籍保护与活化的路径与模式，用科学的方法保护古籍，用先进的技术开发古籍。基于文化传承课程，继续举办多种类型的宣传推广活动，打造具有影响力的文化品牌。

主审专家：王新宇

第四部分

提高信息素养

爱上阅读·爱上图书馆

——东南大学图书馆新生开放日

项目组成员：孙莉玲、李瑞瑞、卢欣宇、徐晓艳、杨映雪、李至楠、洪诚
单位信息：东南大学

【摘要】本案例是东南大学图书馆针对新生举办的全新形式的入馆教育活动。活动将图书馆多样化的实体资源通过系统化方式整合为“越·穿越时光的图书馆”“阅·解锁图书馆通关秘籍”“约·与第一本书的约会”“悦·SEUer专属盲盒向你发射”等四个游戏集章环节，以沉浸式体验加深新生对图书馆的印象，引导新生走进图书馆、利用图书馆、爱上图书馆，进而达到“以文化人、文化育人”的目的。活动共吸引本校3511名2021级新生参与，占东南大学新生总人数的87.78%，活动后经测评，总体好评度达100%。活动实现了参与人数、活动形式和活动质量的三大突破，经跟踪，新生图书馆利用率得到了显著提升，在内容和形式上可为高校图书馆开展新生入馆教育活动提供有价值的参考指导。

一、案例背景

新生入馆教育是新生利用图书馆、走进图书馆的第一课。针对新生开展以图书馆基础知识和利用方法、文化育人服务为主的启蒙教育，是高校图书馆的基础工作之一，可以帮助新生提升文化素养、信息素养，培养其自主学习意识和终身阅读、终身学习理念，重要性和意义不言而喻。

东南大学图书馆新生入馆教育活动已有19年的历史。传统的新生入馆教育普遍采用新生培训讲座、组织新生参观图书馆、开辟新生专栏、发放读者手册或宣传册、制作微视频等形式，随着新技术与新媒体的普及应用，以及当代青年身心的变化，以往以讲座、导游为主的活动形式略显过时，存在着讲座形式枯燥、缺乏吸引力，

新生专栏、微视频等没有与学生进行互动导致影响力不够等问题，已无法满足现代化图书馆发展的需要，难以引起学生的兴趣，需要改进活动形式提高学生参与度和培训效果。

2021年，东南大学为新生举办了别开生面的开放活动和典礼活动，为新生了解学校提供了重要机会。在东南大学开展“新生开放日”的契机下，“爱上阅读·爱上图书馆——东南大学图书馆新生开放日”活动应运而生，并于2022年进一步完善。

二、主要做法

东南大学图书馆新生开放日案例结合当代青年大学生特点和图书馆新生教育工作需求，首先确定整体活动目标；其次对新生的心理和行为特征进行分析，确定活动的总体形式；再次根据新生的认知与情感设计具体环节的内容；最后注重对活动效果的评估，一体化设计新生入馆教育流程，形成活动闭环。

（一）活动目标：帮助新生快速地走进图书馆、了解图书馆、爱上图书馆；培养新生利用图书馆资源和服务的能力；推广阅读服务、倡导终身阅读理念，助力新生在大学期间的成长

增强图书馆的触达性，让新生走进图书馆、了解图书馆并学会使用图书馆。提高图书馆资源的利用率和服务认知度，以期实现新生入馆量提高20%、新生借阅量提高20%、读书会成员增加10%。

提升新用户的黏度，实现图书馆微信公众号涨粉量占新生总数50%。以喜闻乐见的活动形式，让新生对图书馆产生良好的初印象，并通过兴趣找到合适的书籍与阅读伙伴。

提升图书馆的影响力。以优质活动提高知名度、增强图书馆行业的话语权，吸引校内外媒体的关注。

（二）活动对象：本次活动主要针对大一新生，愿意参加活动的其他年级学生也可加入

用户特征分析。基础属性：大一新生普遍年龄在18—19岁，接受过良好的高中教育，通过了高考的严格选拔。心理、行为特征：他们个性鲜明、追求时尚、热衷于各种形式的文化、娱乐活动。一方面，有强烈的自我意识，不喜欢被动地接收信息；另一方面，缺乏对信息的辨别能力，有一定程度的从众心理，需要科学引导。

用户需求分析。进入大学后，新生们面临着各种新的挑战，具体包括：需要了解、

适应新的学习、生活环境，渴望结交兴趣爱好相同的朋友互相支持，急需对自己的大学生活有一个清晰、合理的目标规划，等等。

基于以上分析，我们可以对参与本次活动的用户进行以下分类：对图书馆好奇；迫切想利用图书馆的服务和资源；热爱阅读，希望找到共读的伙伴；对于游戏类活动感兴趣；容易受到他人影响的潜在用户。

本活动充分考虑大一新生的特点及需求，将不同需求的用户吸引到图书馆，实现活动目标。

（三）活动实践：

1. 活动环节

本案例是以游戏为手段、以打卡集章为形式的沉浸式图书馆新生教育活动。具体流程为：关注东南大学图书馆微信公众号—领取寻宝地图—进入图书馆完成地图上的任务—获得盖章—领取奖品，包含四个任务。

第一个是“越·穿越时光的图书馆”。在图书馆南门设置老式邮箱，新生领取图书馆定制的信封和卡片后，写下大学期间想要完成的目标，如阅读多少本书、参加多少次阅读活动、获得问鼎阅读奖学金等。四年后可至图书馆领回，对标目标是否实现——帮助新生理清人生规划。

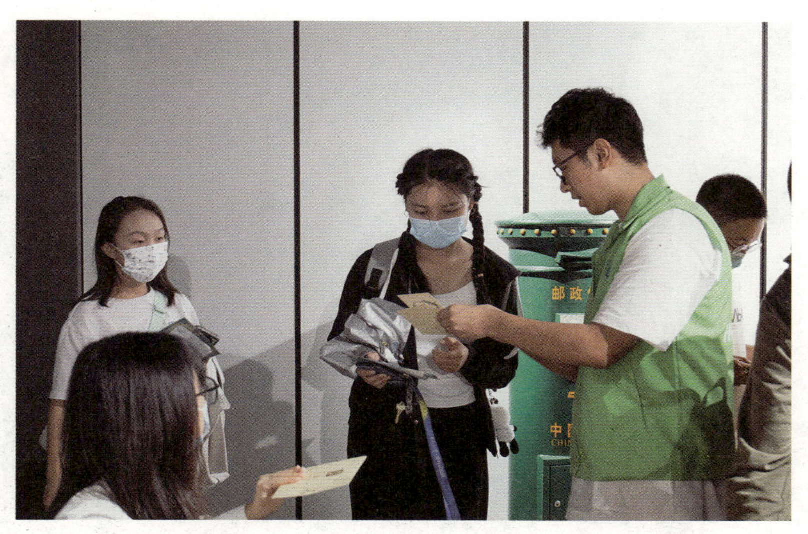

图 1 “越·穿越时光的图书馆”站点现场

第二个是“阅·解锁图书馆通关秘籍”。新生通过微视频、宣传海报了解在图书馆如何获取电子资源、如何借阅图书等，并以手机答题的方式完成相应的题目——帮助新生了解使用图书馆的方法。

图 2 “阅·解锁图书馆通关秘籍”站点现场

第三个是“约·与第一本书的约会”。新生任意选择一本自己喜欢的书，根据索书号找到这本书，并在服务台成功办理借阅。这个环节不仅可以锻炼新生检索图书的能力，而且可以让新生获得实际的操作感和体验感——掌握图书借阅方法和了解图书馆馆藏。

图 3 “约·与第一本书的约会”站点现场

第四个是“悦·SEUer 专属盲盒向你发射”。新生转动转盘、选取相应主题的读书会，参与线上共读和线下读书交流活动——为自己找到志同道合的读书伙伴。

图 4　“悦 · SEUer 专属盲盒向你发射”站点现场

对完成不同任务的新生给予不同的奖励。集齐 2 个章，可以获得图书馆设计的“爱上图书馆”文件袋；集齐 3 个章，可以获得超期免罚券；集齐 4 个章，可以获得图书盲盒，盲盒里是我们精选的适合大学生阅读的图书。

2. 活动推广策略

（1）产品策略。以集章打卡的形式吸引更多新生：需要集章的系列活动新颖且有一定的连贯性，更能激励参与者完整地参加整个活动。以游戏化的方式增强活动趣味性：每个游戏环节都简短而有趣，比起冗长的讲座，更不容易消磨参与者的耐心，参与者也能自由分配自己的时间。以沉浸式体验加深新生对图书馆的印象：参与者亲自探索图书馆空间，在活动中尝试检索和借书服务，留下的印象自然比接受单向灌输的教程更加生动而深刻。

（2）价格策略。用户“零经济成本”和“最优时间成本”：新生入馆教育是大学图书馆面向新生开展的常规、免费的活动。此次新生开放日活动，所有新生都可免费参与，预计完成全部活动所需的时长为 30—40 分钟。借助学校平台并以场地优势降低组织“边际成本”：一是此活动为全校性的新生开放日活动之一，参与全校性活动的师生自然成了图书馆活动的参与者；二是开放日设在图书馆前近 200 亩的大草坪上，缩短了宣传站点与实体活动场地间的距离，实现了最短距离的连接；三是所开展的活动作为图书馆长期推进的阅读推广活动，可一次性投入、持续性开展。

（3）渠道策略。宣传渠道：线上以东南大学和校图书馆微信公众号作为主要宣传平台；线下在图书馆、食堂等校内学生密集的地方进行宣传。活动开展渠道：活动出发地点位于图书馆前大草坪的新生开放日会场；四个打卡点均分布在具有东南大学图书馆特点的空间。

（4）促销策略。联合宣传：此活动是学校的新生开放日活动之一，与校内众多院系、部门联合宣传，受众面广，影响力大。激励机制：每个活动站点的任务难度小，新生只需要完成 2 个站点的活动打卡即可获得最基础的图书馆文件夹的奖励，完成 4 个站点的活动打卡可以获得一本盲盒图书。

三、创新之处

以经典营销理论为指导创新活动。用户可自主选择要参与的集章环节；可自由分配参与时间，降低时间成本和经济成本；借助线上线下多种平台、联合多部门进行宣传，扩大受众面和影响力。

以用户为主体设计活动。将以图书馆为主体的思维转换为用户思维，无论是内容的设计还是形式的设计，都以用户的参与度及给予用户什么体验为前提考虑，如游戏化集章环节新颖且有一定的连贯性，可给用户带来更好的参与体验，拉近新生用户与图书馆的距离，提升用户对图书馆的好感度。

以互动体验增强用户感知。利用趣味活动在新生体验和入馆教育之间找到了绝妙的平衡点，以双向的、感性的传播方式与用户共鸣，让用户在主动体验与互动中获得对图书馆资源和服务的感知，再通过完成层层递进的任务，达到寓教于乐的效果。

四、主要成效

（一）项目成果

活动结束后，项目团队对参与者数据进行了统计。参加活动的新生共 3511 人，占东南大学 2021 级大一新生总人数的 87.78%。

四个环节中，图书馆收到 2687 张新生写给自己的目标卡片，2952 名同学完成了手机答题，借出 1930 本图书，1037 位同学加入了盲盒读书会。完成四个环节的新生占 60% 以上，完成三个环节的同学占 15%，完成两个环节的同学占 25%。

有 3 家新闻媒体对本次活动进行了专门报道，分别为：中国新闻网《南京一高校搭帐篷“花式迎新”》，紫金山新闻《东南大学举办 2021 开学典礼》，交汇点新闻《游园打卡，草坪盛会！ @东大萌新，解锁不一样的开学典礼》。

（二）读者反馈

活动过程中，工作人员在各个集章点随机选择了28名参与者（19名男生、9名女生）进行了简短的半结构化采访，其中20名参与者于最终集章点接受采访，其余8名参与者于总站点和另外三个集章点接受采访。受访者对活动的总体好评度为100%。

活动一、三、四都受到参与者的喜爱，而活动二却稍显不足。有两名同学提到，活动二这种观看展板介绍后扫码答题的方式较为刻板，不够灵活变通。在活动场地的问题上，有同学提出部分集章点之间缺少明显的指示标识，导致他们走错了路；还有同学认为集章路线的规划不够系统；提出可以丰富盲盒种类的同学则认为，奖品转盘上如果有更多的选项会更加刺激。

（三）后续影响

项目团队对活动的后续影响进行了持续跟踪，并将各统计数据与去年同期数据进行了比较。截至申报书提交日，东南大学图书馆微信公众号涨粉3600余人，较去年同期增长360%；各类读书会增加1310人，同比增长180%。新生入馆量达3869人，同比增加150%；活动结束后次月新生借阅册数达3687册，同比增长35.17%。活动实现了参与人数、参与主体和活动形式的三大突破，图书馆利用率得到了显著提升，在内容和形式上为高校图书馆今后开展新生入馆教育活动提供了有价值的参考。

五、案例启示

“爱上阅读·爱上图书馆——东南大学图书馆新生开放日”是东南大学图书馆在传统新生入馆教育活动改版中的一次成功的尝试，图书馆紧抓开学“印象关”，更新服务理念，创新服务模式，实现以新生为主体的游戏探索模式，通过服务过程的深化，在“体验与学习”两者有机结合中面向新生推出“立体式”活动体验表单，从“认知—行动—情感”三个维度强化图书馆阅读氛围熏陶效果的融合度。

本次活动之所以收获了极高的用户参与度和满意度，主要是因为新颖的活动形式和丰富的活动内容切中了年轻人的娱乐和挑战心理，游戏化的活动激发了新生参与欲望，调动多项感官并开启了新生的阅读习惯启蒙之旅。活动采用了集章、阶段性奖励、开通借阅权限、盲盒和抽奖等形式，能够有效激励新生完成活动任务。此外，图书馆抓住契机，将图书馆开放日纳入学校开放日，并与校内众多院系、部门联合宣传，提升了活动影响力。

我们高度重视阅读对大学生的影响，总结本次活动的成功经验，为更好地开展大学生阅读推广活动提供借鉴参考。一是创新以学生为主体的阅读活动模式。高校阅读推广活动要取得良好的效果，必须重视阅读推广对象的主体作用，吸收大学生读者加入阅读推广队伍，调动学生主动体验和参与图书馆阅读推广活动，从认知、行动、情感等多维度强化活动效果。新生阅读推广工作是高校图书馆阅读推广工作的重中之重，图书馆创新层层推进的参与式阅读推广活动，吸引了众多新生的参与，激发新生的阅读欲望，为培养新生的阅读习惯和信息素养打下良好的基础。二是整合各方面资源形成阅读推广的价值共创。高校图书馆的阅读推广工作应与各方资源合作共赢，在馆内，整合文献、空间、馆员、设施、技术等基础因素；在馆外，争取院系、学生社团、学校相关部门，乃至社会媒体、文博机构、公益组织、企业等各方面资源，充分发挥图书馆联合体、高校联盟的凝聚效应，营造浓郁的阅读氛围，打造活动品牌，实现多方价值共创。三是强化阅读推广活动激励机制。阅读激励是调动大学生积极参与阅读活动的有效手段，能够有效激发大学生热爱阅读的主动性和自发性，调动大学生的阅读热情，培养阅读的成就感。图书馆在阅读推广活动中应综合采用名人激励、趣味激励、社交激励、挑战激励、物质激励、荣誉激励和素养提升激励等激励形式，以达到引起注意、唤起兴趣、驱动参与及留下记忆的活动效果。

专家点评

游戏通关、打卡集章、沉浸式体验，是当代年轻人喜爱的游玩方式。东南大学图书馆充分结合当代青年大学生特点和图书馆新生教育工作需求，巧妙设计了以游戏为手段、以打卡集章为形式的沉浸式图书馆新生教育活动，并取得突出成效。本案例创新性强，活动设计新颖，主题鲜明，效果显著，突破了原有新生入馆教育“讲座＋参观”的传统模式，对高校图书馆的服务及阅读推广工作多有启发。如果能够在活动中加入经典阅读以及南京地方文化宣传推广元素就会更加完美。

主审专家：史梅

开学典礼以集章打卡的形式吸引新生，以游戏化的方式增强活动趣味性，以沉浸式体验加深新生对图书馆的印象，最后再以精神激励为辅助，通过转换思维，拉近新生与图书馆的距离，提升新生对图书馆的好感度。活动现场热闹，媒体宣传广泛，从“认知—行动—情感”三个维度强化图书馆阅读氛围熏陶效果的融合度。图书馆能够抓住迎新契机，并与校内众多院系、部门联合宣传，提升了活动影响力；创新以学生为主体的阅读活动模式，整合各方面资源形成阅读推广的价值共创，强化了阅读推广活动激励机制。可思考如何在原有基础上继续升华活动内涵，丰富活动内容形式，不局限于开放日一个节点，尝试形成系列主题，比如以时令节点为经轴纵向贯通、以空间拓展为纬轴横向联通，构筑时空交叠、优势互补的阅读推广体系。另外，可参考图书盲盒、广播之声、户外围读、毕业纪念册等活动形式；建设阅读基地空间；系统升级，共创“您选书，我买单”平台，全方位提高推广质量，创造新的服务环境和技术手段，更好引领图书馆读者服务。

主审专家：许筠

阅读中的时空对话

项目组成员：王磊、刘灿、徐淑娟
单位信息：中国矿业大学

【摘要】2021—2022年，中国矿业大学图书馆连续两年在新生入馆教育活动期间推出“师兄对我说”栏目，通过本科毕业生学长介绍其在校期间的阅读经历、学习故事引导新生从入学伊始就强化阅读意识，养成利用图书馆资源的习惯。素未谋面、时空交错的同一年度本科毕业生和本科新生在这里实现了对话，展开学缘。优秀毕业生的阅读故事激励新生弘扬读书之风，传承优秀校园文化。2021年以来，每年毕业季图书馆还为本科阶段借阅量位列全校毕业生前列的同学量身定制了毕业纪念册，记录其本科期间的学习轨迹、阅读轨迹甚至成长轨迹，记录其本科阶段在图书馆借阅的全部书籍，并进行了分类，由校长亲自题词。纪念册一方面为毕业生保留了其在大学阶段的阅读故事、与图书馆的故事，成为其未来人生一段美好的记忆；另一方面为即将入学的本科新生推荐了其所在专业学习方面的图书，引导新生入学后利用图书馆广泛阅读，规划好本科阶段的学业。部分优秀毕业生还给新生录制了寄语视频，提供了一些本科学习阶段的有益建议。

一、案例背景

毕业季是高校图书馆为学生服务的“最后一公里”，好的毕业季活动对学生的长远发展有着重要的影响和意义。当前，高校图书馆毕业季活动持续开展，不断推陈出新，读者数据挖掘成为创新服务模式的有效手段。例如，厦门大学图书馆提取毕业生的借阅历史、入馆记录、论文题目等，通过创意图文设计与ROR敏捷开发，以“圕·时光”为主题构建了创意网站，用文艺小清新风格的图文讲述了毕业生的图书馆故事，延伸了毕业季活动的意义。深圳大学图书馆也对毕业生“借阅之星”

的借阅数据进行了分析和调研，更好地引导图书馆进行读者服务。此外，还有面向院系的高校毕业生图书馆记忆系统等。本科毕业生借阅数据反映了本科生在读阶段专业学习、完善个人素质、丰富个人业余生活方面使用的资料，以及升学、就业方面使用的主要资料，是本科生在读期间学习、成长过程的缩影。

当前，国内学术界关于借阅行为的分析较多，但单独分析毕业生借阅行为的研究较少。2021 年，中国矿业大学图书馆对本科毕业生借阅大数据进行了挖掘与分析，发现本科生在读阶段图书借阅数量与学习及综合能力存在正相关。如何充分对该数据进行理解和利用，是高校图书馆应当思索的一个问题。

二、主要做法

（一）数据挖掘和分析

本案例自 2021 年开始实施，到 2023 年已进行 3 年时间。在此期间，我校图书馆持续为每年的优秀毕业生“阅读之星”量身定制毕业纪念册；同时不断调整和完善优秀毕业生选取方案及数据分析策略。

2021 年通过纸质图书借阅量排名前 25+ 学院推荐 + 个人意愿的方式最终筛选出同学名单，并为名单上的学生定制毕业纪念册。经过数据分析、座谈等方式，跟踪了解这些优秀毕业生的在校学习成绩、实践情况及毕业去向等信息，对比当年毕业生（含各院系）平均水平，发现这部分同学均具备优异的专业成绩及全面的综合素质。25 位同学借阅纸质图书的数量最高为 420 册、最低为 230 册，就业 6 名、升学率达到 76%。根据 2021 年数据分析结果，2022 年、2023 年在优秀毕业生选取上均采用纸质图书借阅量 + 升学情况 + 学院推荐的方式。

通过分析 2021—2023 年三年优秀毕业生纸质图书借阅数据，我们发现：优秀毕业生（借阅量排名前 50 或升学出国的毕业生）纸质图书借阅呈现以下 3 大特点：术业专攻（专注本专业图书）、博览群书（除专业图书外，人文、哲史类图书均有涉猎）、深度阅读（专注某一本或某一类图书深入阅读）。

通过对比 2021 年优秀毕业生纸质图书借阅量与毕业生平均纸质图书借阅量，我们发现优秀毕业生纸质图书借阅量远大于毕业生平均水平。2022 年升学的前 100 名毕业生大学 4 年平均借阅纸质图书 129 册，而毕业生平均纸质图书借阅量仅为 21.18 册。2023 年，我们对比了 2304 位升学毕业生的借阅数据与 5755 位毕业生的平均借阅数据，关注了各学院的平均借阅数据、毕业生“0”借阅率等数据，着重分析了各学院 2023 届毕业生升学率、纸质图书借阅率及“0”借阅率之间的相关性。

通过分析 2023 届各学院毕业生升学率、非“0”借阅率、“0”借阅率等相关数据，我们发现：升学率高的学院毕业生阅读率较高，非“0”借阅率较高，“0”借阅率偏低。虽然案例数据仅限于纸质图书借阅量数据对比，有一定的局限性，但是也印证了图书阅览量与升学率存在正相关性，进一步说明高校图书馆要积极推进阅读服务，实现阅读服务的高质量发展，助力高校人才培养。

通过分析 2015—2023 届毕业生纸质图书平均借阅情况我们发现：2015—2019 届毕业生纸质图书借阅量呈现缓慢下降的趋势，2019—2022 届毕业生纸质图书借阅量受疫情防控期间图书馆开放政策影响呈急速下降，2022—2023 届下降趋势趋于平缓，纸质图书借阅量已经达到一定“低限”。优秀毕业生纸质图书借阅量同样存在逐年下降的趋势。经调研发现，读者阅读形式呈现多样化趋势，电子图书阅读占一定比例；同时发现优秀毕业生均具有购买经典纸质图书及使用固定电子图书 App 进行阅读的习惯，他们的纸质图书阅读量远大于图书馆记录的外借量。

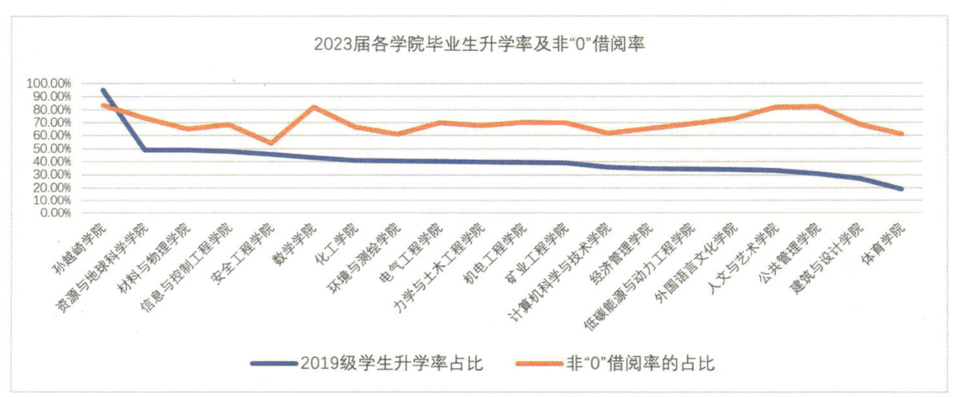

图 1　2023 届各学院毕业生升学率及非“0”借阅率图

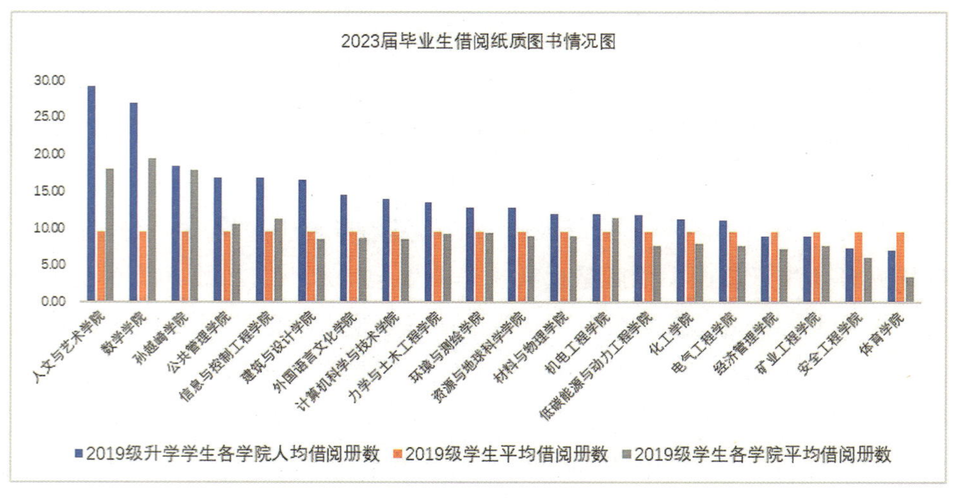

图 2　2023 届各学院毕业生借阅纸质图书情况图

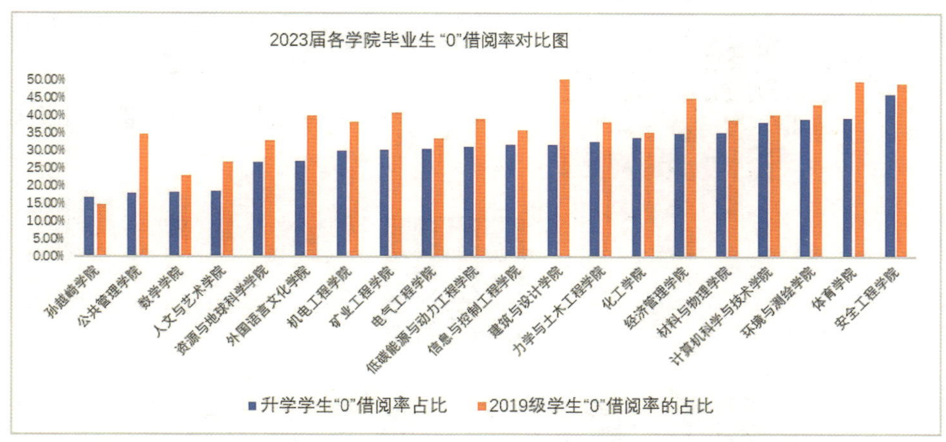

图 3 2023 届各学院毕业生“0”借阅率对比图

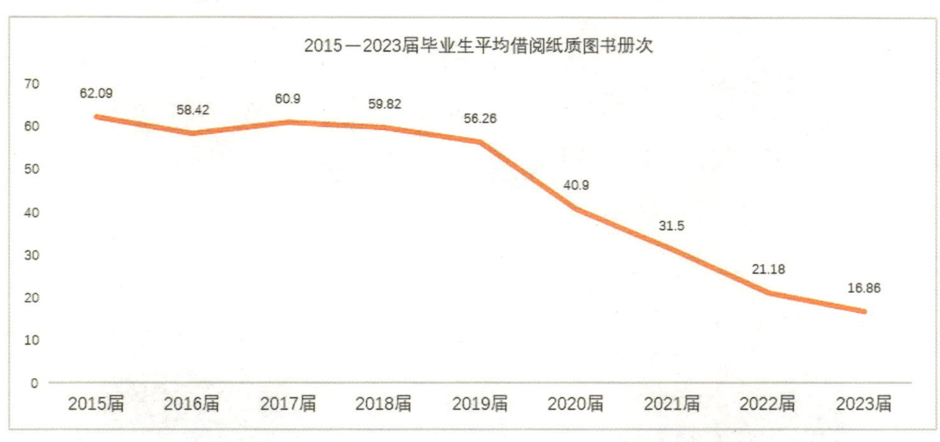

图 4 2015—2023 届毕业生平均借阅纸质图书册次图

（二）数据利用和推广

结合毕业季活动，为优秀本科毕业生“阅读之星”量身定制毕业纪念册。纪念册内容包括毕业生本科学习期间的学习轨迹、阅读轨迹、成长轨迹，并邀请校长题词。纪念册内容由毕业生自己提供，为其保留大学阶段的阅读故事、与图书馆的故事。图书馆馆员会和这些同学交流，确定纪念册的主题和内容版式，这本量身定制的纪念册也将成为其未来人生道路上一段美好的回忆。

挖掘优秀本科毕业生的借阅信息，分析其阅读行为和学习方法等，通过面对面访谈、学院调研等方式，了解优秀毕业生利用图书馆的方法和经验，整合数据资料及访谈资料，剪辑成短视频，在 2021 年迎新季面向新生设立“师兄对我说”专栏进行播放；2022 年迎新季期间陆续推出由优秀毕业生组成的“真人图书馆”、优秀毕业生分享经验的新生阅读专栏“达人荐书”等活动。

图 5 2021 届优秀毕业生纪念册及校长题字

图 6 2022 届优秀毕业生座谈会暨毕业册颁发仪式及纪念册展示

图 7　2023 届优秀毕业生座谈会、毕业册颁发仪式

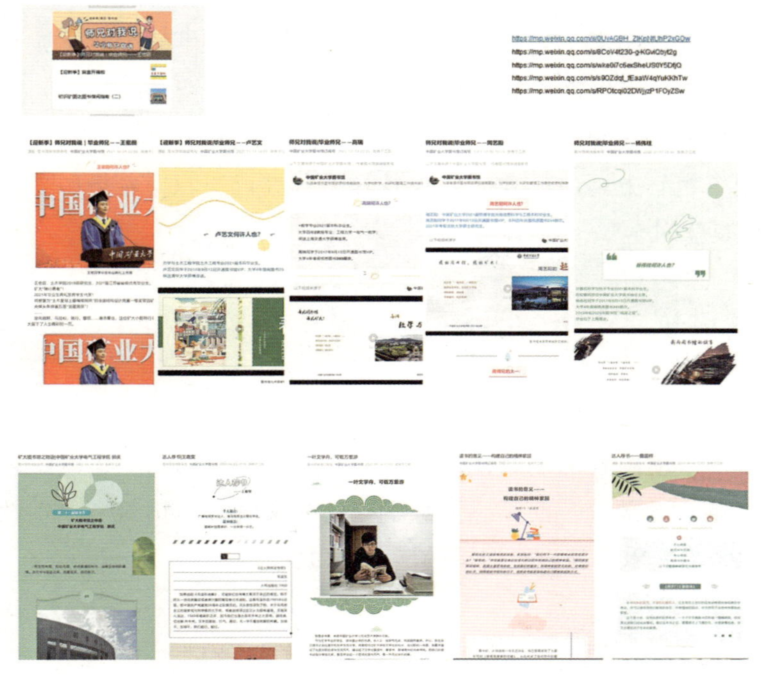

图 8　2021 年、2022 年迎新季期间推出“师兄对我说”“达人荐书”专栏

毕业季优秀毕业生与迎新季新生跨时空对话，一方面推荐了毕业生所在专业学习方面的图书，引导新生利用图书馆资源更好地规划、完成本科阶段的学业，另一方面以身边榜样的力量，传承优良学风，激励新生挖掘潜力，学习榜样，完善自身。

三、创新之处

（一）阅读资源的跨时空推广

挖掘本科毕业生借阅数据，并非仅停留在给优秀毕业生留下纪念册的层面；更重要的是通过深入了解图书馆在本科生学习、成长中的作用，解读他们利用图书馆的方式方法，将优秀本科生阅读的专业类、通识类图书信息资源和利用图书馆的方式方法传递给学弟学妹尤其是新生同学，实现毕业生借阅数据资源的延伸和再利用。

（二）阅读推广和真人图书馆相结合

真人图书馆的核心要义是以现实的个人作为阅读的内容，优秀毕业生“阅读之星”和新生具有校友缘，以他们的阅读故事来激励新生，更能产生共鸣；采取跨时空对话的阅读方式，形式新颖，有助于增强阅读推广的号召力和引导力。

（三）阅读推广与学风传承相融合

高校图书馆是校园文化建设的主要力量之一，所提供的服务，尤其是阅读推广服务贯穿于大学生的整个学习和生活中。优秀毕业生“阅读之星”是读书成才的典范，他们优秀的学风需要一届届传承。我们将毕业生的纪念册在图书馆和社区党工委进行展览，在图书馆官方网站、微信公众号等平台进行推荐，希望引导、影响更多同学传承矿大优良学风。

四、主要成效

（一）增加毕业生的校友情

通过毕业季活动内容的创新，拉近了毕业生与学校和图书馆的距离，为其毕业记忆增添更多难忘的部分，使其感受到学校的人文关怀，构筑毕业生校友情结，创造出毕业生想参与、乐参与、有内涵的毕业项目。

（二）拓展高校图书馆毕业季活动

当前，高校图书馆毕业季开展较多的是调取毕业生阅读记忆类（包括回顾借阅历史、生成图书馆使用报告等）、拍照打卡类和毕业留言类活动。中国矿业大学图书馆在传统毕业季活动的基础上，对毕业季借阅数据进行了挖掘和再利用，将其融入新生入馆教育内容中，对新生阅读习惯的养成产生了潜移默化的影响，实现了毕业季活动的拓展和创新。

（三）阅读推广专业化、精准化

挖掘本科生借阅数据，更完善地构建读者画像，研究读者阅读需求，致力于不同专业本科生的精准化阅读资源推广，开展互相匹配的资源推介服务，推进阅读推广精准化，使阅读推广活动更好地融入本科生专业学习中，提升图书馆阅读推广服务效率。

（四）践行高校图书馆以文化人的职能

通过毕业季借阅数据的挖掘，发现了优秀毕业生的阅读故事、学习经验，展示了矿大学子的学习风貌。毕业生纪念册的宣传、推广更激发了新生利用图书馆、提升阅读素养和学习能力的积极性，潜移默化中传承了矿大的优良学风和校园文化。图书馆不仅以优秀的书籍影响学生，而且以优秀的文化引领学生，发挥了图书馆以文化人的作用。

五、案例启示

通过分析2021—2023年三年优秀毕业生纸质图书借阅数据，我们发现以下特点：优秀毕业生纸质图书借阅呈现3大特征，即术业专攻（专注本专业图书）、博览群书（除专业图书外，人文、哲史类图书均有涉猎）、深度阅读（专注某一本或某一类图书深入阅读）；优秀毕业生纸质图书借阅量远大于毕业生平均水平；优秀毕业生均具有购买经典纸质图书及使用固定电子图书App阅读的习惯，他们的实际图书阅读量远大于图书馆记录的外借量。

综上，可以得到如下三点启示。

（一）高校图书馆阅读推广应当与学科服务相融合

高校图书馆阅读推广应紧密结合学校的人才培养计划，融入学院人才培养、教学服务中。三年的统计数据说明，不同学院、不同专业、不同生涯规划的同学，阅读结构是不同的。在高校图书馆数智化服务转型的背景下，数据的分析和挖掘将阅读推广服务和学科服务恰当融合，可提供面向专业型、学习型、通识型人才培养的精准化纸数资源一体服务。

（二）高校图书馆阅读推广凸显经典性和学术性

经典著作的魅力在于其思想性和启发性，在于铸魂育人。随着高校图书馆阅读推广服务的深入，推广内容将逐步沉淀、凝练，越来越集中于专业类经典和通识类经典（含红色经典）的导读、精读、研读，更将助推学习支持、学术研究，在学术溯源方面给学生以启发，更加契合大学精神。

（三）构建高校图书馆智慧化阅读服务体系

信息化时代背景下，读者的阅读方式、阅读习惯以及阅读内容向数字形式转变，移动阅读、网络阅读等数字阅读方式逐步被大学生青睐。高校图书馆应积极探索文化数字化战略下的阅读服务体系建构，深入进行阅读推广服务数据的挖掘，保存具有学校特色的阅读服务资源，结合学校各专业人才培养目标，分年级、分类型、分方向定制阅读推广服务策略，构建纸数融合、线上线下结合、在线在场一体的智慧化阅读服务体系。

专家点评

对毕业生的借阅数据分析，是对他们大学四年阅读及图书馆利用情况的总结，是他们学习、成长过程的缩影，也是新生教育可资借鉴的资源。毕业季和迎新季都是图书馆阅读推广活动的重要时间节点，该案例颇具创意地把毕业季活动应用在新生季，形成“阅读中的时空对话”，即有效发挥图书馆作为平台、中介的作用，巧妙利用用户数据，把阅读推广和真人图书馆、学风传承结合起来，起到良好效果。该案例的亮点不仅应在毕业生数据的分析及其结果，而更应在其与迎新的结合及利用，建议案例写作及相应工作能够突出重点。支撑材料方面主要是毕业生座谈会、新生读书沙龙等，建议更多体现时空对话、传承等方面的内容。

主审专家：钱鹏

该校组织的系列主题活动具有特色性、周期性、专题性，形成了品牌效应。毕业纪念册不仅能给毕业生留下纪念，而且能挖掘规律性认知，深入了解图书馆在本科生学习、成长中的作用，解读他们利用图书馆的方式方法，进而传递给下届同学，实现毕业生借阅数据资源的延伸和再利用，构建高校图书馆智慧化阅读服务体系。建议再进行全方位、多维度的创新推广。比如以时令节点为经轴纵向贯通、以空间拓展为纬轴横向联通，构筑时空交叠、优势互补的阅读推广体系，做到活动有新意，阅读有惊喜；或者将院系、部门与学科特色相融合，对传统阅读活动进行再造，加强校园文化建设，引导学生培养良好的阅读习惯，增强学校的归属感和责任感，助推学校立德树人。

主审专家：许筠

共读《补遗雷公炮制便览》 开启学术阅读推广新模式

项目组成员：邵怡、高雨、杨莎莎、杨心怡、王荻、刘涵、蒋小峰、金秋盼
单位信息：南京中医药大学

【摘要】习近平总书记在文化传承发展座谈会上强调，中国文化源远流长，中华文明博大精深。为更好地传承中华优秀传统文化，南京中医药大学图书馆坚持多年，打造经典阅读推广品牌——“共读一本书”系列活动。2023年，图书馆阅读推广团队在馆领导的指导和支持下，遵循党中央发力古籍保护、增强文化自信的要求，以中医药古籍活化利用、赋能文化辨识为目的，选择中药典籍《补遗雷公炮制便览》为阅读主体，在全校范围内开展“共读一本书：稀世孤本《补遗雷公炮制便览》”学术阅读推广系列活动。活动围绕《补遗》这一稀世药典，从专业学术阅读推广角度，开展“六个一”活动：一部经典、一次展览、一场讲座、一种体验、一趟走访、一份答卷。通过师生共同研习经典、珍本古籍展、走访药苑、炮制体验、专业讲座、组队合作完成阅读反馈等有趣的互动，全校师生进行了一场沉浸式学术阅读体验。

一、案例背景

中医药是中华优秀传统文化的重要组成部分，具有独特的理论和技术方法体系，是中国传统学术中唯一没有中断知识谱系的学科。中医药古籍作为中医药学术与文化的重要载体，在高等中医药院校的教学、科研和临床工作中具有重要的参考与支撑作用。从经典古籍中汲取线索与智慧是当代中医药学子的必经之路，然而由于繁简字形的差异、古今语言表达方式的不同，即使是系统学习过医古文知识的专家学者在阅读专业的中医古籍时也会因存在语言障碍和缺少古代常识造成理解障碍，因而对医药专业典籍的导读尤显必要。

目前国内高校图书馆的古籍工作主要集中在收藏、整理与保存方面，从学术角

度进行阅读推广的专门研究甚少。为走出古籍阅读推广的盆地，南京中医药大学图书馆以“共读一本书”为依托，选择中药典籍《补遗雷公炮制便览》为阅读对象，以“求助—求解—求知—求全”为主线，设计吸引专业读者参与的深度阅读推广策略。

二、主要做法

中国文化源远流长，中华文明博大精深。中医药古籍是中医药文化的重要载体，传承中医药文化经典、创新阅读推广模式是南京中医药大学图书馆不断努力的方向。经过团队多轮讨论，图书馆选择中药典籍《补遗雷公炮制便览》为阅读对象，邀请不同领域的专家，在全校范围内开展共读经典学术阅读推广项目。在项目实施过程中，我们改变以往读者被动接受说教的模式，加入亲身体验、实景教学等元素；更在最后的阅读反馈中，改变以往提交阅读心得、读书笔记等形式，采用图文绘制、数据库利用、中药歌诀创作等更多实用有趣的互动方式，组织读者依据《补遗雷公炮制便览》中药物的编纂样式，将缺失的三十九味果部药补充完整，真正让读者在阅读过程中感受经典的魅力和阅读的乐趣。

《补遗雷公炮制便览》十四卷，明万历十九年（1591）内府彩绘稿本，是中国现存彩绘药图最多最完整、内容最独特的稀世本草图谱孤本。2008 年该书入选国务院公布的第一批国家珍贵古籍名录，原书藏于中国中医科学院。南京中医药大学图书馆藏有此书的影印版，同时自建特色数据库“馆藏古籍全文数据库”，收录了该书的电子影印本。根据此书手绘牌记的记载，本书原有十四卷内容，分作十部，分别为金石、草、木、人、兽、禽、虫鱼、果、米谷、菜，其中卷十二果部药现今佚失不传，令人唏嘘。

依据此书的传奇经历，我馆组织了一系列活动。

（一）求助：请学生帮助图书馆寻找古籍中缺失的果部药物内容

2023 年 1 月，图书馆联合学工处为全校九个学院的本科生布置了特殊的寒假作业——致敬经典，寻找缺失的果部药。引导学生利用馆藏电子数据库，查询检索《补遗雷公炮制便览》一书相关资料，对该书的源流、构成、经历等内容做初步了解。推荐数据库有：馆藏古籍全文数据库、爱如生－中国基本古籍库、国医典藏等。

（二）求解：引导学生探讨《补遗雷公炮制便览》的版本特色、主要内容，以及缺失内容的补充途径

图书馆高雨博士带领学生参观“千年医典，弦歌不辍——南京中医药大学珍贵古籍展”，古籍展呈现了《补遗雷公炮制便览》以及多部中医药典籍珍品。高雨老师对中医药古籍文化做了详细讲解，从古籍目录学、版本学的角度探求《补遗雷公炮制便览》这部医典的源流。

图 1　高雨老师在南中医图书馆带领学生参观珍贵古籍展

药学院朱悦教授在图书馆开设讲座，从《补遗雷公炮制便览》一书的传奇经历和美学角度，向学生讲述了自己对明代服饰、绘画、建筑等艺术的认识，拓展了学生对中药医典的新认识。

（三）求知：引导学生在老师指点下，深度认知生活中的果部药的古今名称、入药部位、应用价值、炮制过程等

药学院中药炮制教研室主任李林教授在江苏省中医药博物馆开设了实景课堂，利用博物馆丰富的展陈品，将《补遗雷公炮制便览》里中药古法炮制技艺的精巧之处娓娓道来，同时也将现今使用的新型炮制工具、方法与之比较，让学生通过古今对照，更好地理解、传承和发展中医药文化的深厚内涵。

药用植物园邹立思老师带领学生走进引种栽培各类药用植物 1000 余种的药苑，

图 2 李林老师在江苏省中医药博物馆实景教学

开启了寻找果部药的走访。邹立思老师在江苏地道地产药材区、经典名方区、观赏中药区带领学生寻访山楂、芡实、桑葚、乌梅、吴茱萸等多种果部种子药，教导学生观察植物的根茎叶特征，启发他们与《补遗雷公炮制便览》书中本草图谱做对比研究。

（四）求全：引导学生按照原书体例，结合个人理解画图、写作，形成完备的果部药，补全书籍缺失部分

经过四位专家的指导，学生们着手对缺失的果部药进行创作。依据书中几部药的格式，每组学生负责两味药，每味药需递交药物本草图、药物炮制图各一副，另需附上药物介绍（药名、味性良毒、效主治、出产形态、别名等）、雷公云（药物的古法炮制）、歌诀（七言歌诀，可四句可八句，归纳药物的性味功能）。此项作业看似困难，但在专家的指导和学生读者的反复修改后，31 组学生全员完成了阅读反馈，递交本草图 62 份、炮制图 45 份、药物介绍 62 份，从《雷公炮炙论》《新刊雷公炮制便览》中检索“雷公云”30 余句，原创与摘录歌诀 62 首。部分学生在递交要求的阅读反馈外，还按照古籍形制自学自创，展现自己的作品；也有学生将古法炮制与现今的炮制方法对比后，拍摄视频反馈所学心得；还有学生因检索《补遗雷公炮制便览》一书时对图书馆电子数据库熟练掌握，找到了科学研究的新热点，确立了后期学习的新方向。

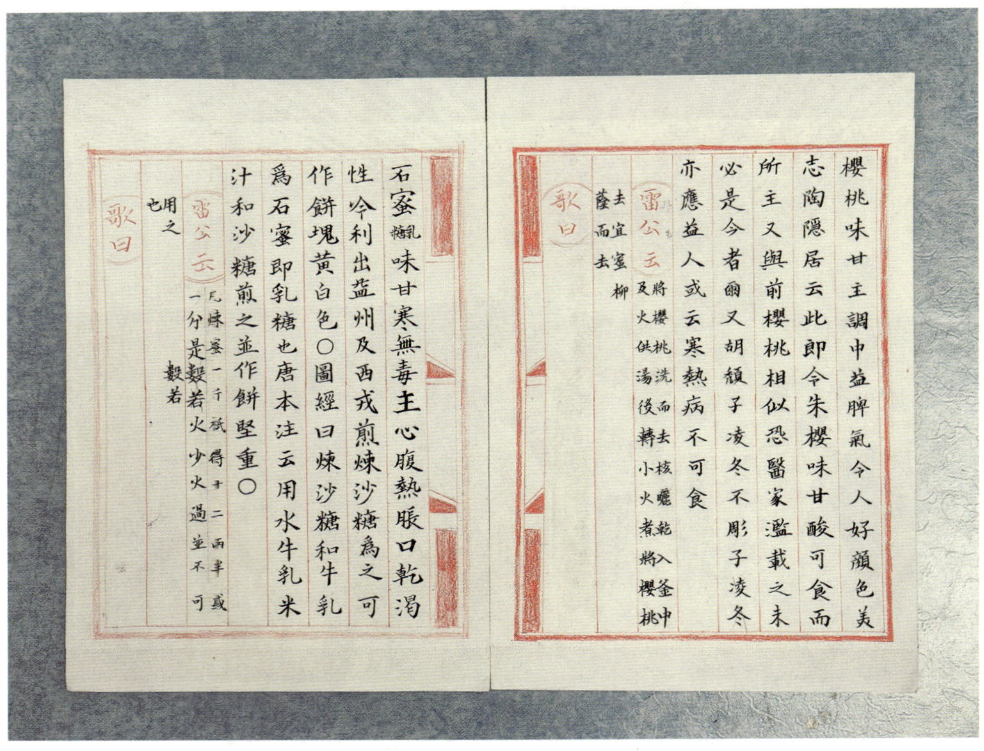

图 3　学生作品（书法）

图 4　学生作品（本草图）

图 5　学生作品（炮制图）

（五）其他线上线下学术阅读推广活动

校园读书节期间举办了《补遗雷公炮制便览》文化体验活动。图书馆将此书中与炮制相关的内容制作成系统图文进行展览，同时与学院相关实验室合作，把炮制器具放在图书馆现场供读者观摩、体验中药特色炮制工艺。

图书馆此次活动受到学校学工处、团委和多个学院的关注，九个学院邀请图书馆量身定制各学院版的“共读一本书”活动，利用馆藏电子资源平台，开展读书打卡、讨论、研读等。其中，药学院、中医学院纷纷选择跟随图书馆共读《补遗雷公炮制便览》一书，共计两百余人参与阅读打卡，发表四千余条话题讨论。

三、创新之处

高校图书馆阅读推广正向专业阅读领域推进。南京中医药大学图书馆围绕中药典籍《补遗雷公炮制便览》，以传承中医经典文脉、守正创新精神家园为目标，活化中医药古籍，实现了古籍从“藏”到“用”，再到“活”的转变。

围绕《补遗雷公炮制便览》的古籍形制、版本及研究等内容，我馆通过讲座和展览结合的方式，引导读者从理论到实践，切实了解古籍这一中华优秀文化载体的基本内容。

围绕《补遗雷公炮制便览》中的传统古法炮制图和本草图谱，图书馆带领读者从中药植物园里摇曳生姿的植物中发现本草图谱的美妙，从博物馆里展陈的炮制用具中体会古代医者的“手上功夫”。实景教学和现场走访的方法让图书馆与读者展开了多维互动。

围绕《补遗雷公炮制便览》中处处体现的中医药专业文化，图书馆为读者提供了沉浸式专业阅读指导和服务，对学生的学术阅读全过程进行了专业干预。

加强学术阅读推广是全面提高高校人才培养质量、体现高校图书馆专业服务水平的重要途径。我校图书馆践行学术化阅读推广，为读者真正提供了深加工的学术内容，逐渐形成了以学科为主的新的阅读推广模式。

四、主要成效

此次共读活动线上线下共计九百余名读者参与，其中 132 名读者深度参与了此项活动，他们组成 31 支队伍，参与四次专家老师的培训。“南中医学子寻找缺失果部药，补遗《补遗雷公炮制便览》”活动，共收到 62 份作业，每份作业包括两味果部药的本草图、炮制图、药物的性状描述、原创中药歌诀等内容。其中有三组学生还递交了一份五分钟的视频作品与一份书法作品，十分精致。

图书馆尝试用视频号直播和视频推送的形式宣传活动，五次直播吸引了 4000 余人观看，视频号发布的相关活动视频获得近千人次观看与点赞。学校官方视频号也转发了相关视频，最广泛地宣传了这次阅读推广活动。

《补遗雷公炮制便览》图片展和文化体验活动吸引了校内与校外多方关注。除了在图书馆举办活动，江苏省中医药博物馆、药学院标本馆均向图书馆提出借展，最大范围展现了该书的文化魅力。2023 年上半年图书馆接待多批中小学生研学活动，来参观的学生均参与了“中药炮制”文化体验，感受挑、拣、簸、筛、刮、刷等多种传统炮制方法，实际操作和书中内容相结合，更加直观理解中药炮制、了解中医药文化。

图书馆读书节期间举办的珍贵古籍展、中药炮制技艺文化体验活动获得多方媒体关注，《新华日报》、《扬子晚报》、“荔枝网新闻”均报道了此次活动。

五、案例启示

培育和践行社会主义核心价值观、展现中华文化时代风采，这是国家对图书馆人的重要嘱托和要求。我校图书馆重视阅读推广工作，以传承中医经典文脉、守正创新精神家园为阅读推广的工作重点，激发读者对经典阅读的热忱，让中医药文化在广阔丰盈的空间中展现魅力、闪耀光辉，这是勇敢且成功的尝试。

传承与经典相偕。经典是文化重要的载体，中医药经典是中华文明的瑰宝，是中医药文化的力量源泉。高校图书馆依据自身特色和馆藏资源，精打细磨经典导读，把优秀的书籍、缤纷的色彩、精彩的情节贯穿中华优秀传统文化学术阅读推广这一鲜明的主线生生不息地传承下去，这是阅读推广工作者的主体自觉和工作追求，也是现今这样一个美好时代最主要的精神旋律。阅读推广工作者通过这样有信念、有意志、有感情的工作，传递给读者感动、启示和激励，必将增强广大读者的志气和骨气。

守正与创新和鸣。经典滋养、人文化育，守正保护我们不迷失方向，创新引领我们把握时代脉搏。阅读推广要牢牢把握守正与创新的关系，遵循经典阅读对社会扬善启真的意义，不断尝试创新方法，更好地为美好心灵之花授粉，启发读者在思想的路径上回望生活、回望心灵。靡不有初，鲜克有终；不忘初心，方得始终。阅读经典文化作品，如同拥有“后视镜”，回望国家历史和个人命运；创新阅读推广方法，又如同拥有“探照灯”，照亮我们前行的方向。两者有效结合，必将为读者成长的道路生出一番别样风景。

专家点评

南京中医药大学图书馆遵循党中央发力古籍保护、增强文化自信的要求，以中医药古籍活化利用、赋能文化辨识为目的，选择中药典籍《补遗雷公炮制便览》为阅读对象，在全校范围内开展“共读一本书”学术阅读推广系列活动，从专业学术阅读推广角度，开展一部经典、一次展览、一场讲座、一种体验、一趟走访、一份答卷的活动，通过师生共同研习经典、珍本古籍展、走访药苑、炮制体验、专业讲座、组队合作完成阅读反馈等互动，打造沉浸式学术阅读体验。案例基于十分具体的一本专业书籍，开展了极富创意的系列阅读活动，真正帮助师生把专业书籍学懂吃透，在专业导读方面迈出了极具创意的一步，为业界专业知识阅读推广提供了有益参考和借鉴。建议结合书籍难度，进一步扩大阅读受众群体，例如选择一些较为浅显的书籍向校外非专业人员推广，弘扬中华优秀传统文化。

主审专家：袁家斌

经典阅读推广品牌“共读一本书”系列活动选择中药典籍《补遗雷公炮制便览》为阅读对象,从专业学术阅读推广角度,开展“六个一”活动:一部经典、一次展览、一场讲座、一种体验、一趟走访、一份答卷。以中医药古籍活化利用、赋能文化辨识为目的,通过师生共同研习经典、珍本古籍展、走访药苑、炮制体验、专业讲座、组队合作完成阅读反馈等有趣的互动,进行沉浸式阅读。建议选取贴近更多读者的普通书籍进行阅读,方便更多非专业读者参与。

主审专家:陈亮

三、创新之处

（一）增加活动趣味性，创新活动形式

本次活动旨在培养大学生阅读习惯，拓展大学生阅读范围，提高“0借阅率图书”阅读率。通过整理“0借阅率图书”书单，引导读者走进图书馆，借助智慧图书馆RFID技术，让读者体验图书查找的快度与精度，改变了读者传统的查找与借阅方式，拓宽了读者的阅读兴趣范围。依托智慧图书馆技术的“书海寻宝”活动，创新了阅读形式，增加了活动的趣味性与吸引力，也激发了当代大学生主动阅读的内在动力，培养阅读习惯，重塑了阅读体验，同时发掘出更多宝藏图书让读者获得了一份意外的惊喜与收获，在奔赴精神盛宴的途中不断赋能成长，提升自我。

（二）挖掘图书资源，创新阅读推广内容

本次活动主要意在借助智慧图书馆RFID技术增加读者图书查找和借阅的科技感愉悦感的同时，发掘图书馆隐秘的宝藏图书。将“0借阅率图书”与高科技相结合，给青年大学生耳目一新的感觉，极大调动了青年大学生的读书积极性与阅读热情，在挖掘图书资源、深入做好阅读推广的过程中，开辟了新路径，打开了新方向，创新了新形式。

引入智慧图书馆RFID技术的书海寻宝活动，获得了广泛关注，提升了阅读推广的实效和影响力。

四、主要成效

（一）激发阅读兴趣，拓展阅读范围

图书寻找和查询的过程让书海寻宝活动的参与者体会到高科技带来的惊喜，以及图书借阅成功后的美妙和愉悦，而图书的发现过程则给人带来了好奇和期待。精心挑选的“0借阅率图书”让参与者有机会发现更多不同类型、不同主题的宝藏图书，有助于拓展大学生的阅读范围，培养多元化阅读兴趣，激发大学生阅读的内驱力，提升阅读品质和知识素养，做有品质有底蕴的南航读书人。

（二）宣传RFID技术，促进图书阅览

书海寻宝活动让更多读者了解RFID技术、体验RFID技术、使用并爱上RFID技术，体会到智慧图书馆高科技带来的便利和喜悦，成功地吸引到更多的师生走进图书馆、走近图书，发现更多类型和主题的书籍，调动青年学生的读书热情，促进

图书阅览，营造积极向上的阅读氛围。

（三）提升图书馆影响力，增加阅读资源关注度

图书馆作为活动的主要组织策划者，通过书海寻宝活动，宣传了智慧图书馆RFID技术，为读者带来一系列便利，展现了图书馆一贯的“以人为本、服务师生”的理念，同时向读者展示了图书馆资源的强大，提升了图书馆在读者群体中的影响力，增加了广大师生对图书馆资源的关注度与利用率。

（四）加强校园文化建设，助力学校立德树人

立德树人是教育的根本任务，阅读经典图书、专业著作、文史典籍等则是实现立德树人教育目标的重要手段和途径。品读经典图书可以让学生修身养性，净化思想、锻炼心性，不断努力进取；研读专业著作，可以让学生获取专业技术知识，提高素养，提升内在竞争力；细读文史典籍，可以让学生读史知史，吸取精华，以史为鉴，古为今用，提升综合能力。本次活动让读者发现了阅读的乐趣、寻找阅读的兴趣，促进个人成长，进而营造书香校园氛围，加强校园文化建设，助力学校立德树人。

五、案例启示

（一）借助高科技，创新阅读推广形式

本次书海寻宝活动，依托智慧图书馆RFID技术，开展“0借阅率图书”查找与借阅，让读者体验图书查找和借阅的高科技与愉悦感，打造新型图书借阅体验，从而吸引更多学生参与活动。“0借阅率图书”的发现过程给参与者带来了好奇和期待，激发参与者阅读欲望。这启示我们在阅读推广活动开展中，要不断对阅读内容、阅读形式和新事物、新技术开展系统化研究，融合当年青年大学生喜闻乐见的方式，创新活动形式，探索新型阅读推广模式，以吸引更多人参与阅读活动。

（二）深挖馆藏资源，构建阅读共同体

图书馆作为校园文献信息资源中心，拥有丰富的馆藏资源。阅读推广应调研分析师生对文献资源的多层次需求，结合馆藏资源特点，精心策划并组织开展形式多样、各具特色的阅读推广活动。在本次书海寻宝活动中，图书馆作为组织者和提供者，融合了“0借阅率图书”和智慧图书馆RFID技术，激发参与者阅读兴趣，提升参与者对图书馆及其资源的关注度和使用率，吸引更多学生关注图书馆并积极利用图书馆资源。这启示我们在阅读推广工作中，要积极挖掘图书馆资源，激发馆员创新阅

读推广模式的主动性，加强与师生的合作互动，提升服务质效，促进阅读推广工作发展，助力构建校园阅读共同体。

（三）围绕立德树人，加强校园文化建设

高校教育的根本任务是立德树人，是为国家培养具有正确价值理念、创新精神和实践能力的人才，要把立德树人作为中心环节创新工作机制，激发图书馆全员开展阅读推广的积极性，助力构建具有南航特色的全员、全过程、全方位的阅读推广模式。在本次书海寻宝活动中，借助智慧图书馆 RFID 技术体验科技感和愉悦感，激发读者的阅读兴趣和欲望，在校园内形成了一个积极阅读的群体，形成了良好的阅读氛围。这启示我们在阅读推广工作中，要注重阅读文化的培养，通过多种新型阅读活动的开展和引导，鼓励更多的学生走进图书馆、走近图书、参与阅读，形成良好的校园阅读氛围，进而提升当代青年大学生的综合素养，培养思辨能力与创新能力，塑造正确的价值观和人生观。

书海寻宝活动的成效为我们提供了多方面的启示。图书馆作为高校的第二课堂，在助力教育教学有序开展的同时，肩负着立德树人的神圣职责。在阅读推广活动中发挥高校图书馆立德树人的作用，是图书馆文化育人、服务育人的具体体现，也是时代赋予图书馆的新使命。图书馆应致力于内化馆员阅读推广的理念，深化现有阅读推广活动内涵，加强相关保障制度建设，融入学校“三全育人”一体化建设，通过丰富的阅读推广活动提升大学生综合素养，培养大学生阅读习惯，重塑阅读体验，助力课堂教学与实践教学，支持大学生创新能力培养，支撑学校人才培养，通过整合提升阅读推广活动，逐步构建立体化、多层次、全方位的图书馆阅读推广服务体系。

专家点评

该案例在阅读推广活动形式和阅读推广活动内容上具有一定的创新性。南京航空航天大学图书馆将智慧图书馆技术与查找、阅读图书相结合，创新阅读形式，让更多读者了解、体验 RFID 技术，引导读者重塑阅读习惯和体验；同时推广“0借阅率图书”，让流通率不高的图书活起来。该案例实施步骤详细，具有较好的推广价值。确定活动主题、确定活动所需图书、活动物品筹备、活动形式策划、活动宣传、活动评选六部分内容完整性强，以“寻宝”引导读者体验 RFID 图书借阅方式，以“品味经典”激发读者品读好书。通过趣味的方式、资源的挖掘、

精心的策划组织，将读者与图书馆紧密联结，形成阅读共同体。在活动宣传和活动评选奖励环节则相对比较传统，可以更多去挖掘读者群体的特征或融入与智慧技术相匹配的科技感，给读者更好的活动体验。

主审专家：金耀

本案例依托智慧图书馆RFID技术，开展“0借阅率图书”查找与借阅活动，让读者在体验高科技与愉悦感的同时，构建新型图书借阅体验，创意不错。精心挑选的“0借阅率图书”也起到激活馆藏的目的，扩大了学生阅读视野，是一个很有意义的阅读推广活动。但是，如果能够配合这项活动举办一些主题讲座、书籍内容分享会等，活动会更丰满。总体而言，活动内容略显单薄，还需丰富。

主审专家：史梅

书海茫“盲”·“盒”你相阅

项目组成员：倪睿、杨萌
单位信息：苏州科技大学

【摘要】苏州科技大学图书馆于2023年校园读书节期间推出“书海茫‘盲’·‘盒’你相阅”阅读盲盒活动，将书籍与当下年轻群体中盛行的盲盒相结合，把书籍用复古牛皮纸进行包装并编号。读者参加活动时拆开盲盒后根据盲盒密令找到对应编号的图书即可借阅此书，扑面而来的仪式感和趣味性让阅读惊喜加倍。此次阅读盲盒活动中，读者在指定时间范围内的借阅量达到指定数量可获得抽取图书盲盒的机会。活动设置“读点正经书”“热爱生活的一万个理由”和“人生海海·山山而川”三个系列主题盲盒，每个主题由图书馆员精心挑选十本本馆冷门图书，另设5个隐藏盲盒，内藏时下热门畅销书。阅读盲盒活动开启了一段未知的阅读旅行，激发师生阅读兴趣的同时拓宽其阅读视野，让埋于架上不被发现的好书也拥有了被阅读、被发现的机会，希望通过此次活动让更多读者感受书的魅力，养成阅读好习惯。

一、案例背景

2023年政府工作报告指出，深入推进全民阅读，这是自2014年首次提出“倡导全民阅读”以来，“全民阅读”连续十年被写入国务院政府工作报告。从最初的“倡导全民阅读”到“大力推动全民阅读”，如今已经发展到“深入推进全民阅读”的阶段，这充分说明了国家对全民阅读工作的高度重视。习近平总书记在致首届全民阅读大会的贺信中也提出了殷切期望：“希望全社会都参与到阅读中来，形成爱读书、读好书、善读书的浓厚氛围。”高校图书馆是集文化、教育、服务和大学生综合素质培养于一体的特定场所，是建设未来学习中心的重要阵地，也是书香校园文化建设以及阅读推广的实践者。为深入宣传贯彻党中央关于全民阅读的战略部署，认真落实书香校园建设方案，激发师生阅读热情，苏州科技大学图书馆紧跟时代热点、关注读者需求、注重读者参与体验，坚持每年4月23日世界读书日前后在全校范围深入开展系列读书节活动，努力培养大学生多读书、读好书、善读书的好习惯，营造浓厚校园文化氛围。

近年来，盲盒因其未知性和趣味性受到越来越多年轻群体的喜爱和追捧，南京先锋书店、大众书局和西西弗书店等都在不断推出“盲盒＋图书”营销活动，推动全民阅读，其中不乏已发展成书店文化品牌的特色产品。苏州科技大学图书馆借鉴“盲盒＋图书”这一图书推荐新形式，立足书本、以阅读为核心，创新传统“为人找书”服务模式，升维“为书找人”概念，分析借鉴其他图书馆活动开展经验，力图在创新性和持续性方面有所突破，于2023年校园读书节期间推出“书海茫‘盲’·‘盒’你相阅”阅读盲盒活动，创新图书馆阅读推广形式，打造校园读书节文化品牌，更好地激发读者阅读兴趣，营造书香校园文化氛围。

二、主要做法

（一）创意来源

随着盲盒经济的蓬勃发展，盲盒形式逐渐受到线上线下各大书店和图书馆界的青睐。南京先锋书店、大众书局、西西弗书店等各大书店线上线下推出盲盒形式的“图书福袋”“盲选图书”等营销活动，长沙图书馆、武汉图书馆、上海外国语大学图书馆和温州大学图书馆等，也都开展过“盲盒＋图书”形式的阅读推广活动。苏州科技大学图书馆紧跟时代热点，契合读者视听感受和思维习惯，“迎合”当代年轻学生群体，注入新鲜阅读推广理念，分析借鉴其他图书馆的活动开展经验，开发“吸睛”的阅读推广形式，推出阅读盲盒活动。

图书被用复古牛皮纸包装，充满仪式感，读者无法从外观上得到关于图书的任何信息。用于抽取的盲盒色彩艳丽、图案俏皮，双重视觉感受更大程度激发读者的好奇心和求知欲，促使其参加活动，进而开启阅读。正是有了阅读的开始，才有了读下去的可能，从而在潜移默化中培养读者阅读习惯，推广全民阅读。每位读者都有自己的阅读习惯和题材偏好，假如图书有生命，每一本书应该都不甘心“躺平”，而是希望可以最大程度地发挥自己的价值。阅读盲盒活动帮助读者发现埋于架上的好书，帮助更多读者突破自己的局限和偏好，拓展阅读新领域。

（二）甄选图书

阮冈纳赞言：“每个读者有其书，每本书有其读者。”图书的价值在于使用，阅读的价值更是一场灵魂的旅行，让自己变得更为辽阔。公众对图书馆的认知还停留在“为人找书”的借阅服务阶段，当代图书馆早已变被动服务为主动服务。图书馆服务也是阅读推广的重要组成部分。各项阅读推广活动的出发点和落脚点都是为读者推荐图书，促进读者阅读热情，培养阅读习惯。“阅读盲盒”作为新型阅读推广活动形式，立足书本，核心要点就是确保盲选图书的质量。图书内容质量好坏，决定能否收获读者参与活动的满意度，也决定是否能为此活动带来好口碑、吸引更多的读者参与、形成具有持续性的品牌化活动。

为兼顾不同学生的阅读爱好，本次阅读盲盒活动设置了“读点正经书”“热爱生活的一万个理由”和“人生海海·山山而川”三个系列主题盲盒。每个主题由图书馆馆员精心挑选十本我馆冷门图书，覆盖哲学、传记、小说、历史等学生普遍接受度较高的图书门类，另外增设5个隐藏盲盒，内藏时下热门畅销书。读者在指定时间范围内图书借阅量达到指定册数即可获得抽取图书盲盒的机会。首期书单如表1所示。

表1 “书海茫‘盲’·‘盒’你相阅”阅读盲盒活动首期书单

盲盒系列	题名	作者
读点正经书	《漫长的余生：一个北魏宫女和她的时代》	罗新
	《人间烟火：掩埋在历史里的日常与人生》	赵冬梅
	《吃：食物如何改变我们人类和全球历史》	（英）菲利普·费尔南多－阿梅斯托
	《风月同天：古代文化变迁中的细节》	侯印国
	《疑案里的中国史》	艾公子
	《这个故宫很有趣儿》	江上渔者
	《文状元：一个从学子到宰相的人生奋斗历程》	章宪法
	《西南联大诗词课》	闻一多　等
	《故事法则》	施爱东
	《古希腊人：在希腊大陆之外》	（英）菲利普·马特扎克
热爱生活的一万个理由	《克林索尔的最后夏天》	（德）赫尔曼·黑塞
	《羊呆住了》	李盆
	《亲爱的蜂蜜》	笛安
	《逍遥游》	班宇
	《这世界很好，但你也不差》	万特特
	《5%的改变》	李松蔚
	《存在主义心理学的邀请》	（丹麦）博·雅各布森
	《你好，焦虑分子！》	（法）阿兰·布拉克尼耶
	《贪婪的多巴胺》	（美）丹尼尔·利伯曼，迈克尔·E.朗
	《海边的房间》	黄丽群

盲盒系列	题名	作者
人生海海·山山而川	《精神与爱欲》	（德）赫尔曼·黑塞
	《假如我们注定是普通人》	祁十一
	《大英帝国 3000 年》	（英）杰里米·布莱克
	《在你们离开以前》	毕啸南
	《朝向一朵花的盛开》	陈应松
	《读书与生活》	贾平凹　等
	《这是真的吗》	（美）乔尔·贝斯特
	《越过内心那座山：12 个普遍心理问题的自我疗愈》	（美）伊迪丝·伊娃·埃格尔
	《如何克服社交焦虑》	（美）埃伦·亨德里克森
	《王能好》	魏思孝
隐藏盲盒	《长安的荔枝》	马伯庸
	《如雪如山》	张天翼
	《猩红热》	（奥）斯·茨威格
	《河湾》	张炜
	《四合如意》	张怡微

（三）细节设计

包装往往最先吸引人的眼球。图书馆馆员将精心挑选的 35 本图书用复古牛皮纸和丝带进行包装并编号（如图 1），再在 35 份惊喜盲盒内放入刮刮卡和盲盒密令（如图 2）。参加活动的读者拆开盲盒，根据盲盒密令找到对应编号的图书即可借阅此书，扑面而来的仪式感和趣味性让阅读惊喜双重加倍。

图 1　阅读盲盒活动书籍包装

图 2　惊喜盲盒细节展示

此外，每位参与活动的读者领取阅读盲盒时工作人员都会附赠一张精心设计的阅读分享卡（如图 3），方便读者对此次活动做出评价。通过征集读者的阅读感受、活动体验或者原文摘录，图书馆在下一期阅读盲盒活动中制作成盲盒密令，形成良性循环互动。

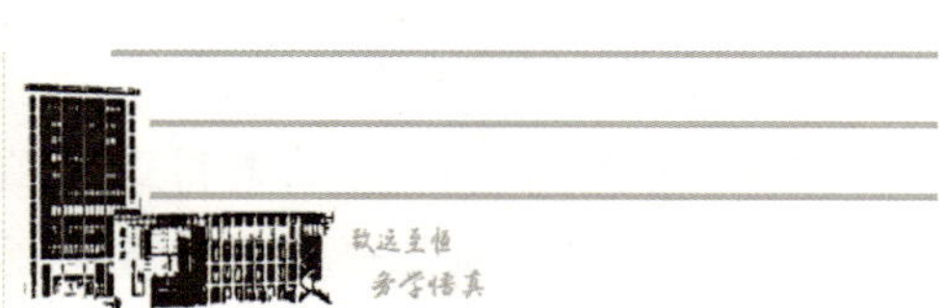

图 3　“书海茫‘盲’·‘盒’你相阅”阅读盲盒活动阅读分享卡

（四）实施要点

1. 广泛宣传

图书盲盒活动策划方案一经落实，项目小组工作人员便与苏科大读书协会的同学们一起讨论、撰写宣传文案，制作活动海报及宣传横幅，并张贴在图书馆大厅和校园各处宣传栏。同时，官方微信公众号等新媒体平台对活动进行了事先宣传，及时推送活动进程，读书协会的学生也会在其他社交平台扩散活动消息，鼓励同学们踊跃参与。

2. 奖励规则

参与本次活动的同学均能领取由图书馆设计并制作的文创环保袋一只。活动结束后，图书馆工作人员会在提交阅读分享卡的同学中抽取“锦鲤”一名，发放小礼品一份。纪念品和奖品等奖励形式更有助于鼓励学生积极踊跃参加活动。

三、创新之处

（一）创新思路，注重读者参与

读书节活动年年举办，但是同样的活动形式千篇一律，读者也会感到审美疲劳。传统的书目推荐，一般是将书名、作者和馆藏信息等制成易拉宝海报摆放于固定位置，或者是举办实体书展，往往以看为主。阅读盲盒活动创新了书目推荐的展现形式，注重读者参与和互动，整个活动更加立体鲜活，增加了趣味性和仪式感，更容易引起读者共鸣和关注，为打造文化品牌项目奠定基础。

（二）推陈出新，提高利用效率

相信每个图书馆都会有埋于架上不被发现的好书，本次活动挑选的书目大部分是本馆冷门图书，这里的冷门是指借阅率较低甚至零借阅。很多同学不知道如何利用馆藏资源，不擅于挑选自己兴趣之外的图书，阅读盲盒活动挑选了一批这样的书目，既是对优秀作品的宣传，也是对图书馆服务的宣传，有助于提高文献利用率，变被动为主动，强化图书馆服务的主动性，拓展图书馆服务的广度和深度。

（三）因地制宜，展现形式灵活

阅读盲盒活动每次推荐的书目少而精，活动实施方案灵活，整体策展小而美、可复制性较强，在场地选择方面不受限，可以因地制宜，活动整体为图书馆增加了新意。

四、主要成效

"书海茫'盲'·'盒'你相阅"阅读盲盒活动虽然是首次举办，但是获得了非常好的成效，从微信官方公众号点击量和活动现场情况来看，传播是相当成功的。活动反响热烈，学生积极参与，具有一定的可持续发展性。该活动自 2023 年 5 月 10 日开启，仅半日就将所准备的 35 份盲盒全部抽光，因数量有限，更有同学早早便来排队占位。此次活动一共发放阅读分享卡 35 份，回收有效阅读分享卡 33 份（图 4）。我们通过访问提交阅读分享卡的学生得知，大部分同学对于此活动十分惊喜，认为该活动让阅读更加富有趣味性，提升了他们的阅读兴趣和参与图书馆活动的积极性，希望以后多举办这样的活动。阅读盲盒活动的举办有助于切实提高学生参与读书月活动的活力和创造力，丰富校园文化生活、营造校园书香氛围的同时，引导学生培养良好的阅读习惯，回归书籍、返璞归真。

通过策划创意新颖的读书月活动，图书馆员也切身感受到阅读推广形式的多元化对读者参与读书月活动举足轻重，推广方式的推陈出新是最重要的。创新活动促使馆员发散思维、发挥主观能动性，将创新意识不断融入工作中，为读者提供更多更好的活动，从而提高了图书馆服务质量，促进了阅读推广。

图 4 学生提交的阅读分享卡部分文字

五、案例启示

（一）立足阅读根本，形式多元化

高校图书馆是书香校园文化建设的有机组成部分，是建设未来学习中心的重要阵地，各项阅读推广活动的出发点和落脚点都是为读者推荐好的图书，提升读者阅读热情，从而培养良好的阅读习惯。顺应时代发展，图书馆理念升维，从被动服务到主动服务，主动吸引读者参与阅读推广活动。这样的活动才具备可持续发展的可能。阅读推广活动的形式和主题越新颖、越“吸睛”，读者的参与度越高。但所谓“吸睛”并不是一时的博眼球，而是契合时代热点、立足阅读根本与图书馆相得益彰的活动。阅读盲盒活动就是一种新型、立体化阅读体验形式，是图书推荐和图书馆延伸服务与创新的突破口，应进一步立足阅读核心根本，依据馆藏资源特点，分析读者阅读心理需求，激发学生的阅读兴趣，塑造更加多元化、立体化的阅读体验。

（二）内容充实化，形成良性循环互动

“书海茫‘盲’·‘盒’你相阅”阅读盲盒活动，秉承以读者为中心的理念，立足阅读核心根本，注重读者体验感和参与度，让活动更加立体化。本次推荐书目尽量避开当下或者经典畅销书，为读者选择小众冷门好书，提高读者在阅读盲盒活动

中偶遇好书的概率。读者在阅读盲盒图书后，可以通过提交阅读分享卡交流读书心得或者活动体会，以书会友。图书馆既能对相关图书进行推介，也能起到宣传阅读盲盒活动的作用，形成良性循环互动。

（三）推广品牌化，增强可复制性

“书海茫‘盲’·‘盒’你相阅”阅读盲盒活动突破常规书目推荐模式，将阅读和盲盒结合，增加了活动的趣味性，同时拓宽了同学们的阅读视野、深化了阅读体验。活动推荐的相关书目不以数量为衡量标准，而以质量为重，书目“少而精”，活动整体“小而美”，活动周期短、富有内涵、可复制性强，收获读者参与活动的满意度和认可度高，活动口碑好，应建立长效机制，打造读书节品牌活动，实现阅读推广价值。

阅读盲盒活动首次举办即获得了较好的成效，今后我馆开展此项活动时，还将进一步细化方案策略，有针对性地深度挖掘不同读者群体的阅读兴趣、学科专业，结合不同时期的热点准备专题书单，由点到面发散，使之成为持续热点，形成有自己特色的品牌文化活动，引导学生爱上阅读、享受阅读，从而养成阅读好习惯。

图 5 “书海茫‘盲’·‘盒’你相阅”阅读盲盒活动的盲盒布置

专家点评

盲盒是近年来兴起的符合青年群体的一种消费形式，该案例借鉴实体书店的盲盒销售方式，将这种形式应用于图书馆的阅读推广活动，寓教于乐，激发读者阅读兴趣。该活动设置三个系列主题盲盒，以及隐藏盲盒，此外还在活动细节，如盲盒包装、奖励规则等方面精心设计，配置阅读分享卡为下一期活动做准备。宣传策略、盲盒密令、参与要求等，均给人“眼前一亮”的感觉。活动有针对性地挑选质量高但低借阅量或零借阅量的图书，起到指导阅读和提升文献利用率的作用。“书海茫‘盲’·‘盒’你相阅”的活动名称贴合创意，从活动现场照片等支撑材料看，是一个不错的小而精致的阅读推广活动。阅读推广活动不能止于活动，而需要评估活动开展的效果和可持续推进。建议把申报书中案例启示的内容落实为实际工作，特别考察是否达到活动策划中所描述的以书会友、提升图书利用率等方面的目的。此外，读者分享卡的设计很好，建议充分利用，“细节设计”中已经提到阅读分享卡的内容将在下一期阅读盲盒活动中制作成盲盒密令，建议从与读者价值共创层面打造该活动品牌。另外，目前展示的仅为读者层面针对这次活动以及阅读图书的感悟，建议把馆员分析这些分享与感悟，聚焦读者阅读需求，为以读者为中心开展阅读推广活动提供支撑也展示出来。

主审专家：钱鹏

近年来，盲盒因其未知性和趣味性受到较多年轻朋友的喜爱和追捧，各大书店都在不断推出“盲盒＋图书”的各类营销活动，推动全民阅读，其中不乏已发展成文化品牌的产品。苏州科技大学图书馆也借鉴这一图书推荐新形式，以“为书找人”为目标，立足书本，以阅读为核心，分析借鉴其他图书馆经验，力图在创新性和持续性方面有所突破。各项阅读推广活动的出发点和落脚点都是为读者推荐图书，促进其阅读热情。而书目推荐这种阅读服务则是“为书找人”的典型方式。该校把这一新形式做成了可复制性强的周期性活动。前期宣传工作落实到位，在常规流程基础上加上了细节满满的特色，设立系列主题盲盒，不仅类别丰富还另有5个隐藏盲盒，立足书本、考虑全面。设定读者达到一定借阅量即可抽取盲盒这一门槛，也提升了馆藏借阅率，培养了阅读意识。精致的包装，再加密令和刮刮卡，增强了趣味性。附赠的分享卡，征集了读者的阅读感受、活动体验或者原文摘录，在下一期阅读盲盒活动可制作成盲盒密令。奖励机制分明，形成了良性互动。秉承以读者为中心的理念，打造了专属本校的文化活动品牌，更好地营造了书香校园文化氛围。建议充分挖掘馆藏资源，全面掌握师生对馆藏资源的多层次需求，多尝试、多思考。联合院系、部门，与学科特色相融合，多维度组织系列主题活动，提升品牌活动内涵，建构核心能力，争取对阅读推广活动进行全面整合与提升。

主审专家：许筠

第五部分

强化创新探索

创新模式　赋能阅读

——“您选书，图书馆买单”的 NAU* 运营之道

项目组成员：郭忠兴、张勇、罗宇辉、童云娟、丁青、任化梅、侯梅利、唐惠燕
单位信息：南京农业大学

【摘要】高校阅读推广的关键是赋能读者。“您选书，图书馆买单”读者借购（荐购）平台基于“用户导向，服务至上”的理念，攻克技术难关，优化运营模式，赋予了读者资源采购权，激发了读者参与图书采访的动力，激活了读者自主研学修习的潜力。此外，本活动还推动了馆藏资源结构优化，提高了馆藏资源利用效率，也减轻了馆员的采购工作压力，坚定了馆员构建“用户友好型”图书馆的信心，在高校中具有很高的应用推广价值。2018 年下半年，我校浦口校区分馆开通使用该平台，但效果不彰。2022 年下半年，图书馆优化运营规则、攻克技术难点、接入新供应商、加大推广力度，在两校区图书馆同步运营新的服务系统，取得了令学生满意、令老师称道的运营绩效。该服务系统采用可靠的技术框架，整合相关业务模块，与馆配商供应链进行数据互换；支持多馆配商接入，形成统一的书目展示平台，实现读者无感检索下单；提供借购、荐购两种方式，采用线上线下相结合的采购模式，精准满足学生个性化阅读需求。

一、案例背景

馆藏纸本资源利用方式亟待创新。近年来，高校在校生数量持续上升，学生学习热情持续高涨。与此相反，高校图书馆的纸本资源普遍陷入低利用率困境。如 2021 年江苏省 51 所本科院校纸质书刊借阅量占当年新增馆藏量的比例相对上一年度继续下滑，低至 3.26%。如此反差，固然有多重成因，然而以创新促进资源利用则是必然选择。

---

* NAU 是南京农业大学英文名称 Nanjing Agricultural University 的缩写。

放权以赋能读者乃必然选择。作为“数字原住民”的青年人偏好阅读电子书，这不仅无可厚非，而且要顺应。这给了纸本书阅读推广以有益启示，即要采购读者想阅读的书，还要推广读者需要的书。换言之，要与读者的阅读偏好同向同行。若要精准匹配读者阅读需求，阅读推广工作必然要向采购延伸。否则，功效甚微，难以持续，困境依旧。因此，“放权读者、让读者参与采访，赋能读者、让读者自主阅读”就成为必然选择。

“您选书，图书馆买单”读者借购（荐购）平台是赋能读者的卓越平台。较之此前采用的“读者荐购”，该平台不仅基于立馆使命赋予了读者充分的采购权，而且将新书从馆配商至读者的时间缩短至2—3天，极大地提高了资源供给的及时性。此外，通过该平台采购的纸本资源，其循环利用率明显高于其他方式采购的新书。

二、主要做法

相对于公共图书馆的读者，高校图书馆的读者阅读兴趣高、学习能力强、社群交互频。“您选书，图书馆买单”读者借购（荐购）平台（NAU 版，以下简称“NAU 版平台”）是我校紧扣读者特质，在读者阅读行为模式转换背景下，赋予读者资源采购权，以精准匹配读者群体阅读需求，着力从底层激发阅读潜力的阅读推广运营模式。长期来看，该平台不仅对于有效支撑高校师生的个性化成长与多元化发展具有重要意义，而且对于优化馆藏质量、彰显高校图书馆价值具有重要作用。

（一）组织协同攻关

为消除技术障碍、化解运营难题，南京农业大学图书馆成立了专项工作组，由馆长担任组长，负责重大问题决策；各分管馆领导负责统筹协调，全程参与项目推进工作；抽调读者服务部、文献资源建设部、技术保障部的骨干力量分工负责、通力合作，着力突破掣肘难题。技术保障部负责与杭州麦达（平台建设公司）、江苏汇文（图书管理系统公司）对接沟通，及时有效破解技术难点；读者服务部负责平台的使用推广，向读者普及平台使用知识、答疑解惑；文献资源建设部负责与浙江新华（馆配商）、江苏凤凰（馆配商）洽谈。总之，着力搭建一个由全校师生主导、图书馆运营的“采访—阅读”一体化集成平台。

（二）再造工作流程

与图书馆传统的工作流程相比，NAU 版平台实现了图书不进馆而直达读者，从而达成了读者“采访—阅读”一体化，颠覆了此前“采访—编目—加工—上架—借阅”的工作流程，恪守了阮冈纳赞关于图书馆学的五定律（The Five Laws of Library Science），做到了图书物流信息的全程追踪、无缝衔接，蹚出了一条新时代利用数字技术赋能读者、激励阅读、优化管理的可复制、可推广的典范路径。

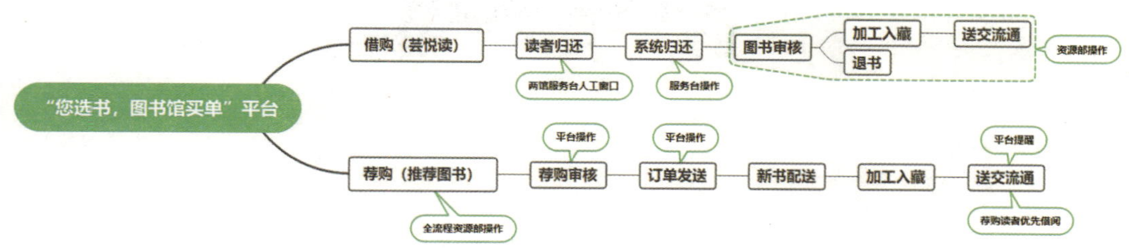

图 1 NAU 版平台工作流程图

读者感知的借购流程如下：

1. 读者登录平台，按需选书。

2. 读者下单后，按物流公司短信提示，到营业点取书。

3. 读者阅读后，将书归还至总服务台。

读者未能感知的是图书馆人倾注心血的多处流程重构与再造。如图书馆与馆配商要事先确定图书分类上架规则、书目数据标准化规范等，读者选书并下单后，订单服务系统将订单数据发送给馆配商供应链系统，馆配商根据订单信息完成拣货和打包，通过快递将图书发送给读者。订单发货的同时，馆配商将物流信息推送至 NAU 版平台的订单、物流信息模块，读者和馆方均可以通过 NAU 版平台跟踪物流信息，并通过平台发送消息提醒读者关注物流状态，以便及时取书、确认到书等。此外，在读者收到快递后，平台将图书的简单编目数据和借阅数据推送给图书馆业务平台（江苏汇文），为后续的读者还书和图书加工做好数据准备。读者在阅读完图书后将图书归还至图书馆指定柜台，由馆员做图书归还业务处理，并将此类图书集中送至采编部门进行编目、加工处理，然后进入馆藏供其他读者借阅。

图 2 NAU 版平台 PC 端入口

图 3　NAU 版平台移动端首页

另外，NAU 版平台将传统的“荐购”工作也嵌入到平台中，体现了平台良好的兼容性。

（三）创新运营规则

规则决定了赋予读者的采购权限及其对读者阅读的激励效果。为此，我们制定了激励与约束兼容的《“您选书，图书馆买单”平台（NAU 版）读者星级管理方案》《“您选书，图书馆买单”平台（NAU 版）读者星级借购规则》。我们将师生读者分为五级，分级赋权，初始赋值为二星读者，此外，还明确了读者升级方案、降级方案、停权方案。

表 1　读者分级权限设置情况

读者星级	单次借购量（册）	年总借购量（册）	单册价格上限（元）
二星	3	15	50
三星	6	30	100
四星	9	45	150
五星	12	60	200
六星	15	不限	300
说明：（1）部分图书条目为“上下册”或“上中下册”的视为 1 册； （2）馆藏复本不足 2 册时，可提供借购（总馆藏复本不超过 2 册）； （3）每本书借阅期为 30 天（遇假期顺延），可续借一次 15 天； （4）借购图书逾期、损毁或丢失，均参照馆藏图书理赔的对应规则执行。			

（四）实施推广计划

鼓励阅读育人的高校图书馆公共服务，同样需要营销。为此，我们制定了较为详尽的推广计划。充分利用开学、假期、会议等关键时间节点，立足本馆，深入课堂，依托社团，联手工会，线上线下同步，集中与分散结合，构建了全方位、多层面、多方式、立体化的推广矩阵，甚至专门开辟了“借购”“荐购”书架，以鼓励朋辈学习、社群分享。

为配合计划实施，我们精心制作了活动推广海报、宣传折页、影像资料、常见问题解答等，方便读者更全面地了解和使用平台提供的各项服务。

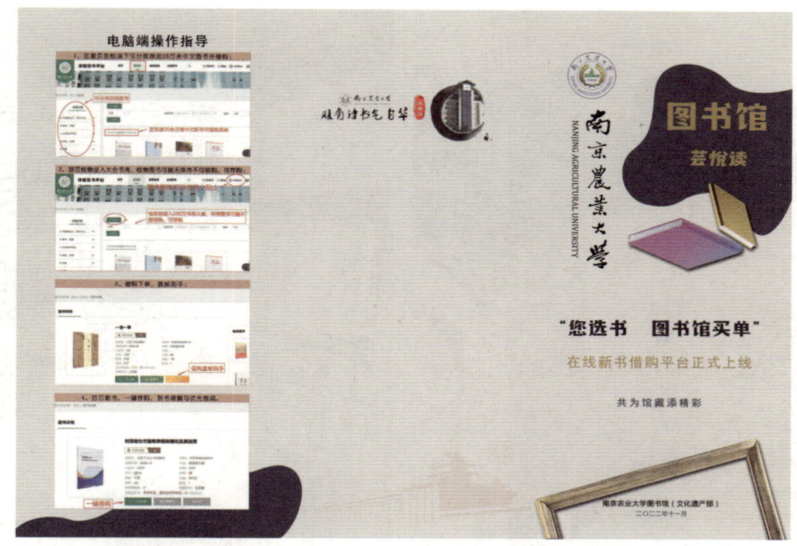

图 4　NAU 版平台宣传折页

在南京农业大学第十四届“腹有诗书气自华”读书月开幕式上，图书馆线上线下启动平台推广使用仪式，邀请学校相关部门负责人作为体验嘉宾，现场开通账户并下单体验图书借购功能。其他线下推广同步进行。数名馆员在开幕式会场外摆立展台、设立海报、拉横幅吸引师生读者，打印大幅平台入口的二维码图片供读者扫码进行体验。通过图书馆网站主页、图书馆微信公众号和视频号、读书协会和各个咨询服务 QQ 群等平台发布系列宣传文案，并有效利用图书馆大厅显示屏滚动播放宣传视频和文案。此外，依托平台，邀请江苏凤凰出版传媒集团开展校园线下展销，更将师生营造书香校园的氛围推向了高潮。

图 5　2023 年 4 月 25 日卫岗校区基于 NAU 版平台的线下选书现场

图 6　2023 年 6 月 22 日读者在借购专架挑选心仪图书

三、创新之处

（一）“采访—阅读”一体化

这是符合高校图书馆读者群体特质的极具实质意义的创新，满足读者、激励阅读、社群分享、优化馆藏。此次读者借购、荐购的新书的借阅率超过 100%，显著高于馆员采购访求的图书。最为重要的是，它以超快捷的速度满足了读者阅读新书、获取新知的愿望，切实激发了读者的阅读兴趣，适应了师生个性化、多元化发展诉求。

（二）一个定制化平台支持多家馆配商

这是NAU版平台区别于其他学校平台的显著特征。NAU版平台支持接入多家馆配商，形成统一的书目展示平台，读者可以通过一个平台检索浏览统一标准的书目信息，选择自己需要的图书品种下单。此举避免了多家馆配商通过多平台提供服务所造成的服务碎片化。NAU版平台通过数据标准化将各家馆配商分散的图书采选平台集中统一管理，优化采购流程，方便读者选购。此外，单一定制化平台支持多家馆配商接入的意义还在于丰富平台的上架图书品类，为读者提供更多的选择，满足广大读者对图书资源的多样性需求。

（三）实现平台与图书管理系统的数据交换

OpenAPI（开放应用编程接口，Open Application Programming Interface），可以实现各项基础服务在关联内部数据的同时，与书商的供应链系统和图书馆管理系统进行数据交换，完善系统数据，整合图书馆相关业务和馆配商供应链系统。业务发展过程中产生的订单信息、物流信息、图书编目信息和借阅信息等都可以通过OpenAPI接口在平台与外部系统之间传输，实现系统自动查重，优化书目清单，以及数据标准化对接。

四、主要成效

高校阅读推广的关键是赋能读者。NAU版平台基于“用户导向，服务至上”的理念，通过攻克技术难关，优化运营模式，赋予了读者资源采购权，激发了读者参与图书采访的动力，激活了读者自主研学修习的潜力。此外，此举还推动了馆藏资源结构优化，提高了馆藏资源利用效率，也减轻了馆员的采购工作压力，坚定了馆员构建“用户友好型”图书馆的信心，在高校中具有很高的应用推广价值。

该服务系统采用可靠的技术框架，整合相关业务系统的采访模块、读者借阅模块，与馆配商供应链进行数据互换；支持多馆配商接入，形成统一的书目展示平台，实现读者无感检索下单；提供借购、荐购两种方式，采用线上、线下结合的采购模式，精准满足读者个性化阅读需求。

2018年下半年，该平台在我校浦口校区分馆开通使用，但效果不彰。2022年下半年，图书馆通过优化运营规则、攻克技术难点、接入新供应商，加大了推广力度，在两校区图书馆同步运营，取得了令学生满意、令老师称道的运营绩效。

运行半年来，本校线上注册人数1583人。借购图书共1774种、2478册，其中社科类图书占比85.24%，科技类图书占比14.72%。此外，组织了一次基于平台的线下现场采购，共采购图书 1738 册。

NAU 平台的上线运行提高了读者借阅满意度，实现了图书馆阅读推广的精准化、个性化服务，也有利于图书馆通过分析后台数据掌握读者的阅读偏好，为后期其他推广服务提供很好的借鉴。此外，为今后平台业务拓展指明了方向。在后期平台优化中，我们会考虑开通电子图书 PDA（读者决策采购，Patron-Driven Acquisition）、DDA（读者需求驱动采购，Demand-Driven Acquisition）采选模式。通过对接电子图书供应商平台，我们将供应商提供的电子图书书目信息与纸本图书书目信息进行整合，并在平台上统一展示。读者在查询到图书信息后可根据自身需要选择下单购买纸本图书或者直接申请开通电子图书访问权限，实现同一品类不同类型资源的一站式揭示和采选。

五、案例启示

阮冈纳赞指出，图书馆是一个不断生长的有机体。包括阅读推广在内的图书馆各项业务和服务要与时俱进，高校图书馆作为高等教育机构的重要部门要充分把握数智时代高等教育的规律与趋势，面向教育新生态、教育新模式、教育新流程，找准高校图书馆的新定位，开发适应用户需求的新业务，提供更有价值的新服务。

（一）“技术创新 + 管理创新”驱动图书馆成长

时至今日，高校学生的学习内容趋于定制化、自主化，学习方式趋于合作化、项目式，以学生为中心的取向越来越明显。向读者赋权是趋势，更是规律。技术创新有利于捕获外部价值，管理创新有利于降低内部交易成本，二者的完美结合将成为驱动图书馆行业成长的“双引擎”。NAU 版平台恰是融合技术创新与管理创新、推进高校图书馆纸本图书资源利用的典范。

（二）图书馆业务深度整合与系统重构亟待策略推进

作为一个有机体，一段时间以来高校图书馆的各项业务在持续深化的同时，业务之间的关联度持续弱化，工作协同难度不断加大，影响有机体的功能发挥，导致高校图书馆在高等教育机构生态中呈现地位加速“去中心化”现象。就阅读推广而言，单靠读者服务部门或者提供类似公共图书馆的公共文化服务，显然不能满足高校图书馆读者对服务供给的期待。立足读者需求，向前延伸赋权增能，向后延展提质增效，是对读者理性选择的尊重，是高校图书馆未来发展的必然选择。NAU 版平台恰是立足阅读、在前端采访环节为读者赋权增能的表现，昭示了策略推进图书馆业务深度

原创手绘形象设计

——遇见你真好

项目组成员：黄贤金、史梅、翟晓娟、张宇、张薇
单位信息：南京大学

【摘要】秉承学校“寻根性办学”理念，落实新生学院“四最”发展目标，2022年图书馆开展“遇见你真好”系列活动，在鼓楼、仙林、浦口、苏州四校区统一规划并设计了体现各校区特色的原创手绘形象：小鼓、仙儿、浦浦以及阿苏。“遇见你真好”系列原创手绘形象以“书”为灵感，把书拟人化、可爱化、活泼化，结合“四校区”图书馆不同的定位用书包、博士帽、音乐以及太空等元素道具，展现“新生感”“知识感”“热情感”和“科技感”，体现联动办学理念。同时，图书馆根据这些手绘形象推出四校区特色专属原创明信片、钥匙扣、卡套等文创产品。2023年推出第二季“原创手绘形象设计——一见倾新 满新欢喜”活动，将四个手绘形象升级为一套16款表情包，活动微信推文阅读量达到10万以上，为迄今为止全国图书馆官方微信公众号最高单帖流量。推文使用卡通人物的语气，号召新时代年轻人多读书、读好书，养成终身学习、终身阅读的良好习惯，丰富智慧，陶冶情操，树立正确的世界观、人生观和价值观，做一个有益社会、人生幸福的人。

一、案例背景

2022年，在庆祝建校120周年之际，南京大学开展“寻根性办学”计划，即本科生报道后全部入住鼓楼校区，让学生在百年文化中浸润修养，在丰厚底蕴中传承南大精神。南京大学目前拥有鼓楼、仙林、浦口、苏州四个校区，推动四校区高效有序良性联动，是南京大学贯彻落实党的二十大精神、习近平总书记给我校留学归国青年学者的重要回信精神和建设“第一个南大”重要指示的主动担当。

党的二十大报告指出，培养什么人、怎样培养人、为谁培养人是教育的根本问题。而育人的根本在于立德，“读书即是立德”。2022 年习近平总书记在首届全民阅读大会上号召要“形成爱读书、读好书、善读书的浓厚氛围”。高校，尤其是高校图书馆更要成为倡导阅读、捍卫阅读的典范。

秉承学校“寻根性办学”理念，落实新生学院“四最”发展目标——最优资源向新生学院集聚；最好条件为新生学院提供；最好本科在新生学院奠基；最佳形象在新生学院展现，2022 年、2023 年南京大学图书馆分别开展“遇见你真好”“一见倾新　满新欢喜”系列活动，在鼓楼、仙林、浦口、苏州四校区统一规划并设计了体现各校区特色的原创手绘形象和文创产品。通过“一校两城四校区”的联动，倡导全民阅读的理念，推进文化自信自强，铸就社会主义文化新辉煌。

二、主要做法

根据学校“四校区联动”的战略定位，统一规划并设计体现各校区特色的手绘形象。同时根据时下年轻人的喜好和审美习惯，将手绘形象进行表情、动作、服饰等方面的二次设计，形成相关文创产品。通过线上线下融合营销的方式，将手绘形象有规律、有层次、有意识地融入学生的生活和学习，勾起学生兴趣的同时扩大影响力。在有效传播原创手绘形象的基础上，传播爱读书、多读书的理念，帮助师生养成终身学习、终身阅读的良好习惯。

（一）前期策划

四个校区分别定位为：鼓楼校区“寻根性办学”；仙林校区“扬优性办学”；浦口校区“开放性办学”；苏州校区“开拓性办学”。根据其校名及特色，设计了“小鼓”“仙儿”“浦浦”以及“阿苏”四种不同卡通形象。名字选取以简单、可爱、朗朗上口为主，更容易传播和讨人喜欢。形象采用年轻人喜闻乐见的方式，以“书”为灵感，把书拟人化、可爱化、活泼化。

实地走访和调查显示，校园文创钥匙扣、卡套以及明信片等带着校园情感和回忆的文创产品，很容易得到学生的青睐。此次文创产品，以手绘形象为原型，被设计成风格多样的钥匙扣、卡套以及明信片，更容易传播和收藏。明信片以青春靓丽的颜色为底色，传递喜悦和祝福：祝愿学生的大学生活充实饱满、与书为伴与书共舞。同时，每张明信片后面都刻有一个校区图书馆的定位：鼓楼校区图书馆——服务教学，医文并重，样本馆藏，打造中国高校一流协同育人中心；仙林校区图书馆——文理兼藏，博古厚典，管理中枢，打造中国高校一流知识宝库；浦口校区图书馆——文科主导，电子馆藏，综合功能，打造江北新区一流知识服务中心；苏州校区图书馆——智能优先，国际阅览，学习中心，打造国际一流高校智慧图书馆。

“原创手绘形象 + 文创产品”模式，推动了四校区图书馆高效有序良性联动，在阅读中培育爱国情怀、在阅读中涵养道德情操、在阅读中树立文化自信。

（二）主要内容

图书馆线上微信公众号推广文章采用渐进式推送方式，内容以“多图 + 少文 + 视频”推送，更生动自然。每个图文、封面以及表情包都选用原创手绘形象进行预告，勾起学生的兴趣，更有利于之后的推广和宣传。

- 2022 年 9 月 11 日，《怦然“新”动　遇见你真好！》
- 2022 年 9 月 14 日，《萌新攻略 | 图书馆环游记第一章：相遇与相识》
- 2022 年 9 月 15 日，《萌新攻略 | 图书馆环游记第二章：借阅的秘密》
- 2022 年 9 月 16 日，《萌新攻略 | 图书馆环游记第三章：学术宅》
- 2022 年 9 月 19 日，《萌新攻略 | 图书馆环游记第四章：寻宝》
- 2022 年 9 月 27 日，《NJU 手绘明信片火爆出圈，你拿到了没？》
- 2023 年 9 月 12 日，《萌新特辑 | 图书馆“副本”通关攻略Ⅰ：入口与地图指南》

图 1　明信片

·2023 年 9 月 17 日，《萌新特辑 | 图书馆“副本”通关攻略 Ⅱ：玩法》

·2023 年 9 月 25 日，《萌新特辑 | 图书馆“副本”通关攻略 Ⅲ：装备获取》

·2023 年 9 月 27 日，《萌新特辑 | 图书馆“副本”通关攻略Ⅳ：“副本”彩蛋》

·2023 年 10 月 9 日，《来不及了，NJU 文创被疯抢 ing，快来领取！！》

·2023 年 10 月 10 日，《速领！南大超萌表情包和礼物上线，考试你一定用得上》

文创产品：“遇见你真好”系列原创手绘形象（小鼓、仙儿、浦浦以及阿苏）+ 明信片（一套 5 张）+4 个钥匙扣 +4 个卡套 +16 个表情包。

图 2　卡套

图 3　钥匙扣

图 4　表情包

（三）线上线下融合营销

原创手绘形象最初的信息通过微信发布，通过转发、集赞扩大影响力（考虑到新生多使用QQ，也通过QQ转发、集赞），引领学生到线下场地领取礼品。同时，在领取礼品的地方通过线下海报进一步宣传产品的内容，让用户有感性认识。我们选择人流量最大的时间和地点进行了实地宣推，通过摆放各种文创产品勾起学生的好奇心，再度引导新用户关注图书馆官方微信公众号，转发微信推文。通过这种反复线上线下的宣传融合，后台获得了大量的转发和集赞，活动热度和关注度持续提升。

为了更好地迎接新生，此次文创产品特别创新针对新生的互动方式，即“2022级新生找到自己想借的图书并成功办理借阅，即可领取明信片一套”。此种互动方式使我们了解2022级学生阅读倾向，普及图书馆资源与服务相关知识，发挥图书馆“第二课堂”作用，帮助新生找到图书馆的“正确打开方式”，助其成长成才。

三、创新之处

（一）主题突出

以“书”为灵感，把书拟人化、可爱化、活泼化，并结合“四校区”图书馆不同的定位，用书包、博士帽、音乐以及太空等元素，赋予其“新生感”“知识感”“热情感”和“科技感”，表现不同校区图书馆特色的同时体现书籍、文化内涵。

（二）外观醒目

色彩搭配合理，图案醒目大方、富有美感、形式简洁、特征鲜明、有较强的辨识度。取名以简单、可爱、朗朗上口为主，更容易传播和讨人喜欢。

（三）寓意深刻

此次原创手绘IP设计立意新颖，体现四校区图书馆联动的同时，倡导全民阅读的理念，推进文化自信自强，铸就社会主义文化新辉煌。原创手绘形象简洁、大方，适合在各网络社交平台，大型会议及活动展板、电子屏，图书馆内导视牌、地面标识等处进行宣传推介，富有感染力和亲和力，具有可识别性和可传播性。

（四）南大原创

该项目从策划、设计到实施落地均由本校师生负责完成。

（五）融合推广

有意识、有节奏地引导学生同时关注线上和线下宣推，最大可能扩大原创手绘形象在读者中的影响。线上线下融合营销推广，在学生之间形成口碑效应，扩大影响力。

四、主要成效

2022 年活动期间微信总阅读量 3.3 万次，单帖最高微信阅读量 2.49 万次（2022 年南京大学图书馆官方微信公众号推文最高阅读量、2022 年全国高校图书馆官方微信公众号推文单帖阅读量 Top 2）。后台留言数 168 条，点赞 371 人次，新生参与率 83%，师生满意度和好评率 100%。

图 5 活动现场

图 6 活动现场

2023年第二季活动单帖最高微信阅读量为12.33万次（2023年全国图书馆官方微信公众号推文单帖阅读量Top 1）。后台留言数594条，点赞371人次，新生参与率97%，师生满意度和好评率100%。

很多新生表示，通过系列活动学习了图书馆的正确使用方式，对图书馆的布局和馆藏资源，以及不同校区图书馆的风格有了直观的了解和感受。同时，刚入校能收到这么一份独特的校园文化礼物，他们有了很强的归属感和责任感。他们表示，会经常来图书馆看书，多参与图书馆的活动，培养自己良好的阅读习惯。据悉，此次活动期间，纸本图书借阅率明显提升。

此次原创手绘形象设计在同行之间也引起了强烈反响，大家纷纷表示，该原创手绘形象增强了图书馆的亲和力和感染力，提升了广大师生的参与度、满意度和幸福感。很多校外读者都表示很想带着明信片来南京大学四校区图书馆打卡，感受书香校园的氛围。

在2022年江苏省图工委成立40周年主题报告中，我们专门作题为“南京大学图书馆原创手绘形象设计”的主题报告，并进行了现场直播，得到了同行的一致好评。很多校外读者留言联系我们，表示也想拥有这些文创产品。

五、案例启示

（一）明确营销目标和定位

目标是根本，形式是表象。图书馆营销的形式可以千变万化，但目标一定要明确。南京大学图书馆的营销目标设定为：让用户了解图书馆、熟悉图书馆，进而喜爱图书馆；让用户能够充分学习和利用图书馆的资源和服务，助力学业。图书馆提升对用户的影响力最终也是为了促进用户学习。

在明确营销目标的基础上，找准营销定位也非常重要。找准定位首先需要找准目标用户。高校图书馆的目标用户主体为学生，但仍需要对用户进行细分。其次是在庞杂的校园文化活动中给图书馆自身一个定位。图书馆营销以学术促进和阅读推广为本质，以活泼有趣为表象，既不必过分严肃，也不必为了刻意讨好用户而流于媚俗。找准定位才能让营销自始至终具备主心骨。

（二）重塑图书馆形象

新时代的学生更加注重彰显个性，对于传统的灌输式教育形式的接受度越来越低，他们希望参与其中、双向沟通、展现自我。与此同时，校园文化活动丰富，用户注意力不可避免地被争夺，竞争异常激烈。图书馆营销在这样的环境下想脱颖而出绝非易事，那么突出自身特色就显得尤为重要。图书馆需要进行用户调研和分析，充分了解学生的喜好，紧跟他们的时尚潮流，重新塑造图书馆在用户心中的形象。新时代的图书馆营销就是让教书育人不再刻板，以用户最容易接受的方式传达信息、传播知识，寓教于乐。新时代图书馆的形象将不再“高冷”，而是实用、亲切、有趣、时尚，甚至还可以很可爱。

（三）建立品牌，促进分享，提升影响力

品牌的建立无疑有利于营销的长足发展，然而过程绝非一蹴而就，需要有意识体系化、规模化地对营销进行总体规划，并在贯彻实施中坚持不懈。让一次又一次的营销活动在用户心中埋下种子，逐步形成品牌。当品牌效应产生时，用户的主动分享则会成倍地增长，既带来阅读量又带来“圈粉”量，还可以促进和提升线下活动的参与度。这是一个长期积累的过程，既要积累相当多的忠实“粉丝”，又要积累长期的美誉度。

（四）图书馆营销需要团队合力

图书馆营销工作的人文环境也是非常重要的。营销工作在图书馆越来越受到重视，更多优秀的资源和服务被推送给用户，每一家图书馆都想把营销效果扩大再扩大。因此营销规模越来越大，形式越来越多样，内容越来越庞杂，对用户影响力也越来越深入。不可避免，营销渗透在图书馆业务的方方面面。因此，营销工作越来越难以依托个人力量来完成，需要图书馆每个部门的协同合作。打破部门间壁垒，联通业务断层，集全馆力量齐心协力做营销才是今后的发展趋势。这不仅可以扩大营销工作的涉及面，而且能够加强部门间沟通，有效形成团队合力，活跃图书馆的工作氛围。

专家点评

文创产品是把机构的文化价值依托相应载体推出，进而践行相应理念的一种方式，一般包括文化内涵呈现与营销传播。该案例将文创设计与学校的“寻根性办学”“四校区办学”理念结合，聚焦新生，以年轻人喜爱的原创手绘设计文创，根据不同校区的定位设计卡通形象；营销过程采取渐进式推进方式，线上推动转发、集赞，线下在人流量大的时间和地点实地宣传推广等，体现了策划馆员对新

媒体技术的运用。活动中通过“2022级新生找到自己想借的图书并成功办理借阅，即可领取明信片一套”的设计，将文创与阅读、图书馆利用结合起来，回归图书馆阅读推广本心。申报书中提到，“据悉，此次活动期间，纸本图书借阅率明显提升。”如果有具体数据，建议列举，以更有效地说明活动的成效。申报书中未说明手绘的创造者，建议补充介绍。如果能吸引学生特别是新生参与手绘设计，可能更有意义。此外，案例名称只提及“设计”，未能充分涵括从设计到推广的活动全貌。

主审专家：钱鹏

秉承学校“寻根性办学”理念，以及落实新生学院“四最”发展目标，南京大学图书馆开展“遇见你真好”系列活动，在鼓楼、仙林、浦口、苏州四校区统一规划并设计了体现各校区特色的原创手绘形象“小鼓”“仙儿”“浦浦”“阿苏”。名字选取简单、可爱，朗朗上口，易于传播，讨人喜欢。形象以“书”为灵感，把书拟人化、可爱化、活泼化，还通过二次设计，形成了有原创手绘形象风格的明信片、钥匙扣、卡套等文创产品。值得一提的是印有每个校区图书馆定位的明信片，展示了图书馆的正确使用方式，使学生对图书馆的布局、风格和馆藏资源情况有了直观的了解和感受。“原创手绘形象＋文创产品”的模式，推动了四校区图书馆高效有序良性联动，使师生读者在阅读中培育爱国情怀、在阅读中涵养道德情操、在阅读中树立文化自信。结合图书馆不同定位设计的独特校园文化礼物，给师生带来了强烈归属感和责任感。增强了图书馆的亲和力和感染力，提升了广大师生的阅读参与度、满意度和幸福感，形成了品牌效应，令人印象深刻，传播度广，借助卡通人物的话语语气，号召新时代年轻人多读书、读好书，丰富智慧，陶冶情操，树立正确的人生观和价值观，做一个有益社会、人生幸福的人。“一校两城四校区”的联动，倡导全民阅读的理念，推进文化自信自强，铸就社会主义文化新辉煌。建议“以点带面”扩大影响力，或者尝试以时令节点为经轴纵向贯通、以空间拓展为纬轴横向联通，构筑时空交叠、优势互补的阅读推广体系，做深、做实、做细，落到实处，实现馆藏资源优化，逐步构建立体化、多层次、全方位的图书馆阅读推广服务体系，实现由一个馆爱上一所学校的美好期望。

主审专家：许筠

大手拉小手　科普助成长

项目组成员：王戈非、赵乃瑄、崔北亮、黄玲、卞方方、严丁、范新容、吴有梅
单位信息：南京工业大学

【摘要】2022年是南京工业大学（下文简称“南工大”）合并组建21周年暨办学120周年，南京工业大学实验小学（下文简称“南工大实小”）建校3周年。为积极配合南工大2022年“科技创新月”和南工大实小“低碳科普节”活动，推广科普阅读，助力小学的科普教育和书香校园建设，南工大图书馆与南工大实小紧密合作，策划组织了以“阅读点亮生活　科普助力成长”为主题的科普活动。此次科普活动内容包括“南京工业大学图书馆科普阅读基地”揭牌仪式、向南工大实小捐赠科普书籍、低碳生活科普展、专题科普讲座、读书分享会等。这次活动是大学与小学牵手，是优质资源的有效整合、互补，是家校社协同教育的助推器，是高校图书馆联合社会力量积极探索阅读推广服务新模式的有益尝试。本次阅读推广活动以“科普”为切入点，旨在弘扬科学精神，普及科学知识，营造浓厚的科普阅读氛围，提高少年儿童的科学素养，增强生态文明观念，培养孩子们的人类命运共同体意识，为其成为有理想、有本领、有担当的时代新人奠定基础。

一、案例背景

关于高等学校图书馆面向社会服务、开展科普阅读推广活动的重要性，习近平总书记说：“科技创新、科学普及是实现创新发展的两翼，要把科学普及放在与科技创新同等重要的位置。”2015年教育部印发的《普通高等学校图书馆规程》中明确指出，“发挥信息资源优势和专业服务优势，为社会服务”。2021年国务院印发的《全民科学素质行动规划纲要（2021—2035年）》提出，要在“十四五”时期实施5项提升行动，第一项就是青少年科学素质提升行动，激发青少年好奇心和想象力，

增强科学兴趣、创新意识和创新能力，培育一大批具备科学家潜质的青少年群体，为加快建设科技强国夯实人才基础。

南工大图书馆作为“全民阅读示范基地”和“江苏省科普教育基地”，充分发挥学校和图书馆科普资源优势，整合社会科普资源，与周边学校建立良好的合作关系，面向南工大实小学生共同开展以科普为主题的阅读推广活动，积极探索建立大学与小学合作、馆校联动的科普阅读推广体系。

二、主要做法

（一）共建科普阅读基地，提供物质保障

为了确保科普阅读推广活动的连续性和科普教育效果的持续性，馆校深入合作，充分发挥各自的优势，由南工大实小提供场地空间，南工大图书馆联系校外机构，策划共建科普阅读基地，为科普阅读活动提供有力支持。2022 年 5 月 27 日，南工大图书馆科普阅读基地揭牌仪式在南工大实小隆重举行，活动向南工大实小捐赠科普图书，得到师生一致好评。

图 1　南京工业大学图书馆科普阅读基地揭牌仪式

图 2　为南工大实小捐赠科普图书

（二）组织科普体验活动，激发阅读兴趣

为了更好地发挥科普基地的教育服务功能，图书馆深入挖掘和整合校内资源，通过参观导览、沉浸式体验等形式推广科普文化、普及科学知识。在每年五月“科普月”和“六一”儿童节期间，组织小学生参观图书馆，了解图书馆丰富的资源，感受知识的魅力，体验阅读氛围，培养孩子们的阅读兴趣。此外，还联合校外单位，策划组织绒花、泥塑和雕版印刷等中华传统技艺体验活动，弘扬中华优秀传统文化。

（三）组织科普展览，营造科普氛围

南工大实小是江北新区“双碳”示范学校，在科普阅读推广活动中，充分结合学校“双碳”建设创新思路，通过展板、实物、模型宣传和展示 100 千瓦屋顶分布式光伏发电项目，以及“碳究世界”“阳台农场”等亮点“双碳”项目和科普资源。南工大实小生态优先、绿色低碳的环保理念通过“大手拉小手”高校与小学科普活动共建平台得到广泛传播，扩大了社会影响力，营造了大学与小学、师生共同参与生态文明建设的良好氛围。

（四）开展科普讲座，普及科学知识

在 2022 年“科普节”期间，南工大实小特邀儿童文学作家、科普作家、江苏省首席科技传播专家董淑亮为小学生们做了“‘双碳’离我们有多远”专题科普讲座。董淑亮老师根据小学生的思维特点和接受能力，通过通俗易懂的讲解，让同学们沉浸在奇妙的科学世界里。在提问环节，同学们争先恐后地举手回答问题，课堂气氛趣味盎然。小学生们踊跃提问，乐于表达，丰富的知识面给董淑亮老师留下了深刻印象。

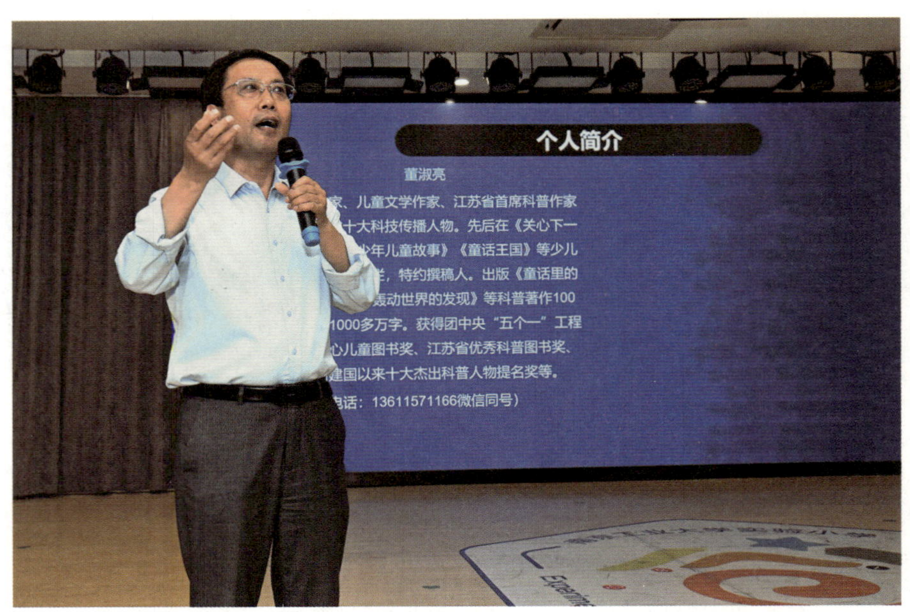

图 3　科普作家董淑亮“‘双碳’离我们有多远”专题科普讲座

（五）打造“与子同阅”读书品牌

在科普阅读推广活动中，向读者推荐科普图书，引导读者阅读，是图书馆的重要工作内容。图书馆充分发挥高校教育资源优势和专业优势，根据小学生身心发展特点，开展“与子同阅”读书活动。该活动已经连续开展五年，导读人不仅有学生家长，而且有教师、志愿者。荐读科普图书，开拓了孩子们的视野，发散了他们的思维。除了导读，还有学生分享读书心得和才艺展示活动。图书馆还给孩子们分发科普书籍。

三、创新之处

“大手拉小手 科普助成长”阅读推广案例是南工大图书馆发挥高校社会服务功能，参与科普公共服务、推进科普资源共享的一次尝试，希望通过这一案例的研究与实践，探索高校图书馆联合小学开展科普阅读推广的实现路径，培育科普阅读品牌，充分发挥高校在全民阅读推广和全民科学素质提高中的重要作用，助力小学“双减”工作，助推科普阅读向纵深发展。

本案例的创新之处在于充分挖掘和整合校内外的科普资源，联合多部门、多机构，建立了全方位的科普阅读合作机制，同时结合高校图书馆特色和小学的科普特色，共建“科普阅读基地”，策划形式多样、内容丰富的科普活动，形成了多层次科普阅读推广体系，培育和打造科普阅读推广品牌。活动成效显著，受到师生广泛好评，引起了社会媒体的关注，产生了一定的社会影响力。

四、主要成效

（一）形成全方位科普阅读推广合作机制

在与小学联合开展活动过程中，我们注重联动合作、协同创新。首先，充分调动馆内资源，发挥图书馆文献资源丰富的优势。联合馆内的文献资源部门、后勤保障部门、读者服务部门等，共同策划组织阅读活动。其次，深入挖掘和整合校内资源，协同学校有关职能部门：党委宣传部、团委、工会、教务处等以及相关学院，共同举办科普推广活动。再次，引入社会力量支持，提高科普的知识性和专业性，提高活动的社会影响力。2021 年以来，针对小学生科普活动的合作单位包括南京市江北新区图书馆、南京市全民阅读促进会、南京非物质文化遗产专业学院等社会机构和组织，以及图书馆学生阅读推广协会、墨香阁书法协会、朴石轩篆刻社、青陶社、溪源文学社和民间纸艺社等多个校内学生社团，参与活动设计和实施的人员包括图书馆专业技术人员、科普专员、小学科普老师、大学科普教育专家以及阅读推广志愿者。整个活动既有大学校内部门之间、校内外机构之间的协同配合，也有大学图书馆与小学的合作。各参与单位加强沟通、相互支持，参与人员各司其职、协同创新，共同形成科普阅读推广合作机制。

（二）构建多层次科普阅读推广体系

在科普阅读活动中，各方针对小学生特点，结合高校图书馆的优势，精心设计活动内容。科普活动主要类型包括科普基地、科普讲座、科普体验、科普阅读、科普展览等。各类型科普活动内容丰富、重点突出：科普阅读基地重在共建共享科普资源，构建科普推广的长效机制；科普讲座重点在于普及科学知识，培养学生的科学兴趣；科普体验侧重于沉浸式体验科普环境，增加实践互动，启发思考；科普阅读重在增长学生科学知识，培养学习兴趣，提高科学素质；科普展览重在普及和推广科学知识，营造科普氛围。科普阅读活动通过“大手拉小手”馆校共建，发挥优势资源，策划丰富的活动内容和新颖的活动形式，普及科学知识，助力小学科学教育，提升小学生科学素质，逐步构建多层次科普阅读推广体系。

（三）打造特色科普阅读推广品牌

图书馆在开展科普阅读推广活动中，十分重视与校内外机构的合作，提升活动的社会影响力。大学与小学联动，图书馆与南工大实小共建“科普阅读基地”，保证科普阅读推广活动的常态化、持续性和实效性。这种科普阅读推广新模式得到了参与单位和主管部门的高度认可，受到了社会媒体的广泛关注。我们还打造了“非遗进校园”科普体验活动，让小学生亲身体验泥塑、剪纸、雕版印刷等中华优秀传统技艺，增强对中华传统文化的了解和热爱；开展了家长与孩子共读一本科普图书的“与子同阅”活动，活动还扩展到老师与学生、大学生与小学生，通过家庭、学校、社会不同层面，引导小学生阅读科普书籍，培养科学兴趣和思维。

五、案例启示

（一）加强合作，建立高校、小学、社会三位一体的合作机制

高校图书馆与小学开展科普阅读推广活动时，需要进一步扩大合作主体的范围。首先，高校图书馆作为牵头部门，应该充分发挥校内职能部门、教辅单位和学院系所的资源、专业优势，调动他们的积极性和主动性。其次，高校图书馆要发挥服务优势，与社会团体、行业组织和科普专家紧密合作，引进优质社会科普资源参与小学科普教育，建立高校、小学、社会三位一体的合作机制，共享资源，优势互补，扩大社会影响力，开创科普阅读推广工作新局面。

（二）深入挖掘、整合科普资源，创新科普阅读推广内容和形式

高校拥有丰富的专业知识资源，如何将专业知识通过通俗易懂的语言介绍给小学生，并且让学生能够听懂、理解是一个需要解决的问题。这需要我们进一步挖掘、提炼、整合高校的专业科学知识，通过图片、视频、亲身体验等比较直观的方式传授给小学生；挖掘和培训一些高校教师成为科普推广人；在吸引社会力量参与小学科普活动时，要充分考虑小学生群体的特殊性，在活动的内容和形式上要“量身定制”，兼顾广泛性和个性化，将知识性、趣味性和教育性融为一体。

（三）注重宣传推广，打造特色科普阅读品牌

高校图书馆应重视和加强对科普阅读推广活动的宣传，充分利用“全国科技活动周”“全国科普日”六一儿童节等契机，深入小学开展丰富多彩的科普阅读活动。在活动中，有意识地培育和打造科普阅读品牌，并通过活动的系列化，持续性宣传和推广品牌。同时，深入研究和挖掘品牌内涵，打造独特的品牌形象，提升阅读品牌价值，用品牌的示范效应来推广科普阅读，激发少年儿童的科学兴趣。我馆与南工大实小共建“科普阅读基地”及开展科普节活动得到了校内外大力支持，受到了社会的关注，“学习强国”、《扬子晚报》等媒体进行了宣传报道。

（四）建设高校联合小学科普推广长效机制

高校图书馆联合小学开展科普阅读活动不应局限于一场、一次活动，而应建立长效机制，形成系列化、持续性的活动。坚持问题导向，加强需求调研，设计符合小学特色的活动，这样才能提高参与者的积极性。高校图书馆要联合多部门，形成相对固定的合作机制，还要考虑科普工作人员设置的全面性、科学性和专业性。高校图书馆要与合作的小学形成定期交流研讨机制，统一分工协作和规划资源，提高活动成效。高校图书馆应将与小学合作开展的科普阅读推广纳入自身的阅读推广方案进行统一部署，加强流程的规范性。

专家点评

图书馆服务是一个整体，或是一个工作系统，阅读推广工作是其中一部分，被推广的不仅仅是文史哲图书。高校图书馆除了服务本校师生，也应利用其专业能力，发挥社会作用。该案例高校图书馆依托其作为全民阅读示范基地和江苏省科普教育基地的地位，整合所在学校资源及图书馆自有资源，开展社会化服务。在具体工作方面，图书馆与校内党委宣传部、工会、科研院等机构协同，与校外江苏省文投集团等单位合作，通过在南工大实验小学设立科普阅读基地、赠送科普图书、举办科普讲座等方式，结合共建小学特点（江北新区“双碳”示范学校），推进科普阅读推广体系建设，是高校图书馆充分发挥全民阅读推广和全民科学素质提高作用的典范。从案例申报书“形成全方位科普阅读推广合作机制”部分所描述的内容，可了解该项工作时间跨度长，校内外涉及范围广，建议能对工作方案和工作步骤有较好的陈述，而不仅仅是具体成果的呈现，只有这样，才能实现作为典型案例的借鉴性与推广性。

主审专家：钱鹏

南京工业大学图书馆坚持科技创新、科学普及是实现创新发展的重要途径这一主旨，全方位、多层次开展创新的科普类阅读推广活动。目标是激发青少年好奇心和想象力，增强科学兴趣、创新意识和创新能力，期望培育一大批具备科学家精神的青少年，为加快建设科技强国夯实人才基础。因此，南工大图书馆首先利用南工大实小“双碳”示范学校的本地优势，联合校外专业机构、组织等在南工大实小共建专项科普阅读基地。其次通过定期组织科普体验活动，例如举办科普知识讲座，组织小学生参观图书馆，体验绒花、泥塑和雕版印刷等中华传统技艺等，让孩子们能身临其境地感受阅读氛围，从小培养阅读兴趣。再次，打造了“与子同阅”读书品牌，具有可复制性。开拓孩子们的视野，锻炼发散思维，探索多元体验，全方位调动了师生积极性。最重要的是对推广的形式和内容也进行了新的尝试，充分结合学校“双碳”建设创新思路，通过100千瓦屋顶分布式光伏发电项目、“碳究世界”、“阳台农场”等亮点“双碳”项目和科普资源，利用生态优先、绿色低碳的环保理念通过“大手拉小手”高校与小学科普活动共建平台，建立了高校、小学、社会三位一体的合作机制。该校能够结合自身特色和小学的科普特色，从科普内容专项角度进行探索研究，带来了阅读推广的新思路。通过主题活动形成多层次科普阅读推广体系，培育和打造了科普阅读推广品牌，助推科普阅读向纵深发展，充分发挥了高校在全民阅读推广和全民科学素质提高中的重要作用。另外，该校资料格式书写完整，内容条理清晰，整体项目是非常值得我们学习和借鉴的。除了主题专项推广方式，建议也可从多角度、多方向来充实阅读推广活动。例如以时令节点为经轴纵向贯通、以空间拓展为纬轴横向联通，构筑时空交叠、优势互补的阅读推广模式，或者再把自身特点优势最大化，进行更多尝试和探索。

主审专家：许筠

一季一景一主题　书香四季育新人

项目组成员：钱琳伊、曹江培、吴潇海、花芳、邹婧、惠雪花、王静君、秦建辉
单位信息：无锡商业职业技术学院

【摘要】无锡商业职业技术学院以习近平新时代中国特色社会主义思想为指导，全面贯彻党的二十大精神，聚焦立德树人任务，聚力时代新人培养，长期重视书香校园建设，形成室内室外、线上线下立体式阅读设施、设备及资源建设新格局；高度关注校园文化建设，形成以“书香商院”为特色的校园文化品牌。在阅读推广中，学校以“五育”并举、“三全”育人为主旨，创建“四季”阅读推广模式，即以“一季一景一主题、一品一物一活动”的形式，不断完善阅读设施、设备，优化阅读资源和推广，形成以文化人、以美育人的阅读环境体系；通过开展内容丰富、形式新颖多样的活动，形成增强文化自信、加强责任感与使命感的情感动力，为弘扬阅读文化、提升师生阅读素养、营造终身学习氛围注入活力源泉；通过不断健全组织建设、强化制度保障，形成校院两级多主体联动、多阵地互补的协同育人模式，进而实现书香四季育新人，更好地将优良的校风教风学风持续发扬光大，为中国式现代化提供高素质技术技能人才支撑，持续推进学校高质量发展。

一、案例背景

中华民族自古崇尚读书，讲究格物致知、诚意正心。党的二十大报告提出，加强国家科普能力建设，深化全民阅读活动。在习近平总书记亲切关怀下，全民阅读更上升为国家发展战略。2021 年，《中华人民共和国国民经济和社会发展第十四个五年规划和 2035 年远景目标纲要》明确提出“深入推进全民阅读，建设‘书香中国’”。

学校长期重视书香校园建设，已形成室内室外、线上线下立体式阅读设施、设备及资源建设新格局。校园环境优美，人文氛围浓厚。成蹊园、梅林、共青林、红

船等自然、人文景观错落其间，工匠文化廊、清风廊、国防教育廊等读书廊道点缀其中，名言警句遍布路廊。阅读橱窗、电子读报机和电子书阅读机等现代电子阅读设备遍布教学楼、实训楼、办公楼。校图书馆宽敞明亮，馆藏丰富，截至2022年，馆藏纸质图书132万余册、电子书（本地镜像）2万余册，此外还有其他数字资源。校史馆、商文化研习馆、新华书店商院分店与之比邻。无线网络覆盖校园全域。

学校高度关注校园文化建设，已形成以“书香商院”为特色的校园文化品牌。学校2004年创设大学生读书文化节，2013年正式提出聚力打造“书香商院”校园文化品牌，而今读书文化节已走过十九个春秋。学校注重校风教风学风建设，涵育阅读风尚。学校先后被评为全国国防教育特色学校、全国职业院校数字校园建设样板校、全国“七五”普法工作先进单位、全国五四红旗团委、江苏省文明校园、江苏省智慧校园示范校。图书馆人秉持“读者第一 服务至上”的宗旨，积极探索深化全民阅读的新途径、新方法，协同落实学校“三全”育人，满足新时代师生读者的文化需求。

二、主要做法

阅读推广中，学校以“五育”并举、“三全”育人为主旨，创建“四季”阅读推广模式（见图1），即以“一季一景一主题、一品一物一活动”的形式，全年创设四个读书季，每个读书季设计一个阅读场景、一个文化主题，配以一个文化小品、一套文创小物，开展一项主题阅读活动，不断完善阅读设施、设备，优化阅读资源推广模式，形成以文化人、以美育人的阅读环境；通过开展内容丰富、形式新颖多样的活动，形成增强文化自信、加强责任感与使命感的情感动力，为弘扬阅读文化、提升师生阅读素养、营造终身学习氛围注入活力源泉；通过不断健全组织建设、强化制度保障，形成校院两级多主体联动、多阵地互补的协同育人模式，进而实现书香四季育新人。

（一）以文化人，策划特色主题阅读活动

学校积极倡导愉快阅读的学习风尚，倡行“爱读书·享生活”的阅读理念，引导学生将阅读作为一种生活方式，启智增慧，修身正己。2022—2023学年，根据一年四季双学期，将节气文化融入阅读推广，以四季为轴、文化为魂，设计了“春绽”“夏放”“秋蕴”“冬藏”四个读书季。每个读书季在主题活动策划、阅读空间美化、文化小品展示和文创小物发布等方面进行变换，分别展现“开卷有益”“书香四溢”“知书识礼”“书香致远”的精神内涵，将德育、智育、美育自然融入阅读推广，让读者从中感受文化、感知美，协同推进“五育”并举树人才。2022年“秋蕴”读书季，以中华优秀传统文化为主题，开展了经典阅读、“秋阅”摄影比赛和作品展，其中

经典阅读亦协同支持校团委“悦读经典 厚积向未来”活动；2022年“冬藏”读书季，以红色文化为主题，开展了“悦读红色经典 传颂红色故事”书展和宪法知识竞答等活动；2023年“春绽”读书季，以“心阅书香 蕴美商院”为主题，利用读书文化节，开展了“我是阅读推广人”“书脸秀”“书山寻宝”等系列阅读活动；2023年“夏放”读书季，以廉洁文化为主题，与校纪委共同主办阅读分享与书籍推介等活动。2023年将校级信息素养大赛融入其中，寓教于乐、赛教融合。全年四个读书季，以主题阅读活动为引领，累计开展了27项形式新颖、内容丰富的阅读推广活动（见表1），深入推进文化育人。

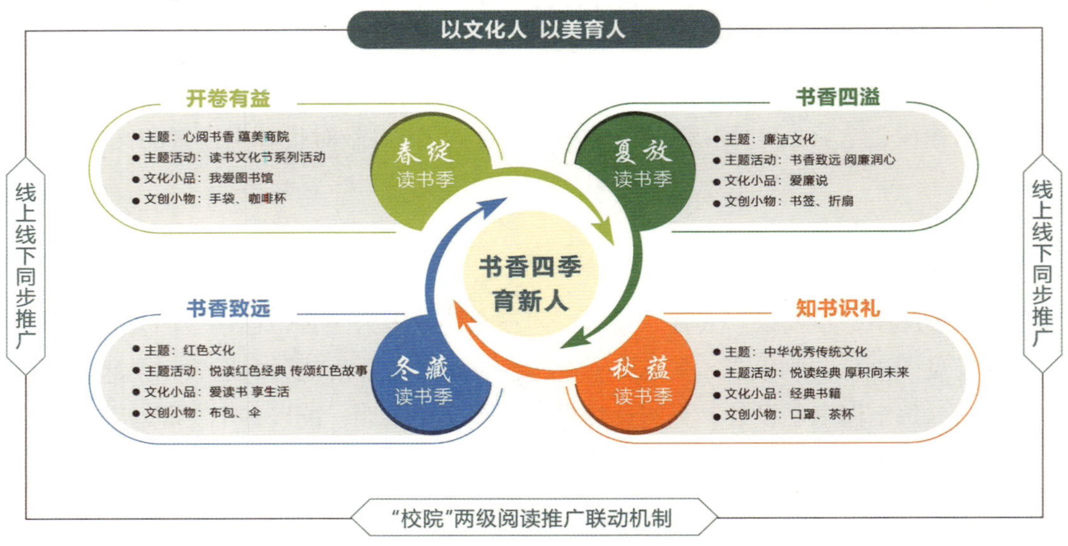

图1 2022—2023年“四季”阅读推广模式图谱

表1 2022-2023学年“四季”阅读推广活动一览表

序号	读书季	阅读推广活动内容
1	2022年秋蕴读书季	“悦读经典 厚积累向未来”主题教育活动
2		2022级新生入馆教育
3		图书馆“秋蕴·阅见美好”摄影比赛
4		图书馆第一期文创小物发布
5		2022年第五届江苏省高校设计优秀作品展
6	2022年冬藏读书季	“悦读红色经典 传颂红色故事”主题书展
7		“悦读红色经典 传颂红色故事”读书分享会
8		优秀教材巡展

序号	读书季	阅读推广活动内容
9	2022 年冬藏读书季	“宪法宣传周”主题书展
10		“学法知法　守法用法”宪法知识竞答活动
11	2023 年春绽读书季	第十九届“书香商院”读书文化节启动仪式
12		《阅读让生活更美好》宣传片发布
13		2022 年度“阅读达人”发布
14		“书脸秀”主题摄影作品展
15		“书山寻宝”活动
16		“我是阅读推广人”视频作品征集活动
17		图书馆第二期文创小物发布
18		“品书香 · 涨知识”图书分享活动
19		图书漂流活动
20		知识产权宣传周
21	2023 年夏放读书季	“书香致远　阅廉润心”清廉主题阅读推广活动
22		中华优秀传统文化书展
23		“你选书我买单”暨优秀教材巡展活动
24		“牵手经典　阅读同行”中国古典名著分享活动
25		青年学习社阅读分享会
26		第二届校级信息素养大赛
27		馆藏数字资源推介活动

（二）以美育人，打造“四季”主题阅读场景

我们致力于给读者呈现“学养 · 怡趣 · 乐活”的学习空间，打造舒适便利的阅读体验。为更好地配合主题阅读推广，每个读书季充分发挥阅读空间的感育价值，依托校内自然、人文景观的四季之美，打造室内阅读空间，设计主题阅读场景，融合四季自然之美与主题文化之美，并以文化小品展示和文创小物发布予以呼应，既体现四季的时节特点，又彰显主题阅读的文化内涵，使读者在立体化的学习环境中感受文化、感知美，进而引发思考与创作。图书馆大厅打造了明亮娴静的经典阅读专区，图书借阅成效明显，吸引了多项展览活动及其他部门的阅读活动，各楼层阅览室、廊道的阅读推广专区配合每个读书季的主题变换内容。全年四个读书季的主题阅读场景（见图 2）、文化小品（见图 3）、文创小物（见图 4）深受师生读者的喜爱。我们通过“一季一景”“一品一物”传播文化、传播美，充分发挥美育效能。

图 2　“四季”推广之主题阅读场景
（2022 年 9 月至 2023 年 6 月　吴潇海拍摄与剪辑）

图 3　“四季”推广之文化小品
（2022 年 9 月至 2023 年 6 月　吴潇海拍摄与剪辑）

图 4 “四季”推广之文创小物
（2022 年 9 月至 2023 年 6 月 吴潇海拍摄与剪辑）

（三）线上线下，建设一体化阅读推广渠道

近年来除了进校园、进社区、进乡村等线下阅读推广，我们还加强了线上推广，实现每个读书季线上线下同步推广。通过图书馆网站、校宣传部微信公众号、“青春商院”微信公众号、畅想阅读 App 等平台，开设名师荐读、好书推荐、每周一书等线上阅读推广专栏，并制作《图书馆欢迎您》《阅读让生活更美好》等专题视频加强阅读推广。我们致力通过线上线下同步推广，打造便利阅读空间，鼓励人人参与到阅读中来，养成良好的阅读习惯，形成爱读书、读好书、善读书的浓厚氛围。

（四）上下协同，建立校院两级阅读推广联动机制

学校在推进阅读推广工作时，由图书馆牵头，宣传部、学工处、教务处、团委、纪委、二级学院等部门相互协作、积极配合，建立了校院两级阅读推广联动机制。2022—2023 学年，多个职能部门上下协同配合，结合专业、结合党史、结合宪法、结合美育开展主题阅读推广，形成以中华优秀传统文化、红色文化、廉洁文化等为特色的系列阅读推广活动，如经典古籍阅读分享与展示、专业经典荐读、导读、红色经典传颂、廉洁主题阅读分享与推介、宪法阅读宣传活动等。二级学院亦各显身手，通过“成蹊”书会、晨间阅读、“品读经典”阅读分享会、“会悦经典 书香致远”阅读教育、“阅读经典好书 争当时代工匠”系列读书活动等形式，着力培养学生

阅读习惯，提升学生阅读能力，实现阅读习惯培养与德育美育相结合，阅读能力提升与技术能力提高相结合，促进学生终身阅读习惯的养成。

三、创新之处

（一）四季为轴，文化为魂，建设全年书香

“四季”阅读推广的设计初衷是将“春生夏长秋收冬藏”的季节变化规律与人循序渐进的自然成长规律相结合，以“春绽”“夏放”“秋蕴”“冬藏”四个读书季将节气文化融入全年阅读推广工作，分别展现“开卷有益”“书香四溢”“知书识礼”“书香致远”的精神内涵，旨在引导读者感悟自然、尊重规律、关注内涵、注重发展。每个读书季的主题与内容聚焦学校立德树人、文化育人的办学使命，强调文化铸魂，将主题阅读活动与经典阅读、红色文化、廉洁文化、中华优秀传统文化等相结合，全面实现四季推广、全程育人、全年书香。

（二）立体推广，“五育”并举，协同“三全”育人

全年“春绽”“夏放”“秋蕴”“冬藏”四个读书季，每个读书季在主题活动策划、阅读空间美化、文化小品展示和文创小物发布四个方面予以变换，实现“一季一景一主题、一品一物一活动”的立体式推广，这既体现四季的自然美、物品的形态美，又彰显不同主题的文化美，自然将德育、智育、美育融入阅读推广中，使读者由表及里、立体化感受文化、感知美，进而引发思考与感悟，丰富心灵，增进修养，助力“五育”并举树人才，协同学校“三全”育人。

四、主要成效

（一）获省内外媒体高度关注

近年来，学校阅读活动倍受省内外媒体关注。2021 年，结合党史学习教育，图书馆依托读书文化节、新生入馆教育、百年党史图片展等活动，进行了多种形式的阅读推广，受到了“学习强国”和“江苏教育发布”的全面报道。2023 年，“江苏教育发布”多次报道我校阅读活动开展情况：“校图书馆被誉为江苏学校的‘宝藏’图书馆，开展了‘四季’阅读推广活动；学校开展了一系列形式丰富的主题阅读活动，包含读书沙龙、诗词大会、经典朗读等，引导学生以阅读求知、启智、增慧，提升阅读品质和阅读深度。”围绕“导读经典、品读经典、悦读经典、朗读经典、传读经典”五项计划，学校开展的一系列“阅读经典”主题活动还被“江苏教育”和“现

代高等职业技术教育网”报道。

（二）文化品牌效应日益彰显

学校开展的形式多样、内容丰富的阅读活动受到了师生的广泛好评。通过问卷调研与访谈，师生对阅读环境的满意度达 97%，对校园阅读推广活动和宣传氛围满意度达 94.8%，阅读提升学生内涵和校风教风学风等的满意度达 96.6%。学校在建设“书香商院”校园文化品牌时，主动走出校园进社区、进乡村，积极参与省内全民阅读日、读书节、书展等活动，促进区域阅读推广交流，增进校际馆际合作，取长补短。积极组织志愿者开展送书下乡、图书分享等阅读推广志愿服务活动，弘扬“奉献、友爱、互助、进步”的志愿服务精神，有效发挥高校文化服务功能。

（三）校园文化建设获誉颇丰

学校连续三届荣获教育部高校文化建设优秀成果二等奖，先后获评江苏省首批非物质文化遗产研究基地、全国职业院校“非遗教育传承示范基地”“传统技艺传承示范基地”、教育部职业院校“一校一品”校园文化品牌示范基地。学校广泛开设“人文经典选读”“吴文化十讲”“大学语文”等阅读类课程，其中“吴文化十讲”被评为无锡市职业教育精品课程、无锡市职业教育金课，并入选江苏省精品在线开放课程。近三年，我校图书馆人开展阅读推广相关研究 9 项、发表论文 17 篇；指导学生参加全国高职院校信息素养大赛获一等奖 2 项、二等奖 1 项，2020 年、2021 年被授予全国高职院校信息素养大赛最佳组织奖，团队成员获教育部“高校图书馆榜样馆员”荣誉 1 项、江苏省“读者服务与阅读推广先进个人”荣誉 1 项、江苏省高校图书馆先进工作者 1 项、江苏省高校图书馆“榜样馆员”荣誉 1 项。

五、案例启示

（一）进一步加强读者审美教育

人们阅读有六个层次（或基本追求），即追求刺激、休闲、信息、知识、思想和美感，其中知识、思想和美感，是三大支柱。这六个层次由低到高，反映着人们不同的文化程度、修养状态和价值取向。读者审美教育是人的阅读发展规律的多层结构需求使然。多年来，阅读推广活动对读者实现了普及教育的目标，阅读资源的海量增长和获取方式的便捷，使得喜欢阅读的读者已经由宽泛式大众化阅读转化成指向式个性化阅读，而较为缺乏对读者的审美教育。在阅读推广中，图书馆以其专业性、权威性和独有的丰富资源成为读书活动的主要阵地，也是倡导全民阅读、终身阅读等阅读基本理念的中坚力量。图书馆能由外而内地吸引读者，使其愿意来、待得住，是我们现今阅读推广的现实意义所在。而今图书馆人的阅读推广模式已不仅仅停留在具体阅读方法的指导等初级模式上，而应将提高读者的审美观打造成为阅读推广活动的新主题。“四季”阅读推广模式注重以文化人、以美育人，倾心打造“一季一景一主题、一品一物一活动”，展示自然之美、物品之美，传播文化精神、博雅之美，充分发挥美育效能，强化环境感育作用。后续我们将加大力度开展美育主题的阅读活动，培育读者的审美情操，引领读者形成良好的审美观。

（二）进一步提升阅读推广团队的“服务观”

阅读推广工作涵盖文案、信息技术、审美、创意等，专业涉及面广，对团队的综合能力要求比较高。图书馆的职责是提供藏书、场地、环境、气氛和服务。馆员立足馆藏资源，推荐图书、引导阅读，由此延伸到馆外，提供借阅服务、举办各种阅读活动等。随着国民教育水平的提高和信息化的快速发展，阅读推广已由传统的图书馆员主导的教育活动转变为“我的阅读我做主”的自主形式，因此我们需细分读者群进行图书推荐，组织活动，以及提供学科服务，使服务满足不同读者的实际需求。因此，为了高质量地服务读者，图书馆应加强建设舒适的阅读环境，营造宜人的阅读氛围，打造便利的阅读体验，以引导读者随时随处阅读。设立“移动图书馆”，将馆内的电子读报机、电子书阅读机遍布校园的教学楼、实训楼、办公楼等主要楼宇大厅，更方便读者使用图书馆数字资源；馆内各楼层均设置阅读推广专区，以充分展示优质馆藏，方便读者借阅。后续我们将进一步完善线上线下阅读空间建设，深入打造便利阅读体验，持续引导读者随时随处阅读。

专家点评

该案例总结无锡商业职业技术学院图书馆全年各项阅读推广活动，以“四季”区分，形成“一季一景一主题、一品一物一活动”格局，结合书香校园建设，多主体联动，多职能部门参与，围绕季节特色开展主题阅读活动。“春绽”“夏放”“秋蕴”“冬藏”的节气文化，引导读者感悟自然、尊重规律、关注内涵、注重发展，也更加坚定文化自信。但申报书缺乏对典型且具有创新性和推广意义的具体工作进行突出描述，案例背景也相对泛化，尚需加强对具体工作中实际问题的背景描述。所组织的活动已较为丰富，建议在“四季”总主题下，打造可持续推进并具有品牌效应的活动。支撑材料中，文创小物比较精美，建议在每个季节推出（目前只有两季）；在与职能部门联动时，也以文创为载体将阅读推广活动推向全校，真正推进书香校园建设。

主审专家：钱鹏

为了深化全民阅读活动，无锡商业职业技术学院长期重视书香校园建设，已形成室内室外、线上线下立体式阅读设施、设备及资源建设新格局，形成以“书香商院”为特色的校园文化品牌，另外创建“四季”模式，即“一季一景一主题、一品一物一活动”。通过不断完善阅读设施设备、健全组织机构、强化制度保障，形成“校院”两级多主体联动、多阵地互补的协同育人模式，实现书香四季育新人，更好地将优良的校风、教风、学风持续发扬光大。该项目首先将节气文化融入阅读推广，以四季为轴、文化为魂，设计了“春绽”“夏放”“秋蕴”“冬藏”四个读书季，对应商院、廉洁、传统、红色四个不同文化主题，累计开展古籍阅读分享、经典荐读传颂、宪法阅读、“成蹊”书会、晨间阅读等系列读书活动27场，深入推进文化育人，增强文化自信，加强责任感与使命感，为弘扬阅读文化、提升师生阅读素养，营造了终身学习氛围。其次充分发挥阅读空间的感育价值，把校园的四季自然之美与主题文化之美相融合，并以文化小品展示和文创小物发布来呼应。各楼层阅览室、读书廊道的阅读推广专区，配合主题变换内容，形成以文化人、以美育人的阅读环境体系，充分发挥育人效能，彰显主题阅读的文化内涵。全年书香的立体式推广活动使媒体高度关注，文化品牌效应日益彰显，校园文化建设获誉颇丰。该校创新的“四季”阅读推广活动，将季节变化规律与人循序渐进的自然成长规律相结合，引导读者感悟自然、尊重规律、关注内涵、注重发展。配合主题将空间、小品、小物予以变换，又自然将德育、智育、美育融入阅读推广中，提高读者审美观，建设便利、宜人的阅读环境，更高质量地服务读者、强化环境感育作用，使读者由表及里、立体化感受文化、感知美，进而引发思考与感悟，丰富心灵，增进修养。除了加大力度开展美育主题的阅读活动，继续深入培育读者的审美情操，也可借鉴图书盲盒、图书漂流瓶、对话访谈、“户外围读”读书会、“领读学士”专业导读等深受年轻人喜爱的形式，增加趣味和吸引力，注入活力源泉，为中国式现代化提供高素质技术技能人才支撑，持续推进学校高质量发展。

主审专家：许筠

阅读育匠心　擅为点灯人

项目组成员：殷新叶、李斐、徐俊华、王芳、仇英杰
单位信息：常州工业职业技术学院

【摘要】近年来，我校图书馆坚持以习近平新时代中国特色社会主义思想为指导，紧紧围绕深入学习贯彻党的二十大精神这条主线，坚持把立德树人作为根本任务，形成全员、全过程、全方面的育人格局。2021 年以来，图书馆以“阅读育匠心”为主题，从“管理育人”“教研育人”“资助育人”三方面开展各类阅读推广活动，做好阅读点灯人，促进学生全面发展。充分发挥文献资源中心的育人优势，与常州恒立液压股份有限公司铸造分公司、常州市轨道交通集团运营分公司等企业开展“党建结对聚合力，校企合作促发展”党建团建共建活动；与常州市鸣北社区、常州市钟楼区北港街道等开展文化素养推广活动，走入社区，面向基层群众，把经典红色文化资源推广和“永远跟党走”群众性主题宣传教育等活动紧密结合，扎实推进主题教育走深走实。通过各类阅读活动，传承发扬中华优秀传统文化，深化读书理念，引领阅读风尚，营造浓厚书香氛围，服务乡村振兴战略，共享文化发展成果，不断发挥图书馆在服务社会发展中的积极作用。

一、案例背景

为持续推进学习贯彻习近平新时代中国特色社会主义思想主题教育、深入贯彻落实党的二十大关于深化全民阅读活动的重要部署，图书馆积极开展服务育人体系建设，打造书香校园，助推学校高质量发展，结合主题教育，紧抓“实”字，突出“深”字，充分发挥图书馆的资源优势，深入挖掘红色馆藏资源的丰富内涵，以“阅读育匠心”为主题，全面推进“管理育人”“教研育人”“资助育人”三位一体育人体系，开展各类阅读推广活动，激励全校师生多读书、读好书、善读书，同时走出学校走

入社区，把阅读推广学习成效体现在为师生办实事、做好事、解难事上。

二、主要做法

（一）初心红：管理育人赋能

对于高校而言，隐性教育的要素是十分广泛的，具体体现于学校的各种资源和现实情境之中。作为“大学的心脏”，图书馆采取多种多样的途径与方法参与学校的“三全育人”工作，通过隐性教育发挥独特作用。图书馆调整空间布局、文献资源、阅览环境，为师生党员采购指定党史学习书籍，开设党史学习专题空间，开办“阅读新时代，喜迎二十大”校园图书展，在红色共享学习空间开展经典文献阅读活动、开展“传承红色基因，知晓常州故事”常州三杰精神研讨会，让红色文化和青年读者碰撞思想的火花；开展“喜迎二十大、永远跟党走、奋进新征程”主题诗歌朗诵比赛，以高质量教育成效为二十大献礼，展现我校学生不负使命、昂扬向上的精神风貌；与中国邮政集团常州分公司共同举办以“邮票上的党史”为主题的红色邮票展，展现中国共产党带领全国人民在经济、政治文化、社会、生态文明等各方面取得的突出成就。

图 1　党史学习专题空间

（二）匠心红：教研育人赋能

图书馆与常州恒立液压股份有限公司铸造分公司开展“党建结对聚合力，校企合作促发展”党建团建共建活动，以党史学习教育为契机，通过专题讲座、搭建产学研平台、提供技术服务和技能培训等共建活动，深入推进主题教育走深走实，开启双方在生产、教育、科研方面的“三赢”发展模式。与常州市轨道交通集团运营分公司开展党建共建，通过校企双方党支部结对方式，不断丰富“党建+”的内涵，共建“校企党建导师”“地铁书香屋”和“科技研修站”等，共同打造具有影响力的特色鲜明的高水平校企党建共同体，力求实效，使之成为专业建设的助推器、人才培养的蓄水池、服务社会的新载体。与常州市钟楼区北港街道秋白书苑开展“百年辉煌史，悦读颂党情”读书推广分享会，参与信息素养全面提升行动。联合百度文库公司、万方等数据商开展专题讲座，让师生更多地了解图书馆的专业数字资源，提高电子资源使用率，提升教工的学术水平和学生的信息素养，发挥馆藏数字资源的最大价值。

图 2　校企党支部共建交流研讨会

（三）暖心红：资助育人赋能

图书馆开展“赠书促学伴成长”党史图书捐赠活动，向新生代表赠送《习近平的七年知青岁月》、《习近平和大学生朋友们》和校本专著《匠心花开》，老师与同学们结对帮扶，在学习生活上关心、关注、关爱，做学生成长的引路人；组织开展“暖冬行动送温暖　精准帮扶暖人心”包饺子送温暖主题活动；组织党员师生携手图书馆读者协会和常州市鸣北社区志愿者们开展“学史力行，鸣北追梦”文艺演出活动、“爱心送进养老院，文艺演出暖人心”志愿活动、“浓情端午、囊纳馨香”等活动；与常州市钟楼区北港街道秋白书苑开展“百年辉煌史，悦读颂党情”读书推广分享会。

图 3 “赠书促学伴成长”党史图书捐赠活动

图 4 包饺子送温暖主题活动

三、创新之处

（一）“1+X”核心服务技能提升工程

图书馆实施“高质量发展护航工程”，1 为党性修养提升，X 为 5 个核心服务技能，主要从“党性修养提升工程”“核心服务技能培训工程”“智慧服务保障升级工程”三个方面开展。图书馆依托图书资源，坚守育人初心，以党建促业绩，履职阅读点灯人，在工作中担好宣传、凝聚、服务群众的职责，努力形成可复制、可推广的典型工作经验。

（二）“党史 +”育人文化阅读推广服务

图书馆以“聚焦主题”“馆藏资源”和“推广队伍”为三大抓手，形成“党史 +”育人文化阅读推广的三角模型，利用红色资源走进社区、企业等开展阅读推广活动，进一步深化党史学习教育，引导全民阅读，以史鉴今，资政育人。

图 5 “献礼二十大，服务进社区”群众性阅读宣传活动

四、主要成效

（一）“六个一”阅读推广成效显著

1. 一批共建基地：与常州市钟楼区北港街道、常州市轨道交通集团运营分公司、常州市鸣北社区等形成共建基地，建立长期、稳定的协作关系，开展多渠道、多层次、多形式的合作。

2. 一项党建思政专项课题：“搭建‘服务工作坊’平台，助力高质量发展护航工程”课题（常工业党字〔2023〕127 号）结题。

3. 一个典型案例：“党史 +”阅读推广服务活动获“两在两同建新功”和“我为

师生办实事”典型案例二等奖（常工业党字〔2021〕117号）。

4. 一项读书节系列活动：开展“阅百年历程，传红色经典”大学生读书节活动，引导青年学生多读书、读好书、善读书，促进校园文化建设和优良校风学风建设。

5. 一组微视频：以“聚光激扬”为主题，创作了图书馆“党史+”阅读推广微视频。

6. 一支推广队伍：创建“常州特色全民阅读书香城市范式研究”研究团队，组建骨干力量，加强专题培训，形成宣讲推广队伍。

（二）阅读推广影响广泛

图书馆开展全民阅读阵地建设，全年累计2000余名师生参加各类活动，既在校内又深入社区开展阅读推广活动。馆员面向基层群众，把红色经典文化和“永远跟党走”群众性主题教育紧密结合，扎实推进党史学习教育走深走实。未来馆员将用“党史+”系列活动接续传承经典文化，用一颗红心铸魂，用初心、匠心、暖心讲出本校故事，做好阅读点灯人。通过开展以上阅读推广活动，图书馆进一步发挥阅读主阵地的引领作用，不断深化全民阅读，推进书香建设，今后在校领导和宣传部的指导下，图书馆会继续在校内外开展线上线下各种形式的阅读推广活动，扎实推动主题教育走深走实。

五、案例启示

（一）文化育人理念是关键

图书馆文化育人是高校实现教育职能目标的重要环节之一。高校在建设和发展的过程中可以通过建立协同育人机制，实现党建引领，调动馆内资源，充分发挥图书馆文化育人功能。高校图书馆应在积极整合内部力量的基础上，做好各部门协同管理工作，发挥资源优势，开展阅读推广，形成育人合力，提高文化育人的效果。

（二）育人协同机制是根本

高校图书馆应该采取开放办馆活动的方式，加强与学校各个职能部门、学院以及社会机构之间的合作，建立完善的文化育人联动机制，促进高校图书馆文化育人成效有效提升。比如，学校图书馆可以实施一些文化活动项目，通过图书馆、团委、各个院系的相互配合，在教学楼、学生公寓大厅等场所设立微型书房，构建立体化实体文化育人平台，充分发挥文化育人的协同效应，体现高校图书馆文化育人在教育教学过程中的价值。图书馆在建设和发展的过程中，可以充分发挥信息传播时效性强、资源丰富等优势，通过互联网平台开展多种形式的活动，例如读书报告会、科普推广活动等，为各个层次的读者提供全方位的服务。

（三）资源辐射校企是引擎

图书馆也可走进企业与之建立长期合作关系，为科研人员提供多种文献获取途径，以及多项信息服务项目。通过了解读者受众的需求，更加精准服务好周边读者，推广好文献信息资源。同时也可以开展社区共建活动，让书香离市民更近，打造居民家门口的学习平台，满足群众不断增长的精神文化需求。

（四）创新服务模式是保障

高校图书馆员在推动高校图书馆服务模式改革与创新、服务本校学生读者时，应该在深入分析新时期大学生关注的社会热点的基础上，了解大学生的思想动态，充分发挥高校图书馆的文化育人功能，帮助和引导正处在青春期的大学生正确地认识社会和世界，为大学生的身心健康发展保驾护航。由于高校阅读推广活动逐渐常态化，过于大众和传统的阅读推广形式已经很难引起读者的兴趣。图书馆可以准确把握阅读推广对象的特点和需求，创新阅读推广的形式和内容，以新颖有趣、参与性、互动性、数字化于一体的阅读推广活动吸引新时代读者的参与。

总之，由于图书馆文化育人对我国教育事业的发展有着深远的影响，高校图书馆只有紧跟时代发展的脚步，积极创新现有服务模式，坚持文化阵地，做好阅读点灯人，才能在保证立德树人教育目标顺利实现的基础上，提高图书馆文化育人的成效，为高校教育教学事业的发展打下坚实的基础。

专家点评

申报书中未见案例题目中“点灯人”含义的阐释，通过检索了解点灯仪式起源于欧洲，主要是为维护街灯，让城市保持光明（建设美好城市、减少犯罪），从而将“点灯人”引申为治愈人心的光明使者。该案例用“阅读点灯人”为题，寓意通过阅读，为青年的思想带来光明，同时契合职业学校特点，实现“育匠心”。案例围绕“初心”“匠心”“暖心”，系统梳理和总结了开展的各项阅读推广活动，落实在文化育人、育人协同、辐射校企，形成“六个一”的成效。总体而言，案例申报书突出对系列活动的提炼与总结，对具有典型意义的具体活动描述不足，“点面结合”方面缺乏对突出创新价值的描述，如结合申报书中提及的“六个一”

中的“一个典型案例”撰写，则更佳。其一，建议深挖具有典型意义及在同类高校具有推广价值的相关工作，突出重点，特别是系列活动中所提及的与共建基地的合作等。其二，案例写作可围绕“点灯人”的内涵展开，聚焦如何通过阅读引领和培育匠心的问题。

主审专家：钱鹏

常州工业职业技术学院图书馆坚持把立德树人作为根本任务，形成全员、全过程、全方面的育人格局。2021 年以来，积极开展服务育人体系建设，打造书香校园，助推学校高质量发展。图书馆结合主题教育，以“阅读育匠心”为主题，开展各类阅读推广活动，做好阅读点灯人，激励全校师生多读书、读好书、善读书，同时走出学校走入社区，把阅读推广学习成效体现在为师生办实事、做好事、解难事上。该校从三个角度深入挖掘“三全育人”内涵。一是初心红，以红色共享学习空间为载体，开展常州三杰精神研讨会、主题诗歌朗诵比赛，举办红色邮票展，通过隐性教育发挥图书馆独特的作用，为管理育人赋能。二是匠心红，以党史学习教育为契机，开启校企双方在生产、教育、科研方面的“三赢”发展模式，以校企支部党建结对方式，共建“校企党建导师”“地铁书香屋”和“科技研修站”，共同打造具有影响力的特色鲜明的高水平校企党建共同体，丰富“党建 +”的内涵，通过读书推广分享会、专题讲座，全面提升师生信息素养，提高图书馆的专业数字资源使用率，发挥馆藏数字资源的最大价值。三暖心红，通过图书捐赠、文艺演出、端午节特色主题活动等形式，资助育人赋能。该图书馆依托图书资源服务，坚守育人初心，以党建促业绩，履职阅读点灯人，在工作中担好宣传、凝聚、服务群众的职责。运用“党史 +”文化阅读推广的三角模型，把红色资源引进社区、企业，开展共建基地、党建思政专项课题、微视频等系列阅读推广活动，面向基层群众把红色经典文化和群众性主题教育等活动紧密结合，扎实推进党史学习教育走深走实，引导全民阅读，以史鉴今，资政育人。除了积极地创新现有服务模式，也可借鉴图书盲盒、图书漂流瓶、对话访谈、“户外围读”读书会、“领读学士”专业导读等深受年轻人喜爱的形式。注入活力源泉，做好阅读点灯人，才能在保证立德树人教育目标顺利实现的基础上，提高图书馆文化育人的成效，为高校教育教学事业的发展打下坚实的基础。

主审专家：许筠

“领读学士”体验式深阅读推广活动

项目组成员：吴小玲、陈哲、王恒、高文章、李师龙、杜旻霞、袁菁遥、卜凡
单位信息：徐州工程学院

【摘要】“领读学士”体验式深阅读推广活动是以大学生为主体、遵循个性、注重人文关怀、关注个体成长的阅读推广活动，其目的是通过活动给学生带来精神的收益与能力的提升，促进个体成长。活动包括招聘阶段、分享阶段、总结记录阶段，具有鲜明的层次性。活动保持阅读的本色，专注作品本身与阅读体验，围绕一本书的阅、思、编、讲、读、听、辩、录进行细读、精读、研读，具有很强的实践性。活动以学生为主体，活动中不论是阅读图书的种类，还是讲读展示的形式，皆由学生自主选择，充分发挥了学生的主观能动性，对图书内容的诠释方式、语言表达习惯，皆带有明显的个人色彩，遵循了个性化需求。“领读学士”体验式深阅读推广活动在促进阅读的内化，提升学生思维、认知、表达、审美能力，培养人文精神方面效果显著，为阅读推广活动融入学校人才培养模式提供了新思路。

一、案例背景

2022年习近平总书记在致首届全民阅读大会贺信中指出，阅读是人类获取知识、启智增慧、培养道德的重要途径，可以让人得到思想启发，树立崇高理想，涵养浩然之气。贺信中，总书记还对全社会阅读提出了深切期望。党的二十大报告中也提出“深化全民阅读活动”，这预示着全民阅读进入新时期，高校图书阅读推广工作也将进入新发展时期。高校图书馆开展阅读推广活动、进行书香校园建设、鼓励大学生阅读的根本目的是使大学生增长知识、丰富精神世界、促进内心成长、提升综合素养，为社会培养高素质人才。同社会上其他读者群体相比较，大学生具备一定的阅读意识、阅读技能，阅读的意愿也相对较高，阅读内容的选择带有明显的个人

色彩。以书评大赛为代表的传统阅读推广活动，在培养读者阅读习惯、促进大学生素养提高等方面发挥了一定作用，但其侧重点是促进大学生阅读行为的产生，活动过程缺少层次性，读者参与具有一定被动性，忽视了大学生读者的主观能动性与个性化需求。为了调动学生的主观能动性，满足学生的个性化需求，提高深阅读的内化效应，锻炼大学生综合能力，让阅读推广活动在服务学校人才培养上更具实效，图书馆根据学校大学生素质培养“五个工程”中“读讲一本书”的倡议，设计了“领读学士”活动。

二、主要做法

“领读学士”体验式深阅读推广活动的设计理念是：以大学生为主体，注重人文关怀，关注个体成长，强化阅读体验，让阅读确实给学生带来精神的收益与能力的提升。活动以大学生为主体，围绕一本书阅、思、编、讲、读、听、辩、录进行细读、精读、研读，充分发挥深阅读在提升思维、认知、修养等方面的作用，提高深阅读的内化效应，锻炼大学生综合能力，为阅读推广活动融入学校人才培养提供了新模式。同其他阅读推广活动比较，“领读学士”体验式深阅读推广活动更多关注个体阅读，以及阅读推广活动中对学生人文精神、组织能力的培养。

“领读学士”体验式深阅读推广活动面向大学生读者公开招聘，由大学生读者提出申请，然后图书馆进行信息审查，组织试讲，试讲通过的大学生被聘为“领读学士”。获聘“领读学士”的大学生作为阅读推广人，以召开讲座的形式向其他学生推荐自己阅读过的图书，对图书内容深入讲解，分享自己阅读后的体会，并组织听者参与交流，图书馆则负责对分享交流过程进行记录。整个活动主要分为三个阶段、十一个环节，具体如下。

征聘阶段是活动前期阶段，也可以视为正式活动的准备阶段。图书馆通过微信公众号发布招聘细则及申请表。有意向的学生按表格要求填写个人信息与所要推荐的图书信息，投递到图书馆邮箱。图书馆对学生提供的信息进行初审，主要审核图书信息，确定预备“领读学士”。然后组织试讲，试讲环节的设定主要有两个目的：一是考查学生对内容是否熟悉、表达是否流畅，以及其对作品的理解是否到位，根据学生的表现判断是否正式聘其为“领读学士”，并提出相关建议。二是与学生沟通活动的要求、形式、内容、流程。通过试讲的学生可获得“领读学士”聘书，一般聘期为一年，然后会进一步商定时间举办分享会。

分享阶段包括宣传、讲读、记录等环节。整个过程从制作宣传海报开始。海报上刊登“领读学士”个人信息、图书的内容介绍，以及分享会时间、地点等信息。

线下与线上同时发布信息，进行活动宣传。分享环节由“领读学士”介绍图书的内容，朗读经典章节，并组织现场读者交流阅读感悟。图书馆负责活动的影像记录、现场秩序的维护及参与交流学生的引导。

总结阶段包括影像剪辑与留存、后续宣传等环节。在分享活动结束后，图书馆馆员可对活动进行简单点评并提出建议。图书馆将活动影像进行编辑作为内部资料保存，活动海报、照片上传至图书馆网页“领读学士”栏目进行后期宣传，提高活动的知晓度。影像资料以及宣传海报，还会赠与有需要的“领读学士”，作为其大学期间学习生活的纪念。

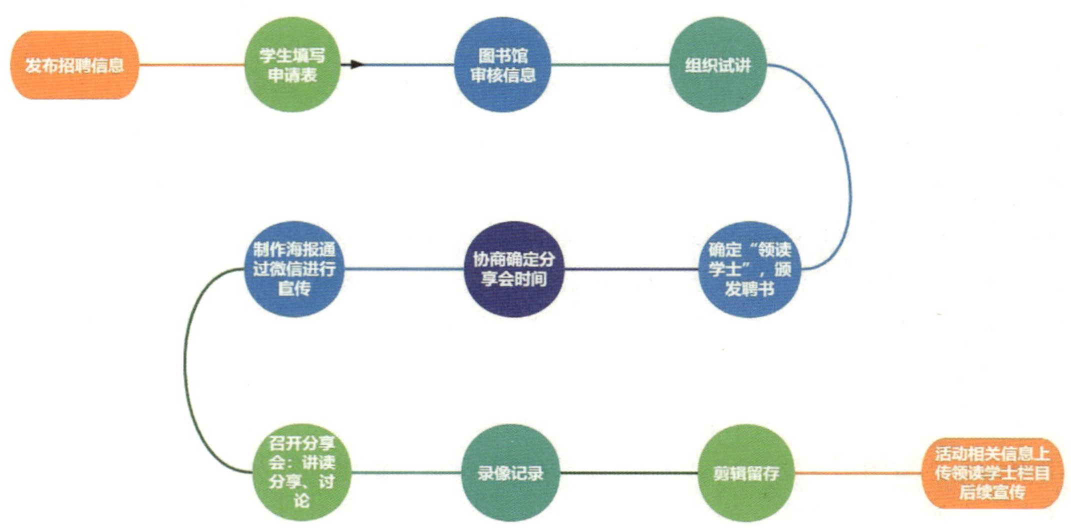

图 1　活动完整流程环节

活动要顺利开展需要注意以下几个关键点。

服务保障。主要包括资金保障、空间与设备保障、队伍保障。资金保障是指要有一定的资金支持，主要用于宣传和奖励学生。空间与设备保障是指，“领读学士”体验式深阅读推广活动是一项常态化工作，需要图书馆提供有电脑、投影、座椅等设备的固定场所，以便学生开展交流活动。“领读学士”体验式深阅读推广活动的开展需要阅读、演讲、影像记录等多方面技能，所以图书馆需要根据馆员特长建立具备相关专业技能的服务队伍，为学生提供指导服务。

以学生为主体。“领读学士”体验式深阅读推广活动，对活动的时间、场地、内容、讲读人、听众都不设过多门槛。每一次活动的主题、时间、讲解内容、讲解形式、讨论内容由学生与图书馆协商决定，从图书的选择到活动最终的展现形式，都尊重学生的设计，保证学生对内容选择的自主性。学生是活动的主体，是阅读的主体，也是阅读推广的主体，是每场阅读活动的主讲人，也是组织者之一。

活动的管理。以学生为主体，尊重学生的选择，并不是放任不管，而是抓住关键环节。一是活动前审查。活动前对图书内容与演讲幻灯片进行审查，确保内容的健康。二是现场过程控制。活动中注意观察现场，必要时进行引导帮助。三是活动资料的保存管理。专人专管，由专门的人员进行专门管理，利用记录设备对活动影像记录留存，建立网上专栏，对活动的后续宣传进行管理，保持活动信息传播的延续性。

活动的宣传。活动前期、中期、后期都进行宣传，通过微信公众号、图书馆主页进行线上宣传，设置海报进行线下宣传。宣传是一种很重要的信息传播形式，做好宣传工作可以建立活动的品牌形象，提高活动知名度，增强影响力，还可以营造校园的文化氛围。对学生来说，宣传有助于建立"领读学士"良好口碑，提升学生的自信心。

角色定位与沟通。在"领读学士"体验式阅读推广活动中，图书馆的角色是管理者、服务者、引导者，大学生个体读者则是活动的参与者、讨论的组织者、阅读的引领者。活动前，图书馆与"领读学士"要细致沟通讲读的内容、展示方式、时间，充分了解学生的需求，做好服务准备，活动后，与学生沟通活动的感受与收获，听取学生的建议，便于活动改进。

三、创新之处

一是理念新。"领读学士"体验式深阅读推广活动的设计理念是以大学生为主体，遵循个性，强调人文关怀，关注个体成长。活动以大学生为主体，活动中制作的课件、图书内容的诠释方式、语言表达习惯、内容的解悟，皆带有明显的个人色彩。大学生既是活动的参与者，也是推荐图书的讲读人，还是活动的组织者，图书馆主要以服务者的角色出现，帮助学生完成阅读实践过程。

二是形式新。"领读学士"体验式阅读推广活动分为征聘阶段、分享阶段、总结阶段三个阶段、十一个环节，层次分明又环环相扣，集阅读、演讲、互动于一体，具备层次性。活动中，大学生是阅读推广主体，在精读作品的基础上，通过一定的表现形式，将作品介绍给大众，并组织分享阅读感悟。在整个准备过程中，作品的阅读，最终分享阶段的现场演讲、展示、交流实际就是一个深阅读的亲身体验过程，具有较强的实践性。

三是管理新。与其他活动的管理方式相比较，"领读学士"体验式深阅读推广活动主要采用的是服务性管理方式，这种管理理念是在活动中弱化图书馆对学生的支配性和强制性管理功能，强化学生在活动中的独立性、创新性、自主性。图书馆通过提供空间、设备、记录、宣传等服务进行活动控制，引导活动发展方向，确保活动的顺利开展。

四、主要成效

作为一种小众的阅读推广活动，“领读学士”体验式深阅读推广活动自创立以来已经举办了十几场，研读了《天堂旅行团》等十几种图书。仅2022年微信公众号发布的征聘信息就有七百多人关注，2023年单场活动关注人数更达四百多人，同学们对活动的兴趣日益增加。

提升学生的能力。对阅读作品的感受、评价、阐释、说明是将知识内化的重要方法，可以激发大脑深度思维。为了顺利地向现场听众讲述图书内容、阐述观点，学生认真研读作品，正确而灵活地把材料组织成话语，准确地表达思想内容。“领读学士”体验式深阅读推广活动可以锻炼学生阅读作品的整体把握能力、概括提炼能力、语言品味以及口头表达能力。通过对演讲活动现场的安排、气氛调动、互动控制与引导，学生提升了组织能力；通过学习制作、讲解幻灯片，寻找合适的背景音乐、朗读图书文字、分析书中人物形象，学生感受到构图之美、音乐意境之美、文字之美、文学人物之美，提高了学生审美鉴美的能力。“领读学士”体验式深阅读推广活动能够充分提升学生的个人能力。

促进学生心理成长。学生成为“领读学士”的过程，就是深阅读的过程，也是阅读内化的过程。收到聘书时欣喜告知家人时的自豪，分享阅读中对爱情、生活、人生、世界的看法时的讨论、争辩与思索，活动后对海报、视频的珍藏，学生从活动初期的紧张小心到活动结束时的大方自信，收获了思考、感悟、自信、喜悦等认知与情感体验，呈现出显见的成长。

促进学生间的和谐交流。“领读学士”体验式阅读推广活动将喜爱阅读的同学聚集在一起，通过互相分享阅读感受，增加了同学间的交流，增强了同学们的共情能力。通过对同一作品的不同解读，不同认知相互碰撞，同学们学习了从多个角度了解作品、开阔思维的方法，促进了文化交流和融合，增进理解和互动，从而促进校园和谐发展。

丰富学生校园文化生活。“领读学士”体验式深阅读推广活动的开展，培养了学生的阅读习惯，使其更好地传承和发扬优秀文化，通过推荐和介绍各种类型的书籍、文章等，让更多的人了解和认识到不同领域的知识和文化，从而提高了文化素养。为大学生搭建了一个展现自我、交流和互动的平台，促进了校园和谐和文化活动的多样性。

为读者提供量身定制的阅读服务，也为高校阅读推广工作探索贡献一份薄力。2021年以来，经过两年的策划实施，品牌化阅读推广工作已运行两次，保持着每月线下活动至少两次、线上活动至少一次的活跃度，同时将图书馆微信公众号、图书馆官网作为阅读推广的有力补充。

二、主要做法

（一）“读”系列

1.“阅读空间+”计划。图书馆在馆内设立不同自习室、读书区、多功能活动室，以满足读者不同的阅读空间需求；增加了图书漂流活动专属角，鼓励读者分享好书、发现好书。该活动最大特色在于每月固定的校园图书漂流展，配合月份主题，由图书馆阅读推广部和读者协会选定校内不同地点，让图书在读者之间漂流，同期配合微信公众号为当月主题漂流活动进行线上预热，让书本走进读者生活的更多空间。

2.“书声”计划。该计划主要包括两个子活动。其一，“盐渎之声”图书馆联合专台（盐城，古称“盐渎”，“盐渎之声”因此得名，意在融入地方特色文化元素）。该校园广播栏目由盐城工学院图书馆与校党委宣传部联合打造。图书馆阅读推广部、读者协会撰稿推文，“盐工之声”广播台倾情献声，在周一至周五晚饭时间为在校师生播放好书好文的音频。图书馆阅读推广方案长期致力于以“盐渎之声”为“读”系列品牌化主产品，形成馆内有声资源。其二，在阅读推广活动周期中，于每年11月开展“品味书香，分享阅读”朗诵比赛。该活动针对所有在校学生，鼓励读者用情读书，用心朗诵，旨在以极佳的视听感受激发广大师生的读书热情。

（二）“品”系列

1.“灵光集”计划。该计划利用当下读者的碎片化阅读习惯，高频推送金句好文以激发读者探索欲，实现“读一句话”“找一篇文”“品一本书”的链式反应，由“悦读阅美”活动、微书评活动、读书沙龙活动臻选好书，以“惊鸿瞥”速读好句、“醍醐语”碰撞思想、“灵光集”辑录成册等系列活动，形成“品”系列品牌化主产品。

2.“青衿湖言读大讲坛”系列活动。“青衿湖”是校内最大的水域，也是校园一道独特的风景。“青青子衿，悠悠我心”，“青衿湖言读大讲坛”因此得名。“青衿湖言读大讲坛”每年举办4期，由校党委宣传部、团委、图书馆联合举办，内容涵盖国内外形势政策、经济动态、科技发展、文学艺术、法律知识、历史文化、党建党史教育、就业创业教育等，穿插贴近学生生活和学习的讲座，内容涉及美学欣赏、音乐鉴赏、青春励志、社交礼仪、外语学习、投资理财、心理健康、法律常识、公益活动等。在近两年举办的大讲坛中，“唐诗与南京”“论语中的为人之道”等讲座均由专家学者带领学生再读名著，让阅读有深度、有质量。在举办大讲坛活动时，盐城工学院图书馆为扩大活动影响力与受众范围，对同学们有关讲座的喜爱程度与参与热情给予高度重视，不断总结经验，对讲座开展时间、开设方式、开设内容进行把控，以适应读者、有益读者为宗旨，对“青衿湖言读大讲坛”做到严选优选。

（三）“感”系列

1. 打卡分享活动。在 2022 年 4 月的“美文诵读线上打卡”活动中，同学们可以选择任意一本自己喜欢的书，每天完成阅读后写一篇简短的读书感悟在活动 QQ 群打卡分享，或参与活动群设置的每日话题与其他读者进行讨论。该活动通过感悟分享既能让同学们读书，又能让同学们品书，还能让同学们联系自己的所思所想、所见所闻，对书有所感受。本次 21 天打卡活动共有 100 余人参与，打卡总次数超千次。同年 11 月，图书馆阅读推广部再次开展线上打卡活动——“冬日小确幸”，鼓励在校师生在寒假期间进行课外阅读，并通过日记打卡的方式记录与阅读相伴的美好时光，让手机不再只是夺走宝贵注意力的陷阱，在云端记录下与阅读共享的冬日时光。

2. 图书馆体感计划。不同于电子书等虚拟阅读平台，图书馆作为一个实体存在，是读者感受阅读、感受书籍的重要场所。盐城工学院图书馆在注重提升读者读书感悟的同时，注重让读者切实感受与馆、与书的真实接触，用手翻一翻纸质书，用脚走一走阅览室。在该计划中，图书馆阅读推广部着重推出“文山书海，寻书之旅”活动。该活动主要考察同学们在实体图书馆中对于图书的查找技能，邀请同学们在紧张又激动人心的比赛中遨游一次书海、翻越一次书山。寻书活动以其独特的比赛方式，深受同学们喜爱，在口耳相传中逐渐成为图书馆独具特色的项目，为“感”系列品牌化奠定了广泛的读者基础。

（四）“悟”系列

1. “题笔”计划。写作和阅读是相辅相成的，它们之间存在着密切的关系。写作可以帮助人们更好地理解阅读材料，同时通过自己的文字表达加深对所读内容的理解和记忆。目前，阅读推广活动中有关写作的形式主要为主题征文，选题为党的二十大、“廉政”等紧贴时代发展的主题。征文活动特别分设教师组与学生组，大家从不同视角理解主题，邀请评委评选优秀文章，并于图书馆、学校网站进行获奖公示与文章推送，鼓励广大师生动笔写感悟。在后续计划中，阅读推广部将丰富创作活动，增添“三行诗”“微小说”等相关项目，为读者提供更广阔的创作天地。

2. “同桌”计划。基于我校学生考研势头正盛的情形，图书馆自习室成为很多同学的第二课桌，也是很多同学梦想启航的摇篮。在每年毕业季，图书馆阅读推广部会邀请考研上岸的同学分享成功方法，讲述考研心得。“考研季”活动传承校友情的同时，为更多盐工学子的梦想保驾护航，鼓励广大“盐粒子”用知识改变命运，用努力赢得人生。

（五）“用”系列

1. 技能提升活动。信息素养与数据库应用系列讲座、“知网杯”知识产权知识竞赛、“中科杯”信息检索大赛，是阅读推广活动中针对“用”系列设计的相关专业技能活动，为同学们未来的学习、科研和工作提供有力的支持和帮助。

2. “新生季”活动。于每年新生季为新生提供图书馆参观和介绍，让他们了解图书馆是学校的“标志性建筑”，更是资源的聚集地，有藏书丰富的书库、具备专业技术的馆员等，是“大学的心脏”，帮助同学们在接下来的学业生涯中利用好图书馆。同时也能让新生了解图书馆文化的内涵和价值观。

三、创新之处

（一）全方位了解读者需求。传统的调研方法通常以问卷和访谈为主，但随着科技的发展，现代调研方法不断推陈出新。图书馆通过社交媒体、在线调查平台等，可以更加精准地获得受众的数据，提高了数据收集效率和质量，准确分析和了解读者需求，让活动更具针对性。同时，图书馆运用自动化设备、信息技术等措施，使管理过程更加高效便捷、精细化，从而有助于提高管理水平和服务质量。

（二）建立多方资源整合机制。图书馆与校党委宣传部、团委、工会、学生处共同推进阅读推广工作，成立校阅读推广工作委员会，通过多方合作，克服图书馆“小马拉大车”的窘境，整合全校阅读推广资源，缓解阅读推广资源有限的现状。

（三）树立品牌化阅读推广理念。图书馆高度重视阅读推广活动品牌化项目建设。经过多年的积累，“盐读者”“盐渎之声”“图书漂流”“诚信易购”已经成为图书馆阅读推广工作的常态化项目，在读者中树立了良好品牌形象。今后，我们将重点打造“青衿湖言读大讲坛”“中科信息检索大赛”“知识产权知识竞赛”三个品牌项目，不断提高活动知名度，增加品牌竞争力，提高品质认可度，建立易于被认知、记忆和传播的品牌形象，从而在现有基础上实现资源的最优利用，并且将不同用户群体的需求考虑进去，使资源的使用效果最大化。

四、主要成效

本阅读推广案例的做法不仅可以从一定程度上缓解大学生面临的“阅读危机”，为解决大学生的“阅读冷感化”提供指南，而且能通过品牌化运作提升图书馆的管理和服务水平，加强资源整合，最终达到优化馆藏、提高馆藏资源利用率、提高读者满意度的目的，进一步促进校园文化建设和文化交流，使图书馆更好地履行其公共文化服务职责。

（一）提高服务质量

1. 引进自助借还书机。自助借还书机的安装实现了 24 小时不间断的借书和还书服务，大大缩短了借还书等业务的时间成本和人力成本。

2. 设立数字阅读室。数字阅读室引入了电子阅读器、智能终端等设备，读者可以通过这些设备在线阅读电子图书，并进行图书检索和借阅。

3. 提供个性化服务。“读、品、感、悟、用”系列品牌化阅读推广方案解决了“不读”“碎度”“浅读”“白读”等阅读困境，为读者提供了量身定制的阅读服务。

（二）加强资源整合

1. 推进数字化建设。图书馆推进数字化建设，开展了电子资源采购与管理工作，大幅提高了馆藏资源的丰富度和覆盖面。

2. 建立合作共建机制。图书馆与校党委宣传部、团委、工会、学生处合作，共享、整合各类资源，组织大型文化活动，共同打造图书馆阅读品牌。

3. 丰富馆藏。图书馆加强馆藏建设，推进馆藏多元化，扩大藏书种类和数量，加强经典文献和特藏馆藏建设，满足读者多层次、高品位的文化需求。

（三）提高读者满意度

1. 智慧服务。图书馆大幅提升智能化水平，引入自动化问答服务设备、馆内安保设备，多渠道借书、还书、查询库存等操作都可以在智能终端上完成。

2. 文化活动。图书馆不断拓展文化服务版图，举办阅读比赛、读书分享会、小型展览等各类文化活动，吸引了更多的读者参与，提升了师生整体文化素养。

3. 多元化阅读体验。图书馆积极转型升级，开辟了多个场地布局阅读空间，如阅读房、沉浸式数字化阅读室、集中阅读区和互动讲解区，带给读者不同形式的阅读体验，满足不同读者的阅读需求。

（四）促进文化交流

1. 数字资源共享。图书馆建设数字资源平台，推广数字化馆藏，实现文献共享，尤其对地方特色进行数字化开发与保存，加强了各地区文化资源共享与互动。

2. 文化交流活动。图书馆不断加大文化交流力度，举办专家论坛、文化名人讲座等多层次、多元化的交流活动，促进各文化机构之间深入合作，推动文化繁荣发展。

（五）推动管理创新

图书馆建立了科学的数据管理体系，通过数据分析科学预测读者需求，实现服务资源优化，制订更加精准的文化服务计划，提升了管理决策水平。图书馆通过引进智能化设备和管理工具，提高了管理效率和服务质量，提升了读者满意度并扩大了影响力。在未来的发展中，图书馆还将继续跟踪创新动向，不断提高服务水平和管理能力，更好地履行文化服务职责，为读者提供更多、更好、更便利的公共文化服务。

五、案例启示

（一）阅读推广受众的精准定位。制定阅读推广策略需要先明确目标受众，进而制定专门的推广方案。有了准确的目标受众，才能更好地引导他们去阅读。

（二）阅读推广形式的丰富。阅读推广可以采用多种形式，如线上社交媒体互动、线下主题展览等。结合目标受众的特点和喜好灵活选择推广形式，能够获得更好的推广效果。

（三）阅读推广内容的精选。如果要吸引人们去阅读，就需要提供具有吸引力的书籍或文章内容。在推广前，需要对内容进行筛选，保证内容的优质性和有价值性。在阅读推广中，可以挑选知名专家学者、作家、艺术家等名人的著作或文章进行宣传和推介；或者从社会热点、历史文化、科学技术等角度入手，精心筛选专题系列书籍，吸引读者的眼球。

（四）阅读推广资源的整合。阅读推广不一定需要大量的资金投入，可以充分利用现有资源，丰富推广形式和活动内容。

（五）阅读推广效果的反馈。在推广过程中，需要不断跟踪数据反馈，了解推广活动的效果，以便及时进行调整和改进。数据分析，可以帮助我们更好地优化推广方案，提高推广效率。

专家点评

高校是阅读推广主阵地之一，盐城工学院图书馆通过多渠道组织调研，了解读者的阅读诉求、阅读偏好、阅读习惯等多方面信息，并在此基础上围绕“读、品、感、悟、用”开展品牌化系列阅读推广活动，致力于解决“不读”“碎读”“浅读”“白读”等阅读困境，为读者提供量身定制的阅读服务，也为高校阅读推广工作的探索贡献一份薄力。“读”系列一是从阅读空间角度，满足读者不同的阅读需求，还增加了配合月份主题的校园图书漂流展，让书本走进读者生活空间；二是利用“书声”计划，形成馆内有声资源。“品”系列包含通过高频推送金句好文来激发读者探索欲的“灵光集”计划和让阅读有深度、有质量的“青衿湖言读大讲坛”活动。“感”系列是美文诵读线上打卡，记录与阅读共享的美好时光，以及在实体图书馆中翻越“文山书海”找寻图书之旅，奠定了广泛的读者基础。“悟”系列是为了加深同学们对所读内容的理解和记忆而进行的推文写作等活动，鼓励用知识改变命运，用努力赢得人生。“用”系列是将日积月累的知识技能在各种专项知识竞赛、讲座中进行检验、提升，为学生未来的学习、科研和工作都提供了有力的支持和帮助。该系列活动整合全校阅读推广资源，不断提高活动知名度，树立品牌化阅读推广理念；提升图书馆管理和服务水平，提高馆藏资源利用率和读者满意度，促进校园文化建设和文化交流。建议尝试创新，以时令节点为经轴纵向贯通、以空间拓展为纬轴横向联通，构筑时空交叠、优势互补的阅读推广体系，可参考毕业纪念册、阅读疗法、图书盲盒、“户外围读”等形式，继续跟踪创新动向，积极提高服务水平和管理能力，更好地履行文化服务职责，为读者提供更多、更好、更便利的公共文化服务。

主审专家：许筠

案例申报书系统总结了盐城工学院围绕“读、品、感、悟、用”组织的阅读推广系列活动。活动致力于解决学生“不读”“碎读”“浅读”“白读”等阅读困境，具有树立阅读推广品牌的意识，经过多年积累，形成了常态化阅读推广项目；多项活动能够整合校内各方资源，如“盐渎之声”与校党委宣传部合作，“青衿湖言读大讲坛”与校党委宣传部、校团委联合举办等；举办了一些特色活动，如“同桌”计划，邀请考研同学分享经验，“题笔”计划除了面向学生，还邀请教师参加等。总体来说，盐城工学院活动较为丰富，围绕“读、品、感、悟、用”面面俱到。但案例申报书在活动具体方案的描述等方面有不足，建议在主要成效中，把如何引进自助借还书机、采购电子资源、共享数字资源等工作内容纳入，补充活动照片，切实围绕阅读推广工作，突出重点开展材料的组织。

主审专家签字：钱鹏

第六部分

综合实践活动

“阅游南京”菜单式阅读推广服务

项目组成员：林晓青、钱军、周婷、颜世伟、薛娟、乔诚、杜昊
单位信息：南京邮电大学

【摘要】为繁荣发展优秀校园文化，着力打造具有南京邮电大学特色的书香校园文化精品，营造健康向上的文化氛围，提高理工科大学生的阅读素养，南京邮电大学图书馆成立了践行“知行合一”理念的“阅游南京”阅读推广项目团队。图书馆在深入了解理工科师生以及留学生的阅读需求的基础上，深度挖掘南京地方文化特殊的阅读推广价值，采用菜单式阅读推广服务模式，合理设计阅游线路和阅读书目，配套开展系列活动，打造以图书馆为中心的馆院合作模式，将阅读推广服务深入院系，按“线上导读＋专家品读＋线下走访＋交流互动＋反馈机制＋线路优化”的思路进行了精心的模块化设计，将“共读”与“延伸阅读”有机结合，初步构建了图书馆与院系的联动机制，避免了“一刀切”的做法，增强了学生在活动中的主体性。图书馆针对不同的读者群体，开展体验式、互动式、沉浸式阅读活动，有效提高了图书馆的精准服务力度，逐渐探索出一条理工科为主型的高校阅读推广模式，逐步实现由开展阅读推广活动向提供阅读推广服务的转型。

一、案例背景

2023 年 6 月 2 日，习近平在北京出席文化传承发展座谈会时发表重要讲话。他强调，要在新的起点上继续推动文化繁荣、建设文化强国、建设中华民族现代文明，要坚定文化自信、担当使命、奋发有为，共同努力创造属于我们这个时代的新文化，建设中华民族现代文明。

大学生成长、成才需要了解地方文化。高校图书馆开展地方文化阅读推广活动，在弘扬地方优秀传统文化、发挥地方文化优势、推动阅读与丰富的地方文化资源相

结合、深化分地阅读等多方面具有重要意义。党的十八大以来，阅读推广工作成效显著，图书馆在这项工作中发挥了主阵地的作用，但就现状而言，阅读推广工作的覆盖面、影响力和实效还不够深入，仍然停留在“搞活动”的层面，如何从“活动”转向“服务”、如何建立图书馆与学院之间的联动机制还有待思考。目前的阅读推广活动存在同质化的倾向和“一刀切”的做法，学生在活动中缺乏主体性，活动参与积极性不够高。

本案例以引导学生深度阅读地方文化为抓手，在分析学生阅读需求的基础上，合理设计阅游线路和阅读书目，配套开展系列活动，拓展图书馆与院系合作模式，努力推动图书馆由开展阅读推广活动向提供阅读推广服务转型。

二、主要做法

（一）成立项目团队

2019 年，在了解、调研南京地方优秀传统文化资源的基础上，南邮图书馆结合馆员自身的学科背景和文化积淀，成立了以钱军书记领衔、林晓青具体负责、数字化与阅读推广部馆员为核心成员的“阅游南京”阅读推广项目团队。团队践行“知书达理”的馆训和“知行合一”的文化理念，倡导“读万卷书，行万里路”的大阅读观，努力从自身做起，要求成员先行阅读相关资料，自行准备解说词，集体研讨推荐书目，通过专题书展、线上线下图片展、专家品读、线上导读、线下走读、阅读分享会、阅读马拉松等形式，把“走”“读”“写”“说”结合起来，把“共读”和“自主阅读”结合起来，把“碎片化阅读”和“深度阅读”结合起来，在着力提升学生传统文化素养和读写能力的同时，不断提高馆员自身的学习能力、组织能力和业务素养。

（二）合理设计阅游线路

团队充分分析南京地方文化特色资源，深度挖掘南京地方文化的特殊阅读推广价值，设计了五个主题“阅游合一”的走读线路。

1. 以南北朝时期南京石刻文化为主题的“一座栖霞山　半城金陵史”阅游线路。

2. 以明清时期南京科举文化为主题的“阅游秦淮”线路。

3. 以明清时期南京书院文化为主题的“从清凉山到乌龙潭”阅游线路。

4. 以晚清时期南京书香文化为主题的“金陵淘书地，西城诗书巷”“津逮楼前觅书香”阅游线路。

5. 以现代南京红色文化为主题的“走读滨江　红色印记”阅游线路。

（三）遴选阅读书目

团队充分分析有代表性的南京地方传统文化优势，深度挖掘馆藏资源，兼顾可读性和可推广性，经专家论证和集体研讨，开列了一系列有关南京地方文化的共读书目和延伸阅读书单。

1. 南京石刻文化共读书目：《潮打石城》；延伸阅读：《山围故国》《旧时燕——一座城市的传奇》《诗栖名山》《摄山志》《栖霞寺史话》等。

2. 南京科举文化共读书目：《江南贡院史话》；延伸阅读：《明代文学与科举文化》《中国科举文化》《科举文化与明清知识体系》。

3. 南京书院文化共读书目：《清凉山史话》；延伸阅读：《南京城市史》《南京史话》《承恩寺缘起碑板录》。

4. 南京书香文化共读书目：《南京的书香》；延伸阅读："可爱的南京"丛书、《诗国南京》、《笠翁对韵》、《随园诗话》、《建康实录》、《白下琐言》。

5. 南京红色文化共读书目：《雨花英烈诗词》；延伸阅读：《渡江和解放南京》、《南京解放史（1945—1949）》、《南京红色印迹（1921—1949）》、"雨花台烈士传"丛书。

（四）对各线路进行模块化设计

团队按"线上导读＋专家品读＋线下走访＋交流互动＋反馈机制＋线路优化"对五条线路进行了精心的模块化设计。

例如关于南京书香文化主题路线，团队在充分整合馆藏资源的基础上，对本地历代文人学者的读书、著书事迹，书刊的出版发行史，本地自古以来的藏书家，以及当代著名图书馆的藏书历史进行了宣传和推介。团队围绕《南京的书香》（徐雁 等，1996）这本书，采用微信群联动直播的方式进行线上导读，邀请作者开展专家品读会，开展"津逮楼前觅书香""金陵淘书地，西城诗书巷"等走读活动。

与此同时，团队通过走进院系开展阅读分享会的形式，了解读者对活动的感受，挖掘读者的深层次阅读需求，并对该条走读线路进行优化，增加了"走进金陵刻经处"等走读活动，让读者更好地了解南京书刊的出版发行史。

再比如，针对留学生群体，在虎年到来之际，团队与海外学院合作，开展了南京虎文化阅读活动，通过"阅虎""书虎"的方式，深入浅出、生动形象地多方面展示了中国传统生肖文化，提升了留学生对中国传统文化的认知。

针对"馆二代"群体，团队还举办了"馆二代韶南京"活动，将"亲子文化"融入"阅游南京"活动中来，通过诵读《我是南京娃》《南京云锦》《雨花石小唱》等儿歌、书籍篇章，调动孩子们对南京地方文化的探究热情和兴趣，彰显了图书馆社会教育的职能。

图 1　线下走访

图 2　虎年“书虎”

这一举措有效地提升了读者对地方文化的感知，帮助读者在更高层次上对中国传统文化进行多方面、多层次的认知和理解。

（五）构建校内外联动机制

针对新生、考研学生、留学生等不同群体的阅读需求，团队通过互联网等途径，向院系提供“阅游南京”阅读推广服务清单，并与相关院系合作开展阅读活动。团队深度挖掘南京地方文化资源，加强与南京市全民阅读办、南京市全民阅读促进会等校外机构的合作，多次担任“共读南京”活动的领读组织。

图 3　走读滨江

团队采用模块化、菜单式服务模式，将阅读推广服务深入院系，将“共读”与“延伸阅读”有机结合，积极推动优秀传统文化教育，不仅拓展了活动范围，充分发挥了老师在阅读推广中的作用，而且有效提高了活动的影响力、实效性。活动开展五年来，受到院系和广大师生的好评。2021 年 5 月以来，活动累计开展近 50 场次，参与的学院有 17 个（本校共有 23 个学院），参与的学生约 12000 人次。

三、创新之处

（一）探索出一条理工科为主型的高校阅读推广模式，逐步实现图书馆由开展阅读推广活动向提供阅读推广服务转型

团队加强与院系的合作，采用菜单式阅读推广服务模式，在图书馆主页、微信公众号主页设置“菜单栏”介绍活动详情，采用订单模式，提高活动的参与度和可操作性，便于各个院系、读者根据自身具体情况参与，有效建立了图书馆与院系的联动机制，避免了“一刀切”的做法，加强了学生在活动中的主体性。

（二）初步建立阅读推广服务长效机制，有效提高图书馆精准服务力度

针对大学新生和留学生的阅读需求，团队开展体验式阅读活动，提升读者的阅读兴趣，让读者了解地方文化，解决选书、读书、用书的问题，助其养成良好的读书习惯。

针对大学中、低年级学生的阅读需求，团队开展互动式阅读活动，帮助读者养成由浅入深的阅读习惯，提高阅读技能，让读者在更高层次上对南京地方文化进行多方面、多层次的认知和理解，提升读者对南京地方文化的认同感。

针对大学中、高年级学生和老师的阅读需求，团队开展沉浸式阅读活动，让读者在场景中实现对南京地方文化的认知，并通过“前期阅读、中期参观、后期交流”，在活动过程中有效引导读者互动，带给读者愉悦的阅读感受。

四、主要成效

（一）阅读推广活动的参与度和影响力得到了有效提升

“阅游南京”阅读推广活动辐射全校师生，掀起了一股探寻南京地方文化的热潮，产生了一定的规模效应，累计参与人数在万人以上。“阅读马拉松”活动通过微信公众号发布，在学生中得以广泛传播，全校大部分院系的学生都组队参赛；专家讲座的会场座无虚席；南京地方文化的图书推介现场，同学们的借阅热情更是高涨。

“阅游南京”阅读推广活动的策划和实施得到了南京市全民阅读办等社会力量的大力支持。团队还积极参与所在地区中小学生的素质教育工作，并以此为契机开展了一系列走读活动，不仅加深了中小学生对南京地方文化的了解，拉近了孩子们与书本的距离，而且增强了其对中华传统文化的感知与认同，增强了民族文化自信。团队与社会机构之间相互借力，共享成效，有效拓展了“阅游南京”阅读推广活动的知名度和影响力。

社会读者和馆员家庭的加入丰富了活动内容，更促进了校内外读者的交流，进一步推进了书香校园、书香社会和书香家庭建设。

（二）获得各界好评，社会影响广泛

江苏省教育厅网站“高校动态”栏目连续几年对“阅游南京”活动进行了报道，《现代快报》、“交汇点”新闻、《图书馆报》等媒体也进行了相关报道。

五、案例启示

（一）团队自身能力的提高是做好阅读推广工作的关键

高校图书馆开展地方文化阅读推广工作需要一支用心、灵活、积极的阅读推广馆员队伍。馆员做好“阅”“游”结合的工作需要平时的积累，更需要积极主动的心态。高校图书馆推广地方文化阅读活动体现了阅读推广人的工作能力和智慧，馆员需要因时而动，转变阅读重点，转换推广方式，寻找或创造一切有利因素；需要保持学习意识和学习力，有明确的目标和自我要求，注重同行交流和读者互动；需要了解本地文化特色，熟知本馆的地方文化资源，善于发掘、整理和调配各方资源。唯此，才能迅速聚焦问题，发掘地方文化阅读推广的重点，寻找地方文化的亮点，有效提升地方文化阅读推广活动的品质。

（二）活动的关联性、延伸性和生长性是获得持续发展的基础

开展地方文化的阅读推广活动是对高校图书馆阅读推广工作体系和能力的考验，也是对活动关联性、延伸性和生长性的深刻观照。因此，高校图书馆要注重地方文化阅读推广的效果，注重活动的延续性，不能一味追求形式的创新，避免活动的虎头蛇尾，要注重对地方文化资源的管理与储备。

（三）信息交流反馈机制的建立对阅读推广活动的进一步优化有着重要的意义

高校图书馆开展地方文化阅读推广活动时，读者的参与度和活动的时效性是非

常重要的评价指标。高校师生往往来自全国各地，对南京本地文化了解不多，因此要让大学生走出校园，走进这座城市，将阅读转移到广阔的城市空间，让青年学生在行走中实地阅读，收获丰富立体的阅读体验。高校图书馆要加强与读者之间的沟通交流，充分了解读者的想法和需求。因此，高校图书馆应进一步完善信息交流机制和活动反馈机制，进一步加深大学生对城市文化和地域文化的认知。

（四）活动形式和宣传方法的创新是建立常态化书香校园建设机制的保障

总体而言，高校图书馆开展地方文化阅读推广活动的内容相对传统，宣传主要依靠图书馆的微信公众号或官方网站。应逐渐应用虚拟现实、直播互动等更加丰富的阅读推广技术和形式，加强与读者的交流，及时了解读者的需求，注重地方文化与图书馆阅读推广工作的有机结合，针对不同的受众群体采用不同的宣传形式，吸引读者对地方文化的关注，激发其共鸣与思考。

专家点评

该案例在阅读推广服务和精准阅读服务上具有较好的创新价值，以“阅游南京”为主题，将“阅游”与“阅读”相结合，配套开展系列活动。活动区别于过去图书馆单方面输出的形式，而是将阅读推广服务深入院系，开展体验式、互动式、沉浸式阅读活动，有效提高图书馆的精准服务力度，实现了向阅读推广服务的转型。项目以地方文化特色为出发点，结合馆藏资源，在学校各院系针对不同的读者群体开展菜单式阅读推广服务，加强了学生在活动中的主体性，具有较好的推广意义；通过分析有代表性的南京地方传统文化优势和资源，合理设计阅游线路，深度挖掘馆藏资源，遴选南京地方文化相关阅读书目，按“线上导读 + 专家品读 + 线下走访 + 交流互动 + 反馈机制 + 线路优化”进行精细的模块化设计。该案例以深度阅读地方文化为推广主旨，从项目团队成立、读者需求分析、院系合作开展，到阅读推广服务的有效落地，整体思路清晰，层次分明。地方文化是多面的、立体的，在开展地方文化阅读推广活动的过程中，要持续收集读者的体验反馈，及时做相关优化与更新，给读者提供更加适合的阅读、阅游方式。地方文化往往可具象化，可以通过视频制作等方式更加直观地呈现，同时通过小红书、抖音等平台进行全媒体宣传推广。

主审专家：金耀

理工科院校图书馆资源收藏专业性强，相对来说，人文社科类文献不足。南京邮电大学图书馆的“阅游南京”菜单式阅读推广服务案例，为繁荣发展优秀校园文化、着力打造具有特色的书香校园文化精品、营造健康向上的文化氛围、提高理工科大学生的阅读素养提供了可资借鉴的范例。本案例以南京地方文化为抓手，按“线上导读＋专家品读＋线下走访＋交流互动＋反馈机制＋线路优化”的思路进行了精心的模块化设计，将“共读”与“延伸阅读”有机结合，通过开展体验式、互动式、沉浸式阅读活动，有效提高了图书馆的精准服务力度，探索出一条理工科为主型的高校阅读推广模式，逐步实现图书馆由开展阅读推广活动向提供阅读推广服务的转型。建议后续以长江文化为主题，联合更多高校参与，开展更广泛深入的阅读推广活动。

主审专家：史梅

百年树人·百年师大·百所小小图书馆

项目组成员：徐楠、管红星、徐洁、任志刚、陈智瑜
单位信息：南京师范大学

【摘要】党的二十大报告中提出要“深化全民阅读活动”。习近平总书记在致首届全民阅读大会举办的贺信中也强调：“希望全社会都参与到阅读中来，形成爱读书、读好书、善读书的浓厚氛围。”为了进一步加强阅读引领，扩大全民阅读覆盖面，以书香中国建设促进文化强国建设，发扬南京师范大学百廿厚生精神，传承中华优秀文化和文脉，南京师范大学图书馆在服务师生、服务教学科研的同时积极破壁，开展“百年树人·百年师大·百所小小图书馆”阅读推广活动，让优势资源走出校园，为人民服务，为当代青少年学习成长服务。本阅读推广活动以图书馆为文化传承的主体，利用丰富的馆藏资源优势、专业资源建设强项和名师专家图书推荐的服务特色，全方位考量优质文献资源，挖掘适合孩子成长、发展的经典图书，充分发挥高校服务社会、传承文化的创新功能，开展“小小敬文讲坛”等系列阅读推广活动，以阅读为起点，培养孩子对知识听、说、读、写的热爱和持续性学习热情，养成良好的阅读习惯，快乐阅读，健康成长，引导孩子树立正确的历史观、民族观、国家观、文化观，在成长路上把“四个自信”作为信念之核、力量之源，让孩子从小树立“为时代画像、为时代立传、为时代明德”的远大目标和责任心。

一、案例背景

党的二十大报告中提出要“深化全民阅读活动”。习近平总书记在致首届全民阅读大会举办的贺信中也强调：“希望全社会都参与到阅读中来，形成爱读书、读好书、善读书的浓厚氛围。”

"正德厚生、笃学敏行"是南京师范大学的校训，也是一代代南师人生动的历史实践。建党百年之际，南京师范大学图书馆秉承百年师大的社会使命和责任担当，传承南师大百廿厚生精神，启动"百年树人·百年师大·百所小小图书馆"阅读推广计划，在服务师生、服务教学科研的同时积极破壁，让优势资源走出校园，服务社区和全社会，响应总书记号召，为当代青少年学习成长服务，加强阅读引领，赓续红色血脉，为党育人、为国育才，以书香中国建设促进文化强国建设。

二、主要做法

（一）"百所小小图书馆"筹建——凝心聚力奋进，共襄民族复兴

"百年树人·百年师大·百所小小图书馆"阅读推广活动，由南京师范大学图书馆联合部分校内学院、南京市全民阅读促进会、南京市教育局、江苏省青少年发展基金会、南京市部分中小学、红色革命老区和贫困地区的希望小学等共建单位共同开展。

作为百廿年学府，南京师范大学坚持发扬厚生精神，传承中华优秀文化和文脉，在南京市基础教育范围内筹建"百所小小图书馆"，以图书馆为文化传承的主体，利用丰富的馆藏资源优势、专业资源建设强项和名师专家图书推荐的服务特色，全方位考量优质文献资源，挖掘适合孩子成长、发展的经典图书，以阅读为起点，培养孩子持续性学习的热情，以充满爱的态度，培养孩子独立探索世界的能力，引导孩子树立正确的历史观、民族观、国家观、文化观，让孩子从小树立"为时代画像、为时代立传、为时代明德"的远大目标和责任心。

（二）"百所小小图书馆"挂牌——传承厚生精神，共育祖国未来

建党百年之际，"百年树人·百年师大·百所小小图书馆"阅读推广公益项目正式启动。2021 年底，南京师范大学图书馆"001 小小图书馆"挂牌仪式在南京师范大学附属中学新城小学北校区举行。2022 年元旦前一天，在南师附中新城小学南校区庆元旦、迎新年"阅读润心践行"主题活动日上，南师大图书馆"002 小小图书馆"揭牌。2022 年 9 月，"百年树人·百年师大·百所小小图书馆"010—015 小小图书馆走进建邺区六校，南京师范大学图书馆馆长管红星在挂牌仪式上诠释了南京师范大学"正德厚生、笃学敏行"的百年校训和一直秉承的"为国育才、为党育人"的教育理念。2023 年 4 月，南京师范大学图书馆南外河西一附小、南外河西二附小、南外青奥村小学、南京外国语学校小学部 016—019 小小图书馆揭牌。作为国内一流的师范类院校，南京师范大学历史悠久，李瑞清、吴贻芳、陶行知等数代师

图 1 揭牌仪式

大人一直倡导教育的厚生理念要融入每一个师大人的心中，需要每个师大人去继承、去弘扬。

（三）“小小敬文讲坛”——坚定“四个自信”，书香筑梦前行

南师大依托图书馆“敬文讲坛”的平台，打造“小小敬文讲坛”，发挥教科院小学教育系专家资源优势，在“小小图书馆”不定期开展讲座，坚定信仰，启智增慧，培养兴趣，活跃思维，促进校园文化建设，牢固树立中国特色社会主义道路自信、理论自信、制度自信、文化自信。南京师范大学原副校长、教授、博士生导师缪建东充分肯定了“百年树人·百年师大·百所小小图书馆”活动跨界、共进的意义，鼓励广大小朋友们放下手机、平板电脑，多多沉浸在书香之中，畅游精神的大海。他说：“同学们要有意义地生存，有价值地学习，逐梦前行、追逐前光；在阅读中找回生活的活力，在成长中找到个体潜在的价值，通过阅读来打开对世界、对人生这扇了解之门，拥有七彩的童年。”

图 2 缪建东教授寄语

（四）链接主题教育——树牢“四个意识”，强化责任担当

十年树木，百年树人。小树苗壮成长需要精心呵护，青少年的培养需要久久为功，需要家庭、学校、社会共同努力，用习近平新时代中国特色社会主义思想筑牢理想信念之基，以南师大百年校训精神精心引导青少年“扣好人生第一粒扣子”。小小图书馆挂牌当日，南师大图书馆第四党支部、南师大教科院小学教育系党支部、“小小图书馆”挂牌学校支部和共建单位三方支部联合开展“阅读润心践行”主题党日

图 3 主题教育活动及荣誉

活动，深化党史学习教育成果，加强基层党支部的创造力、凝聚力和战斗力。“百年树人·百年师大·百所小小图书馆——图书馆党委第四党支部、教科院党委小学教育系党支部阅读推广主题教育活动”获校党委主题教育立项，并获校党委主题教育二等奖。

（五）小小图书馆之“童心向党”——弘扬志愿精神，坚持双向育人

小读者们通过阅读红色经典书籍，分享红色故事，从青少年时期建立红色信仰，根植红色血脉，体现党的办学历史和传统，体现我党红色基因传承。2022 年 6 月，“小小图书馆”与栖霞区文旅局共同举办了“书香润心，快乐暑期”活动，我校教育科学学院教育学系的大学生们带着小读者进行阅读。活动分为“国学诵读”、“学唱一首红歌”、“共伴阅读”和“爸爸妈妈我想对你说”四个板块，活动结束后每个小老师都为孩子们挑选了一本适合他们的图书。此次活动一方面让小学生阅读、成长，坚定信仰，坚定民族自信、文化自信，“扣好人生的第一粒扣子”，在将来能够迎接更大的挑战，攀登更高的山峰；另一方面，让小老师们尝试将所学运用到实际中，更好地提高知识的应用能力，传承南师大厚生精神，了解社会、服务社会，让生命丰满起来，从思想到能力水平各方面素质得到提升，培养了实际动手能力，也培养了志愿服务精神。

图 4　南师大学生带领小学生阅读

（六）长征路上的“百所小小图书馆”——寻访红色足迹，覆盖希望小学

在战火纷飞、硝烟弥漫的时期，星星之火点燃了人们的思想，中国共产党带领中国人民走上了长征的革命道路，取得了今天世界瞩目的成就。为寻访红色足迹、

赓续红色血脉、发扬厚生精神，在江苏省青少年发展基金会励志阳光助学基金的大力支持下，重庆市酉阳县希望小学渝 001 小小图书馆和江西省赣州市赣县区王母渡中心希望小学 G001 小小图书馆、江西省吉安县曲濑镇希望小学 G002 小小图书馆、云南省弥勒市东山镇慧泉阳光希望小学 Y001 小小图书馆先后顺利挂牌，并捐赠经典、红色等主题书籍，传承中华优秀文化和文脉，坚定文化自信。

三、创新之处

（一）合作模式新颖，广聚社会各界力量

“百所小小图书馆”自 2021 年筹建开始，汇聚了南京师范大学图书馆和相关学院、南京市教育局、全民阅读促进会、江苏省青少年发展基金会、南京银行、南京钢铁股份有限公司、江苏中博通信有限公司、上海国际信托有限公司等众多单位参与，共同践行厚生精神，强化责任担当，服务社会，服务青少年成长。

（二）活动形式丰富，深挖阅读推广内涵

活动在挂牌“小小图书馆”的基础上，开展“小小敬文讲坛”多种主题讲座，开展“阅读润心践行”主题党日活动、阅读路上“大手拉小手”阅读分享活动、“阅读之星”选拔等活动。以“小小图书馆”为依托，传承红色基因，赓续红色血脉，坚定文化自信、民族自信，引导青少年“扣好人生第一粒扣子”。

（三）创新阅读推广模式，接续服务育人使命

打造“小小图书馆”模范和样板，传递书香，传承文明，发扬厚生精神，秉承为党育人、为国育才的教育理念，以中华优秀传统文化和伟大建党精神引导青少年健康成长。“小小图书馆”挂牌仅仅是活动的开始，“小小图书馆”是一颗种子，一颗信仰的种子，一颗知识的种子，一颗希望的种子。

四、主要成效

“百年树人·百年师大·百所小小图书馆”阅读推广项目自推出以来，得到各级领导、小学老师、同学们及社会各界的充分认可与大力支持。“001 小小图书馆”挂牌启动新闻获得“交汇点”等媒体转载，010—015 小小图书馆揭牌仪式在学校官网首页、“阳光网”、《扬子晚报》、“南京魅力校园”等线上线下媒体报道，并被《人民日报》新媒体平台“人民号”转载。

图 5　媒体报道

（一）聚焦阅读推广，践行服务育人

依托“百所小小图书馆”，活动汇聚了大学、小学、教育局、全民阅读促进会、青少年发展基金会、南京银行、南京钢铁股份有限公司、江苏中博通信有限公司等单位共同参与，深入推动全民阅读，建设书香校园，落实立德树人根本任务，培育和实践社会主义核心价值观，传递书香，传承文明，更好更切实际地为人民服务，推进书香南京、书香中国建设，秉承为党育人、为国育才的教育理念，共同奋进新征程。“百所小小图书馆”活动被“阳光网”、《扬子晚报》、《人民日报》新媒体平台等多家媒体报道、转载。

（二）弘扬厚生精神，彰显师范本色

“百所小小图书馆”活动在南师大 120 周年校庆之际开展，充分体现百廿南师厚生精神的社会使命与责任担当。在活动中，图书馆和教科院支部党员自觉发挥在图书与阅读上的专业优势，贯彻落实高等教育立德树人根本任务，肩负培养社会主义建设者和接班人的重任，让优质资源走进中小学校园，为当代青少年学习成长服务。同时，大学生通过志愿者活动，在教育孩子的同时，受教育、受启发，实现“双向育人”。

（三）传承红色基因，赓续红色血脉

“百所小小图书馆”自筹建以来向挂牌学校捐赠优秀传统文化、红色经典图书3000余册，依托“小小图书馆”开展“大手拉小手”阅读分享活动、“小小敬文讲坛”等活动，以中华优秀传统文化和伟大建党精神引领青少年健康成长，将红色血脉根植于心，让“四个自信”始终伴随他们成长。寻访红色足迹，赓续红色血脉，与江苏省教育基金会、红色革命老区和贫困地区的希望小学共建“小小图书馆”，将优势资源引入革命老区和贫困地区。

五、案例启示

（一）大阅读时代，图书馆的阅读推广具有时代使命及社会责任

习近平总书记说：“少年强则国强。当代中国少年儿童既是实现第一个百年奋斗目标的经历者、见证者，更是实现第二个百年奋斗目标、建设社会主义现代化强国的生力军。希望广大少年儿童刻苦学习知识，坚定理想信念，磨炼坚强意志，锻炼强健体魄，为实现中华民族伟大复兴的中国梦时刻准备着。各级党委和政府、全社会都要关心关爱少年儿童，为少年儿童茁壮成长创造有利条件。”我们的教育要让孩子爱上学习，当先教会他们读书。大阅读就是阅读向课外、班外、校外、家外、社会上不断辐射延展，在全社会形成一种人人阅读、处处阅读、无时不读的阅读氛围。高校图书馆的阅读推广应当具有时代使命及社会责任，推广优秀、合适的书籍，净化孩子们的心灵，引导孩子们形成正确的世界观、人生观、价值观。

（二）多媒体时代，“小小图书馆”具有较高关注度和推广价值

2019年习近平总书记在给国家图书馆老专家的回信中明确指出：“图书馆是国家文化发展水平的重要标志，是滋养民族心灵、培育文化自信的重要场所。希望国图坚持正确政治方向，弘扬优秀传统文化，创新服务方式，推动全民阅读，更好满足人民精神文化需求，为建设社会主义文化强国再立新功。”“小小图书馆”阅读推广项目自始以来受到社会各界的广泛支持，以“小小图书馆”平台为依托，强化责任担当，服务社会、服务青少年成长，传递书香，传承文明。

（三）阅读推广要深挖高校资源内涵和潜力，积极构建影响力广、可持续性强的模式

教育部 2015 年修订的《普通高等学校图书馆规程》中，将图书馆主要任务概括为四条，其中第四条是“积极参与各种资源共建共享，发挥信息资源优势和专业服务优势，为社会服务”，明确图书馆要发挥自己的专业优势为社会服务。“小小图书馆”阅读推广项目以图书馆为主体，利用馆藏资源优势、专业资源建设强项和名师专家图书推荐的服务特色，整合挖掘资源内涵潜力、汇集各方力量，逐渐以“小小图书馆”为载体，链接校内讲坛、学生志愿服务等资源，逐渐形成双向育人闭环，不断构建影响力广、可持续性强的阅读推广模式。

南京师范大学图书馆以建立一百所“小小图书馆”为目标，传承百廿南师精神的血脉和使命担当，不断创新阅读推广模式，拓展平台，扩充内容，为长效开展阅读推广、推动书香中国建设贡献力量！

专家点评

该案例在合作模式、活动形式等方面具有原创性，将阅读推广的读者主体定位为处于成长阶段的孩子，充分发挥高校社会服务的价值。“小小图书馆”的主题秉承为党育人、为国育才的教育理念，充分体现南师厚生精神的社会使命和责任担当。联合了众多单位，利用各界力量推动“小小图书馆”的落地生根，同时根据儿童与青少年的成长特点，挖掘适合他们的资源与活动，引导他们健康成长。本案例承担了高校图书馆的社会服务任务，具有一定的推广价值。南师大图书馆认真贯彻党的二十大精神，结合《普通高等学校图书馆规程》中提到主要任务的第四条，积极破壁，主动联合大众力量，推动小小图书馆的挂牌落成，开展“小小敬文讲坛”等活动，引导青少年“扣好人生第一粒扣子”，建立红色信仰，根植红色血脉。“小小图书馆”从筹建、挂牌到长效开展阅读推广活动，整体思路清晰，层次分明，始终围绕服务育人主旨，弘扬厚生精神，彰显师范本色，展现了高校图书馆的使命担当及社会责任。本案例具有较好的推广价值。“小小图书馆”项目持续推进过程中，除了资源及活动内容，图书馆可以挖掘更多专业人员的软性优势，为项目的可持续发展注入新的活力，同时，也可以组织“小小图书馆”的儿童及青少年读者到师大的大图书馆来，让小图书馆和大图书馆、小读者和大读者形成常态化互动，让阅读与教育产生更大的影响力。

主审专家：金耀

很有创意的阅读推广活动。利用高校图书馆优势，广聚社会各界力量，创新合作模式，把阅读推广工作辐射到南京的中小学、红色革命老区和贫困地区的希望小学，让优势资源走出校园，服务社区和全社会，为当代青少年学习成长服务，加强阅读引领，赓续红色血脉，为党育人、为国育才，以书香中国建设促进文化强国建设，立意高远。具体做法有创建“小小图书馆”、举办专题讲座、联合主题教育、指导红色阅读、寻访红色足迹等，比较丰富。希望今后根据中小学生特点创新形式，让其在经典阅读中加深对中华优秀传统文化和革命文化的学习和认识。希望利用南师大学科优势，发挥图书馆员和青年学生的积极性，做好“百所小小图书馆”的建设和服务工作。

主审专家：史梅

高校图书馆与校园实体书店的“文化相遇”

项目组成员：施星格、陈宏、汤慧子、杨乐
单位信息：南京大学

【摘要】图书馆作为公共文化服务体系中的重要机构，需要不断增强公共文化服务能力，优化创新服务方式，拓展服务范围，满足人民群众日益增长的精神文化需求。高校图书馆与校园实体书店的结合，在传播先进文化、推动全民阅读、建设书香校园、促进学生全面成长等方面具有十分重要的作用——不仅为读者提供舒适的阅读环境，让图书馆内不只有书香，还有茶香和咖啡香，而且通过举办读者沙龙、读书分享会等活动增添了图书馆的“人气”，让阅读变得更生动、更贴近读者。南京大学图书馆创新服务理念与方式，牵手大众书局，全力打造独具南大特色的“校园书店”，不仅对新时代年轻人养成终身学习、终身阅读的良好习惯起到重要的作用，而且与校园书店互惠互利，增进了交流，加强了合作，为推进文化自信自强、铸就社会主义文化新辉煌做出了贡献。

一、案例背景

南京大学杜厦图书馆的规划参照了国内外相同类型图书馆，区别于内部安静的环境，位于一楼报告厅外大约 300 平方米的场地为读者提供了一个相对独立的交流场所，也可以作为临时展厅。2009 年以来，历任馆长洪修平、计秋枫、程章灿和现任馆长黄贤金都非常重视对这片场地的使用，积极寻找各种合作方式，向学校提出申请和建议，致力于打造具有书香与咖啡香的舒适的公共阅读场所，更好地服务广大师生，将这片场地建设成为具有人文特色的学习空间，为校园文化建设增光添彩。

二、主要做法

（一）贯彻落实习近平总书记重要回信精神及学校相关文件精神

2022 年 5 月 18 日，习近平总书记在给南京大学留学归国青年学者的回信中说希望同志们“在坚定文化自信、讲好中国故事上争做表率”。2021 年 9 月 30 日，时任南京大学党委书记胡金波在校党委第十五届委员会第六次全体（扩大）会议上强调，要营造“安心从教、热心从教、舒心从教、静心从教”的氛围，适当扩大休闲交流空间，提供课间讨论休息场所。同时，南京大学“十四五”规划中也要求建立学生学习和生活社区，建设师生成长与创新共同体。

（二）积极寻求相关政策支持

2019 年 2 月 25 日，江苏省委宣传部、省教育厅联合印发《江苏省校园书店建设实施办法（试行）》（以下简称《办法》）。《办法》提出，到 2020 年底，全省各本科高校至少有 1 家达到一定建设标准的校园书店，经营面积不少于 200 平方米，出版物品种不低于 3000 种，一般图书占比不低于经营品种的 80%，阅读交流空间（活动场所）占比不低于经营面积的 10%，每季度举办阅读推广活动不少于 2 次，每周营业不少于 48 小时（寒暑假除外）。校园书店建设要因地制宜、形式多样，不搞“一刀切”。各学校可根据实际，邀请新华书店或品牌民营书店开设分店。《办法》强调，各学校属于自有固定资产的场所用于校园书店建设的，应区别于一般商业服务设施，按照公共服务设施标准，制定相关优惠措施，免费提供或给予租金优惠，并给予场地管理费、水电费等优惠，也可采取“免租金、分盈利”的方式，扶持校园书店可持续发展。2019 年 7 月，《教育部办公厅关于进一步支持高校校园实体书店发展的指导意见》指出，要“把支持校园实体书店高质量发展摆在高校思想政治和校园文化建设的重要位置”，要求“各高校应至少有一所图书经营品种、规模与本校特点相适应的校园实体书店，没有的应尽快补建”。

（三）积极开展规模调研，广泛吸取经验

图书馆为了做好校园实体书店的建设改造工作，先后去东南大学图书馆、徐州工程学院图书馆、江苏师范大学图书馆、清华大学图书馆、北京大学图书馆、重庆电子科技大学图书馆、四川大学图书馆等 10 余家高校图书馆进行了深入的调研交流，学习借鉴他馆的先进经验，认真规划整理。尤其参考徐州工程学院图书馆“博库书城徐工院店”的成功经验，为我馆实体书店建设明确了方向。

（四）寻求多方合作，共创互惠

图书馆坚持校企合作共建的战略，积极寻求多方合作，先后同江苏大众书局图书文化有限公司、江苏凤凰新华书店集团有限公司、喜茶佛山南海万科店进行了深度交流，提出我们的需求，征集设计方案。经过多轮对比，根据学校资产处的有关要求，我馆最后选定江苏大众书局图书文化有限公司为合作单位。大众书局旧称上海大众书局行印社，于民国时期创立，目前在江苏、上海、安徽、浙江、四川、重庆等地区拥有门店近 80 家，共有 100 多万注册会员，全年举办 500 多场活动，已发展成为集图书、咖啡、文创、亲子、沙龙于一体的综合类大型连锁书店，在“全民阅读”大环境下已成为“实体书店”领航者。江苏省内多家大众书局分店被省出版物发行业协会评为“江苏最美书店”，连续四年获“南京民营文化企业十强”，被南京市政府认定为“南京知名服务品牌”以及“南京市著名商标”，并被江苏省政府授予“江苏民营文化企业 30 强”。

（五）举行开业典礼

经过多方努力，2022 年 11 月 10 日，大众书局 · 南京大学校园书店在仙林校区杜厦图书馆一楼举行盛大开业典礼。南京大学副校长邹亚军，中科院院士、化学化工学院教授郭子建，中国作协副主席、江苏省作协主席、文学院教授毕飞宇，江苏省作家协会副主席叶兆言，南京大学古典文献研究所所长、图书馆原馆长程章灿教授，大众书局总经理缪炳文等出席活动。从此拉开了校园书店在南京大学的帷幕，实现了图书馆与校园书店的“文化相遇”。

图 1　大众书局 · 南京大学校园书店

三、创新之处

坚持以立德树人为出发点，构建先进文化传播阵地，实现学术和文化并举，专业与教育共进，打造校园书店特色与核心竞争力，充分实现校园书店在文化育人中的重要作用。创新之处有以下三点。

其一是根据学校学科专业特点，增强了校园书店的学术性和专业性。

其二是践行了立德树人的理念，重视南大精神与红色主题文化的宣传，建设意识形态宣传阵地。书店内设立南京大学教授学者和红色读物专用书架，以南大人文和红色文化为抓手，夯实校园书店的特色，全面实现校园书店在学校育人中的重要作用。

其三是构建校园文化特色与品牌，进一步推进全民阅读工作在高校图书馆的进展。我们将校园书店定位为集“阅读学习、展示交流、文化沙龙、师生活动、专题培训、学术体验”等功能于一体的复合式校园文化场所，让其成为南京大学校园文化新地标，成为助力学生综合素质培养的重要阵地，在学生综合素养提升中发挥更大的作用。

四、主要成效

（一）校园实体书店成了“阅读风向标”，增强了阅读推广的效果

以书为媒，以书店为阵地，以文化活动为推手，校园实体书店成为校园文化和社会文化建设的重要基地。开业 7 个月以来，校园书店已经成功举办 13 场活动，包含“风吹雨打处，看别样情浓——梁晓声《父父子子》分享会”、艺术作品展、书法展、丁捷画展、守正讲堂、手工制作等。活动激发了众多师生参与和交流的热情，不仅丰富了学校师生的文化生活，培育了良好的学术研究和阅读学习氛围，而且提高了书店的知名度与美誉度。校园书店活动的成功举办，也体现了南京大学对传承优秀传统文化、讲好中国故事的积极响应。

（二）高校图书馆与民营书店的职能互相补充，满足读者的精神文化需求

图书馆的中外文图书从订购到上架需要一定的时间，中文图书一般需要 1 至 3 个月，外文图书一般需要 3 至 6 个月；此外，中文图书平均复本率为 1.6，外文图书无复本，这就导致师生的新书借阅有一定的时间差。校园书店有效地缓解了这一矛盾，及时补充和满足了读者对新书的即时需求，得到读者的一致好评。

（三）研讨交流增多，创新读者阅读模式

书店集图书室、水吧、活动室于一体，环境舒适，拥有良好的阅读氛围，受到师生读者青睐。不同的阅读体验，改变了读者的阅读模式，满足了师生的多样性文化需求。

（四）建立校友之家，加强校园的文化建设

积极与校友会联合，在书店设立校友之家，让校园实体成为校友回校的落脚之地，进一步推动毕业生返校参与母校思想文化建设，加强学校对内对外的宣传，搭建了校友之间相互交流的文化平台。

五、案例启示

经过 7 个月的努力，校园书店已成为南京大学校园文化新地标，兄弟院校、书店同行及社会各界人士纷纷前来参观、学习。在校园书店开展的南京大学团委示范性主题团日活动之主题艺术展，受到了学校党委书记谭铁牛的好评。南京大学校友总会在大众书局 · 南京大学校园书店（仙林校区店）挂牌南京大学“校友之家”，共同为校友们打造一个功能齐全、温馨舒适的“家”。

校园书店的建设实现了图书馆与书店的共赢。校园书店为培养大学生良好的阅读习惯、丰富校园文化提供了有效的平台；增强了图书馆与书店之间的沟通交流，对于提高图书馆文献资源保障水平，进一步完善图书馆功能，具有积极的促进作用；坚持以服务学校教学科研、提高人才培养质量、助推书香社会建设为目标，牢固树立创新、协调、绿色、开放、共享的新发展理念，坚持把社会效益放在首位，实现社会效益和经济效益相统一，在大学生创新创业、意识形态宣传、深度引领阅读、校园文化建设、创新服务等方面取得进展，为高校的文化使命提供智慧和人文支撑，为推进全民阅读做出了应有的贡献。

专家点评

该案例在校园实体书店打造上具有较好的创新性。一是呈现学校学科专业特点，在选书上更具学术性和专业性；二是践行以德树人的理念，强化南大精神与红色主题文化的宣传；三是打造复合式校园文化场所，创新读者阅读模式。该案

例校园实体书店的建设方案陈述清晰，具有很好的推广价值。建设前，认真学习贯彻习近平总书记重要回信精神，以《江苏省校园书店建设实施办法（试行）》和《教育部办公厅关于进一步支持高校校园实体书店发展的指导意见》为指导，通过对他馆的调研，学习相关经验，以校企合作的方式共建，推动相关文化活动的开展，将校园书店打造成为校园文化新地标。该案例围绕图书馆与校园实体书店相结合主线展开，思路清晰，层次分明，系统全面地呈现校园实体书店从0到1的筹备规划、特色打造、长效运营等发展过程，给了其他高校图书馆一定的参考。校园实体书店是图书馆很好的补充，国家大力支持校园书店的建设。校园书店案例也是其他高校需要去推进的工作之一。本案例可以在书店建设理念、服务内涵、活动策划等方面做更多的呈现，同时在案例启示部分可更多陈述图书馆与校园书店结合之后产生的新思考和经验启发。

主审专家：金耀

在校园建设实体书店，既是遵循和响应教育部颁发的指导意见与江苏省宣传部、省教育厅颁发的实施办法等相关文件精神，也是营造书香校园、打造校园文化地标的重要举措。该案例详细陈述了图书馆建设校园实体书店的过程，包括选址、调研、寻求合作等，以及校园实体书店建成后，围绕学校文化育人所举办的各项活动，切实实现对校园书店“阅读学习、展示交流、文化沙龙、师生活动、专题培训、学术体验”的定位。该案例实现了图书馆与书店的共赢，也成为校企合作的典范，此外，与校友总会的合作也将成为拓展校园文化的重要途径。建议在后期运作过程中，既保持与学校相关部门和与书店的协作，也保持图书馆的独立性，真正实现图书馆阅读推广等业务的延伸。申报书中馆领导和核心馆员的贡献主要体现在建设阶段，建议补充后期运作阶段的情况。

主审专家：钱鹏

世界文都 · 悦读南京

项目组成员：姜晓云、徐洁、刘婧、袁华、朱茗、王婷、黄超、陈林婕
单位信息：南京师范大学

【摘要】2023年，南京师范大学图书馆以第十三届读书节为契机，围绕“文都南京”主题开展贯穿全年的系列阅读推广活动，引导读者探索文学作品与城市历史、人物之间共通的人文精神，感受南京的城市精神与城市文化，为广大读者展示南京文学之都的发展历程、标志性人物，推介南京经典文学作品，同时融入南师元素，配套图书资源，积极发挥图书馆资源服务的优势，通过阅读推广活动，将“文都南京”独特的人文精神留在读者的阅读印象中。

一、案例背景

党的二十大报告中提出要“深化全民阅读活动”。习近平总书记在致首届全民阅读大会举办的贺信中也强调：“希望全社会都参与到阅读中来，形成爱读书、读好书、善读书的浓厚氛围。”

2019年10月31日，南京成功加入联合国全球“创意城市网络”，成为中国首个“世界文学之都”。作为中国首个被联合国教科文组织授予“世界文学之都”的城市，从古至今，一万多部文学作品、近百位大家都与南京有着密不可分的联系；放眼世界，又有多种外国文学作品在南京被翻译成中文，广泛传播。南京是一座与文学有着与生俱来的渊源的城市。2023年，南师大图书馆围绕“文都南京”主题打磨贯穿全年的系列阅读推广活动，让广大读者一起走进世界文学之都——南京。在弘扬中华优秀传统文化，讲好南京故事、中国故事的同时，坚定文化自信，夯实构建中国精神、中国价值、中国力量的文化根基。

二、主要做法

（一）“锦绣文章·品读南京”系列讲座——解读南京历史文化

“敬文讲坛”是南师大图书馆传统的品牌活动，自2006年创办以来，共举办了274期，接待读者7万多人，不仅极大地提升了学校文化建设的内涵，而且辐射了仙林大学城的其他高校，在省内外高校中具有很高的知名度。

2023年，图书馆依托“敬文讲坛”品牌活动，策划“锦绣文章·品读南京”系列讲座，邀请南京文学名家、城市史专家及学者，带来十场与南京城市史与历史文学创作等内容相关的讲座。目前已开展了五场，分别是著名学者薛冰老师主讲的“从六朝古都到文学之都——细说南京的千年文脉”、郦波教授主讲的“一个人一座城——李白与金陵”、南京出版社卢海鸣社长主讲的“南京的70张面孔——‘名号之都’南京的故事”、程章灿教授主讲的“三百年筑一座文学城”、著名作家叶兆言老师主讲的“认识一座叫南京的城市”。余下五讲，将是胡阿祥教授主讲的“南京历史地名与文化”、陈亮老师的“钟嵘《诗品》品读”、姚远老师的“南京的城市与文化”、高峰教授的“南京的文化传统与文学成就”等。“偲怡沙龙·新书乐享会”邀请文学院郭平教授携新作《广陵散》至偲怡文化空间开展分享活动，让广大读者与作者直接交流，共享丰厚的学养和情怀，收获更深层的人文体验。

图1 叶兆言做客“敬文讲坛”

图2 偲怡沙龙·新书乐享会

（二）“文脉千年共传承：‘世界文学之都’南京文化图片展”——穿越南京古今风貌

“千年文脉共传承：‘世界文学之都’南京文化图片展”与“锦绣文章·品读南京”系列讲座相辅相成。展览在宏观上展现南京“文学之都”的整体风貌，讲座则是将南京从六朝延绵至今的文脉娓娓道来，挖掘城市文化与文学之间的深刻关联，探索南京城市文化气质从六朝至今的变与不变。南师大图书馆与校党委宣传部、南京市文学之都促进会共同主办“文脉千年共传承：‘世界文学之都’南京文化图片展”，通过“文脉绵延”“文化当代”“文气盈城”“文昌四海”四大板块，从文学创作、文史研究、国际传播、教育传承等多个角度，向读者介绍南京文学之都的申都历程、历史文脉绵延历程、历代重点文艺著作、重要文学刊物、最具代表性的作家群体和文学力量。展览带领广大师生共同走近文都南京，弘扬中华优秀传统文化，在讲好南京故事、中国故事的同时，通过创作展现南京的城市之美与荣光。

图 3　文脉千年共传承：“世界文学之都”南京文化图片展

（三）“金陵忆往”系列茶饮——体验南京文化韵味

南师大图书馆内的偲怡园将饮品与书结合，创意推出“偲怡”品牌“金陵忆往”系列茶饮。茶饮的包装设计选取南师大校园文化特色元素，茶饮的品名、口味及色彩则以馆藏图书资源为灵感来源，杯套上摘录书中表达主旨、积极向上的语句作为装饰元素，并配合馆藏电子资源二维码提供在线试读与借阅服务。2023 年，结合“文都南京”主题，偲怡园以古金陵四十八景为灵感，推出“石城霁雪”“莫愁烟雨”“桃渡临流”“钟阜晴云”四款饮品。

图 4　“偲怡”品牌系列茶饮

（四）世界文学之都地标打卡活动、“以书为媒·共读南京”主题征文——营造共话南京氛围

南师大第十三届读书节期间，图书馆举办世界文学之都地标打卡活动，倡导活动参与者探索发现南京之美，南京师范大学华夏图书馆也在世界文学之都地标网络之中，希望读者能够探索文学作品与城市历史、人物之间共通的人文精神，感受南京的城市精神与城市文化。此外，南师大图书馆还开展了“以书为媒·共读南京”主题征文活动，活动推荐书单中的十二种书来自江苏知名的阅读推广活动品牌“共读南京”。该项目自 2016 年创办以来，坚持向广大读者推介南京，讲好南京故事。两项活动共收到征文和摄影、短视频作品 110 余件。最终评选出征文《书香氤氲中的南京》、短视频《依旧石头城》等优秀作品，共计一等奖 7 名、二等奖 15 名、三等奖 26 名。

（五）线上线下阅读推广——挖掘文都作品内涵

围绕“文都南京”主题，图书馆对“看南京”书架进行了进一步扩充。同时在每一场“锦绣文章·品读南京”系列讲座开讲前，推出“敬文讲坛”嘉宾著作馆藏推荐活动，线上线下形成呼应。图书馆将“南京文学之都”这一大主题作为馆内全年活动的核心，围绕主题开展馆藏文献的梳理、补充、挖掘和转化。位于敬文图书馆一楼的偲怡园从“读经典、知校史、读南京、看世界”四个角度，综合馆藏图书资源的引用量、借阅量、获奖情况、豆瓣评分等信息选择图书进行推荐，并定期更新。

三、创新之处

先期规划主题，围绕“文都南京”策划图书馆各项活动，依托“敬文讲坛”平台，邀请多位南京地方文史专家、学者深度解读南京。

整理推荐嘉宾专题书目，将馆藏资源的梳理、补充、挖掘、转化有意识地贯穿至以“文都南京”为核心的各项阅读推广活动中，具体包括读书节系列活动、展览、文化创意产品、馆内空间装饰等各个环节。

将茶饮作为跨界窗口，围绕“文都南京”主题，利用杯身设计，向读者推介地方文化名篇、名著和地标，将南京的文化特色留在读者的阅读印象中。

首次与南京世界文学之都促进会合作，策划展览，展示南京文学之都申都历程、标志性人物、推介南京经典文学作品，同时融入南师元素，配套图书资源，积极发挥图书馆资源服务的优势。

四、主要成效

“锦绣文章·品读南京”系列讲座在延续“敬文讲坛”的一贯学术风格的同时，围绕“文都南京”主题，邀请南京地方文史专家、学者与广大师生共品金陵。在活动前期做好宣传工作和嘉宾书目推送工作，进一步推动形成爱读书、读好书、善读书的浓厚氛围，感受时代之风，赓续金陵文脉，讲好南京故事、中国故事。活动受到校内外媒体的广泛关注，得到江苏广电融媒体新闻中心“荔枝网”、“我苏网”、《现代快报》等多家媒体的采访报道。

以“文都南京”为主题的馆藏资源梳理成果包括展览“南京传世名著”版块的整理、“看南京”书架内容的更新、“敬文讲坛”嘉宾馆藏书目推荐、“金陵忆往”系列茶饮出新等。“文都南京”主题的系列活动及文化创意，依托于馆藏纸电资源的挖掘与整理，创新资源揭示手段，具有较好的呈现效果和持续机制。

“金陵忆往”系列茶饮将饮品作为图书馆阅读推广的跨界窗口，将校园气息、书卷气与茗香合而为一。将馆藏资源与饮品相结合，在饮品的口味、包装配色和寓意上尽力追求与“文都南京”主题一致的气质，经历了多次调整与磨合。饮品推出后收获了师生的好评。

世界文学之都地标打卡活动及“以书为媒·共读南京”主题征文活动的初衷是引导读者真正捧起书本阅读南京，放下书本触摸金陵，在行旅的同时激发更多城市主题的书写与创作。活动共收到作品 110 余件，展现了学生的阅读与创作热情。

与南京市文学之都促进会合作举办的“文脉千年共传承——‘世界文学之都’南京文化图片展”向广大读者较为系统地展示了南京文学之都的申都历程、历史文脉绵延历程、历代重点文艺著作、重要文学刊物、最具代表性的作家群体和文学力量。展览获得评审专家好评：“该展览立意新颖，结构完美，内容丰富，图片种类多样，是一个紧跟时代脉搏，贴近城市生活的较成熟的展览。”

五、案例启示

（一）坚持文化育人

习近平总书记在文化传承发展座谈会上强调，要在新的起点上继续推动文化繁荣、建设文化强国、建设中华民族现代文明，是我们在新时代新的文化使命。要担当使命、奋发有为，共同努力创造属于我们这个时代的新文化，建设中华民族现代文明。

通过开展以“文都南京”为主题的读书节及系列阅读推广活动，向广大读者推介南京，带领读者探索文学作品与城市历史、人物之间共通的人文精神，感受南京的城市精神与城市文化。发挥图书馆文化育人的根本作用，讲好南京故事，讲好中国故事，坚定文化自信。

（二）注重前期规划

图书馆积极发挥主动性，以文化主题作圆心，做辐射全年的整体式文化活动策划，并围绕主题对馆藏资源进行充分挖掘和整合。坚持馆藏文献的补充、梳理、挖掘和转化，在这个过程中，也可逐步确定图书馆空间与主题的适配性，找到不同主题文献的个性化呈现形式，提升主题文献资源的揭示成效。

（三）跨部门协作

主题阅读推广活动的细节搭建，离不开图书馆内各部门的协同合作，无论是专题文献资源的采购与调拨，还是馆藏纸本的数字化揭示与利用，抑或是专题文献的空间布置与宣传，都需要由图书馆不同部门工作人员在既定时间内协同完成，协同作业必须有各方一致认可的明确的目标，通过扎实的前期工作，打造优质的呈现效果。

（四）跨机构合作

南师大第十三届读书节上，图书馆不仅联合了校内多家机构（党委宣传部、教务处、学生工作处、研究生院、出版社等），而且与校外多家机构合作（南京市文学之都促进会、南京出版传媒集团、南京市新华书店等）。关注并发掘校外优质文化资源，做好活动引入、协调和适配，并适时将图书馆馆藏纸质图书和电子资源，以及文化服务功能嵌入，使图书馆在单纯的场地服务基础上，能够真正参与到优质文化讲座、展览等活动的组织过程中，更好地服务师生，发挥立德树人的作用。

专家点评

该案例以“文都南京”为主题，举办文史专家学者讲坛活动，推出文创茶饮，做好文化展览策划等，具有很好的创新性。南京地方文史专家学者结合相关馆藏资源推送书目，带领读者共品共读，让读者收获更深层次的人文体验；“金陵忆往”系列饮品将南京的名胜古迹与饮品和图书相结合，让读者更好理解“文都南京”的内涵；南京文化图片展让读者直观体验南京风貌。系列活动均有较好的呈现效果，以活动与文化创意吸引读者参与，更好地促进“文都南京”的宣传和系列阅读活动的推广。该案例内容丰富，陈述清晰，全文紧扣主题，结构合理，以活动内容为主线展开介绍，案例翔实，在活动内容策划上具有较好的参考价值。本案例活动中无论是专家学者的合作，还是展览活动的策划、全系列活动的开展，都和其他部门以及机构有着较深入的协同合作，建议展开介绍。

主审专家：金耀

案例以南京历史文化为主题，紧扣“文学之都”特点，通过策划“锦绣文章·品读南京”系列讲座，打造“文脉千年共传承：‘世界文学之都’南京文化图片展”，创意推出“金陵忆往”系列茶饮，开展世界文学之都地标打卡活动及“以书为媒·共读南京”主题征文活动，配合进行馆藏图书线上线下推荐，内容丰富，活动精彩。特别是“金陵忆往”系列茶饮，将饮品作为图书馆阅读推广的跨界窗口，将校园气息、书卷气与茗香合而为一，令人印象深刻。建议强调活动成效，用数字形式表达，更有说服力和影响力。

主审专家：史梅

焦虑舒平的阅读书目双向遴选

项目组成员：左步电[1]、薛若雯[1]、包祖军[1]、李雅君[1]、顾小青[1]、王卫东[1]、邓金枝[1]、葛莹莹[2]

单位信息：[1]苏州卫生职业技术学院图书馆、[2]苏州卫生职业技术学院公共卫生学院

【摘要】开展阅读疗法是高校图书馆员工作的重要内容，是创新型阅读推广活动的标志性环节。本案例在开列用于缓解大学生焦虑情绪的书目的实践中，介绍了高校图书馆的创新做法，指出舒平焦虑的有效途径是发挥大学生的主观能动性，开展交互式阅读疗法活动，通过实践提出阅读疗法活动对大学生焦虑舒平具有显著效果，为高校图书馆参与大学生心理健康教育提供了可行性措施。

一、案例背景

习近平总书记在致首届全民阅读大会举办的贺信中指出，阅读是人类获取知识、启智增慧、培养道德的重要途径，可以让人得到思想启发，树立崇高理想，涵养浩然之气。从2014年开始，“全民阅读”连续10次被写入国务院政府工作报告。2012年党的十八大报告写入的是“开展全民阅读活动”，2022年党的二十大报告写入的已是“深化全民阅读活动”。十多年来，“全民阅读”在全国从重视，到行动，到形成风尚，现开始进入“深化”阶段。在新的阶段，高校图书馆如何发挥工匠精神，不断深化大学生阅读活动？2022年苏州市全民阅读推广人培训中，徐雁教授提出遴选并推介“书方子”——开展“情绪疗愈系导读书目”推介活动，是当下加强个人情绪管理和心理建设，深耕、拓展和创新全民阅读的题中应有之义。他呼吁图书馆在现代读者服务工作中应积极开展“情绪疗愈系导读书目”推介活动，并指出深化全民阅读活动的重要路径。以文献为媒体，将阅读作为保健、养生以及辅助治疗疾

病的手段，使自己或他人通过对文献内容的学习、讨论和领悟，养护或恢复身心健康的方法被称为阅读疗法。阅读疗法主要有两种类型，一类是发展阅读疗法，相当于阅读保健、阅读养生；一类是临床阅读疗法，相当于阅读治病。显然，开展“情绪疗愈系导读书目”推介活动属于发展阅读疗法，其普及性与操作性都很强。

二、主要做法

（一）设计

我们根据王波教授在《阅读疗法》一书中提到的阅读疗法书目与泛阅读疗法书目的原理，结合弗洛伊德的精神分析学说，参照美国学者约翰·希奇克特（John Schichter）和玛丽·布克（Mary Burke）提出的交互式阅读疗法流程，开展了大学生心智成长训练营阅读团体辅导活动，做好过程管理，分享疗愈知识并解答疑问，采用 SPSS16.0（统计产品与服务解决方案，Statistical Product and Service Solutions）软件对收集到的数据进行整理与统计分析，以提高阅读疗法的严谨性与科学性，通过克服阅读疗法实施中的模糊性和随意性，最终提出了具有统计学意义的缓解大学生焦虑情绪的书目方案。这一创新实践充分发挥了图书馆作为第二课堂的积极作用，提高了馆藏利用率，进一步彰显了图书馆的育人功能，提升了图书馆自身服务水平和能力。

（二）观点

1. 随着高新技术的发展和信息化时代的到来，图书馆需要积极应对，创新应变，顺应时代发展的潮流，并走出一个适应现代社会需要的发展模式。

2. 图书馆在“人（读者）”与“书（文献）”之间扮演桥梁的角色，应该积极主动地提供精细化、深入化的服务，彰显图书馆“为人找书，为书找人”的职业精神。

3. 调查发现，大学生在面对自我认同、学业成败和人际交往等压力时，72% 的人通过阅读来解决心理困扰，这表明“疗愈系书目”很可能深受大学生欢迎。

4. 高校图书馆采用阅读疗法来缓解大学生焦虑情绪，具有经济、简便、保密性强等优点，拓展高校图书馆的服务范围，为高校心理健康工作者分忧解压，为平安校园建设贡献图书馆人的力量。

5. 案例成功开展，也为公共图书馆、中小学图书馆在深化全民阅读、更好地为读者提供服务方面提供借鉴。

（三）内容

1. 结合近 10 年来国内外阅读疗法研究成果，挑选对焦虑情绪有疗愈功效的图书作为初选书目。

2. 采用心理测试，在 2021 级大学生中筛选有焦虑情绪的学生，随机抽取 200 名为研究对象，分为实验组和对照组。通过前测与后测，分析心理变化。

3. 将实验组分活动小组开展大学生心智成长训练营阅读团体辅导活动，要求每位学生定期参加阅读交流活动，每月至少阅读“对症图书”1 本以上（含 1 本），为期 3 个月，最后通过问卷调查等方法确定终选书目。

4. 拟定书目编制的标准，对终选的每本图书进行相关信息著录，编制缓解大学生焦虑情绪的标准化书目，并发表研究成果。

5. 在 2022 级大学生中运用编制好的书目开展阅读活动并收集反馈意见。

（四）步骤

1. 组建指导团队：除了图书馆员，还挑选了 5 名学生干部共同组建管理团队协助工作。

2. 书目初选与配置：综合中国图书馆学会阅读推广委员会发布的《面向大学生的常见心理困扰对症书目》图书 96 种、宫梅玲《读祛心病》图书 31 种、中国图书馆学会阅读与心理健康专业委员会整理的 2018—2020 年高频好书 70 种等权威书目，结合文献分析、热门网站书评挑选 50 种图书，采用零星采购方式快速配置到位，确保馆藏量。

3. 研究对象的确定：采用 SCL-90（90 项症状清单，Symptom Checklist 90）在 2021 级大学生中开展心理测试。根据结果筛选出焦虑情绪因子分值较高的学生，随机抽取 200 名作为研究对象，并分为实验组和对照组，各组人数相等，兼顾性别、专业等。

4. 书目的验证及团体阅读活动：将实验组分为 10 个阅读小组，按交互式阅读疗法流程开展大学生心智成长训练营阅读团体辅导活动。每次活动做好记录，方便后续分析与总结经验。

5. 前后心理测试与终选书目确定：应用焦虑自评量表（SAS）对实验组和对照组进行干预前后的心理测试，比较干预前后的心理变化。在实验组学生中通过问卷调查等方法确定终选书目。

6. 标准化书目的编制：通过对实验组的阅读笔记、书评及阅读心得等内容进行分析，必要时约谈相关学生，收集有价值的信息，拟定书目编制的标准，对终选书目的适读性、副作用等阅读反馈进行著录，编制标准化书目。

7. 书目运用并收集反馈信息：在 2022 级大学生中运用书目开展相应的阅读活动并收集反馈意见。

三、创新之处

形式方法创新：探索个性化创新书目，将书目细分做到精细化。研究中采用了团队协作模式，聚焦焦虑情绪的缓解，形式新颖，为更多阅读疗法研究者提供了新的方向。

辅助能力创新：多名大学生参与研究，为期 3 个月，提升了他们的综合能力。

正面成果创新：成果的应用能够培养大学生缓解焦虑情绪的自愈能力，并对心理问题的预防起到积极的作用，为高校心理健康工作做出贡献。

应用途径创新：成果为更多高校图书馆提供可借鉴、可参考的方法，其中心理健康标准化书目可被更多高校直接运用，对全面提升高校大学生心理健康水平有着极其重要的实践意义。

四、主要成效

（一）阅读疗法对大学生焦虑舒平有显著效果

针对 2021 级大学生开展了为期三个月的活动，前后做焦虑自评量表（SAS）的测评，将两次的情况进行比较（见下表）。

表 1　大学生焦虑自评量表（SAS）前后测评结果比较

分值段	焦虑程度	实验组		对照组	
		实验前测人数	实验后测人数	实验前测人数	实验后测人数
＜ 50 分	正常	23	45	23	29
50–59 分	轻度	21	4	21	17
60–69 分	中度	6	1	6	4
69 分以上	重度	0	0	0	0

大学生焦虑情绪测评：在筛选出的 100 名大学生研究对象中，实验前测出 54 名（54.00%）存在焦虑情绪，轻度焦虑 42 名（42.00%），中度焦虑 12 名（12.00%），重度焦虑 0 名（0.00%）。将 100 名大学生均分为实验组与对照组，实验后测得：对照组三个月后有 21 人（42.00%）存在焦虑情绪，实验组三个月后仅有 5 人（10.00%）存在焦虑情绪。结果显示阅读疗法对大学生焦虑舒平有显著效果。

（二）大学生对“书方”的选择与接纳倾向更明显

案例实践表明，大学生对研究活动的书目较为认可，实验方式较为接纳。在缓解焦虑情绪上，选择的图书多集中在恋爱情感、平静减压及生活适应三个类别，而对人际交往类图书关注不明显。在研究期间，完整阅读所选图书的学生人数占 76.00%。针对未完整阅读原因的问卷调查显示：认为图书阅读有难度占 23.33%，阅读时间不够用占 70.00%，认为不需要完整阅读占 56.66%，其他原因（如选择不当、内容不适等）占 12.66%。

（三）形成可供更多图书馆直接使用的“书方”

王景文在研究中将《大学生心理问题阅读疗法推荐书目》分为：综合、生活适应、平静减压、情绪控制、减轻抑郁、恋爱情感、人际交往、戒除网瘾、挫折困境、择业就业 10 类。针对缓解大学生焦虑情绪，研究团队通过交互式阅读疗法活动，经过双向遴选对书目进行验证，最终形成 9 大类书方（举例如下）。

表 2 挫折困境类书方

书名	文体	关键词	适应情形	用法	注意事项	推荐理由
平凡的世界	长篇小说	艰难曲折、苦难残酷、卑微生活	因家庭困难以及与命运抗争受到挫折后产生的焦虑情绪	抽空阅读，一周内完成	结合二十世纪七八十年代历史阅读	能助人重新获得力量，在挫折和困境中变得忍耐和坚强
极限人生	自传体小说	生命不息、奋斗不止	当生活遇到挫折和困难产生焦虑	一周内完成	阅读时需要发散思维 没阅读习惯的人都可阅读	能激励人重新获得力量，在挫折中挑战极限人生
人生不设限	自传体小说	热情、勇气、信念、坚持、丰富生活、多彩人生	当你怀疑自己能否实现人生的目标时产生焦虑	一周内完成	阅读时需要发散思维 没阅读习惯的人都可阅读	阅读后，能理解和面对害怕的事物，心里总是给自己设限，认为做不到的，但面对并战胜后才发现，真的没有想的那么难
围城	长篇小说	世井百态、人性解剖、人类根性	人生迷茫、困难重重而存在抑郁、焦虑情绪	两至三周内完成	结合二十世纪三四十年代历史人文阅读	用绝佳的言语描述琐碎的情节，加上人物的曲折人生，阅读中让人释怀，引人思考

五、案例启示

（一）深化阅读，需要阅读疗法

2022 年党的二十大报告提出“深化全民阅读活动”。对于高校图书馆而言，阅读推广工作确实需要逐渐从简单的活动过渡到更深入的活动，逐渐从“舒适区”向“深水区”过渡。在全面贯彻党的教育方针、落实立德树人根本任务、协同推进“三全育人”工作中，高校图书馆需要将自身发展与学校整体发展有机融合，积极参与学校人才培养工作。大学生处于青春末期，面对自我认同、学业成败、职业规划、人际交往等一系列挑战，常常会产生心理困扰。据调查，72% 的大学生曾通过阅读来缓解心理困扰，这表明阅读疗法在大学生中非常受欢迎。与自主阅读不同，阅读疗法帮助读者在阅读过程中实现自我情绪调节，减轻负面情绪，缓解精神压力，达到身心平衡。

（二）阅读疗法，各馆都可开展

阅读疗法用文献作为媒介，通过学习、讨论和领悟文献内容，促进身心健康。对于阅读疗法的推进，精心编制疗愈类书目是一项重要的工作。这类书目的推荐具有“以书为‘药’，对症‘荐’书”的特点，可以治疗疾病，预防疾病，对没有负面情绪问题和心理健康问题的人来说，同样具有一定的阅读推广价值。图书馆采用阅读疗法开展疗愈类书目推介活动具有经济、简便、保密性强等优点，这不仅能够拓展图书馆的服务范围，还能为大学生的心理健康提供支持，发挥图书馆以文化人和培养人才的功能。这种方式能够积极促进学生的心理健康，提供情感支持，帮助他们减轻压力和焦虑，从而更好地适应学业和生活。

（三）规范“书方”，馆员操作便捷

1999 年至今，发表在核心期刊上的阅读疗法相关文献仅一百余篇，且研究成果以阅读疗法理论探讨为主，思辨性研究占主体，实证研究不足。本案例就缓解大学生焦虑情绪问题，开展大学生心智成长训练营阅读团体辅导活动，经过双向遴选对书目进行验证，最终形成缓解大学生焦虑情绪的“书方”，9 大类“书方”结构清晰，详细注明了适应情况、使用方法、注意事项和推荐理由。图书馆员手持“书方”，可以在“为书找人，为人找书”常规服务的基础上提供精细化服务，在“以书为主”相对机械的服务中步入“以人为本”的入心服务。通过这样的服务方式，图书馆能够进一步满足读者的需求，提供更专业、个性化的服务。这也体现了图书馆的价值，即为读者提供有针对性的阅读推荐和指导，帮助他们解决问题，缓解焦虑情绪，并提升心理健康水平。

（四）师生互动，效果更为显著

实践中，我们发现主动参与图书遴选的大学生更容易对图书产生兴趣并认真阅读，当在书刊中遇到与自己有相似经历或情感共鸣的主人翁时，更容易拓展阅读，

并进行具体分析和深入思考。此外，馆员提供指导性意见或建议的互动容易引发学生之间的交流和对书籍的思辨，进而形成共鸣。在阅读活动的策划和实施过程中，邀请热爱阅读且具有丰富阅读经验的大学生参与是非常有益的。他们的参与不仅能激发其他大学生的兴趣和潜力，提高阅读的主动性，还能在互动中增进图书馆与读者之间的相互了解。通过与读者的互动，图书馆可以更好地理解读者的需求和兴趣，为阅读推广活动的持续开展提供坚实的基础。

专家点评

该案例以发展阅读疗法为阅读推广的主题，与学校特色有较好的结合，并邀请多名大学生参加，通过真实样本探索编制个性化创新书目。成果可应用于高校心理健康工作，是图书馆阅读推广比较具有创新价值的一个方向。双向遴选阅读书目，读者的参与度更高，所选出的书目也更具有科学性，更好体现“为人找书，为书找人”的职业精神。该案例方案陈述清晰，内容翔实，工作步骤具体明确。案例负责人在心理和阅读两方面均具有相关专业经验，通过3个月的实验研究，产出正面成果，在具体操作以及成果应用上都具有较好的推广价值。全文紧扣主题，将案例设计、观点提出、内容制定、实施步骤等按序展开，层次分明、逻辑严密，专业性较强。该案例呈现了较为专业的阅读疗法中书目双向遴选的思路，经过双向遴选对书目进行验证并最终形成缓解大学生焦虑情绪的“书方”，具有较好的思路参考及成果应用。但针对阅读疗法，专业馆员的参与也很重要，案例可以针对专业人员能力素质培训这方面做更多展开。另外，心理相关问题在学校日益得到重视，案例后续可与心理学相关院系或机构开展更多更深入的研究合作，会更加有利于阅读疗法的长效开展和实施。

主审专家：金耀

很有想法的一个案例。利用专业背景，针对大学生普遍存在的焦虑情绪，挑选有疗愈功效的图书，并进行对照测试，完善书目体系，形成可供更多图书馆直接使用的“书方”，是对阅读疗法有益的实践。这一创新实践，充分发挥了图书馆作为第二课堂的积极作用，提高了文献使用率，进一步彰显了图书馆的育人功能，提升了图书馆自身服务水平和能力。

主审专家：史梅

阅 & 见

项目组成员：程桂练、周淮、王敏、姚华、袁静雅、邹鑫、孙晓静、刁仁洁
单位信息：淮阴工学院

【摘要】淮阴工学院图书馆“阅 & 见——真人图书阅读”活动采取相对灵活的阅读和交流形式，其初衷是促进交流、增进了解。该活动以真人为载体，通过现场沟通的方式让读者获得隐性知识。在这里，读者不是借到传统意义的书，而是遇到有故事的人。我馆的真人图书阅读活动发起于 2016 年五四青年节，这座“真人图书馆”里有优秀警官、知名记者、创业先锋、科研团队、公务员、文艺青年、知名马拉松运动员、新媒体记者……真人图书馆的嘉宾以“年轻化、职业广、去高层行政化”为宗旨，体现“公益、平等、互助、鲜活”的鲜明特色，自由而活跃的阅读氛围深受读者欢迎，已成为我校的特色阅读推广项目。新冠肺炎疫情防控期间，我馆坚持利用馆舍优势，精心安排部署，接续举办活动，让读者和真人图书在特殊时期共享有益又有趣的阅读体验，上演了“互阅互助，共同成长”的双向奔赴。阅读真人，见证成长。即时性、场景化、轻松愉悦的阅读体验提升了读者的阅读感知力，拓宽了读者的阅读视野，有助于大学生了解不同职业的特点，体悟不同的人生经历，对读者的大学生活、职业规划、兴趣发展等提供了有益指导，也丰富了图书馆的阅读资源，拓展了知识传播的方式。

一、案例背景

文献是图书馆最重要的资源。文献一词在我国最早见于《论语·八佾》。宋代朱熹解释为“文，典籍也；献，贤也”，即记载和掌握知识的书籍和有学问的人。“文”和“献”都是图书馆为读者提供的资源。

真人图书阅读通过邀请具有丰富生活经验和人生经历的真人，以一种面对面沟通

的形式让读者完成“图书”的阅读。这一理念源于2000年7月丹麦哥本哈根五位年轻人创立的“停止暴力组织”，其主旨是反对暴力、消除偏见、鼓励对话，传达了“每个人的经历就是一本书”的观点。2005年，真人图书馆这一概念在欧洲流行开来，瑞典、芬兰、挪威、冰岛、意大利等国家纷纷效仿，2008年开始，上海交通大学、浙江大学等机构将这一理念融入图书馆阅读推广活动，收到了很好的效果，同时引发了国内学者的研究热潮，这一阅读活动逐渐在全国范围内推广开来。作为地方本科院校，淮阴工学院结合工科院校读者特点，举办了“阅 & 见”系列真人图书阅读推广活动。

每个人都是一本独一无二的书，真人图书有别于普通的纸质书刊、电子书刊，其优势在于它提供的真人书有丰富的生活经验和特殊的人生经历，能为读者即时带来阅读普通图书、传统阅读无法得到的隐性知识。古人言“听君一席话，胜读十年书”，真人图书馆是对传统图书馆的一种创新与拓展，形式新颖灵活，很受青年学生的欢迎。

二、主要做法

淮阴工学院图书馆的真人图书阅读推广活动发起于2016年“五四”青年节，延续至今。这座“真人图书馆”邀请到校内外不同职业、不同领域的优秀人士和典型代表。校外真人图书有优秀警官、知名记者、创业先锋、文艺青年、基层公务员、马拉松运动员；校内真人图书则由科研团队、学术达人、青年教授学者、优秀学生组成。我馆真人图书阅读活动的内容贴近高校读者的科研、学习及校园生活，涵盖了考研经验分享、科研热点分析、心理健康辅导、择业就业创业、个人爱好拓展及考试面试指导等主题内容。

表1 真人图书详情

序号	主题	真人书	时间	地点
第1本	优秀警官	李沐	2016/5/6	枚乘路校区空中花园
第2本	知名记者	彭智	2016/12/3	枚乘路校区阳光阅读区
第3本	退伍军人	陈旭	2017/4/12	枚乘路校区3D影院
第4本	挑战杯	知书团队	2017/10/25	枚乘路校区科研小间1
第5本	创青春	若水团队	2017/10/25	枚乘路校区科研小间2
第6本	创新创业	立扬传媒团队	2017/10/25	枚乘路校区科研小间3
第7本	援疆干部	卫龙君	2018/4/15	枚乘路校区602会议室
第8本	基层公务员	顾席位	2018/4/21	北京路校区图书馆
第9本	逆袭学霸	金梦凡	2018/6/7	北京路校区图书馆

序号	主题	真人书	时间	地点
第 10 本	优秀毕业生	戴江湖	2018/6/7	北京路校区图书馆
第 11 本	科研达人	马小伟	2018/6/12	枚乘路校区图书馆
第 12 本	研路骄子	张维	2018/6/12	枚乘路校区图书馆
第 13 本	雷锋青年	赵孝研	2018/11/24	枚乘路校区图书馆
第 14 本	支教 + 赴美学神	宋悉玲	2018/12/2	北京路校区尚学楼
第 15 本	爱拼学霸	潘婷	2019/3/31	枚乘路校区空中花园
第 16 本	斜杠青年	董浩	2019/4/14	萧湖校区图书馆
第 17 本	科创之星	徐维林	2019/5/12	枚乘路校区科创园
第 18 本	黄梅小生	余启敏	2019/5/25	枚乘路校区 3D 影院
第 19 本	优秀本科生	胡蔼	2019/6/16	枚乘路校区图书馆
第 20 本	跨界达人	唐梓洲	2019/6/16	枚乘路校区图书馆
第 21 本	魔术小师	谷航	2019/10/13	枚乘路校区 3D 影院
第 22 本	诗词佳人	朱艳玲	2021/5/16	枚乘路校区先鸣书苑
第 23 本	叶雕传人	刘奇	2021/11/13	枚乘路校区图书馆
第 24 本	理工女学霸	秦昊舒	2022/5/28	枚乘路校区 3D 影院
第 25 本	运动女神	李晓慧	2022/11/27	枚乘路校区先鸣书苑
第 26 本	马拉松运动员	沈乌贼	2023/4/7	枚乘路校区方志文化驿站
第 27 本	新媒体记者	陈大铭	2023/6/13	枚乘路校区 3D 影院
第 28 本	优秀校友	宋悉玲（再读）	2023/9/12	枚乘路校区 3D 影院

（一）招募真人书

早期的真人书由专业图书馆员选定，根据读者阅读与反馈调整人选。活动在校园有了一定影响和热度后，图书馆适时发起了“真人图书征集招募活动”，由读者向图书馆推荐或自荐，专业图书馆员遴选后与真人书联系，获取真人书的主要信息，并对真人书进行初步编目，选定该书的关键词与阅读主题。

（二）宣传预告

图书馆在阅读活动开始前通过官方微信公众号、QQ 群等渠道发布活动预告，介绍真人图书的基本信息。每期活动配有宣传海报及编号，读者一目了然。

（三）读者报名

读者获取真人图书阅读活动主题、真人书信息、活动地点及借阅规则等信息后，通常采用微信公众号留言和“PU 口袋校园平台”报名参与心仪的真人图书阅读活动。

（四）阅读地点

根据需要选定，尽可能选用环境优雅的空间，地点不重复，保证三校区全覆盖。

（五）阅读时间

时间尽量选择学生课余、周末，阅读时长控制在 2 小时以内，平衡好真人书、读者及工作人员的时间与精力。

（六）现场阅读

图书馆工作人员布置现场，安排读者和真人书入座。每期主持人简单介绍本馆的真人图书阅读规则，重点介绍当期真人书，邀请真人书开启自序，引导现场读者与真人书互动交流，控制好阅读节奏。

（七）活动归纳整理

现场阅读结束后，工作人员收集整理相关资料，发布活动新闻，收集读者阅后反馈与评价。

我馆的真人图书现有 28 本，其中以单行本（单人独立成册）为主，现有 25 本；合订本（创新创业团队）3 本。活动自创办以来除不可抗因素暂缓之外，一直保持每学期 2—3 本的借阅节奏与热度，阅读地点三个校区全覆盖，全部采用线下阅读的方式，未出现“断层”与“烂尾”现象。实践证明，活动受到了大学生的欢迎和加盟，吸引了阅读志趣相近的人聚在一起交流思辨，产生共鸣。他们主动向图书馆推荐真人图书信息，自荐当活动主持人。多个学生社团主动联系承办活动，积极宣传真人图书阅读。图书馆作为活动主办方，鼓励大学生阅读不同类型的图书，鼓励有条件有能力的学生从读者席走上讲台，转变身份，勇于展现自我，体验多姿多彩的大学生活和阅读时光。28 本真人书中有 10 本从读者身份转变为图书身份，1 本返场复读。有 5 位读者在成为真人图书后接续奉献，主持后续活动，以自己的亲身阅读经历现身说法，为其他读者做了榜样和示范，对活动起到了非常好的传承与推广作用。

三、创新之处

（一）公益平等

我馆的真人图书嘉宾全部公益参与，和读者平等交流，彰显“奉献、友爱、互助、进步”的志愿服务精神。为提升阅读体验，我馆结合馆内外空间特色，选用空中花园、阳光阅读区、3D影院、先鸣书苑、文化驿站等多个场地，给读者以新鲜感和愉悦感。

（二）双向奔赴

我馆的真人图书阅读活动引导读者从简单的“阅读和被阅读”单向传导逐渐转向“相互阅读”的双向奔赴。真人图书在传播信息、知识和思想的同时，也在获取信息资源，体现了阅读的互动性、开放性和互荐性，是一种双向流通与互补的阅读形式。

（三）主题鲜明

我馆的真人图书在招募选拔时侧重校外人士，给读者带来了更多不同阅历的图书，丰富了阅读资源。真人侧重选择中青年，去高层行政化，给读者创造了一个轻松愉悦的阅读氛围，创造更多的阅读话题。

（四）热度持续

我馆真人图书阅读活动规模可大可小，方便灵活。大学生好奇心强，思想新潮，思维活跃，对各具特色的职业内容很感兴趣，参与热情高，活动反响好。

四、主要成效

我馆的“阅 & 见——真人图书阅读”具有即时性、场景化、面对面的阅读特点，提升了读者阅读感知，拓宽了读者的阅读视野，也有助于大学生了解不同的职业特点、体会不同的人生经历。活动丰富了图书馆馆藏资源，实现个体间隐性知识的交流与传递。人作为真人图书馆的知识载体，能在承载显性知识的同时，承载其他知识载体难以承载的隐性知识，推进阅读材料的多样化、立体化。活动同时拓展了我馆读者服务工作的广度和深度，创新了图书馆的知识服务理念，改变了传统图书馆单向静态的知识服务方式，促使读者在知识获取与交流上变得更加轻松、顺畅，促进读者身心健康，提升大学生的认知，为图书馆参考咨询与阅读推广服务提供了新视角，有利于实现图书馆信息与知识服务的可持续发展。

活动参与门槛低、易操作，接地气、增人气，成本低、可持续，增强了图书馆与读者的黏性，增强了读者的主人翁意识，提高了读者的自信心和专注力，锻炼读者的语言组织与表达能力，提升图书馆的影响力、美誉度与辐射度。图书馆在这一活动中充分展现了“搭平台”的功用，为真人和读者的沟通交流牵线搭桥，创造零距离阅读条件。

活动在淮安市高校中独树一帜，得到了淮安电视台、《淮海晚报》、“紫牛新闻”等主流媒体平台的关注和报道，本地文化部门、图书馆同行、公益阅读组织相继来访，交流借鉴活动经验，树立了很好的范例，形成了一定的品牌效应，起到了有效的推广作用。

以人为书的阅读模式方便读者直接从被当作书的人的大脑中获取知识，在愉悦的环境中完成知识传播，在互动的过程中增长知识、享受阅读的快乐，充分调动了学生的阅读兴趣和意愿，同时增进学生之间的情感交流。活动使图书馆在传统纸质和电子资源之外拥有了一种新型的馆藏资源，在推动文化传承与创新、陶冶学生道德情操、丰富大学生文化生活、锻炼大学生语言表达技巧、提升大学生与人沟通交流的技能方面有着重要的意义。“阅 & 见——真人图书阅读”已成为淮阴工学院图书馆的特色服务品牌之一，广受师生欢迎，被纳入图书馆“十四五规划”阅读推广重点项目。

五、案例启示

真人图书阅读改变了传统的阅读形式，以真人为载体，通过现场沟通的方式让读者阅读。相较于纸质与电子书刊资源，真人图书往往具有丰富的生活或工作经验，在某些领域有所建树或有独到的见解。这不仅可以让借阅者获得所好奇的知识，而且可以增进借阅者与真人图书彼此间的了解。

散落在校内外各处的真人图书，或是考研达人，或是科研高手；有的在求职路上一帆风顺，有的在专业学习上造诣非凡；或是身边的学姐学长，或是校园教学名师；或是在某领域小有名气，或是在某方面有所建树……他们来到这里作为“书”，与读者们展开面对面的自由交流，将自己的经验传递给有需要的人。真人图书丰富了图书馆的馆藏资源，拓展了知识传播方式。活动提倡将隐性知识显性化，将传统阅读中静态的单向信息资源向动态的信息资源转变，开辟了阅读推广活动新模式。

“书”与阅读者面对面交互式阅读，通过语言和肢体动作来表达，阅读者可以根据自己的喜好和想法进行跳跃式知识获取，在阅读过程中还可以表达自己的疑惑，并实时交流得到解惑，很大程度上提高了阅读效率与质量。真人图书也能够得到不一样的想法与理念，他们自己同样受益匪浅。读者与读者之间还能相互启发、相互影响。

“阅 & 见——真人图书阅读”来源于生活，有坚实的基础。活动经充分酝酿、调研、策划、论证与实践运营后不断完善，日臻成熟，并得到了有效推广，提升了图书馆的影响力与美誉度，增强了图书馆与读者的黏性，有效激发了读者的阅读热情。同时，真人图书也在其中得到成长与升华。一期接一期主题鲜明的真人图书阅读活动让书香萦绕在淮工图书馆，香到了读者与真人图书的心里。

我馆的真人图书阅读活动起步较早，摸索出了一定的规律和经验。我馆将在总结思考的基础上进一步规划提升，推进活动高质量发展。我们的思路与计划一是基于实践成果开展学术研究，对案例进行全面总结提升，以研究成果更好地指导实践工作；二是丰富本馆的真人图书资源，加强阅读资源的积累与拓展；三是加强对真人图书阅读分享中隐性知识的管理与整理工作，形成完整的体系，便于读者再次阅读；四是完善相关规章制度，从而科学有效地保护真人图书的知识产权；五是加强团队建设，切实保障活动的持续性与延展性。

通过活动，我们认识到，图书馆阅读推广工作要有明确的定位和持久的热情，更要深入读者群体，倾听广大读者的声音。针对当代大学生的阅读特点与信息需求，活动既要有意思又要有意义；既要有情怀又要有创意，能够点亮读者的阅读热情，驱动目标群体的自主变革。高校的阅读推广人在工作中既要有“功成不必在我”的境界，也要有“功成必定有我”的担当，要抱着对读者负责、对图书馆负责，也对自己负责的态度，甘当绿叶，躬为人梯；用心做事，诚心待人，才能成长为一名真正“撒播阅读种子，助力全民阅读”的合格推广人。高校图书馆是阅读推广的主阵地和主力军，每一位图书馆人和读者都有可能成为推动全民阅读的一分子。

专家点评

该案例的真人图书馆阅读活动从 2016 年发起至今，已经经历了 8 年的发展之路，形成了鲜明的特色。在真人图书嘉宾选择上，以“年轻化、职业广、去高层行政化”为宗旨，体现“公益、平等、互助、鲜活”的鲜明特色。自由的阅读氛围和无距离感，实现了真人图书与读者的双向奔赴式阅读。嘉宾真实贴近生活的分享提升了读者的阅读感知，给读者更加实用的隐性知识。该案例从策划、宣传、开展、总结等方面摸索出了一定的规律和经验，在高校图书馆中具有很好的推广价值。2016年至今，已积累了28本真人图书，形成了真人图书招募、宣传预告、读者报名、阅读地点与时间的确认、现场阅读开展、活动归纳整理等一套较为成熟的流程，具有很好的学习利用价值。该案例全文围绕淮阴工学院真人图书阅读活动，详实地呈现了真人图书阅读的发展过程，从思路推广、案例呈现到未来高质量发展的计划，层次分明，结构清晰。该案例的真人图书阅读模式已较为成熟，未来也会积累越来越多的真人图书。要做好真人图书馆藏资源的组织与管理，同时，可以尝试将真人图书与传统馆藏图书相结合，通过真人图书的阅读推广活动促进馆藏好书的阅读推广。

主审专家：金耀

真人图书馆是近几年反响热烈的一种阅读形式，通过与一个个活生生的人交谈，读者可以获得更多的见识。本案例特别之处在于坚持了很多年不间断。真人图书馆里有优秀警官、知名记者、创业先锋、科研团队、公务员、文艺青年、知名马拉松运动员、新媒体记者等，真人图书嘉宾的选择以“年轻化、职业广、去高层行政化”为宗旨，体现“公益、平等、互助、鲜活”的鲜明特色，有助于大学生了解不同的职业特点、体悟不同的人生经历。如果能够把真人图书馆与经典阅读结合起来，同时邀请一些行业大咖参与，将会对大学生的成长起到示范和引领作用。

主审专家：史梅

金秋读书节

项目组成员：朱华、江凌、吴琦磊、王荣、王润海、李沛
单位信息：中国药科大学

【摘要】凉风十月，金秋照来。为鼓励同学们体悟阅读之趣、增强校内人文艺术氛围，由中国药科大学图书馆主办、校人文发展联合会协办的“金秋读书节”活动开幕。一系列形式新颖、内容丰富的活动吸引了广大学子的关注与参与，获得了热烈反响，较好地达到了推广阅读的目的。

一、案例背景

随着互联网的普及与智能电子产品使用率的大大提高，人们日常读书的频率与对读书的热情都较之曾经有所降低。在当代青年的校园生活里，传统纸质书籍已经不像过去那样珍贵且不可或缺。电子书的流行令许多同学不再执着于翻阅传统的纸质图书；多样的电子游戏、充斥多平台的短视频使青年们的目光从质朴的书籍转移至各式各样的手机软件，阅读时间愈发减少；快节奏的生活习惯也令同学们静下心来慢慢阅读的难度有所增加。书籍似乎正在渐渐淡出我们的视野，但我们仍需呼吁大众养成与坚持阅读的良好习惯。

书籍作为长久以来寄托人们情思的载体，仍可令今天的人们体验到文字与情感交织的魅力。虽与书籍常相伴之情已然不可追，但每本书籍中酝酿着的独特情意却仍旧等待人们发掘。值此背景，为转变同学们对书籍的传统观念，校图书馆积极组织各项以领悟阅读之美为主题的活动，旨在增加书籍在人们心中的趣味性，并用新颖的方式鼓励同学们重拾对书籍的热爱。多种线上线下阅读活动相结合，兼具文学性与艺术性，将各种不同的人文风情汇聚到一起，让同学们感受到金秋之意、丹桂之美，更能深层次体验书籍带来的美好。

二、主要做法

本次金秋读书节系列活动采用“线上＋线下”双线并进的活动模式，主要分为“秋日读书情”与“古城书画游”两大板块。前者包含“黄粱一梦”“满腹经纶”两个线上子活动，后者分为“秋云自语”“诗情画意”“秋瞻金陵”三个线下子活动。经过前期的精心准备与宣传，各项子活动都得到了同学们的广泛参与，所获好评颇多。

“黄粱一梦”活动邀请同学们书写自己难以释怀的某位书中角色的另一种人生结局，并在开篇简述改写前这位人物的人生结局，稿件需在指定时间内发送至活动邮箱。该活动充分考虑到同学们多样的阅读喜好，富有趣味性，鼓励同学们发挥想象力。

“满腹经纶”活动的形式则是更具挑战性的考试，内容包含根据诗句猜季节、作者、朝代，或对古诗中一些词语进行解释。参与者需先线上填写考试报名表，后于“学习通”平台上进行考试。尽管形式有些许严肃与枯燥，但所考察的题目并非死板乏味。在活动准备阶段，出题人员仔细搜寻资料、对照参考、精心设计题干，再经过审核人员的挑选与二次设计，最终题目兼有趣味挑战性与良好体验感，达到了参与者能开动脑筋、拓展文学知识的效果。

“秋云自语”活动的内容是在图书馆举办的一场名为“成长，一场不孤独的单人旅行”大学生心理健康讲座。有书云：“与自我面对面，可能是一种寂寞的过程，只能靠自己达成：一个人游走在与紧张达成和解，以及过度紧张之间，孤军奋战。”远离家乡、独立拼搏的大学生活总会令人有迷茫、情绪低落的时刻，这样的心理讲座旨在帮助同学们更理解成长的过程与意义并予以自我渡过难关的力量。

“诗情画意”活动是一场形式新颖的作画游戏，出题者给出十个有关秋日或书籍的诗句（如“秋芸有春绿，疏篱照孤芳”“书卷多情似故人，晨昏忧乐每相亲”等），参赛者根据诗句作画，画出与诗句相契合的情景。活动组织人员在线下摆台发放编好序号的画纸，参赛的同学在画纸上作画，画种自选，水彩画、素描、国画、油画、手绘等均可。然后，工作人员在摆台收取画作，初步筛选后发布优秀作品名单，并在线上进行展览。同时，参与者可对所有作品进行投票，票数靠前的优秀画作者可获得校园操行分和奖品。该活动的设计初衷是兼顾文学性与艺术性。当下社会，每个人对美的体验与追求都很重要，但在现实与网络上总有一些人为了吸引眼球而审丑或千篇一律吹捧所谓的潮流美。这次活动中，中华优秀传统文化的美使人备受熏陶，活动的设计初衷期望同学们好好领悟诗词之境、情思之形，感悟真正的美与深度。

“秋瞻金陵”分为“瞻园展”与“游金陵”两个环节。在我馆开设瞻园主题展——“太平有象”“游弋”“太平天国王府”，现场有受过专门培训的志愿者向前来参观的同学们讲解，有利于参观者品味欧阳修“瞻望玉堂，如在天上”的快意，一睹

图 1 “秋瞻金陵”活动之瞻园主题展

图 2 “秋瞻金陵”活动之“游金陵”

明代“南都第一园”的风采，了解明清古建筑群，一览闻名遐迩的北宋太湖石和中国唯一的太平天国专史博物馆。游金陵活动则向全校同学征集有关秋日南京的投稿，投稿作品可以是镜头下的秋日南京（至少两张），也可以是金秋赏南京后灵感迸发的随笔游记，优秀投稿作品经筛选并征得作者同意后，将被打印并展览于图书馆内。这两项活动旨在将古城金陵的特色景迹、人文风情以展览的形式汇集在小小校园之内，激发同学们对这座历史悠久的文化城市的探索欲与求知心。

本次活动形式多样，兼顾了同学们的兴趣与特长，鼓励了大家积极参与，既有充满趣味与想象的改写创作活动，又有富含挑战的答题考验；有跃然纸上的诗词画作，又有独具金陵特色的人文风情。同学们感受到阅读与艺术的魅力，以及金秋丹桂飘香之外的精神享受。诚然，阅读的过程是需要“慢”与“静”的，而在当下快节奏的校园生活里，能静下心来学习、汲取新知识，培养新能力可能已耗费同学们许多精力，更不要说好好坐下来阅读、领悟文学了。在这样的活动中，同学们能在短时间内获得最大限度的满足感、自我认同感。“金秋读书节”系列活动举办的期望是为同学们创造一个良好的文学艺术体验平台，通过各种便捷的渠道、各种富含趣味的方式和满满的福利鼓励同学们继续坚持热爱阅读、热爱书籍的那份心，助力营造校园良好的人文书香氛围。相信给出热烈反响的同学们能在体验这样的读书活动之后，继续坚持“腹有诗书气自华”的理念，更深层次地体会阅读的意义与美好。

三、创新之处

不同于传统形式的收集征文、读后感，办朗诵会等，本次活动充分考虑到同学们的日常兴趣、阅读倾向以及空闲时间，旨在让参与者以较少的时间精力、较高的接受程度来完成活动。例如“黄粱一梦”活动，比起传统的读后感等形式，较好地考虑到了同学们追求的趣味性，给参与者提供了发挥想象力的空间，同时考验同学们对于原著情节、人物甚至社会背景的熟悉程度，要求其合理地“天马行空”，在保证人物形象及基本背景构架不过多脱离原有设定的情况下改写结局。又例如“诗情画意”活动，兼顾文学性与艺术性，旨在鼓励参与的同学们思考和领悟诗词中所表达的美景与情思，再依据自己的所感所想描绘出来，比起绘画功底，更考验同学们对诗词表意的准确理解与形象表达能力。“秋瞻金陵”的两个活动，一个将瞻园文化遗产“搬”入校园，让先前不曾了解的同学们“拜访”此地，领略其风采；一个从同学们的镜头与笔尖获取南京的秋日美景，展于大家眼前，通过摄影与文字使得金秋气息更浓，也鼓励同学们积极发现生活中的美好。

通过对传统阅读推广活动的创新，本次活动得到了较广泛的参与，也获得了许多好评，达到了良好的鼓励阅读、推广阅读的目的。

四、主要成效

读书是一种享受生活的艺术。五柳先生说："好读书，不求甚解，每有会意，便欣然忘食。"当你枯燥烦闷时，读书能使你心情愉悦；当你迷茫惆怅时，读书能平静你的心，让你看清前路；当你心情愉悦时，读书能让你发现身边更多美好的事物，让你更加享受生活。"书中自有黄金屋，书中自有颜如玉。"读书是一种提升自我的艺术。"玉不琢不成器，人不学不知道。"读书是一种学习的过程。一本书有一个故事，一个故事叙述一段人生，一段人生折射一个世界。"读万卷书，行万里路"说的正是这个道理。读诗使人高雅，读史使人明智，读每一本书都会有不同的收获。"悬梁刺股""萤窗映雪"，自古以来，勤奋读书、提升自我，是每一个人的毕生追求。读书能塑造人的精神，升华人的思想。读书是一种充实人生的艺术。没有书的人生就像空心的竹子一样，空洞无物。书本是人生最大的财富。犹太人让孩子们亲吻涂有蜂蜜的书本，是为了让他们记住：要让甜蜜充满人生就要读书。读书是存一本人生最难得的存折，一点一滴地积累，你会发现自己是世界上最富有的人。读书是一种感悟人生的艺术。读杜甫的诗使人感悟人生的辛酸，读李白的诗使人领悟人生的豁达，读鲁迅的书使人认清近代社会的黑暗，读巴金的书使人感到未来的希望。每一本书都是一个朋友，教会我们如何看待人生。读书是人生的一门不可缺少的功课，阅读书籍，感悟人生，助我们走好人生的每一步。书是灯，读书照亮了前面的路；书是桥，读书接通了彼此的岸；书是帆，读书推动了人生的船。因为读书，人生才更精彩。

在当代青年的校园生活中，书籍的存在已经不像过去那样珍贵且不可或缺，电子书的普及以及近几年短视频的流行已经将青年们的目光从书籍转移到了各种手机软件上。人们表达感情的方式也从婉转含蓄逐渐变得朴素直接。虽与书籍常相伴之情已然不可追，但每本书籍中酝酿着的独特情意却仍旧等待着人们发掘："日日思君不见君"的相思之苦、"千金散尽还复来"的潇洒畅意、"不知江月待何人"的怅惘凄凉……"一声梧叶一声秋，一点芭蕉一点愁。"愿远行千里而来的莘莘学子在这多情之秋，重拾书籍带来的绵绵情意，与我们共同感受书籍独特的魅力。我们将书籍与丰富多样的活动相结合，增加书籍在同学们心中的趣味性，用新颖的方式让同学们重拾对书籍的热爱，增加同学们对中华优秀传统文化的兴趣，感受金秋之意、丹桂之美，让同学们重拾书卷，让书籍丰富生活，让文字充实心灵，感受书籍独特的魅力。在这金秋十月里，通过我们的活动，同学们独坐案前，感受"桂花浮玉""夜凉如洗”，欣赏“明月青山夜，高天白露秋”。不论是线上还是线下，每个活动都令同学们收获满满，同学们更以全新的视角感受了书籍对生活的意义。此次活动成功举办，不仅为同学们的生活增添了一份书卷气，而且增加了整个校园的人文气息，让同学们在秋日更体会到阅读的重要性。

五、案例启示

在10月末的秋风里，“金秋读书节”系列活动圆满落下帷幕。此次活动类型丰富，形式多样，吸引了众多学子参与。工作人员策划尽心尽力，执行高质高效，获得了同学们的一致好评。

本次活动采用线上线下相结合的方式举办，线上以“秋日诗书情”为主题举办了“黄粱一梦”和“满腹经纶”两个子活动，线下则以“古城书画游”为主题，举办了“秋云自语”“诗情画意”“秋瞻金陵”三个子活动，活动囊括了绘画、展览、征文、知识竞赛等多种形式，极大地吸引了同学们的参与。

“黄粱一梦”活动中，同学们改写了自己难以释怀的书中人物的人生结局，并投稿至指定邮箱，由工作人员筛选后择优奖励。活动期间，同学们积极投稿，或是给小说附以新的结尾，或是给历史人物一个圆满的结局，在放飞了想象力的同时深化了自己对原来作品的理解，或是更深刻地体会到历史名人内心深处的感情。

“满腹经纶”活动主要通过线上报名回答问卷，并选取成绩前百分之三十的同学进行奖励。同学们积极参与诗词考试，与古代先贤一起欣赏诗词中的美好。诗书满腹才横溢，成竹在胸气自华。简单的一场问答，展现了同学们的文学素养，丰富了他们对中国传统文化的理解与体会，更加深了他们对古典文化、对诗词歌赋的热爱。

“秋云自语”活动通过前期线上填写问卷报名，选取前四十位同学参加心理讲座。一场心理讲座，带同学们看遍成长中的酸甜苦辣。心理讲座“成长，一场不孤单的单人旅行”通过分享《小王子》的故事，教会了大家爱与成长。谷婧老师将一个个小故事娓娓道来，引人入胜，让大家感受到成长的得与失，令大家受益匪浅。一阵秋风，一片秋叶，一场秋雨，一个秋天。在这个秋天，新鲜的思考，有趣的故事，谷婧老师的心理讲座带给大家成长，带给大家感动。

“诗情画意”活动线下发放画纸，让同学们参与绘画，完毕后线上提交画作，审核后择优进行奖励。几树惊秋，丹桂妆罢，我们已多久没有感受过摩挲于指尖的青笺绛墨？在这三秋时节、白下城中，同学们挥毫泼墨，登临送目，万里商秋竞逐，小轩独坐凭阑，一幅画卷。通过色彩的渲染，通过线条的勾勒，同学们淋漓尽致地展现了古诗中秋景的美，真真切切地让人感受到了什么叫“诗中有画，画中有诗”。

瞻园联合图书馆开设了“太平有象”“游弋”“太平天国王府”三个展览，现场受过专门培训的志愿者向前来参观的同学们讲解，听过讲解的同学和志愿者均可获得纪念品。亭台楼阁，雕栏玉砌，小桥流水，绿叶素荣。品味欧阳修“瞻望玉堂，如在天上”的快意，一睹明代“南都第一园”的风采。了解明清古建筑群，一览闻名遐迩的北宋太湖石和中国唯一的太平天国专史博物馆。“瞻园展”主题活动带领大家参观了瞻园的古香古色，聆听历史深处那段荡气回肠的往事。

“游金陵”活动向全校同学征集有关秋日南京的投稿，投稿作品可以是镜头下的秋日南京，也可以是金秋赏南京后灵感迸发的游记随笔。游记不少于一百字，经筛选后，征得作者同意，将优秀作品展览于图书馆内，并给予作者奖励。当第一片落叶飘下，南京就变成了金陵，每一处角落，都接受了秋风的洗礼，古香古色的金陵显得别有一番韵味。庄严古朴的金黄与古老沧桑的金陵，在星辰流转之间，尽显浪漫。在枫叶和银杏里，在满街的梧桐中，在名刹古寺的清雅里，藏着的是金陵的秋。在图书馆里，同学们品游记、览美景，鉴赏金陵的秋，与秋天撞了个满怀。

专家点评

金秋读书节活动结合读者日常兴趣、阅读倾向等，在传统活动基础上做了形式创新，融入参与策划的同学们的精彩原创想法，增加了趣味性，带动了更多读者参与其中。本案例采用“线上＋线下”双线并进的活动模式，主要分为“秋日读书情”与“古城书画游”两大板块。方案陈述比较清晰，主要展开介绍了线上线下五个子活动的内容，包括“黄粱一梦”“满腹经纶”两个线上子活动，“秋云自语”“诗情画意”“秋瞻金陵”三个线下子活动。具体的策划思路具有一定的参考价值。全文内容紧扣主题，结构上偏重于活动内容的介绍，对于活动宣传等方面介绍的较少。主要成效部分更多在解读读书的意义，活动实际的成效展示较少，案例启示部分更贴近于主要成效部分的内容。建议（1）可对全文内容的结构进行微调，使内容相关性更强；(2）在内容表述上，可以采取提炼小标题的形式，让整体结构更加分明，也更容易抓取全文的思路架构；(3）减少描述性词句，以更加具象客观的词句展现该案例的方案思路、创新价值等内核。

主审专家：金耀

本案例虽然也是读书节系列活动，但形式比较新颖。采用“线上+线下”双线并进的活动模式，分为“秋日读书情”与“古城书画游”两大板块。前者包含“黄粱一梦”“满腹经纶”两个线上子活动，后者分为“秋云自语”“诗情画意”“秋瞻金陵”三个线下子活动。“黄粱一梦”活动邀请同学们书写自己难以释怀的书中某位角色的另一种人生结局，并在故事之前简述改写前这位人物的人生结局，让人想到南京大学文学院苗怀明教授的创意《红楼梦》课程。其他如“游金陵”等线下活动，也比较活泼，让学生在读书与行走中感受经典，体悟传统，创意不错。没有看到读者反馈，在申报材料中也没有看到活动的成效和影响，尤其是参与各类活动的人数，希望补充。

主审专家：史梅

构建“一核两轴多翼”阅读推广新格局

项目组成员：杜宗明、郭雷、沙绍轩
单位信息：徐州医科大学

【摘要】依托多维资源融合赋能，叠加多元品牌建设驱动，徐州医科大学图书馆构建了“一核两轴多翼”的阅读推广新格局。据此打造出具有统一精神内核，以时令节点为经轴纵向贯通、以空间拓展为纬轴横向联通，时空交叠、优势互补的阅读推广活动坐标体系，建设了多样性、多元化、互补性、立体化阅读推广品牌。多项阅读推广活动全面铺开、序贯全年，实现全覆盖、全贯穿、网格化发展，在时空维度互为拓展和延续，常态化、持续性地营造校园全年度、日常化的阅读文化氛围。同时，每个阅读推广项目都在策划上采取多层面、广维度、“套娃式”方案进行设计，为读者提供个性化、差异化、多样性阅读文化服务，让读者依据个体的倾向、趣味和特长选择性参与。每项阅读推广活动从契合时代大势、贴近舆论热点的视角甄选活动主题，重视充满雅致文化气息的文案设计，关注青年读者的阅读需求和审美趣味，充分利用多维新媒体平台探索 OMO 模式（Online-Merge-Offline，线上—移动—线下三位一体），推动活动项目从线上到线下互通，活动开展过程中注重从导引、启迪、思辨、评鉴到复盘等各个环节的把控，实现了阅读推广活动的个体化和多元化实践。

一、案例背景

徐州医科大学图书馆虽为业界名不见经传的“非知名馆”，本馆的阅读推广与文化育人部也还处于成长期，但多年来我们一直坚持致力于阅读推广活动的实践和壮大，凭借“低调地努力”，逐步实现品牌建设和活动格局上“周全地扩张”，谱写出“小馆”里的“大文章”。我们坚持以培育和践行社会主义核心价值观为引领，以传承和创新“文化铸校”为主线，以育人功能齐全、人文氛围浓厚的校园文化为载体，以学校成立阅读推广与文化育人部为契机，立足图书馆文化高地聚合功能优势，聚焦阅读聚能、润心育人，进一步挖掘整合阅读文化资源，以时间为经、空间为纬，依托多维资源融合赋能，依靠多元品牌驱动，引领阅读推广和文化育人职能的高质量稳步发展。

二、主要做法

基于在更广维度、更多层面更多元化地推广阅读文化资源，以及进一步拓展书香育人边界的考量，我们立足于依托多维资源融合赋能，叠加多元品牌建设驱动，构建“一核两轴多翼”的阅读推广新格局。“一核”，是以阅读聚能与文化铸魂为指导思想和精神内核；“两轴”，是以时令节点为经轴纵向贯通、以空间拓展为纬轴横向联通，搭建时空交叠、优势互补的阅读推广活动坐标体系；“多翼”是构建多样性、多元化、互补性、立体化阅读推广品牌，多项阅读品牌活动全面铺开、序贯全年，实现全覆盖、全贯穿、网格化发展，在时空维度互为拓展和延续，常态化、持续性地营造校园全年度、日常化的阅读文化氛围。而每个阅读推广品牌项目又都在策划上采取多层面、广维度、“套娃式”方案进行设计，为读者提供个性化、差异化、多样性的阅读文化服务，让读者依据个体的倾向、趣味和特长选择性参与，从而实现阅读推广活动的个体化和多元化实践。

具体而言，在时间经轴上，春令季→世界读书日（江苏省读书节）→毕业腾飞季→萌新季→国庆日→阅读文化月→元正日，序贯全年的时间节点，分别开展多维度、多类目的阅读文化系列活动；在时间节点之间的空窗期，适时灵活穿插开展“文育・美育”系列展览、“青锋・悦读”云讲坛、读者走读活动、跨圈层读者读书交流会等机动性项目作为有益补充。在空间纬轴上，探索践行阅读推广活动的OMO模式，积极协调数字和纸本、自有和开放多类型阅读资源的供需对接，灵活交叉、融合运用线上线下各类大众、分众和私域平台的宣发推广和落地实施渠道，打造线上项目中心和网上社区，推动活动项目线上线下的互通，实现现实和虚拟空间的优势互补、相互赋能，有效规避了特殊时期疫情防控对于活动开展的制约，避免了多项线下活动受限延迟甚或“流产”的风险，也有效解决了医学院校读者课业繁重难以统一时间开展部分线下活动等客观存在的问题，确保阅读推广活动的延续性、合理性；在活动项目策划上，结合新媒体数据流分析读者反馈，从契合时代大势、贴近舆论热点的视角甄选活动主题，高度重视充满雅致文化气息的文案设计，同时更加关注青年读者的阅读需求和审美趣味，倡导文化活动对读者思想的引领和凝聚，注重对历史和时代议题的审视和反思，在充分发挥既有阅读品牌文化育人功能的基础上，持续提升活动的细致性和趣味性，多层面、广维度、个性化地推广阅读文化资源，不断拓展文化育人的多元边界，使得最终阅读文化活动的呈现既能跟时代大势和先进思想“够得着”，又能在迎合读者趣味和需求上“接地气”。

系列活动从“阅启春时 知行合一”春令季的春读启智日出发，驱往“默读人间世 慢品烟火色”的世界读书日，随即腾飞于“无问西东 长路如虹”的毕业生爱校荣校活动，又携新一届的入校生在“杏坛文韵 郁然成林”中展望正在开启的大学生涯，待行至盛大灵动的阅读文化月，继续审时度势地定调主题和活动框架——在突如其来的全球公卫事件让人们的生产生活一度按下暂停键之时，我们开展“阅智慧之卷 觅信心之源”阅读推广系列活动，引导读者于书卷中寻求智慧与信心，让阅读成为困难时期抚慰心灵、以知识对抗恐慌、汲取精神力量的重要源泉；在恰逢建党百年的重要节点，定调“盛世风雅颂 千秋家国梦”的活动项目，引导读者感悟百年征程、厚植家国情怀，以风雅成诗、梦圆盛世的优雅之姿为百年大党献礼；在国潮文化快速崛起，成为彰显大国底蕴、传递中国精神的重要载体的当下，我们推出“风从东方来 国潮正澎湃”阅读推广系列活动，引导读者弘扬国潮风尚，坚定文化自信。

系列阅读推广序贯全年，在各个时间节点系统开展了多维度、“套娃式”阅读文化系列活动，此外我们打造了“芸窗录·阅文纪”精阅读+泛文化品牌——从感

图1 2022年10月“杏坛文韵 郁然成林”萌新季阅读推广活动布展

图 2 2021 年 11 月“盛世风雅颂 千秋家国梦”阅读文化月演讲比赛暨闭幕式

知潮流文化风尚的“季候风”、穿越声光影景 3D 朗读者的“意趣林”、拜谒文化苦旅中修行者的“秉烛光”、触摸经典文萃回音壁的“积微山”等四个维度持续提升阅读推广内容的细致性和趣味性，多层面、广维度地推广多元化阅读资源，为进一步发挥图书馆阅读文化品牌的凝聚和扩张作用、培育图书馆阅读聚能和文化育人的新优势拓宽了实践路径；另创设“热榜 · 传习录”荐读文化品牌，立足于读者阅读热度榜单，结合微书评荐书和书摘赏鉴的形式推荐精读书目，让既往基于重要时间节点开展主题书展的阅读推广活动同步延展了时空维度，令图书馆的阅读推广工作更加富有层次化；在推广纸电阅读之余，积极开放“时光印记放映室”，倡导读者秉持“阅光影之书”的理念去赏阅影视艺术，结合观影研讨、影评征集等活动进行引导，延展了跨文化类型阅读推广的边界。每项阅读推广活动在开展过程中，都注重从导引、启迪、思辨、评鉴到复盘等各个环节的把控工作，真正将读者能否从中有所受益、有所收获纳入考量。

三、创新之处

依托多维资源融合赋能，叠加多元品牌建设驱动，构建“一核两轴多翼”的阅读推广新格局。据此打造出具有统一精神内核，以时令节点为经轴纵向贯通、以空间拓展为纬轴横向联通，时空交叠、优势互补的阅读推广活动坐标体系，打造多样性、多元化、互补性、立体化阅读推广品牌。多项阅读推广活动全面铺开、序贯全年，实现全覆盖、全贯穿、网格化发展，在时空维度互为拓展和延续，常态化、持续性地营造校园全年度、日常化的阅读文化氛围。而每个阅读推广品牌项目又都在策划上采取多层面、广维度、“套娃式”方案进行设计，为读者提供个性化、差异化、多样性阅读文化服务。读者依据个体的倾向、趣味和特长选择性参与，实现了阅读推广活动的个体化和多元化实践。

“芸窗录·阅文纪”精阅读+泛文化阅推品牌、“热榜·传习录”荐读文化品牌、“青锋·悦读”云讲坛专题线上讲座品牌、“时光印记放映室”跨文化类型阅读推广品牌等以点带面、以面带全，多层级、广维度发挥了阅读推广品牌的凝聚和扩张作用，极大地延展了阅读推广的探索边界。

在阅读推广活动中，有意识地引导学生读书社团有机融入其他学生社团以及教职工读书会等组织，联合开展多项主题读书活动，有效促进读书社团和其他社团之间、教师读者和学生读者之间的跨圈层交流，开拓了不同主体类型的读书社团协同参与的联动读书模式，为多主体破圈开展阅读推广提供了一个新的实现路径。

此外，阅读推广活动从契合时代大势、贴近舆论热点的视角甄选活动主题，重视充满雅致文化气息的文案设计，关注青年读者的阅读需求和审美趣味，倡导阅读推广活动对读者思想的引领和凝聚，注重对历史和时代议题的审视和反思，充分利用多维新媒体平台探索阅读推广活动的 OMO 模式，推动多个活动项目线上线下互通，实现现实和虚拟空间的优势互补、相互赋能，等等，也是我们于细微处持续多点发力的创新之处。

四、主要成效

通过多维融合叠加多元品牌驱动，本校“一核两轴多翼”的阅读推广格局日渐成型，各类丰富多元的阅读推广活动全面铺开、序贯全年，实现了全覆盖、全贯穿、网格化发展，在时空维度互为拓展和延续，常态化、持续性地营造了校园全年度、日常化的阅读文化氛围。每个阅读推广项目采取多层面、广维度、“套娃式”方案策划实施，为读者提供了个性化、差异化、多样性阅读文化服务，引导读者依据个体的倾向、趣味和特长选择性参与。每项阅读推广活动都能如火如荼地开展并取得了预期的成功，实现了阅读推广活动的个体化和多元化实践。

从春令季、世界读书日、毕业腾飞季、萌新季、国庆日、阅读文化月、元正日的阅读文化系列活动，到“芸窗录·阅文纪”“热榜·传习录”、四季主题书展、“青锋·悦读”云讲坛、时光印记放映室，各系列阅读推广品牌无论在院校还是各类读者圈层，都产生了越来越深远的凝聚力和感召力。近年来，我们开展的阅读推广活动覆盖面逐年递增，受众率逐级走高，参与者黏度持续向好，在各层级各类型读者之间都产生了正向且广泛的影响力，将“好读书、读好书”的新文化理念和文明风尚带入更多读者群体之中，使阅读活动项目的群体效应不断扩大。近年来，教学信息反馈、师生满意度调查等多个渠道反馈的结果显示，同阅读推广品牌、阅读推广活动相关的读者测评项目连年获得优质评价，借由阅读推广活动引导广大读者树立阅读意识、带动师生提升思想文化素养、营造书香校园浓厚氛围、引领读者一体化共建阅读文化新风尚的理念愈加深入人心。

五、案例启示

基于固有的价值使命以及新时代新技术的客观需求，图书馆在高校阅读推广中扮演着极为重要的引领者和助推器的角色。与此同时，高校阅读推广工作也还有着很多值得挖掘和发展的空间。

（一）完善顶层设计，加强扶持引导

要提高高校阅读推广的工作效能，需要运用系统论方法从全局的角度加强顶层设计和系统谋划，对阅读推广的各方面、各层次、各要素统筹规划，以集中有效资源高效快捷地实现目标。在全民阅读、终身学习理念日益深入人心的当下，图书馆的工作重心应真正从资源购置、文献保存转变为顺应时代、创新服务，无论是在机构设置、经费投入、人员组合还是在技术支持上都应得到更多的倾斜和保障。文献资源和技术保障部门应为阅读推广工作提供充分支撑，阅读推广组织和活动也应从边缘化处境变成获得更多关注和重视的地位。

（二）推动活动常态化，实现品牌化赋能

近年来很多高校都将重心置于阅读推广活动的形式创新上，而活动尚需完整的策划方案并不断跟踪完善，因此，阅读推广活动的常态化、品牌化塑造显得尤为重要，以期能够形成常规性、日常化、持续性的校园阅读文化氛围。在组织策划阅读推广活动时，应同时注重活动内容的实效性、形式的灵活性和覆盖范围的广泛性，固定运作周期，同时根据实操情况和过程反馈不断调整活动内容，使活动体系化并形成特色鲜明而具有感召力的品牌项目，借由品牌背书，奠定不同项目在受众之间的认知基础，在推动自有品牌价值提升和可持续发展的同时，充分依托品牌驱动为高校

阅读推广工作赋能。

（三）融合多维资源，促进多元互动

为使不同圈层和类型的读者有更多机会参与进来，也为使参与者在文学性、艺术性和思想性的方方面面都得到锤炼和升华，每个阅读推广项目都应在组织策划上采取多层面、广维度的方案推进，这就需要融合多维资源，协调好数字和纸本、自有和开放多类型阅读资源的供需对接，利用好群体、分众和私域流量传播的推广渠道，灵活运用线上新媒体平台和线下物理环境等各类宣发空间，借助多技术、全媒体实现阅推活动的全覆盖、广辐射。同时需注重汇聚合力，通过拓展与相关职能部门、院系、师生社团组织乃至社会力量的合作关系，联合共创阅读推广品牌活动，由此实现多元项目的创新驱动，令阅读文化活动在院校、读者、社团以及社会公众之间产生更为广泛的影响力，有效扩大阅读文化活动的覆盖面，提升品牌影响力和读者参与度。此外，高校开展的阅读推广活动或可在多处细节上下功夫，凸显与“高校”这个概念相匹配的层级特色，诸如大气质感的主题名称、文雅有范的宣发文案、体贴入微的流程关照、平等平和的复盘交流等，均有可能成为激发高校读者关注并参与阅读推广活动的触点。

此外，尽管各级各类部门持续倡导全民阅读，每每将书香文化建设提至各种战略地位，很多高校的阅读推广活动亦在轰轰烈烈地全面铺开，但具体到实际，往往还停留在惯性将经费、人力等资源的重头投入纸电文献资源的购买上，业内也更为关注生均图书之类的生硬数据而非诸如生均实际阅书量和所购资源的产出比。阅读推广相关的专业研究也如同图情专业其他方向的研究一样，趋向于围绕各种建模、各种量表、各种新兴概念交叉结合进行探究，功利性科研的客观存在让部分从业者为了论文产出的“出新”而忘却了阅推工作的“初心”，这让本应秉持“实践出真知”理念的阅读推广工作难免流于形式，让真正踏实于阅读推广实践工作的一线执行者和亲历者很难获得价值认同。同时，阅读推广的组织方需要扶持，参与方更加需要认可。远有参照国外名校重点考量入学申请者是否热爱且从事某项体育运动，近有国内中小学开始将烹饪等技能纳入学业成绩，高校若能将读者的阅读能力、阅读活动参与度等项目纳入修业学分、课程绩点、评奖评优的备选指标，用人单位也能在社会舆论的感召下，将择业者的阅读水平和阅读视野作为一项能力同就业机会挂钩，诸如此类的多方加持，“象牙塔”内外对于阅读行为和成效实打实的重视，将会是全民阅读工作更为直接的驱动，也会是高校阅读推广工作极大的助力。

专家点评

申报书全面总结徐州医科大学图书馆全年的阅读推广活动安排，清晰陈述了案例名称所提炼的“一核两轴多翼”，体现了提升图书馆阅读推广工作的成效。案例展示围绕各重要时间节点与线上线下融合的活动设计，以及多样化且贴近读者特点的具体做法，活动安排和整体理念均可供其他馆借鉴。就案例申报本身而言，建议重点突出，选择有典型意义的具体工作进行申报。申报书建议前后呼应，成效中突出表达案例背景的育人、文化引领等要素。

主审专家：钱鹏

徐州医科大学图书馆多年来一直坚持致力于阅读推广活动的实践和壮大，立足图书馆文化高地，聚合功能优势，聚焦阅读聚能、润心育人，进一步挖掘整合阅读文化资源，以时间为经、空间为纬，依托多维资源融合赋能，叠加多元品牌建设驱动，构建“一核两轴多翼”的阅读推广新格局，引领阅读推广和文化育人职能高质量稳步发展。具体而言，在经轴上，从重点时间节点开展多维度、多类目活动序贯全年，为读者提供个性化、差异化、多样性的阅读文化服务，适时灵活穿插开展“文育·美育”系列展览、云讲坛、读者走读、跨圈层交流会等机动性项目作为有益补充。在纬轴上，灵活互通，融合运用多类型资源供需对接，优势互补，相互赋能，规避风险。在活动项目策划上，重视富有雅致文化气息的文案设计，同时关注青年读者的需求和审美趣味，发挥品牌阅读活动文化育人功能的基础上提升活动的细致性和趣味性。多形式阅读推广文化品牌以点带面、以面带全，多层级、广维度发挥了阅读推广品牌的凝聚和扩张作用，极大地延展了阅读推广的探索边界。建议注重活动内容的实效性、形式的灵活性和覆盖范围的广泛性，根据实操情况和过程反馈不断调整内容努力完善，秉持“实践出真知”的初心，真正把资源重头落到实处，固定周期，使活动体系化并形成特色鲜明的品牌效应，争取最大化驱动全民阅读工作，为中国式现代化提供高素质技术技能人才支撑，持续推进学校高质量发展。

主审专家：许筠